SOOT FORMATION MECHANISM OF ALCOHOL-GASOLINE BLENDED FUELS

醇类汽油混合燃料
碳烟生成机理

花阳 吴晗 著

北京理工大学出版社
BEIJING INSTITUTE OF TECHNOLOGY PRESS

内 容 简 介

本书基于作者的研究成果，介绍了碳烟颗粒生成的理论基础、醇类生物燃料对碳烟影响的研究现状、基础火焰碳烟诊断试验方法，重点论述了醇类掺混汽油火焰碳烟生成特性与碳烟前驱物演化过程、汽油表征燃料及其关键组分的碳烟与前驱物特性、醇类掺混汽油碳烟前驱物生成的气相化学动力学模型构建与分析、基于详细碳烟模型的醇类掺混汽油扩散火焰数值模拟与固相颗粒动力学分析、长链醇及相似烷烃火焰碳烟演化特性对比研究等重要研究结论。

本书主要面向能源与汽车行业从业人员，可供工程热物理与能源利用领域的研究人员阅读和参考，也可作为相关专业本科生和研究生的教学或科研参考书。

版权专有　侵权必究

图书在版编目（CIP）数据

醇类汽油混合燃料碳烟生成机理 / 花阳，吴晗著.
北京：北京理工大学出版社，2025.2.
ISBN 978－7－5763－5039－5

Ⅰ．U473.1

中国国家版本馆 CIP 数据核字第 2025W4T229 号

责任编辑：王梦春　　**文案编辑**：辛丽莉
责任校对：周瑞红　　**责任印制**：李志强

出版发行 / 北京理工大学出版社有限责任公司
社　　址 / 北京市丰台区四合庄路 6 号
邮　　编 / 100070
电　　话 / （010）68944439（学术售后服务热线）
网　　址 / http://www.bitpress.com.cn

版 印 次 / 2025 年 2 月第 1 版第 1 次印刷
印　　刷 / 廊坊市印艺阁数字科技有限公司
开　　本 / 710 mm × 1000 mm　1/16
印　　张 / 17
彩　　插 / 17
字　　数 / 390 千字
定　　价 / 65.00 元

图书出现印装质量问题，请拨打售后服务热线，负责调换

前　言

高清洁车用醇醚燃料是我国"十四五"规划重点能源战略部署，更是助推中国汽车"碳达峰、碳中和"高质量发展的重要引擎。凭借燃料补氧与促进混合优势，醇类燃料部分或全部替代化石燃料用于发动机燃烧能有效降低碳烟颗粒排放。目前，醇类掺混化石燃料燃烧中碳烟生成机理的研究还处于探索阶段，无法满足从根本上抑制碳烟颗粒生成的需要。为深入了解醇类燃料碳烟生成特性和机理，将燃料化学的影响与发动机运行条件分离，亟须在基础火焰中开展研究。层流扩散火焰耦合了物质扩散和化学反应，是碳烟机理研究的理想火焰。本书从基础理论、试验、化学动力学和数值模拟等方面对醇类掺混汽油层流扩散火焰碳烟及前驱物生成特性和机理进行了深入系统的介绍，完善了醇类燃料清洁燃烧的理论体系。

在结构上，本书共分为8章。

第1章介绍了碳烟颗粒生成的理论基础，以及醇类生物燃料对碳烟影响的研究现状。

第2章介绍了扩散火焰燃烧器的设计，以及与碳烟相关的光学诊断方法和试验台架的搭建。

第3~8章为本书所开展的主要研究内容。

第3章基于TC-LII方法，研究了醇类掺混汽油火焰碳烟生成特性，获得了不同醇类掺混对汽油碳烟生成特性的影响规律，明确了醇类掺混所致碳质量流量稀释和不同醇类增氧差异等宏观因素的影响效应。

第4章基于PLIF方法，研究了醇类/汽油火焰碳烟前驱物发展过程，得到了不同环数芳烃二维分布特征的演化规律，阐明了醇类掺混稀释水平对单环芳烃生成，以及不同醇类分子结构对芳烃生长演化的主导机制。

第5章研究了汽油表征燃料组分对扩散火焰碳烟前驱物生成和碳烟微观结构演化的影响规律，明确了最优组分及关键组分甲苯的显著作用范围，发展了汽油表征燃料碳烟特性评价维度，为碳烟机理研究提供了有效的燃料初始条件。

第6章介绍了Chemkin理论基础和醇类燃烧反应机理的简化过程，构建了适用于醇类/汽油扩散火焰碳烟前驱物生成的气相化学动力学模型，揭示了稀释效应及醇类分子结构主导碳烟前驱物生长过程的气相化学动力学机理。

第7章介绍了碳烟颗粒生成模型，对醇类/汽油扩散火焰和乙醇/汽油扩散富氧火焰进行了二维数值模拟，分析了颗粒成核、生长和氧化等微观过程，揭示了不同醇类掺混影响碳烟差异的固相颗粒动力学机制，以及乙醇添加与扩散富氧在抑制固相颗粒动力学过程和碳烟最终生成中的耦合作用机制。

第8章对比研究了$C_5 \sim C_8$长链醇及$C_5 \sim C_8$烷烃层流扩散火焰碳烟微观、纳观结构参数演化规律，构建了$n-C_5 \sim C_8$醇类$-$PAHs复合气相化学动力学模型，探究了醇羟基官能团对碳烟作用效应随碳链增长的演化规律和动力学机理。

本书的内容设置有助于全面了解醇类燃料掺混汽油火焰碳烟生成特性和内在机理，掌握醇类等清洁代用燃料碳烟模型开发的理论基础和研究方法。本书可供工程热物理与能源利用领域的研究人员阅读和参考，也可作为相关专业本科生和研究生的教学或科研参考书。

最后，感谢北京理工大学研究生院为本书的出版提供宝贵机会，同时感谢北京理工大学优秀博士学位论文出版项目基金的资助。感谢北京理工大学发动机研究所刘福水教授、吴晗教授在本书研究工作中给予的指导和帮助，感谢合肥工业大学能源与动力工程系师生在本书研究工作中给予的支持，感谢项幸炜、高德松等人在本书第8章所做的大量研究工作。本书的相关研究得到了国家自然科学基金项目（No. 52106140）、安徽省自然科学基金项目（No. 2108085ME177）和中央高校基本科研业务费专项资金项目（No. JZ2022HGTB0256）的资助，在此表示衷心感谢。

限于作者的知识范围和水平，书中难免存在不足之处，恳请各位专家和读者批评指正。

著 者

于合肥工业大学

目　录

第 1 章　绪论　　1
1.1　碳烟颗粒的排放危害与生物燃料的应用潜力　　1
1.2　碳烟颗粒生成的理论基础　　4
   1.2.1　芳烃的生成　　4
   1.2.2　碳烟的成核　　9
   1.2.3　碳烟的生长　　10
   1.2.4　碳烟的氧化　　11
1.3　醇类生物燃料对碳烟影响的研究现状　　12
   1.3.1　甲醇　　13
   1.3.2　乙醇　　15
   1.3.3　丁醇　　18
   1.3.4　戊醇　　20
   1.3.5　不同醇类对比研究　　21
1.4　本章小结　　23

第 2 章　扩散火焰燃烧器与碳烟诊断方法　　26
2.1　扩散火焰燃烧器和燃料　　26
   2.1.1　扩散火焰燃烧器设计　　26
   2.1.2　燃料方案　　28
2.2　TC‐LII 测量系统　　29
   2.2.1　TC‐LII 基本原理　　29

- 2.2.2 TC-LII 测量系统 ... 30
- 2.2.3 TC-LII 测量系统标定 ... 34
- 2.2.4 TC-LII 测量系统验证 ... 34
- 2.3 2D-LOSA 测量系统 ... 36
  - 2.3.1 2D-LOSA 基本原理 ... 36
  - 2.3.2 2D-LOSA 测量系统 ... 36
- 2.4 PLIF 测量系统 ... 38
  - 2.4.1 PLIF 基本原理 ... 38
  - 2.4.2 PLIF 测量系统 ... 39
- 2.5 化学发光法测量系统 ... 40
- 2.6 TSPD-TEM 测量系统 ... 41
  - 2.6.1 TSPD 测量系统 ... 41
  - 2.6.2 TEM ... 42
  - 2.6.3 颗粒微观特征参数处理 ... 45
- 2.7 本章小结 ... 46

第3章 醇类/汽油火焰碳烟生成特性研究

- 3.1 醇类掺混比对碳烟生成特性的影响分析 ... 48
  - 3.1.1 自然发光火焰 ... 48
  - 3.1.2 碳烟分布特征 ... 49
  - 3.1.3 碳烟定量分析 ... 50
- 3.2 碳质量流量稀释效应分析 ... 52
  - 3.2.1 自然发光火焰 ... 52
  - 3.2.2 碳烟定量分析 ... 53
  - 3.2.3 碳烟二维分布特征 ... 56
- 3.3 增氧宏观差异的影响效应分析 ... 59
  - 3.3.1 相同醇类掺混比下不同醇类的对比 ... 60
  - 3.3.2 相同氧含量下不同醇类的对比 ... 62
- 3.4 本章小结 ... 64

第4章 醇类/汽油火焰碳烟前驱物演化过程研究

- 4.1 不同环数芳烃的演化过程分析 ... 65

4.2 不同醇类掺混对芳烃生成特性的影响分析	67
4.2.1 芳烃分布特征	67
4.2.2 芳烃定量分析	71
4.3 稀释和分子结构对芳烃的影响效应分析	74
4.3.1 芳烃分布特征	74
4.3.2 芳烃定量分析	75
4.4 不同醇类掺混对火焰结构的影响分析	77
4.4.1 不同醇类掺混的对比	77
4.4.2 醇类掺混比的影响	81
4.5 本章小结	84
第 5 章 基于碳烟前驱物分析的汽油表征燃料评价研究	86
5.1 汽油表征燃料的研究概述	86
5.2 汽油表征燃料评价研究	89
5.2.1 碳烟前驱物和碳烟特性对比	89
5.2.2 火焰结构对比	92
5.3 甲苯对正庚烷和异辛烷影响差异研究	96
5.3.1 芳烃分布特征	96
5.3.2 芳烃定量分析	99
5.3.3 火焰结构分析	102
5.4 甲苯对碳烟颗粒微观结构演化的影响	104
5.4.1 碳烟颗粒微观形貌	104
5.4.2 基本颗粒特征	105
5.4.3 积聚颗粒特征	106
5.4.4 固相颗粒动力学分析	108
5.5 本章小结	110
第 6 章 醇类/汽油碳烟前驱物生成的气相化学动力学研究	112
6.1 Chemkin 理论基础	112
6.1.1 热力学参数	113
6.1.2 基元反应与速率常数	114
6.2 汽油表征燃料 PAHs 生成的气相化学动力学分析	115

  6.2.1 不同环数芳烃计算值 115
  6.2.2 反应路径分析 117
 6.3 醇类/汽油 PAHs 生成的气相化学动力学模型构建 121
  6.3.1 简化机理理论基础 121
  6.3.2 丁醇机理研究与简化机理构建 124
  6.3.3 乙醇机理研究与简化机理构建 132
  6.3.4 甲醇机理研究与简化机理构建 137
  6.3.5 醇类/汽油 PAHs 生成机理构建 138
 6.4 醇类掺混稀释效应的动力学分析 142
  6.4.1 不同环数芳烃计算值 142
  6.4.2 稀释效应的影响机理 142
 6.5 不同醇类分子结构影响的气相化学动力学分析 148
  6.5.1 不同环数芳烃计算值 148
  6.5.2 醇类分子结构的影响机理 150
 6.6 本章小结 154

第 7 章 醇类/汽油层流扩散火焰数值模拟研究 156
 7.1 数值计算方法 156
  7.1.1 控制方程 158
  7.1.2 计算网格与边界条件 160
  7.1.3 求解方法 161
 7.2 碳烟颗粒生成模型 162
  7.2.1 颗粒成核 162
  7.2.2 颗粒碰撞凝聚 163
  7.2.3 颗粒表面生长和氧化 164
  7.2.4 颗粒破碎 167
  7.2.5 模型验证 168
 7.3 醇类掺混比对颗粒生长与氧化的影响 168
  7.3.1 碳烟体积分数和温度场 168
  7.3.2 颗粒粒径与颗粒数密度 170
  7.3.3 颗粒生长 172

目录

- 7.3.4 颗粒氧化 … 175
- 7.4 不同醇类分子结构对颗粒生长与氧化的影响 … 178
  - 7.4.1 碳烟体积分数和温度场 … 178
  - 7.4.2 颗粒粒径与颗粒数密度 … 180
  - 7.4.3 颗粒生长 … 181
  - 7.4.4 颗粒氧化 … 183
  - 7.4.5 稀释效应与化学效应的解耦分析 … 184
- 7.5 醇类掺混与环境富氧对碳烟颗粒的复合影响 … 186
  - 7.5.1 环境氧对碳烟影响的研究概述 … 186
  - 7.5.2 碳烟体积分数和温度场 … 189
  - 7.5.3 颗粒成核、表面生长和氧化 … 196
  - 7.5.4 扩散氧与醇类掺混的耦合作用分析 … 203
- 7.6 本章小结 … 203

第8章 长链醇及相似烷烃火焰碳烟演化特性对比研究 … 206

- 8.1 长链醇的应用潜力与性质 … 207
- 8.2 长链醇及相似烷烃火焰碳烟微、纳观形貌 … 209
  - 8.2.1 自然发光火焰 … 209
  - 8.2.2 碳烟微观形貌 … 211
  - 8.2.3 碳烟纳观形貌 … 213
- 8.3 长链醇及相似烷烃碳烟颗粒微观结构参数 … 214
  - 8.3.1 基本颗粒粒径 … 214
  - 8.3.2 分形维数 … 217
- 8.4 长链醇及相似烷烃 PAHs 生成的气相化学动力学分析 … 219
  - 8.4.1 机理构建与验证 … 219
  - 8.4.2 芳烃摩尔分数和生成速率 … 219
  - 8.4.3 关键中间组分的演化机理 … 222
- 8.5 本章小结 … 224

参考文献 … 226

第 1 章
绪 论

1.1 碳烟颗粒的排放危害与生物燃料的应用潜力

目前世界能源需求在很大程度上是通过传统化石燃料的燃烧来实现的,而化石燃料的燃烧不可避免地会产生 NO_x、CO、颗粒物和包括多环芳烃(polycyclic aromatic hydrocarbons,PAHs)在内的碳氢化合物等污染物[1-2]。其中,颗粒物是由化石燃料在不完全燃烧状态下产生的,主要包括碳烟(soot)颗粒、可溶性有机物和无机物等,其中碳烟(碳黑)是核心组分。碳烟一方面具有重要的工业用途,另一方面对人类健康、能源利用和大气环境带来了巨大的负面影响。碳烟颗粒对环境的危害首先表现在其对可见光和红外光的吸收方面,空气中若存在大量颗粒物,则会减少到达地球表面的光照,降低可视度,甚至引发灰霾等灾害性天气[3]。此外,鉴于其在区域变暖中的作用,碳烟颗粒也被认为是全球变暖的第二大贡献者,仅次于 CO_2[4-5]。颗粒物对人类健康的危害程度与其粒径大小有关,粒径小于 10 μm 的颗粒能够深入呼吸道和肺叶组织,甚至穿透肺泡进入血液,并具有很强的沉积作用,引起肺部、呼吸系统和血液系统疾病。内燃机排放的碳烟颗粒还吸附了大量芳烃等物质,具有很强的致癌性[6]。鉴于这些原因,必须严格控制各类燃烧装置的碳烟颗粒排放。我国在 2012 年第三次修订的《环境空气质量标准》(GB 3095—2012)中增设了 PM2.5 的浓度值监测和平均浓度限值,并于 2016 年在全国实施[7]。

随着经济社会的发展,我国机动车保有量持续呈现快速增长态势。据公安部统计，截至2023年9月底，我国机动车保有量已高达4.3亿辆，其中汽车为3.3亿辆。作为汽车的主要动力装置，内燃机燃烧过程中的污染物排放已经成为大气中碳烟颗粒的重要来源，给城市环境和人类健康造成了沉重的负担。内燃机在燃烧前和燃烧过程中燃料与空气的不均匀混合会导致燃油在高温缺氧环境下发生裂解、脱氢等反应，造成碳烟颗粒的生成。传统的进气道喷射（port fuel injection，PFI）汽油机由于其化学计量预混合燃烧模式[8]，碳烟排放问题并不严重，但其排放的颗粒数量也不容忽视。柴油机由于燃油经喷嘴直接喷入气缸，燃油与空气形成可燃混合气的时间极短，扩散燃烧比例很高，从而导致其碳烟排放十分严重[9]。由于汽油缸内直喷（gasoline direct injection，GDI）技术具有效率高、运行可控性好和低油耗等优点，近年来已经被应用于汽油机，并被大规模装备乘用车辆。但由于其非均质的燃料空气混合，存在扩散燃烧，使目前的汽油机也面临严峻的碳烟排放问题[10-12]。因此，有必要寻找有效的方法，以解决汽油燃料在燃烧过程中的碳烟颗粒生成的问题。

目前，用于减少汽油机碳烟排放的措施主要包括：（1）缸内燃烧优化，如提高喷射压力、进气压力，降低进气温度，调整喷射正时，采用排气再循环（exhaust gas recirculation，EGR）及预混合低温燃烧等；（2）加装排气后处理系统，汽油机颗粒捕集器（gasoline particulate filter，GPF）通常被用于排气的后处理，以满足颗粒排放数量的限值。研究表明，GPF可以使碳烟排放量下降约88%，而不会影响燃油经济性[13]。但为了保证排气背压不会升高，GPF需要在催化剂存在下进行频繁的再生，需要考虑成本效益；（3）在燃料中添加金属催化剂，这虽然可以减少碳烟的产生[14]，但催化剂本身会对人类健康和环境产生危害[15]；（4）配制汽油和含氧生物质燃料混合物，这种混合燃料凭借燃料补氧不但可以在不改变发动机技术的情况下有效地降低碳烟排放，而且也有利于低温下GPF快速再生。此外，碳中性生物燃料的开发和应用对环境保护和能源可持续发展也具有重要的意义。

目前，相关研究已表明多种含氧生物质燃料具备这方面的潜力，如醇[16-18]、醚[19]、酮[20]、碳酸二甲酯[21]和2,5-二甲基呋喃[22]等，这些燃料都能够以可再生原料进行生产，具有碳中和的优势。其中，醇类燃料因其良好的物化特性、丰富的原料来源、成熟的制取技术、良好的可再生特性，以及降低发动机污染物排放的能力，被认为是最具潜力的车用清洁替代燃料[23-25]。车用醇类燃料的碳中和特性如图1-1所示。

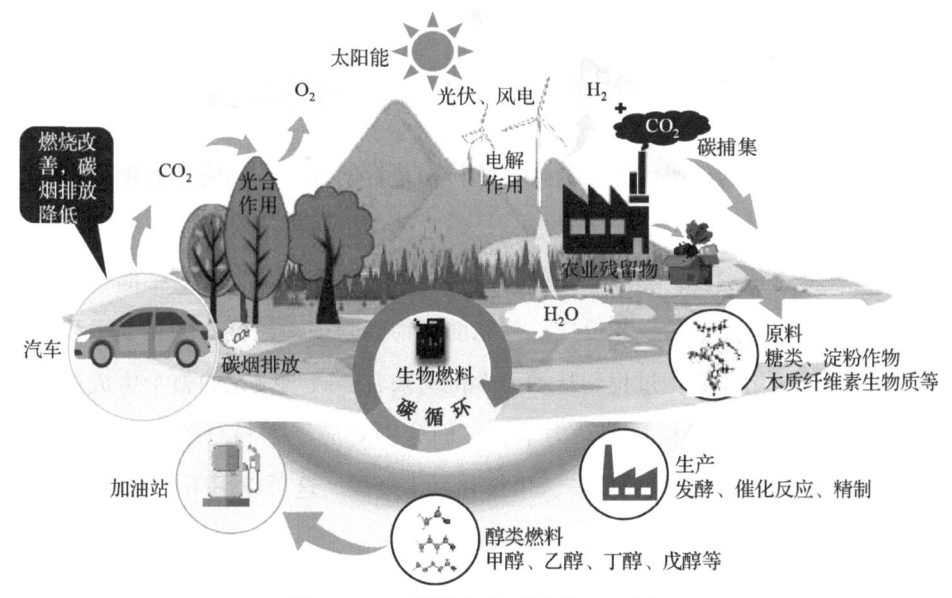

图 1-1 车用醇类燃料的碳中和特性

目前对醇类燃料及其与传统化石燃料掺混燃烧中污染物生成的机理研究还处于探索阶段，尚无法满足从根本上抑制污染物生成的要求。此外，在作为汽油添加剂时，不同醇自身燃料化学因素对碳烟排放降低的差异还未明确，不同醇对碳烟生成过程的影响机理尚不清晰，亟须在基础火焰中开展研究。本书拟采用多种光学诊断方法，从试验、气相化学动力学和固相颗粒动力学三个方面研究醇类掺混汽油（汽油表征燃料）燃烧中碳烟及其前驱物生成机理，如图 1-2 所示。本书的研究结果不仅有助于深入了解不同醇类掺混汽油燃烧中碳烟特性的影响规律和内在机理，也为开发准确的醇/汽油燃烧与碳烟生成模型提供理论基础和数据支撑。这对从根本上抑制内燃机碳烟颗粒的生成，实现内燃机高效清洁燃烧具有重要的科学意义。

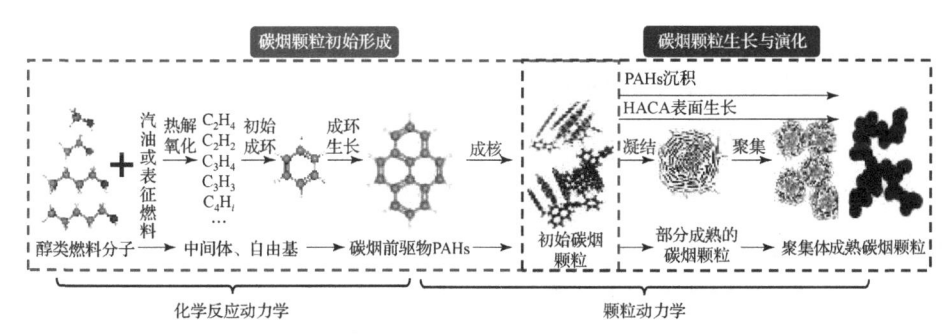

图 1-2 醇类掺混汽油燃烧中碳烟及其前驱物生成机理

1.2 碳烟颗粒生成的理论基础

碳烟是颗粒物的核心组分，通常占颗粒物总量的50%~80%。碳烟是燃料在高温缺氧条件下燃烧产生的，主要成分是碳，其产生后再通过吸附各种可溶性有机物、金属物质和水等，形成最终的颗粒物。碳烟生成包括十分复杂的化学和物理过程，需要经历复杂的气相反应、气态前驱物到固态颗粒核心的相变过程，以及颗粒的生长演化和氧化过程。从动力学机理来看，碳烟颗粒的整个生成过程包括气相化学动力学和固相颗粒动力学，它们分别对应于燃料分子到碳烟前驱物PAHs的生成过程，以及颗粒成核、生长和氧化过程。这可以用图1-3所示的模型来表示[26]。

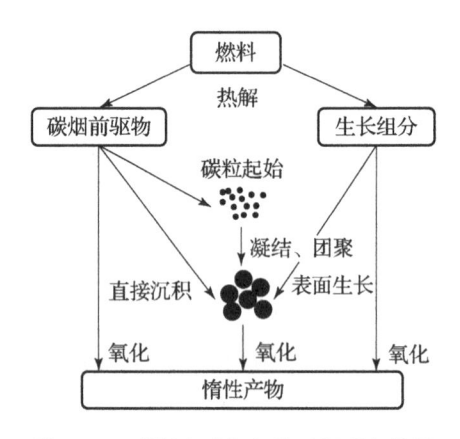

图1-3 碳烟生成与氧化过程现象模型

1.2.1 芳烃的生成

芳烃包括只有一个苯环的单环芳烃，以及拥有两个或两个以上苯环的PAHs，表1-1中列举了部分芳烃的结构和主要属性[27]。其中大环芳烃通常被认为是碳烟的气相前驱物，直接影响了随后的碳烟颗粒成核和生长过程。芳烃的形成和生长起源于燃料的化学反应，从燃料氧化、热解开始形成初始芳香环，然后通过生长反应形成大环芳烃，而后通过碰撞凝结和表面生长形成基本碳烟颗粒[28-29]。

表 1-1 部分芳烃的结构和主要属性

芳烃	分子式	分子结构	沸点/℃	熔点/℃
苯	C_6H_6		80.1	5.5
甲苯	$C_6H_5CH_3$	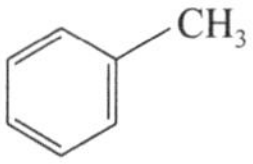	110.6	-94.9
乙苯	$C_6H_5CH_2CH_3$	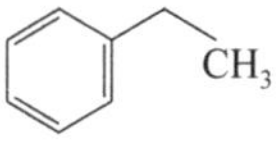	136.2	-95
萘	$C_{10}H_8$	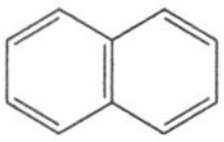	218	80
苊烯	$C_{12}H_8$	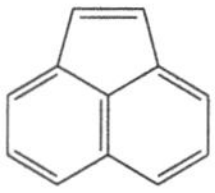	280	89.4
菲	$C_{14}H_{10}$	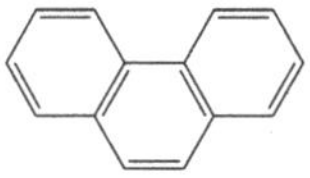	340	101
蒽	$C_{14}H_{10}$	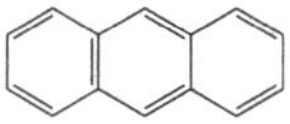	342	217
荧蒽	$C_{16}H_{10}$	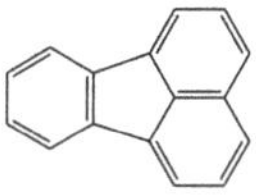	384	110.2
芘	$C_{16}H_{10}$	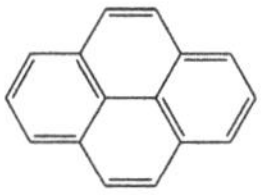	394	151

燃烧初期，碳氢化合物通过高温氧化裂解形成 $C_1 \sim C_5$ 等小分子碳氢自由基。然后，这些自由基通过环化反应（如 C_1+C_5、C_2+C_4、C_3+C_3 路径）生成单环芳烃（如苯 A1）。随后，依据燃料分子结构的不同，更大尺寸的 PAHs（如萘 A2、菲 A3、芘 A4 等）可能通过甲基加成环化（MAC）、脱氢加乙炔（HACA）、丙炔基加成、五元环加成、苯基加成、PAHs 凝结（PAC）等机理生成。常见的芳烃生长机理的主要反应路径如图 1-4 所示[27]。目前，有关 PAHs 生成的气相化学动力学模拟通常采用某一种或者多种机理。

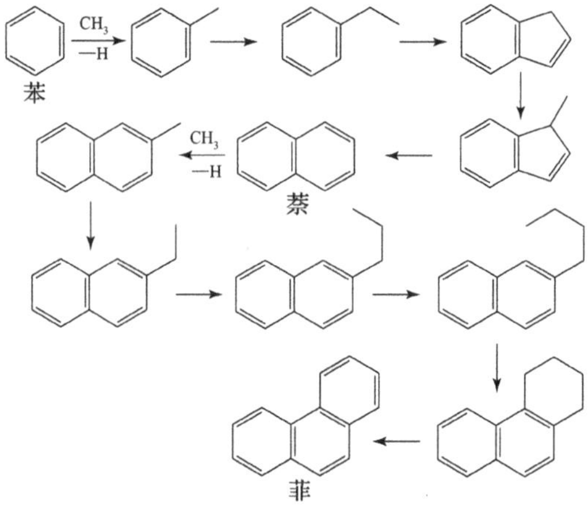

(a)

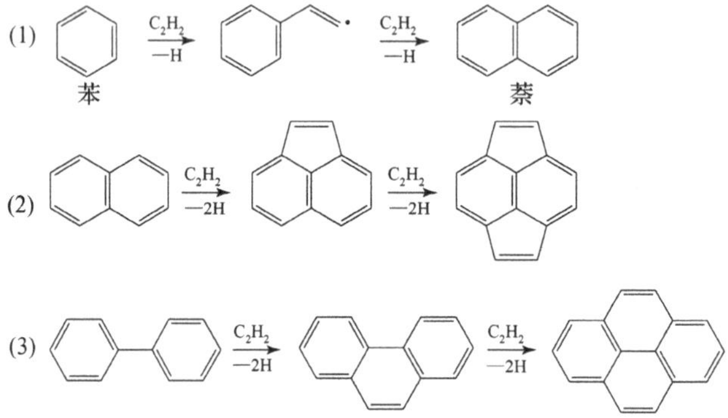

(b)

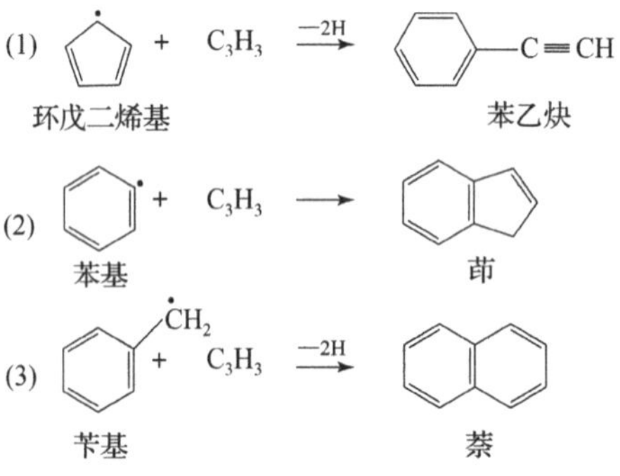

(c)

图 1-4 常见的芳烃生长机理的主要反应路径

(a) 甲基加成环化反应路径；(b) 脱氢加乙炔反应路径；(c) 丙炔基加成反应路径

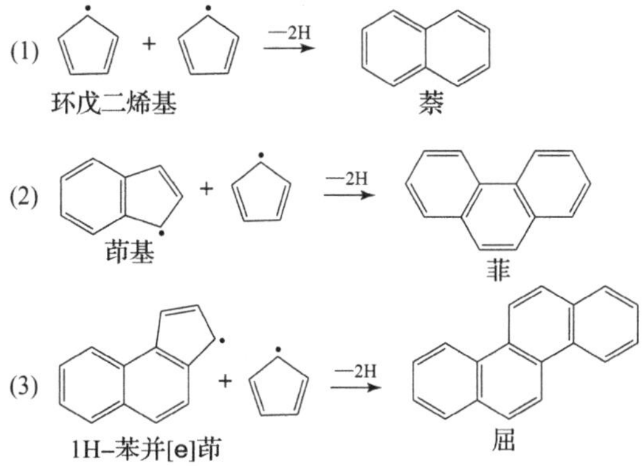

图 1-4 常见的芳烃生长机理的主要反应路径（续）

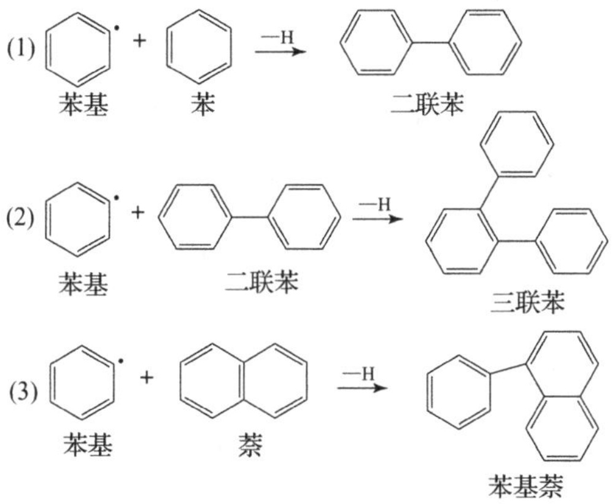

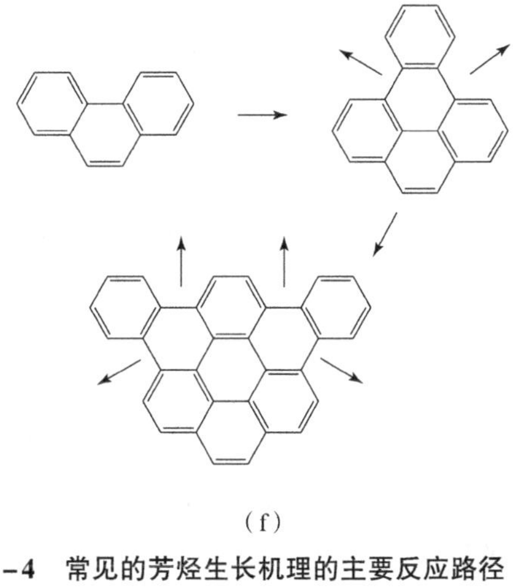

(d) 五元环加成反应路径；(e) 苯基加成反应路径；(f) PAHs 凝结反应路径

国内外研究人员利用同步辐射光电离质谱和激光诱导荧光（laser induced fluorescence，LIF）等技术，并结合气相化学动力学分析，对燃烧过程中芳烃的生成展开了一系列研究。Hansen 等人[30]采用同步辐射分子束质谱技术实现了环戊烯富燃火焰中 $C_1 \sim C_4$ 小分子物质及单环芳烃浓度的定量测量。Lee 等人[31]利用平面激光诱导炽光（planar laser induced incandescence，PLII）和激光诱导荧光技术测量了乙烯/丙烷对冲扩散火焰中碳烟和 PAHs 的相对浓度。研究结果发现，最大荧光强度和各种芳烃浓度存在很好的相关性，可用于定性解释 PAHs 的生成，并指出 C_3 途径也可以促进 PAHs 的生长。Kobayashi 等人[32]利用激光诱导荧光技术测量了苯和己烷扩散火焰中 PAHs 的分布。研究结果表明，苯火焰中 PAHs–碳烟过渡区域的温度与己烷火焰的温度相似，PAHs–碳烟过渡区域和碳烟区域中存在小分子 PAHs，比芘重的分子是碳烟前驱物形成的主要候选物。Wang 等人[33]在乙炔和乙烯层流预混火焰的研究中，提出了包括初始苯环形成到芘的生成，再到碳烟成核的详细气相化学动力学模型。研究结果表明，PAHs 生长主要通过甲基加成环化和脱氢加乙炔反应路径进行，碳核的生长主要通过小分子物质和 PAHs 的吸附进行。Marchal 等人[34]在庚烷和异辛烷富燃预混火焰和射流搅拌反应器（jet stirred reactor，JSR）中对 $C_2 \sim C_3$ 和芳烃等组分进行了测量，并构建了庚烷/异辛烷 PAHs 生成的气相化学动力学机理。路径分析表明，炔丙基重组在庚烷和异辛烷富燃火焰中是生成苯的重要途径。中国科学技术大学的张奎文等人[35]利用同步辐射真空紫外光电离质谱技术对乙烯扩散火焰中间产物浓度进行了测量。测量结果表明，在所测量的中间产物中，C_2 和 C_4 物质的浓度较高，C_2 与 C_4 物质的反应成为苯环形成的主要反应。天津大学张鹏等人[36]利用激光诱导荧光技术对各种单一芳烃及其混合物的荧光光谱进行了研究，发现苯环数相同但结构不同的芳烃对其荧光光谱范围几乎没有影响，并提出了 1～4 环芳烃的最佳荧光光谱范围。

国内外关于燃烧条件对 PAHs 的影响也进行了研究。Ciajolo 等人[37]在乙烯预混火焰中研究了火焰温度对 PAHs 转化为碳烟的影响。研究发现，在高温火焰区（>1 800 K），PAHs 会被氧化成 CO_2 等终产物，不会转化为碳烟；在中温火焰区（约 1 700 K），PAHs 的生成量增加，并且易于向碳烟转化；在低温区

(<1 550 K)，PAHs 因无法凝结而不能转化成碳烟。Wijayanta 等人[38]基于活塞流反应器研究了反应温度、压力，以及 O_2 和 CO_2 对生物质燃烧过程中 PAHs 生成的影响。研究发现，在温度低于 1 473 K 时，O_2 浓度的提高可以减少 PAHs 和碳烟生成；在温度高于 1 473 K 时，CO_2 质量分数增至 22% 后可以减少 PAHs 并增加 CO。清华大学钟北京等人[39]构建了甲烷层流预混火焰中 PAHs 生成的化学机理，发现存在拐点当量比使得 PAHs 的浓度达到最大值，PAHs 的生成量随着压力升高而增加。天津大学的赵昌普等人[40]利用 Chemkin 对正庚烷预混火焰中 PAHs 的生成进行了气相化学动力学分析，并用计算流体力学（computation fluid dynamics，CFD）软件进行了耦合仿真。研究发现，空燃比对 PAHs 的生成有很大影响，随着空燃比的增大，PAHs 的峰值生成量增大。

1.2.2 碳烟的成核

碳烟的成核是指由大环芳烃继续生长形成碳烟核心的过程，此时物质的相态由气相前驱物转化为固相颗粒核心，化学反应由气相反应转变为表面反应，这也是碳烟生成过程中最复杂且最重要的一步。

成核有三种主要的理论路线：（1）生长成弯曲的富勒烯结构；（2）物理堆积；（3）化学反应成交联结构。Weilmünster 等人[41]指出燃烧过程中 PAHs 会首先生长成二维平面形状，此后分子量的增大逐渐使其平面发生弯曲，最终形成三维球状结构。但 Grieco 等人[42]指出采用富勒烯结构生长的成核机理，无法解释基本粒子的粒径变化和成核时间的问题。Fialkov 等人[43]认为成核是通过大分子 PAHs 经脱氢碳化反应后持续与其附近自由基结合而发生的。然而，Frenklach[44]、Akihama[45] 和 Herdman 等人[46]认为碳烟成核主要是通过中等尺寸 PAHs 之间的物理堆积结合而发生的。关于发生物理堆积的条件，研究指出，PAHs 之间的静电和分散作用力在火焰温度大于 1 600 K 时足够保证 PAHs 分子之间的物理凝聚[46-47]。也有研究指出，PAHs 的大小只有达到一定程度时，才能保证足够的静电和分散作用力，使得通过物理凝聚形成的 PAHs 在高温条件下继续存在[48]。化学反应交联结构成核理论认为，碳核是由中等尺寸的 PAHs 之间通过化学键衔接成三维结构而产生的[49-50]。过程可以理解为一定大小的 PAHs 经相互碰撞，首先形成具有二维结构的 PAHs 二聚体，然后继续与 PAHs 分子发生碰撞，最终形成具有三维结构的 PAHs 三聚体，以此类推，不断生长。该过程可用下列反应表示：

$$PAHs_{2D,m} + PAHs_{2D,n} \longrightarrow PAHs_{3D,m+n} = C_{soot,m+n}$$

此后，美国桑迪亚国家实验室 Johansson 等人[51]的研究又取得了一些新的进展。他们结合试验和数值计算对 $C_2 \sim C_3$ 气态烃火焰的研究表明，气态燃烧产物向碳烟颗粒转变的过程最初是由环戊二烯基（C_5H_5）和 C_2 物质的加成反应引起的，然后通过共振稳定自由基机理驱动的一系列自由基链式反应来实现 PAHs 转变为碳核及表面生长。

1.2.3 碳烟的生长

碳烟生长是指碳核形成后，质量和体积的增长过程，包括表面生长和碰撞凝聚等。表面生长是指小分子自由基或大分子 PAHs 作用于碳核表面，使碳核逐渐生长为近似圆球形的基本碳烟颗粒。这种生长不会增加碳烟颗粒的数量，只会增加其粒径和质量[52-53]。碰撞凝聚是指碳烟颗粒在运动过程中互相碰撞形成颗粒聚集体的物理过程。

凝聚出现在燃烧过程的每个阶段，事实上，在成熟的碳烟颗粒的纳观形貌中经常可以发现其基本碳粒子通常拥有多个核心[54-55]，这就是早期核态碳烟互相碰撞后凝聚的结果。Song 等人[56]研究指出，燃烧早期形成的小粒径的年轻碳烟颗粒更容易发生凝聚，而燃烧后期所生成的较为成熟的碳烟颗粒则不易发生凝聚。Alfe 等人[57]还研究了两种温度下甲烷/氧预混火焰中年轻碳烟颗粒和成熟碳烟颗粒的微观结构。研究表明，在较低温度下，碳烟在成熟化过程中其纳观结构没有显著变化，而在高温火焰中，碳烟在成熟化过程中其结构的有序度逐渐增加。Dastanpour 等人[58]对各种非预混燃烧系统和预混燃烧系统中碳烟样品的透射电镜（transmission electron microscope，TEM）图像进行了分析。分析结果表明，基本颗粒与聚集体尺寸之间存在相关性，较大的聚集体主要由较大的基本颗粒组成。

洪亮等人[59-60]利用热泳取样颗粒诊断（thermophoretic sampling particles diagnostics，TSPD）、TEM 与原子力显微镜（atomic force microscope，AFM）分析了甲烷预混火焰中颗粒的微观特性和团聚动力学，发现随着火焰温度和当量比的增加，颗粒内部的石墨化程度也增加，而范德瓦耳斯力是导致颗粒间发生团聚的重要因素。天津大学汪晓伟[61]利用热泳探针、毛细管和石英微探针取样系统分别对甲烷/空气的预混火焰和扩散火焰进行了对比研究。研究表明，碳烟颗粒的生长过程是不断趋于石墨化的过程，且石墨化程度与微晶尺寸间存在正的线性相关性，扩散火焰中基本颗粒的微晶尺寸和聚集体分形维数（D_f）高于预混火焰。天津大学王思文等人[62-63]利用原子力显微镜研究了甲烷/空气扩散火焰中碳烟颗粒三维形貌随火焰在燃烧器上方高度（height above the burner，HAB）的变化规律。研究表明，随着 HAB 的上升，基本颗粒的球度比随颗粒当量直径的增加趋势更显著，基本碳烟颗粒的碳化程度逐渐增加。华中科技大学魏文明等人[64-65]利用 TSPD 和 TEM 对乙炔掺氢预混火焰的研究发现，掺氢可以抑制颗粒成核和表面生长，减小当量比可以抑制颗粒的表面生长。

1.2.4 碳烟的氧化

由于已生成的碳烟处于复杂的高温、含氧环境中，碳烟从产生的时刻起就会伴随着氧化反应，而且在燃烧中的任一时刻都有被完全氧化、消失的可能[66]。碳烟颗粒的氧化主要在其表面进行，其中 O_2 和 OH 起主要的氧化作用[67-69]。

Vander Wal[70]研究了基本粒子的纳观结构对碳烟氧化活性的影响，发现具有较高氧化活性的碳烟具有较短的微晶长度和较大的曲率与层间距，并指出较高的曲率减弱了 C—C 键，并通过施加键应变和减少轨道重叠中的电子共振稳定性，导致其更容易受到氧化攻击。随后，Song 等人[71]、Raj 等人[72]和 Yehliu 等人[73]的研究也证明基本颗粒的纳观结构与碳烟氧化活性之间存在很强的相关性。Alfe 等人[57,74]结合高分辨透射电镜（high resolution transmission electron microscope，HRTEM）、元素分析、热重分析（thermo gravimetry analysis，TGA）和紫外可见光谱法对比研究了甲烷、乙烯、环己烷和苯层流预混火焰中碳烟的结构和化学特性，发现碳烟颗粒的氢碳原子比和氧化反应性与基本颗粒的内部结构有关，基本颗粒的内部结构取决于含有芳烃前驱物的火焰中不同的成核机理。此后，Ghiassi 等人[75]的研究表明，碳烟颗粒的氧化反应性与层平面的有序度有关，最具反应性的碳烟颗粒具有非晶纳米结构。Ghiassi 等人[76]利用 HRTEM 研究了碳烟纳米结构与氧化破碎之间的关系。研究表明，桥位点的较高反应性导致较快的燃烧速率，使破碎发生，聚集体分离。

国内宋崇林课题组关于颗粒的氧化反应性开展了较多研究。马翔等人[77-78]利用毛细管取样分析系统研究了甲烷预混火焰中碳烟颗粒表面官能团和氧化反应性与火焰温度和燃空当量比之间的关系。研究表明，随着火焰温度和燃空当量比的增加，碳烟颗粒的表面官能团减少，氧化活性下降，并指出碳烟颗粒的氧化活性与其表面官能团存在直接关系。王明珠等人[79-80]利用 TSPD 和毛细管系统，并结合用 TEM、拉曼光谱和 TGA 等设备对甲烷/空气扩散火焰不同高度处的碳烟颗粒进行了取样和分析。分析结果发现，随着 HAB 的上升，碳烟颗粒的微观结构先趋于无序，后趋于有序；而碳烟颗粒的氧化活性先增加，后减小。碳烟颗粒的微观结构越无序，则碳烟颗粒的表观活化能越小，氧化活性越高。王强等人[81-82]对乙烯/氧气/氩气预混火焰中碳烟颗粒的微观物理特性和氧化活性进行了研究。研究表明，随燃空当量比和火焰高度的增加，碳烟颗粒的无序化程度不断减小，石墨化程度增加，碳烟颗粒的氧化活性逐渐降低。

1.3 醇类生物燃料对碳烟影响的研究现状

含氧生物质燃料部分掺混或全部替代化石燃料已经被认为是减少污染物排放的重要策略之一[83-84]。与其他含氧燃料相比，醇类因其良好的物化特性、丰富的原料来源、成熟的制取技术、良好的可再生特性被认为是最具潜力的清洁燃料[85-87]。在内燃机上的研究是评价醇类对碳烟排放影响的最直接方式，但结果往往会受到缸内燃烧不稳定性和发动机工况的影响。为了将燃料化学因素与内燃机运行条件分离，有必要在控制良好的基础燃烧系统中对碳烟及其前驱物生成开展深入的机理研究和量化分析。目前以甲醇、乙醇、丁醇和戊醇为代表的醇类含氧燃料对碳氢燃料燃烧过程中碳烟前驱物 PAHs 与碳烟生成的影响，已经在内燃机和基础燃烧系统中进行了广泛研究，并取得了很多值得总结的研究进展。醇类燃料和汽油的物化特性如表 1-2 所示。

表 1-2 醇类燃料和汽油的物化特性

燃料	甲醇	乙醇	正丁醇	正戊醇	汽油
密度（20 ℃）/(kg·m^{-3})	792	790	809.8	814.6	725
动力黏度（20 ℃）/(mPa·s)	0.61	1.2	1.66	2.36	0.55
低热值/(MJ·kg^{-1})	20.26	25	33.1	34.65	43.5
汽化潜热/(kJ·kg^{-1})	1 101	862	581.4	508.6	31~34
沸点/℃	64.5	78	117.7	137.5	40~210
化学计量空燃比	6.45	9	11.21	11.76	14.7
碳含量（wt%）	37.5	52.2	64.9	68.18	86.24
氢含量（wt%）	12.5	13.0	13.5	13.64	13.76
氧含量（wt%）	50.0	34.8	21.6	18.18	<0.05

1.3.1 甲醇

甲醇是最简单的饱和一元醇，氧含量高达50%，着火界限宽，燃烧速度快，有助于提高汽油机的燃烧性能，并改善排放[88]。与其他醇类相比，甲醇具有最高的辛烷值和最佳的抗爆性，这使得发动机可以提高压缩比，从而改善燃油经济性[89]。作为可再生燃料，甲醇的生产技术成熟，原料来源广泛，能够以煤炭、二氧化碳[90]、天然气和生物质[91]为原料进行制取。但是甲醇作为替代燃料也需要克服一些缺点。甲醇的高汽化潜热会导致冷启动困难，所以须改善冷启动系统。另外，甲醇对某些金属材料有腐蚀性，对橡胶部件有溶胀性，因此，必须妥善处理发动机中的某些部件，使用特殊的密封件和垫片。此外，对于很高的非常规排放甲醛需安装专用的氧化性催化器[92]。

Agarwal等人[93]和Liang等人[94]研究了掺混小比例甲醇（10%~20%）对汽油机燃烧和排放性能的影响。研究发现，添加小比例甲醇可以减少颗粒物的质量和数量排放，而且对燃烧性能影响不大。国内李翔等人[95]在GDI发动机上对纯甲醇（M100）和甲醇/汽油混合物（M20和M25）的微粒排放特性进行了研究。研究发现，在发动机常用典型工况下，M100几乎不产生微粒排放，M25的微粒排放小于M20的微粒排放，其中排放微粒的微粒数量浓度主要集中在核态区域，质量浓度主要集中在积聚态区域。然而，还有一些研究发现了不同的结果，这可能归因于不同的发动机运行条件。Wang 等人[96]发现添加 15%~40% 的甲醇减少了 GDI 发动机 33.2%~40.2% 大气颗粒物的质量排放,但微粒数量的排放量略有增加。Geng 等人[97]在一台国Ⅳ标准的 PFI 汽油机上利用快速微粒光谱仪研究了甲醇掺混（M0、M15 和 M45）对颗粒排放和粒径分布的影响,发现低掺混比下（M15）颗粒数量和质量浓度排放降低,而高掺混比下（M45）颗粒数量和质量浓度排放则明显增高。随着发动机负荷增大,不同掺比混合燃料的核态颗粒数量均增加,而积聚态颗粒数量均降低。天津大学姚春德等人[98]在一台国Ⅲ标准的 PFI 汽油机上也得到了相似的结论。在柴油机上,Zhang 等人[99]研究了添加 10%~30% 甲醇对不同柴油机负荷下颗粒物排放的影响。研究表明,甲醇的加入增加了柴油机的峰值放热率和着火滞燃期,但没有显著改变柴油机的燃烧持续时间。然而,在中高发动机负荷下,添加甲醇显著降低了颗粒的质量浓度和数量浓度,并略微降低了颗粒的几何平均直径。

在基础燃烧系统研究方面,Ni 等人[100]采用一维激光诱导炽光（laser induced incandescence,LII）技术研究了掺混甲醇对乙烯层流扩散火焰中碳烟生成的影响。研究发现,向乙烯中加入 25% 的甲醇可以使碳烟体积分数降低 60%。为了弄清这种化学效应,江苏大学倪培永等人[101]利用矩方法分析甲醇/乙烯层流预混火焰中形成碳烟颗粒的化学机理。研究发现,加入甲醇后能有效地抑制 PAHs 及 PAHs 前驱物（乙炔、炔丙基）的生成,而且甲醇中的氧原子在迁移过程中生成 OH 自由基,消耗了 C_3H_3 等物质,有效抑制了苯的生成,最终降低了碳烟的生成。Frederickson 等人[102]首次将 LII 应用在大尺寸火焰上,测量了甲醇/甲苯混合燃料大尺寸湍流池火焰中的碳烟体积分数,构建了碳烟体积分数波动的概率密度函数。Yu 等人[103]利用同步辐射真空紫外光电离质谱（synchrotron radiation vacuum ultraviolet photoionization mass spectrometry,SVUV – PIMS）技术对甲醇/丁酸甲酯预混层流火焰进行了研究。研究发现,在相同当量比下加入甲醇后,碳烟前驱物的峰值摩尔分数显著降低,而在相同碳氧比下,加入甲醇对碳烟前驱物峰值的影响很小,进而指出碳氧比对碳烟前驱物的形成起重要作用。Xu 等人[104]采用同步辐射光电离和分子束质谱技术,并结合动力学仿真,研究了甲醇和乙醇对正庚烷/甲苯层流预混火焰的影响。研究表明,醇的添加可以在中

温区域产生大量的 HO_2 和 OH 自由基,并通过氢提取反应增加了甲苯的消耗速率,且部分甲苯被醇类燃料替代,且由于组合反应的放大效应而显著抑制了随后高温区域中 PAHs 的生成。

1.3.2 乙醇

乙醇是一种基于生物质的可再生燃料,可以从玉米、甘蔗、甜菜、大麦、甜高粱、农业残留物和各种植物纤维等植物原料中生产得到[105-107]。乙醇具有较高的辛烷值和 34.8% 的氧含量,其理化性质和汽油的理化性质相似,与汽油的互溶性好。目前的乙醇汽油是指将生物乙醇和普通汽油按一定比例混合而成的新型替代燃料,在中国、巴西和美国等很多国家已经被广泛应用于汽油机上,具有较好的经济和社会效益[108-110]。然而,乙醇对管道具有腐蚀性,且具有比柴油低得多的闪点,在密闭空间中具有很高的蒸气形成潜力。因此,需要一些表面活性剂或助溶剂,以确保乙醇和柴油燃料的互溶性[111]。

Chen 等人[112]利用高速相机记录了直喷式光学柴油机的燃烧过程,发现掺混乙醇后火焰亮度降低,富燃区域中的碳烟形成被抑制。Di 等人[113]在一台直喷柴油机上研究了掺混乙醇对颗粒物排放的影响。研究表明,随着乙醇掺混比的增加,烟度、颗粒物质量浓度,以及粒径小于 750 nm 的颗粒数均逐渐降低。Kim 等人[114]也发现掺混 15% 乙醇可以使共轨直喷柴油机的烟度减少 42% 以上,颗粒物总数和质量排放分别下降 11.7%~15% 和 19.2%~26.9%。但 Lapuerta 等人[115]发现燃用 10% 乙醇柴油虽可以降低颗粒物的数量和质量排放,但导致粒径小于 100 nm 的颗粒数增加。Vuk 等人[116]在一台直喷汽油机上的研究发现,掺混 10% 乙醇可以显著降低颗粒物的数量和质量排放,并指出乙醇在减少汽油中因高沸点芳烃存在而引起的颗粒物排放方面是非常有效的。北京理工大学梁宾等人[117]使用电子低压冲击仪和高效液相色谱仪对汽油车燃用汽油及 E10 乙醇/汽油的颗粒物排放进行了对比研究。研究发现,燃用 E10 乙醇汽油后,颗粒物排放的颗粒数密度、表面积浓度及体积浓度均降低。西安交通大学白代彤等人[118]也发现中小负荷时汽油掺醇能够有效地降低颗粒物排放的总数量浓度和质量浓度,在添加 20% 乙醇时,颗粒物数量浓度和质量浓度分别下降了 84.3% 和 50.7%。

然而,一些研究发现,添加小比例乙醇不能有效降低发动机的碳烟排放。

Maricq等人[119]研究了乙醇对一辆汽油直喷车辆颗粒物排放的影响，发现添加少于20%的乙醇对降低颗粒物排放的作用很小，但添加超过30%的乙醇可以显著降低颗粒物排放。Lee等人[120]和Karavalakis等人[121]也发现了相似的结果。还有一些研究发现，乙醇的添加会导致发动机碳烟排放的增加，这可能与燃料蒸发雾化和发动机运行工况有关。Iorio等人[122]利用差分电迁移率粒径谱仪研究了乙醇对GDI发动机颗粒物排放的影响。研究发现，添加50%和85%的乙醇会导致积聚态颗粒数量增加，在分层燃烧模式下，燃用E50时颗粒质量排放比燃用汽油时明显增加。研究指出，乙醇的添加提高了汽油中较轻化合物的蒸发，而不利于残留重质燃料的扩散燃烧，为汽油中的重质化合物形成颗粒创造了有利条件。Cho等人[123]在直喷汽油机上的研究发现，添加20%的乙醇可以在稳定运行工况下显著降低发动机的颗粒物排放，但在冷启动条件下会增加颗粒物排放。Ericsson等人[124]指出，在冷启动条件下乙醇添加达到85%后可以同时降低碳烟的质量排放和数量排放。泛亚汽车技术中心朱小慧等人[125]在一台自然吸气式直喷汽油机上的研究发现，在小负荷和低速工况下，乙醇的添加导致雾化变差，颗粒峰值浓度和数目均明显增加；而在大负荷工况下，乙醇显示出了对颗粒排放的改善效果。以上的研究表明，乙醇添加对降低内燃机碳烟排放的效果受其运行条件的影响较大，在雾化较差的工况下，乙醇的添加往往不利于碳烟的降低。

在基础燃烧系统方面，Wu等人[126]通过使用LIF/LII方法和动力学仿真研究了添加乙醇对乙烯-空气预混火焰中碳烟及其前驱物生成的影响。研究表明，添加乙醇可以降低用于形成碳烟前驱物的碳含量，从而减少PAHs和碳烟的生成。Korobeinichev等人[127]利用可调同步加速器光电离分子束质谱技术和一维仿真研究了乙醇对预混低压乙烯火焰中碳烟和PAHs生成的影响，指出碳烟前驱物的降低是由于乙醇的路径中存在减少苯和炔丙基生成的反应。Lemaire等人[23]利用LII和LIF方法研究了添加乙醇对汽油和表征燃料湍流喷雾火焰中碳烟和PAHs生成的影响。研究发现，向汽油中加入10%~30%乙醇可使碳烟总量减少25%~81%。研究指出，碳烟减少是由于乙醇稀释效应与乙醇含氧效应的共同影响。Xu等人[128]指出，醇的添加可以在反应区域的后期阶段，通过诱导的大量HO_2和OH自由基，使氧化作用增强。Maricq[129]、Khosousi等人[130]研究了乙醇添加对汽油层流扩散火焰中碳烟生成的影响。Maricq[129]发现加入小比例乙醇对火焰性能和粒径分布几乎没有影响。当乙醇比率增加到 85% 时,火焰形态明显不同,基本颗粒比 E0 降低 50% 以上。Khosousi 等人[130]利用二维消光法测量了乙醇 – 汽油协流扩散火焰中的碳烟体积分数,并进行了仿真分析。分析结果表明,碳烟减少主要是因为芳烃含量的降低所带来的稀释效应。

然而,一些研究发现在乙烯扩散火焰条件下添加乙醇会导致碳烟生成增加。Salamanca 等人[131]在乙醇 – 乙烯预混和对冲扩散火焰的对比研究中发现,预混火焰中,添加 30% 乙醇就可以将碳烟降低至检测限以下,因为氧化作用的增强降低了碳烟前驱物的生成。而在对冲扩散火焰的燃料侧,添加低比例乙醇(≤20vol%)会导致 PAHs 和纳米微粒的增加,因为热解区中自由基的增加促进了 PAHs 的生成和生长。研究指出,碳烟生成不仅受燃料性质的影响,还受燃烧模式的影响。McNesby 等人[132]利用 PLIF – LS 方法结合动力学分析,进一步研究了乙醇添加到不同侧对乙烯 – 空气对冲扩散火焰中碳烟生成和 OH 自由基浓度的影响。研究指出,向空气侧添加乙醇可以通过增加温度和 OH 自由基浓度的热机理来降低碳烟的形成,向燃料侧加入乙醇会由于引入甲基的化学机制而导致碳烟生成的增加。Choi 等人[133]在乙烯逆流扩散火焰中发现随着乙醇比例从 0% 增加至 10%,PAHs 和碳烟生成的增加。McEnally 等人[134]同样发现,添加 10% 的乙醇或二甲醚会增大乙烯扩散火焰中的碳烟体积分数峰值,并指出这主要是由于甲基自由基浓度增加了,然后通过 $C_1 + C_2$ 加成反应促进炔丙基的产生,随后炔丙基的自反应会生成更多的苯,导致 PAHs 和碳烟的生成增加。Liu 等人[135]利用平面激光诱导荧光和 LII 方法研究了添加二甲醚对乙烯/空气层流扩散火焰中 PAHs 和碳烟生成的影响。研究结果证实,添加小比例的二甲醚也导致 PAHs 和碳烟生成的增加,并指出这种协同效应是由于甲基浓度的增加所致。在乙烯扩散火焰添加乙醇对甲基灵敏的原因是,火焰中甲基自由基的浓度非常低,汽油中因为大量的烷烃容易分解产生甲基自由基,故不会出现这种现象。

此外,在碳烟微观结构和化学特性方面,Barone 等人[136]利用 TEM 研究了燃用 20% 乙醇/80% 汽油混合物的 GDI 发动机排放的颗粒物,发现颗粒形态与喷射正时有关,基本颗粒粒径分布在 7~60 nm 的宽广范围内,这表明 GDI 发动机中非均质的燃料和空气混合。Vander Wal 等人[137]对比研究了来自乙醇、乙炔和苯热解中碳烟颗粒的纳观结构和氧化反应性，发现乙醇热解产生的具有弯曲平面层的碳烟和苯热解产生的具有无定形结构的碳烟均比乙炔热解产生的石墨化结构的碳烟更具反应性。Park 等人[138]利用 TSPD 和 HRTEM 研究了微重力下乙醇液滴火焰的碳烟颗粒的纳米结构。研究表明，在保持几乎恒定的火焰温度分布时，随着液滴停留时间的增加，基本颗粒的平均微晶长度增加，曲率减小，有序化程度增加。Esarte 等人[139]研究表明，乙醇/乙炔的碳烟样品呈现链状聚集体和洋葱状层的典型结构，而且热解温度和乙醇浓度的变化对碳烟颗粒的结构特征没有明显的影响。Shim 等人[140]和 Vander Wal 等人[54]的研究表明，基本颗粒的纳观结构与其经历的时间—温度的变化历程相关。之后 Schenk 等人[141]对 C_4 燃料预混火焰中碳烟形态的研究表明，预混火焰中新生碳烟颗粒形态的差异是由于停留时间和燃料的化学性质所致的。

1.3.3 丁醇

丁醇是一种典型的基于生物质的可再生燃料，具有四碳结构，能够克服低碳醇的缺点[142-143]。它具有较高的能量密度（是汽油的 83%）、较低的亲水性（仅为 7.7 g/100 mL 水）、很小的腐蚀性、低的蒸气压，其挥发性仅为乙醇挥发性的 1/6 左右，且可与任何比例的汽油混溶[144-146]。丁醇能够以秸秆、玉米纤维、甘蔗渣等木质纤维素，以及生物质微藻为原料制取，但生产成本和效率比甲醇和乙醇高。目前，随着丁醇发酵工艺的发展，丁醇的生产能力和可持续性不断提高，应用前景广阔[147]。

Rakopoulos 等人[148-149]利用不透光烟度计研究了掺混小比例丁醇（8%～25%）对直喷柴油机碳烟排放的影响，发现在不同负荷下，碳烟密度随着丁醇掺混比的增加逐渐降低。此后，Valentino 等人[150]发现燃用 20% 和 40% 丁醇柴油混合燃料可以延长着火滞燃期，有助于实现部分预混合的低温燃烧，并改善碳烟排放。Zhang 等人[151]发现在低负荷下，掺混 15% 和 20% 的丁醇会使直径小于 15 nm 的颗粒数量有所增加。与柴油机不同，Tornatore 等人[152]发现向汽油中加入 40% 的正丁醇能够减少排放中的超细碳质颗粒，且不损失发动机性能。Gu 等人[153]在 PFI 汽油机上也发现了类似的结果。Irimescu 等人[154]在光学 DISI 发动机上对纯丁醇和汽油的燃烧情况进行了对比研究,研究发现,纯丁醇在整个燃烧过程中生成的碳烟显著减少。国内华中科技大学颜方沁等人[155]在定容燃烧弹内利用 HRTEM 对纯柴油和 30% 的丁醇柴油混合燃料喷雾燃烧产生的碳烟颗粒进行了研究。研究表明,添加 30% 丁醇后,碳烟数密度和质量明显减小。湖南大学陈征等人[156]结合试验和数值模拟研究了纯柴油和 40% 的丁醇柴油混合燃料在直喷和双喷射两种方式下的碳烟排放特性。研究表明,直喷方式下丁醇掺混降低了燃烧总体当量比,延长了滞燃期,导致局部当量比更小且分布更均匀,减少 40% 碳烟的生成;而在双喷射方式下,掺混丁醇对碳烟排放没有显著的改善。天津大学张全长等人[157]在一台改造的单缸柴油机上,研究了正丁醇对柴油机低温下碳烟排放的影响。研究表明,添加正丁醇可以大幅降低碳烟排放,并使碳烟随着 EGR 率改变变得平缓,且峰值对应的 EGR 率降低。西安交通大学黄佐华等人[158]在一台 V6 发动机上也得到了相似的结果。张全长等人的研究还指出掺混正丁醇是降低柴油机低温碳烟、改善低温燃烧性能的有效途径。广西大学黄豪中等人[159]利用 CFD 软件耦合化学机理,研究了正丁醇掺混比对柴油机低温燃烧碳烟前驱物生成的影响。研究表明,碳烟前驱物主要在预混燃烧阶段生成,随着正丁醇掺混的增加,A1～A4 的生成时刻均延迟,A1 的生成量先增加后减少,A2～A4 的生成量逐渐减少。

在基础燃烧系统方面,Camacho 等人[160]采用燃烧器稳定停滞火焰技术对比研究了预混大气火焰中丁醇和丁烷初期碳烟的粒径分布函数,发现支链官能团对碳烟形成的影响最大。此外,在相同的碳氧比下,由于较早的碳烟成核,丁醇火焰具有更高的碳烟体积分数。然而,Singh 等人[161-162]发现,由于 OH 自由基的作用,丁烷异构体在大气逆流扩散火焰中会产生比丁醇异构体更多的碳烟。研究指出,除了 C_3H_3 之外,C_2H_2 也在 PAHs 形成和生长中起重要作用。Ghiassi 等人[163]通过使用两级燃烧器研究正丁醇添加对正十二烷预混火焰中碳烟形成和氧化的影响。研究发现,正丁醇添加能够减少碳烟颗粒数量,但是增加了碳烟抵抗氧化的稳定性。国内天津大学张鹏等人[164]利用 LIF 和 LII 技术研究了掺混 4 种丁醇同分异构体对正庚烷/甲苯部分预混火焰中 PAHs 和碳烟生成的影响。研究表明,支链结构比直链结构更有利于 PAHs 与碳烟生成。中国科学技术大学 Jin 等人[165]利用 SVUV – PIMS 技术研究了丁醇添加对甲烷层流扩散火焰中 PAHs 生成的影响。研究表明，苯是火焰中芳烃生长过程的起点和最重要的 PAHs 前驱物，丁醇的添加会促进甲烷层流扩散火焰中 PAHs 的生成，而且随着丁醇异构体支链复杂度的增加，促进作用加强。这主要是由于支链结构比直链结构提供了更多的 C_3 中间体与乙烯基乙炔，促进了苯、甲苯和苄基的生成，导致 PAHs 的生成增加。然而，较大的烷烃作为汽柴油的主要成分可以分解更多的 $C_1 \sim C_4$ 物质，在汽柴油火焰中添加丁醇的情况可能有所不同。

在碳烟颗粒微观结构和化学特性方面，Yan 等人[166]利用 TSPD 和 TEM 研究了添加丁醇对柴油喷雾火焰中碳烟形态的影响。研究表明，添加30%的丁醇后，碳烟颗粒的聚集体尺寸和基本颗粒平均粒径均减小，但颗粒的凝聚程度和内部无序化程度增加。Li 等人[167]利用 TSPD 和 TEM 研究了正丁醇/正庚烷层流扩散火焰中碳烟的形貌和纳米结构。研究表明，基本颗粒、聚集体尺寸和分形维数的排序均为正庚烷 > 正庚烷和正丁醇的等体积混合物（H50B50）> 正丁醇。此外，还发现对于靠近火焰尖端的成熟碳烟，正丁醇火焰中的颗粒具有最大的微晶长度和曲率、最小的层间距和最大的石墨化程度。Ying 等人[168-169]利用 HRTEM、拉曼光谱、TGA 及元素分析仪等研究了丁醇的4种异构体添加对乙烯层流反扩散火焰（inverse diffusion flame，IDF）和正常扩散火焰（normal diffusion flame，NDF）中碳烟纳米结构和反应活性的影响。研究表明，添加丁醇的 IDF 中碳烟颗粒表现出高度不均匀的纳米结构，而 NDF 中，碳烟表现出典型的核 – 壳结构。TGA 结果表明，IDF 碳烟颗粒的氧化速率远高于 NDF 碳烟颗粒的氧化速率，添加丁醇可以增强碳烟颗粒的氧化反应性。此外，研究结果也证实了碳烟纳米结构与反应性之间存在结构 – 性质关系。

1.3.4 戊醇

戊醇作为新一代生物质燃料，与甲醇、乙醇和丁醇相比，具有更高的十六烷值、更好的着火特性、更高的能量密度和更低的吸水性。此外，因为拥有较长的烷基链，戊醇极性快速降低，其物化特性和汽油中烃类更加相似。戊醇可以通过羰基合成法、戊烷氯化法、醛/酸还原法，以及从淀粉发酵制酒精的副产物中提取等方法进行生产，也可以以糖类和纤维素为原料进行制取，可再生性强，应用潜力巨大[170-171]。

Wei 等人[172]研究了 3 种正戊醇体积比（10%、20%、30%）对直喷柴油机燃烧和排放性能的影响。研究表明，正戊醇能同时降低颗粒质量浓度和总颗粒数量浓度，且降幅随着正戊醇掺混比的增加而增大。Rajesh 等人[173-174]研究了 4 种戊醇掺混比（10%、20%、30%和45%）对一台单缸直喷柴油机性能和排放的影响，发现在不同负荷和ERG率下，排气烟度均随着戊醇掺混比的增加而降低。并且研究指出通过结合低EGR率、延迟喷射和高的醇掺混比，可以实现 DI 柴油机中部分预混合低温燃烧模式。清华大学李莉和王建昕等人[175-177]研究了戊醇掺混对单缸直喷柴油机燃烧与排放特性的影响，发现掺混 30% 的戊醇就能显著降低碳烟排放，尤其在高负荷下，且掺混戊醇后燃烧等容度增大，最高放热率升高，燃烧持续期缩短，热效率提高。

在基础燃烧系统方面，Huang 等人[178]利用高速相机在定容弹内研究了戊醇柴油混合物的燃烧特性，结果发现随着戊醇比例的增加，火焰的自然发光度显著降低，戊醇可以在所有条件下加速碳烟的氧化，并最终减少碳烟的排放。Lemaire 等人[24]利用 LII 技术研究了 C_5 含氧燃料湍流喷射火焰的碳烟特性，发现戊醇降低碳烟能力低于丁醇甲酯、戊醛和戊酮。研究表明，醇类对基础燃料的稀释效应是减少碳烟的主要途径，但除稀释效应外，碳烟降低能力还与化学效应有关。在添加醇类的情况下，化学效应占碳烟减少的 16%。化学效应不仅依赖于氧化官能团的类型，还取决于氧化官能团的分子结构。Ying 等人[179]结合 TEM、X 射线衍射和 TGA 技术研究了 3 种戊醇异构体的添加对乙烯层流反扩散火焰中碳烟生成的影响，发现添加戊醇异构体使得碳烟聚集体更紧凑，并延迟了石墨结构的生长。TGA 结果表明，添加戊醇异构体可以增强碳烟颗粒的氧化反应活性，有助于降低碳烟排放。

1.3.5　不同醇类对比研究

从发动机排放控制的角度，人们往往关注哪种醇类燃料在应用时抑制碳烟的作用更强。国内外对于不同醇类燃料的影响效应也进行了一些对比研究。在内燃机方面，Maurya 等人[180]比较了添加甲醇和乙醇对 HCCI 发动机颗粒物排放的影响，发现添加甲醇后颗粒数量浓度峰值更低。Zhang 等人[181]比较了添加乙醇和正丁醇对 GDI 发动机颗粒数量排放的影响，发现添加乙醇比添加丁醇表现出更少的微粒数量浓度。

在基础燃烧系统方面，Inal 等人[182]结合气相色谱质谱技术和光散射 – 消光法对比研究了添加甲醇、乙醇和甲基叔丁基醚对正庚烷层流预混火焰内 PAHs 和碳烟生成的影响。研究发现，在相同氧含量（2.7%）和相同当量比（2.1）下，甲醇、乙醇和甲基叔丁基醚的添加对碳烟生成的降低效果相当。Esarte 等人[183]在流动反应器中对比研究了掺混甲醇、乙醇、异丙醇和正丁醇后乙炔热解中的碳烟生成，发现甲醇对降低碳烟生成的效果最为显著，且混合物中的碳氧比越低，碳烟生成的降幅越大。研究指出，甲醇中的大多数 C 主要生成了 CO，没有参与碳烟及前驱物的形成，乙醇在促进 CO 和 CH_4 生成的同时也会生成 C_2H_4，有助于碳烟前驱物的生长，而正丁醇倾向于热解成小的碳氢化合物，有助于 PAHs 的形成和生长。国内天津大学 Zhang 等人[184]、Jia 等人[185]对比研究了添加甲醇、乙醇和正丁醇对正庚烷/甲苯层流预混火焰的影响。研究结果表明，在相同氧含量下，掺混正丁醇可以产生了更多的 OH 自由基，氧化作用增强。南京理工大学 Ying 等人[186]在乙烯层流反扩散火焰中添加 30% 的乙醇、正丁醇、正己醇和正辛醇均观察到碳烟生成降低，但不同醇抑制碳烟能力随分子烃基链增长而减弱。

在颗粒微观物理特性方面，Ruiz 等人[187]研究了正丁醇或乙醇的双燃料燃烧对排放颗粒物的化学和物理特性的影响。研究表明，添加 10% 和 15% 的正丁醇或乙醇会增加碳烟颗粒的氧化反应性，并且乙醇的效果强于正丁醇，但对碳烟纳观结构和 PM 形态的影响很小。Alexandrino 等人[188]在流动反应器中比较研究了碳酸二甲酯（DMC）、乙醇和乙炔热解所产生碳烟的结构特性和反应性。研究结果发现，与乙炔和乙醇相比，DMC 表现出最低的碳烟生成倾向。这是由于 DMC 不含 C—C 键，有利于 CO/CO_2 的形成，限制了碳烟前驱物的形成。此外，研究还发现，碳烟形成的温度和入口 DMC 浓度越高，碳烟样品的成熟度越高、有序度越高、反应性越低。江苏大学李铭迪等人[27,189]利用扫描/透射电镜、同步辐射小角 X 射线散射的方法，分别研究了乙醇/柴油、DMC/柴油和生物柴油/柴油的颗粒微观形貌。研究表明，掺混含氧燃料会导致颗粒的分形维数、表面不规则度、表面粗糙度和团聚重叠度增加。随着乙醇掺混比的增加，基本碳粒子的层间距、曲率增大，微晶尺寸减小，团聚颗粒的分形维数增加，结构更加紧密。研究指出，这是由于乙醇分子含有羟基和氧，使得燃烧中容易形成含氧中间体，一定程度上促进了碳粒子的氧化。

1.4 本章小结

本章系统总结了添加醇类燃料包括甲醇、乙醇、丁醇和戊醇对碳烟及碳烟前驱物生成影响的研究进展，还针对不同醇类之间的差异研究进行了综述。目前，甲醇、乙醇、丁醇和戊醇已经在内燃机台架和基础燃烧系统（层流预混/扩散火焰、对冲扩散/湍流火焰、定容弹、流动反应器等）中均得到了广泛研究。这些研究表明了醇类对碳烟的降低效应或协同效应，并初步揭示了基础火焰中碳烟的降低机理。但更加详细的机理，以及发动机缸内燃烧过程中碳烟前驱物 PAHs 和碳烟的生成演化机理都还不清楚，尚需进一步研究。

内燃机台架上的研究可以最直观地评价实际应用中掺混含氧燃料对发动机燃烧和排放结果的影响，但其结果往往受到发动机技术和运行工况的影响，存在不确定性。此外，发动机缸内燃烧是高温、高压和强湍流的复杂环境，影响碳烟结果的因素很多，也为燃烧过程的直接测量和模拟带来了极大困难。与此相比，基础燃烧系统便于直接测量和数值模拟，适用于研究燃料本身的化学效应和影响机理。目前基础燃烧系统上的研究多集中在醇类对小分子烃类燃料燃烧过程中碳烟生成的影响方面。研究结果显示，醇类在简单烃类燃烧过程中，对碳烟生成具有降低效应或协同效应，初步揭示了醇类掺混对乙烯、甲烷等简单烃类火焰中碳烟影响的内在机制。然而，实际汽油的成分与简单烃类有很大不同。汽油中存在大量的长链烷烃，可以分解出很多的 $C_1 \sim C_3$ 等小分子生长物质，且存在大量的芳烃会直接影响碳烟前驱物的初始生成。因此，醇类掺混对汽油火焰中碳烟和碳烟前驱物 PAHs 的生成特性的影响规律，以及碳烟降低的主导机制和内在机理尚不清楚。

此外，醇类作为最有潜力的商用替代燃料，在作为汽油添加剂使用时，更加需要关注不同醇掺混对碳烟生成降低能力的影响差异及其内在机理。这不仅限于在发动机燃烧系统中简单比较颗粒排放的最终结果，更需要在基础燃烧系统中从气相化学动力学和固相颗粒动力学的角度对碳烟前驱物生成、颗粒成核、生长和氧化等过程进行量化分析和深入研究。目前这方面的研究还十分缺乏。

在各种基础燃烧系统中，同轴层流扩散火焰是与实际燃烧状态十分接近的基础火焰，它的燃烧较为稳定、尺度小，便于借助先进的光学诊断技术进行直接可靠的测量。此外，同轴层流扩散火焰的本质是二维轴对称火焰，便于构建数学模型进行微观层面的模拟研究。因此，同轴层流扩散火焰可以避免湍流火焰中湍流脉动给试验和数值模拟带来的巨大困难，是 PAHs 和碳烟生成机理研究的理想火焰，其研究结果也可以为实际内燃机高效清洁燃烧技术的发展提供重要的理论支撑。

本书主要基于同轴层流扩散火焰基础燃烧系统，从试验、气相化学动力学和固相颗粒动力学三个方面深入讨论不同醇掺混对汽油同轴层流扩散火焰中碳烟及碳烟前驱物生成和生长演化特性的影响规律和内在机理，主要研究内容如下。

（1）搭建层流扩散火焰试验台和 TC – LII 测量系统，基于乙烯标准火焰进行测量系统的有效性验证。综合测量汽油、甲醇/汽油、乙醇/汽油和正丁醇/汽油同轴层流扩散火焰中碳烟体积分数的二维分布，获得不同醇掺混对汽油火焰中碳烟浓度和分布特征的影响规律。通过改变燃料供给和配比条件，探明由于醇类掺混所导致的碳质量流量稀释对碳烟生成降低的影响效应，以及不同醇增氧差异在决定其碳烟生成降低能力方面的影响效应。试验结果为建立准确的碳烟模型提供了数据支撑。

（2）搭建 PLIF 测量系统，综合测量汽油、甲醇/汽油、乙醇/汽油和正丁醇/汽油同轴层流扩散火焰中不同环数的芳烃浓度的二维分布，获得芳烃分布特征的演化规律，以及不同醇掺混对 PAHs 生长过程的影响差异，明确碳烟前驱物芳烃生成和生长的主导机制。此外，利用增强型电荷耦合器件（intensified charge coupled device，ICCD）结合窄带通滤镜采集 OH 和 CH 自由基的化学发光图像，研究醇类掺混对火焰结构的影响规律。

（3）基于碳烟前驱物和碳烟特性，评价不同组分比例汽油表征燃料的碳烟趋势与真实汽油的差异，探究关键组分甲苯对正庚烷和异辛烷扩散火焰碳烟前驱物生成规律的影响差异和显著作用范围，发展汽油表征燃料碳烟特性评价维度，为气相前驱物化学动力学和固相颗粒动力学数值模拟提供有效的燃料初始条件。

（4）构建适用于醇类/汽油扩散火焰碳烟前驱物生成的气相化学动力学模型，基于该模型分析醇类掺混对 PAHs 生成与生长的影响机理，揭示醇类掺混稀释效应和分子结构主导碳烟前驱物生长过程的气相化学动力学机理。

（5）通过耦合气相化学动力学模型与 CFD 火焰代码，实现醇类/汽油层流扩散火焰二维数值模拟，定量解耦稀释与化学效应，分析温度场、颗粒成核、表面生长及 OH 自由基和 O_2 氧化等微观过程，揭示不同醇掺混影响碳烟差异的固相颗粒动力学机制。

本书的工作实现了不同醇类/汽油扩散火焰，从燃料热解到碳烟前驱物生成，再到颗粒生成的全局特性与机理研究。研究结果不仅有助于深入了解醇类掺混对汽油碳烟特性的影响机理，也为双燃料的实际应用和碳烟模型的开发提供了丰富的理论基础和数据支撑。这些对从根本上抑制颗粒物生成，实现内燃机高效清洁燃烧具有重要的科学意义。

第 2 章
扩散火焰燃烧器与碳烟诊断方法

本书首先介绍了通过试验手段分别研究醇类-汽油层流扩散火焰碳烟生成特性和碳烟前驱物演化过程、碳烟颗粒微观形貌特征的演化规律，以及汽油表征燃料的碳烟特性。本章拟对各试验系统进行详细介绍，包括扩散火焰燃烧器系统、双色激光诱导炽光法（two color laser induced incandescence，TC-LII）测量系统、二维消光法（two dimentional light extinction）测量系统、平面激光诱导荧光法（planar laser induced fluorescence，PLIF）测量系统、化学发光法测量系统和热泳探针取样-透射电镜 TSPD-TEM 测量系统。

■ 2.1 扩散火焰燃烧器和燃料

2.1.1 扩散火焰燃烧器设计

图 2-1 所示为层流扩散液体燃烧器系统示意图和实物图，主要包括燃烧器、蓄能器、蒸发混合器（controlled evaporator mixer，CEM）、质量流量控制器（mass flow controller，MFC）、稳压腔、空气压缩机、氮气和加热带等[190]。

燃烧器为 Gülder[191]型协流扩散燃烧器，由两根同心的金属管构成，内管直径为 10.9 mm，用来提供燃料蒸气；外管直径为 89 mm，用来提供协流空气。两管间填充玻璃珠和烧结金属多孔板用以保证空气流动的均匀性，稳定火焰。气-液活塞式蓄能器为美国 Tobul 厂所生产，容积为 1 L，工作压力峰值为 20.68 MPa，用来提供液体燃料，其中的活塞可以隔离液体燃料和气体，防止气

第 2 章 扩散火焰燃烧器与碳烟诊断方法 ■ 27

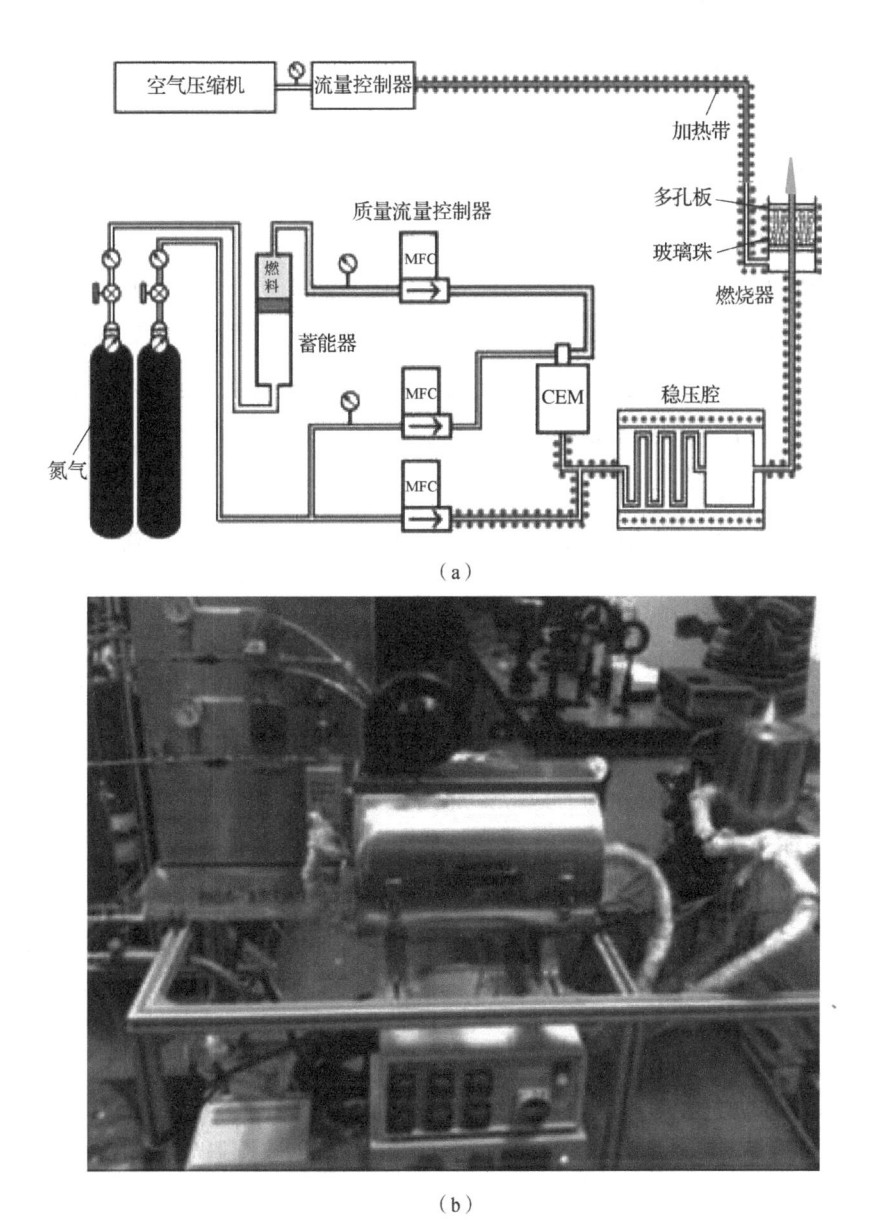

(a)

(b)

图 2-1 层流扩散液体燃烧器系统示意图和实物图

(a) 示意图;(b) 实物图

液相溶,并且吸收脉冲,保证液体燃料的稳定供给。蒸发混合器 CEM 为荷兰 Bronkhorst 公司所生产,用以将各自一路进入的载流氮气和液体燃料按照所设定的流量精确混合,随后经高温螺旋加热至完全挥发,其中氮气除作为载流气体外,还作为稀释气体,防止火焰冒烟,并保证液体燃料在 200 ℃以下蒸发完全。

稳压腔设置在 CEM 出口与燃烧器之间，起到进一步缓冲燃料蒸气的作用。液体燃料的质量流量由 Bronkhorst 科里奥利高精度质量流量控制器（CORI-FLOW）控制，精度为 0.01 g/h。氮气的体积流量由 Bronkhorst 热式质量流量控制器（EL-FLOW）控制，精度为 0.1 mL/min。

试验中为了防止 CEM 出口的燃料蒸气在进入燃烧器前的管道中发生冷凝，将 CEM 出口与燃烧器间的管道，以及进入燃烧器前的空气管道均缠绕加热带，同时在燃烧器壁面加装电加热环。正式试验开始前，先将加热带、电加热环和稳压腔等位置加热至 150 ℃，将各压力表调到合适压力。然后将载流氮气的流量设定为 0.3 L/min（273 K，1 atm[①]），空气流量设定为 200 L/min（273 K，1 atm）。待所有条件稳定后，可以获得高度波动约 1~2 mm 的、较为稳定的同轴层流扩散火焰。

2.1.2 燃料方案

本书所涉及的燃料主要为商用汽油（RON92，来自北京中石化加油站）或汽油表征燃料，记为 G100，以及甲醇/汽油、乙醇/汽油和正丁醇/汽油混合燃料。汽油中包括 49.2% 的饱和物、14.7% 的烯烃和 36.1% 的芳烃。试验所用的测量方法有 4 种：利用 TC-LII 定量测量碳烟体积分数的二维分布；利用 PLIF 测量不同环数芳烃的二维浓度分布；利用化学发光法测量 OH 自由基和 CH 自由基的浓度分布；利用热泳探针取样-透射电镜 TSPD-TEM 结合图像处理程序获得颗粒微观形貌及特征参数。

TC-LII 试验中，首先在相同的燃料质量流量条件下（9 g/h ± 0.05 g/h），研究不同醇类掺混比对碳烟生成的宏观影响规律。其中，甲醇、乙醇和正丁醇的掺混比分别为 20vol%/40vol%/60vol%/80vol%，分别记为 M20、M40、M60、M80，E20、E40、E60、E80 和 B20、B40、B60、B80。其次，考虑醇类的碳含量远低于汽油，向汽油添加醇会稀释碳质量流量，为了了解碳质量流量宏观稀释对碳烟生成减少的贡献，在相同的碳质量流量下（7 g/h ± 0.05 g/h），继续研究不同醇类掺混比对碳烟生成的宏观影响规律，并与燃料质量流量一定时的结果进行对比，以阐明碳质量流量稀释的影响效应。最后，在相同的稀释程度（20%、

---

① 1 atm = 1.01 × 10^5 Pa。

40%、60%、80%）和相同的氧含量（5%）条件下分别对比不同醇类对碳烟生成的抑制能力，从而阐明氧含量的影响效应。在保证氧含量为5%左右时，计算得到甲醇、乙醇和正丁醇的掺混比分别为9.2%、13.2%和21.2%，记为M9.2、E13.2和B21.2，此时的碳含量也近似相同。燃料质量流量保持在9 g/h ± 0.05 g/h。在燃料质量流量为9 g/h ± 0.05 g/h时，经计算可得G100的Re约为32.5，远小于2 300，因此，可以认为本书的试验条件为层流扩散燃烧。表2-1所示为TC-LII与PLIF试验所用的燃料组分和碳质量流量保持一定时相应的燃料质量流量。

表2-1 TC-LII与PLIF试验所用的燃料组分和碳质量流量保持一定时相应的燃料质量流量

添加	组分名称	醇类掺混比（vol%）	汽油比例（vol%）	碳质量流量一定时的燃料质量流量/(g·h^{-1})
—	G100	0	100	8.12
甲醇	M20、M40、M60、M80	20、40、60、80	80、60、40、20	9.24、10.65、12.5、15.02
乙醇	E20、E40、E60、E80	20、40、60、80	80、60、40、20	8.87、9.75、10.77、11.97
正丁醇	B20、B40、B60、B80	20、40、60、80	80、60、40、20	8.58、9.08、9.6、10.17
—	G100	0	100	9
甲醇	M9.2	9.2	90.8	9
乙醇	E13.2	13.2	86.8	9
正丁醇	B21.2	21.2	78.8	9

PLIF试验中，首先比较了相同醇类掺混比下甲醇、乙醇和正丁醇掺混对PAHs生成和生长的影响；其次研究了醇掺混比（乙醇和丁醇）对PAHs生成和生长的影响；最后在相同氧含量条件下研究了醇类分子结构对PAHs生长的影响效应。

2.2 TC-LII测量系统

2.2.1 TC-LII基本原理

碳烟粒子被激光照射时，会吸收激光能量而被迅速加热升温至4 000 K左右，同时发出与其温度相对应的黑体辐射，辐射强度的大小与激光照射区域内的碳烟浓度成正比[192]。因此，通过 ICCD 采集碳烟粒子云被片状激光激发后所发射的炽光信号，再结合相应的信号强度标定方法就可以获得碳烟浓度的二维分布。常见的标定方法包括采样法、消光法和 TC – LII 等。其中，TC – LII 是一种基于双色测温原理的在线自标定法，由 Snelling 与 Smallwood 等人[193-194]在 2002 年提出。具体来说就是，利用 ICCD 收集碳烟粒子受激发后在两个波长（λ_1、λ_2）下的 LII 信号，随后利用式（2 – 1）计算出碳烟受激发后的温度 T_p，再将其代入式（2 – 2）就能够得到碳烟体积分数 f_v，具体的公式推导过程可参考文献 [194]。该方法的实现相对简单，利用自身的 LII 信号即可完成在线实时标定，具有较高的时间分辨率和空间分辨率。再者，该方法不需要像传统 LII 法那样将碳烟加热至升华温度，可以采用低的激光能量密度，从而能够更好地保持碳烟的体积和形态信息。

$$\frac{\lambda_2^6 E(m_{\lambda 1})}{\lambda_1^6 E(m_{\lambda 2})} \exp\left[-\frac{hc}{kT_p}\left(\frac{1}{\lambda_1} - \frac{1}{\lambda_2}\right)\right] = \frac{V_{\text{EXP1}}}{V_{\text{EXP2}}} \cdot \frac{\eta_2}{\eta_1} \cdot \frac{G_{\text{EXP2}}}{G_{\text{EXP1}}} \qquad (2-1)$$

$$f_v = \frac{V_{\text{EXP}}}{\eta w_b G_{\text{EXP}} \frac{12\pi c^2 h}{\lambda^6} E(m_\lambda) \left[\exp\left(\frac{hc}{k\lambda T_p}\right) - 1\right]^{-1}} \qquad (2-2)$$

式中，h 为普朗克常量；c 为光速；k 为玻尔兹曼常数（Boltzmann constant）；λ_1、λ_2 为所选带通滤镜的中心波长；T_p 为碳烟粒子受激后的温度；V_{EXP1}、V_{EXP2} 分别为波长 λ_1、λ_2 下 ICCD 的输出信号强度（counts）；G_{EXP} 为采集系统的增益；w_b 为片状激光的厚度；$E(m_\lambda)$ 为碳烟在波长 λ 下的吸收函数，根据相关文献中利用消光法、散射法校正和称重法，得到 $E(m_\lambda)$ 的值约为 0.3 ± 0.06[195-196]，Snelling 等人[193-194]研究发现 $E(m_\lambda)$ 在可见光到近红外波段范围内近似为 0.26，因此，本书将 $E(m_\lambda)$ 的值设定为 0.26；η_1、η_2 为波长 λ_1、λ_2 下所定义的校准因子，即 ICCD 在波长 λ 下的输出信号强度与实际入射光谱辐射强度的比值。

2.2.2　TC – LII 测量系统

根据 TC – LII 测量原理，自主搭建一套基于双像器可以在线实时进行视场校准的 TC – LII 测量系统，如图 2 – 2 所示，该系统主要包括 Nd：YAG 激光器（532 nm）、片光系统、燃烧器、双像器、ICCD 及其控制系统、滤镜、光束截止器和数据采集系统。图2-2（b）中左侧所示的互补金属氧化物半导体（complementary metal oxide semiconductor，CMOS）相机（Phantom V7.3）用于拍摄火焰的自然亮度图像。

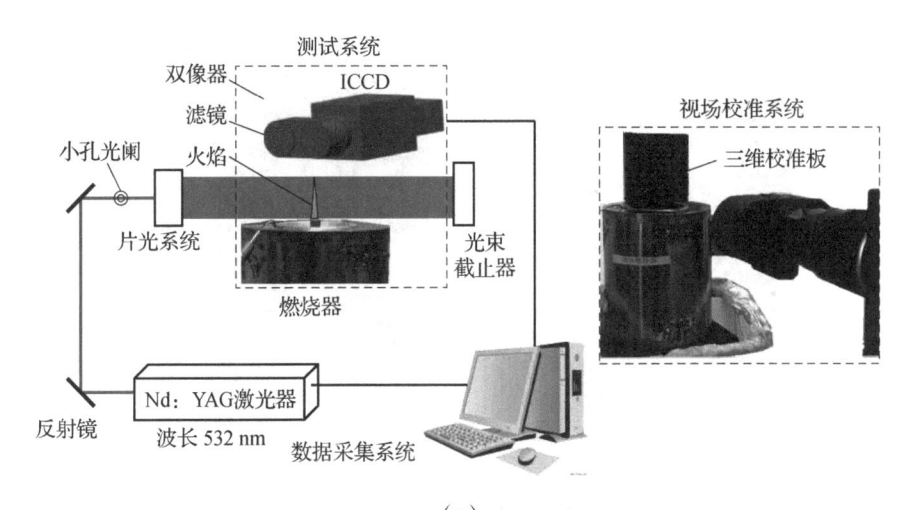

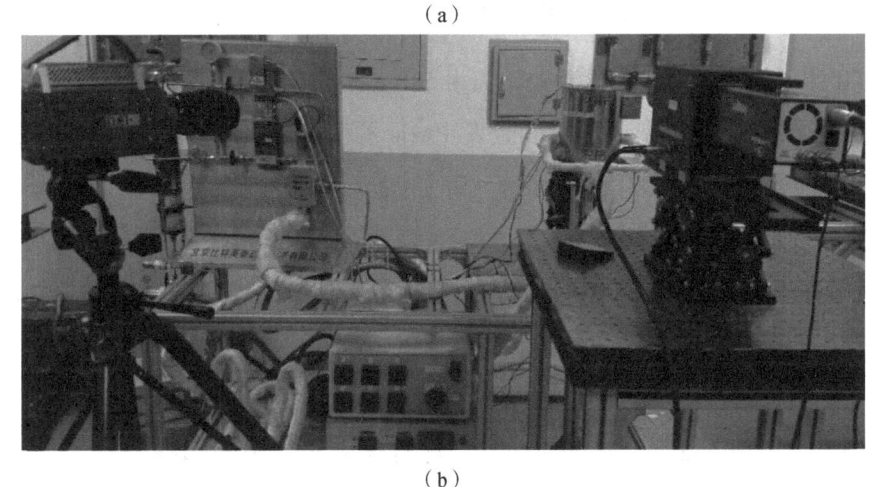

(a)

(b)

图2-2 TC-LII测量系统示意图和实物图

(a) 示意图；(b) 实物图

双像器安装于ICCD镜头前，可以将一个视场的图像信号转为两个视场的图像信号。因此，在双像器前安装不同中心波长的滤镜，就能够实现一次拍摄后同时得到两个波长下的LII信号。由于后续计算时对两张照片位置重合度的精度要求很高，因此，首先需要对双像器进行视场校准。视场校准利用LaVision公司所生产的三维校准板（型号为106-10）和Davis8.3软件中的校准模块来完成，具体实物如图 2-2 (a) 中虚线框内所示。视场校准匹配之后,两个信号图像的位置经过旋转和对正处理后即可完全重合,具体效果如图 2-3 所示。经过这样的处理,可以用于后续碳烟体积分数的计算。

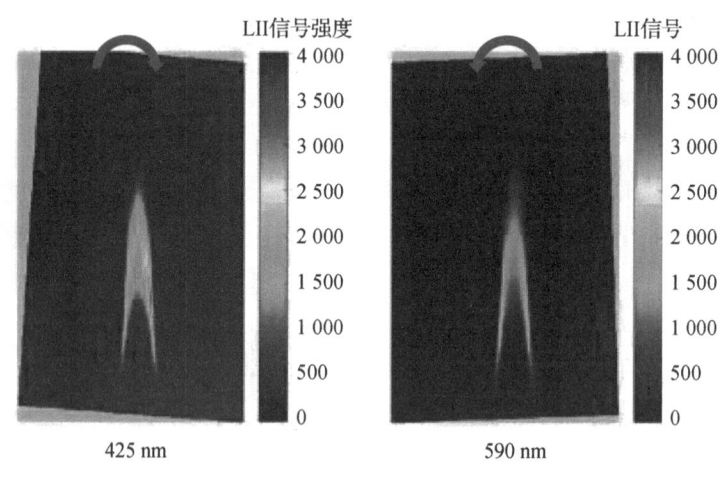

图 2-3 视场校准处理后的 LII 信号强度

LII 测量中,通常选用的激光波长为 532 nm 或 1 064 nm。不选用 266 nm 或 355 nm 紫外波段的激光,它们会激发 PAHs 的荧光信号,从而干扰 LII 信号。1 064 nm 激光属于红外波段,不便于光路的调节。相关研究表明,对于火焰测量来说,应首选较低的波长,以区分火焰亮度[197]。532 nm 波长的激光虽然可能激发 PAHs 的荧光信号,但信号的波长属于长波长或红外范围。而且在较高温度下,荧光的周期仅为 20 ns,因此,可以通过延迟 ICCD 的采集时间,以及选择较短的拍摄门宽的办法来避免荧光干扰,提高信噪比。因此,本书试验综合实验室条件因素,选用 532 nm 波长的激光,这与很多文献中的选择一致[194,197-198]。图 2-4 (a) 所示为试验所用的 Nd:YAG 激光器实物图。

激光器所发射的激光能量对信号的影响很大,只有适当强度的激光才能激发颗粒发出稳定的炽光信号,同时避免碳烟发生升华。本书基于测量得到的 LII 信号与激光能量之间的关系曲线进行能量的选择,如图 2-4 (b) 所示。由图 2-4 (b) 可见,LII 信号起初随着激光能量的增加而增大,在激光能量升至 250 mJ/脉冲时达到最大值,然后逐渐降低。因此,本书选用 250 mJ/脉冲的激光能量,考虑反射镜和孔径上的能量损失,经计算可得片光对应的激光能量密度约为 0.22 J/cm²,

(a)   (b)

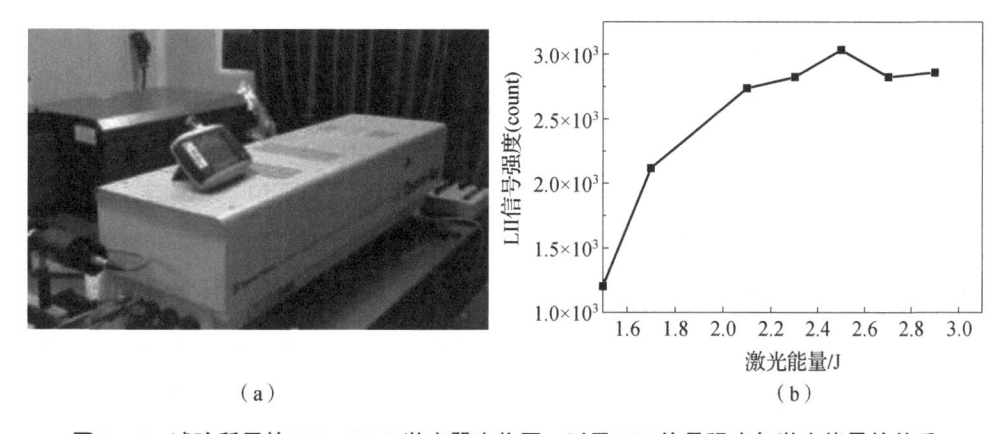

图 2 - 4　试验所用的 Nd：YAG 激光器实物图，以及 LII 信号强度与激光能量的关系

(a) 试验所用的 Nd：YAG 激光器实物图；(b) LII 信号强度与激光能量的关系

这与文献中的范围一致[195,199~200]。在测量过程中，激光器提供频率为10 Hz、脉冲的时域半高全宽（full width at half maximum，FWHM）为 11 ns 的脉冲激光。脉冲激光经片光系统转换成厚度为0.8 mm的片激光，然后穿过火焰中心。激发的 LII 信号由配有双像器的 ICCD 在片激光的垂直方向上采集。数据采集由 LaVision 公司提供的瞬态图像信息采集系统 Davis 完成。对于采集波长，基于相关文献[195,199]，选择中心波长为425 nm（FWHM 为 30 nm）和中心波长为590 nm（FWHM 为 30 nm）的两种滤镜，其透射率曲线如图 2 - 5 所示。TC - LII 测量时，ICCD 的延迟时间设为激光到达后30 ns，门宽设为 20 ns，增益设为 70，每种火焰至少记录三组，每组 20 张图像，同时减去无激光照射下背景火焰的信号强度。

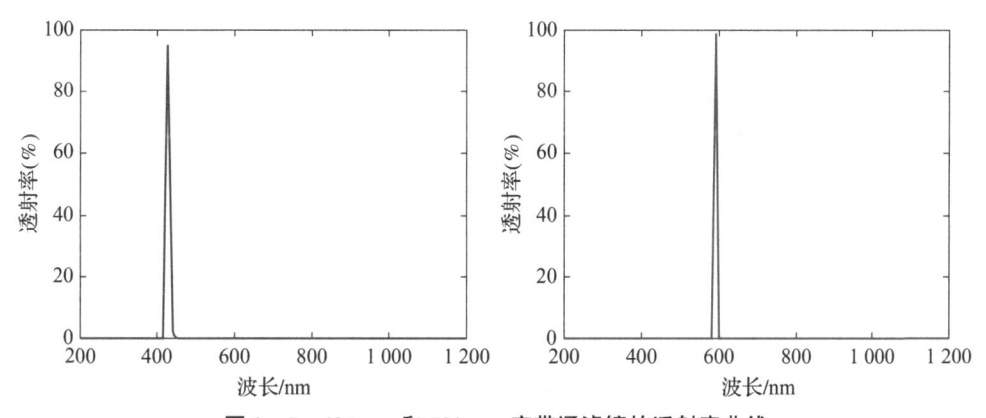

图 2 - 5　425 nm 和 590 nm 窄带通滤镜的透射率曲线

2.2.3 TC-LII 测量系统标定

正式测量前,采用标准光源积分球对 ICCD 进行标定。图 2-6 (a) 所示为 Labsphere Inc. 所生产的积分球 (CSTM-USS-800C-100R) 实物图。在标定中,ICCD 到光源的距离及 ICCD 的门宽、增益等参数设置等均与正式试验时一致。图 2-6 (b) 所示为该套积分球系统在 100% 功率、不同波长下的光谱辐射强度。根据在波长 λ 处采集的信号强度和积分球在波长 λ 处的标准光谱辐射强度的比值,就可以获得相对应的校准因子 $\eta(\lambda)$。在校准中,至少记录三组,每组 20 个图像。最终得到在波长为 425 nm 和 590 nm 下的校准因子 η_1 和 η_2 分别为 4.45192×10^{-7} m³·sr/W 和 1.70974×10^{-7} m³·sr/W。

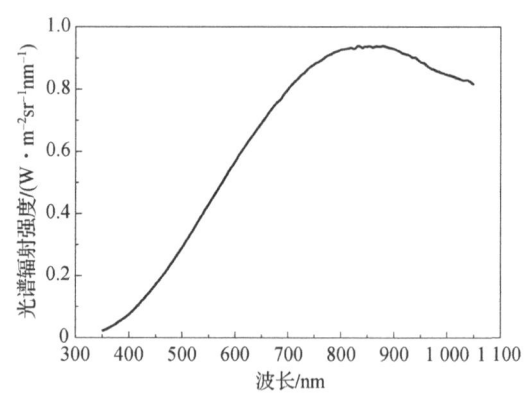

(a) (b)

图 2-6 积分球实物图及其光谱辐射特性

(a) 积分球实物图; (b) 光谱辐射特性

2.2.4 TC-LII 测量系统验证

为了验证该套 TC-LII 测量系统的有效性,首先基于 Gülder 型气体燃烧器,采用该套系统对标准乙烯层流扩散火焰中碳烟体积分数分布进行测量。图 2-7 (a) 所示为乙烯验证试验所用的气体燃烧器实物图。气体燃烧器同样由两根同心的钢管构成:内管内径为 12 mm,用来提供乙烯燃料;外管内径为 89 mm,用来提供协流空气。乙烯和空气的流量通过二路气体控制装置(见图 2-7 (b))进行调节,乙烯的流量设定为 167 mL/min,空气流量为 200 L/min,其中空气由空气压缩机提供。在这些条件下,可以获得火焰高度约为 60 mm 的乙烯层流扩散火焰。

第 2 章 扩散火焰燃烧器与碳烟诊断方法 ■ 35

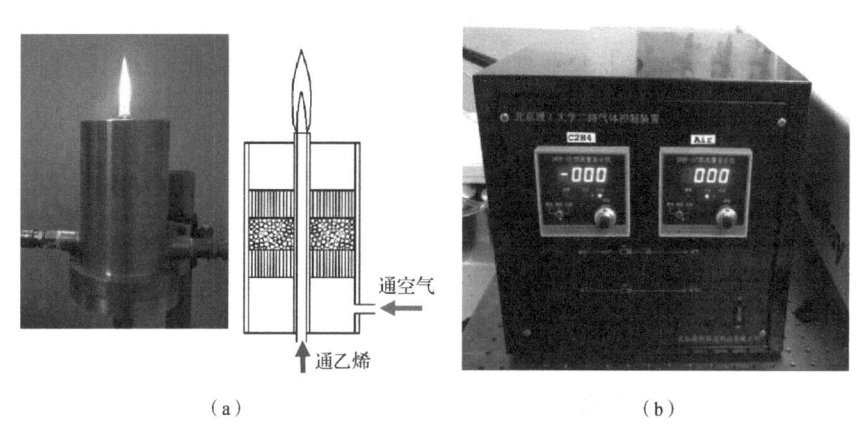

(a)　　　　　　　　　　　　(b)

图 2-7　气体燃烧器系统

(a) 气体燃烧器；(b) 二路气体控制装置

图 2-8 所示为 TC-LII 测量的乙烯层流扩散火焰碳烟体积分数二维分布与二维消光法测量结果[201]的对比。二维消光法的详细内容将在 2.3 节介绍。从细节上看，由于测量方法、试验装置设置参数和试验条件的差异，测得的碳烟体积

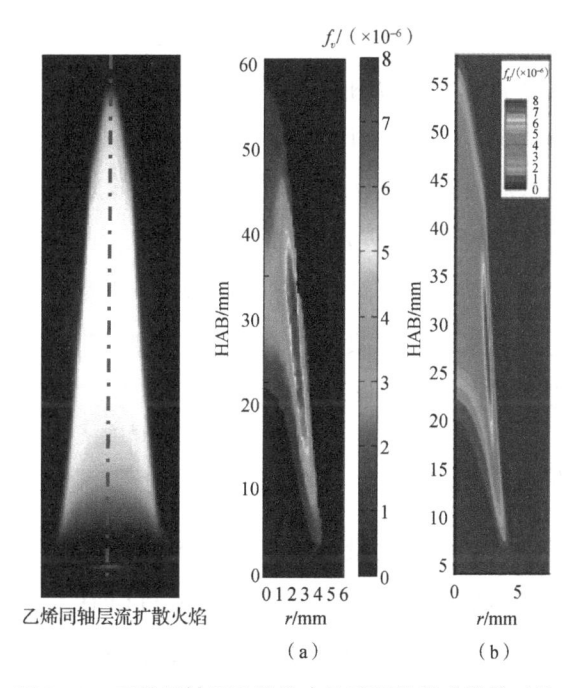

图 2-8　乙烯同轴层流扩散火焰碳烟体积分数的对比

(a) 碳烟体积分数二维分布；(b) 二维消光法测量结果

分数结果不可避免地存在一些差异。但从整体上看，两个火焰中碳烟分布的高浓度区域和碳烟浓度峰值的标尺非常一致。两个火焰中的高浓度碳烟均位于火焰中部两翼，碳烟体积分数均位于 $0\sim 8\times 10^{-6}$ 的区间内。由此可以证明，该套 TC-LII 测量系统的有效性和准确性。

2.3 2D-LOSA 测量系统

2.3.1 2D-LOSA 基本原理

2.2 节验证 TC-LII 所用到的消光法也称衰减法（line of sight attenuation, LOSA），是一种非接触式光学测量技术，基本原理是利用火焰中碳烟颗粒对光的吸收和散射现象。从电磁理论来看，碳烟颗粒是由离散的电荷构成的，当光束（电磁波）穿过碳烟颗粒时，颗粒内部的电荷因入射波的电磁激励而加速运动，同时向各个方向发射电磁波，这种二次辐射波就是散射波，这种现象称为散射。散射使得一部分光束偏离了原来的传播方向。同时，被激发的基本电荷将部分入射光的电磁能量转化为内能或其他形式的能量，这个过程称为吸收。吸收使光束的能量减少。因此，消光法就是利用光束穿过火焰碳烟粒子云时，其光强信号由于碳烟的散射和吸收作用会发生衰减，衰减强度表征了碳烟的浓度，衰减强弱用消光系数 K_{ext} 来表示。基于以上原理，试验中利用探测光强和入射光强两者的关系可以得到光程方向累积碳烟体积分数，再结合有效的层析反演算法，可得到火焰截面碳烟浓度二维分布的情况[202]。其中，层析反演算法的选择尤为重要，其直接影响该方法的测量精度。

2.3.2 2D-LOSA 测量系统

图 2-9 所示为 2D-LOSA 测量系统，该系统主要包括卤钨灯光源、小孔光阑、反射镜、凹面镜、凸透镜组、平凸透镜、滤镜和 CCD 等。相比常规消光法，凸透镜组和小孔光阑的引入可以更大限度地减弱火焰辐射带来的影响。此外，为减小光束偏移（beam steering）带来的误差，火焰和相机置于光学共轭位置。为避免环境背景和火焰辐射光的影响，试验拍摄在完全黑暗的房间中进行，并遵循

4 个步骤：首先，打开光源并点燃火焰，得到平行光穿过火焰后的透射图像（$I_{\text{transmission}}$）；接着，关闭光源并点燃火焰，得到火焰自然发光图像（I_{flame}）；然后，打开光源并熄灭火焰，得到入射的平行光图像（I_{lamp}）；最后，关闭光源并熄灭火焰，得到背景图像（$I_{\text{background}}$）。基于 4 种图像，利用式（2-3）计算得到火焰的透射率 τ 分布。

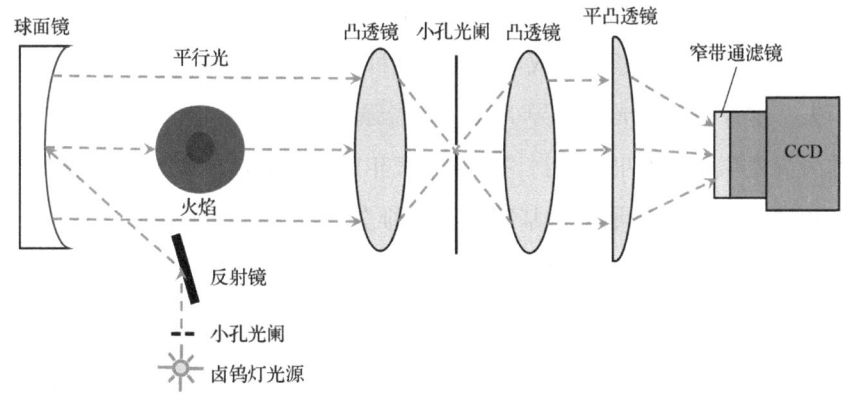

图 2-9 2D-LOSA 测量系统示意图

$$\tau = \frac{I_{\text{transmission}} - I_{\text{flame}}}{I_{\text{lamp}} - I_{\text{background}}} \tag{2-3}$$

透射率大小与碳烟浓度呈负相关关系，可以定性反映碳烟浓度在火焰中的分布情况。透射率 τ 与消光系数 K_{ext} 沿光程方向的积分有如下关系：

$$\tau = \exp\left(-\int_{-\infty}^{+\infty} K_{\text{ext}} \mathrm{d}l\right) \tag{2-4}$$

K_{ext} 可以通过三点 Abel 反演计算得到。在反演计算之前，使用高斯空间滤波器对透射率图片进行顺滑去噪处理，使其适应于同轴扩散火焰的碳烟计算。在该火焰条件下，碳烟颗粒近似球形粒子，且直径小于 Rayleigh 限值（$\pi D/\lambda < 0.3$），因此，可以忽略碳烟散射，只考虑碳烟吸收。碳烟体积分数 f_v 与 K_{ext} 满足

$$f_v = \frac{K_{\text{ext}} \lambda}{6\pi E(m)} \tag{2-5}$$

式中，$E(m)$ 为碳烟吸收函数，文献中利用消光法、散射法校正和称重法，得到 $E(m)$ 约为 0.3 ± 0.06[195-196]。考虑到 $E(m)$ 数值对测量误差影响的关键作用，正式试验前，需要基于乙烯标准火焰和文献测量结果进行标定和测量系统的准确性验证。

2.4 PLIF 测量系统

2.4.1 PLIF 基本原理

当波长较短的紫外光或激光（<300 nm）照射到某些物质时，这些物质会发射出不同强度和波长的紫外光或可见光，这种受激光强信号会随着激发光源的停止而消失。这种在外界光源诱导下发射的光强信号称为荧光[203]。能发出荧光的物质称为荧光物质，本书中所讨论的碳烟气相前驱物芳烃就属于荧光物质。

PLIF 技术是可以测量某种基团瞬态二维分布的非接触激光诊断技术，主要包括激光器和 ICCD。若被测基团的荧光激发频率与激光频率相同，则当其被某一特定波长的激光照射时，该基团会发出特定波长的荧光。荧光能级跃迁原理如图 2-10 所示。由图 2-10 可见，荧光的产生只从第一电子激发态的最低振动能级开始，与受激物质被激发至哪个能级无关。因此，荧光的激发频率和波长是其本身的固有特性，只与其分子或原子结构有关，一般不随外界条件而改变。因此，可以利用荧光激发频率的激光照射被测基团，由 ICCD 采集该基团发射出的特定波长信号，再经过一定的过滤和处理，就可以得到该基团的相对二维浓度分布[204]。

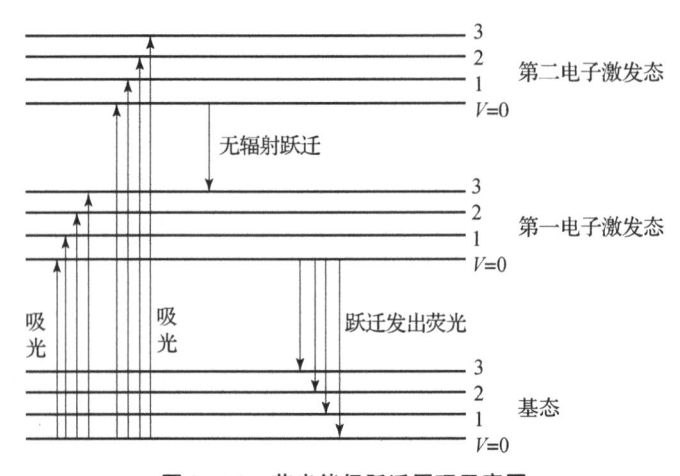

图 2-10 荧光能级跃迁原理示意图

由于荧光的波长大于激发光的波长,因此,可以区别于瑞利散射光。通过选择合适的激光波长和滤镜,可以消除瑞利散射光的干扰。拉曼散射与荧光的波长都比激发光的波长长,但拉曼散射的强度通常会比荧光强度小三个数量级。同时,荧光呈现出一定的能量峰值波长,而拉曼散射光呈现一定的随机性,没有一定的峰值波长,因此,拉曼不会干扰所测量的荧光信号。

2.4.2 PLIF 测量系统

碳氢燃料燃烧过程中产生的 PAHs 是碳烟的主要前驱物,直接影响了随后碳烟的成核和生长,因此,对芳烃演化过程的测量是了解碳烟生成过程的关键。本书采用 PLIF 结合不同滤镜定性测量火焰中不同环数芳烃二维浓度分布的演化过程。图 2-11 所示为 PLIF 测量系统示意图,该系统主要包括 Nd:YAG 激光器(266 nm)、片光系统、ICCD 和不同中心波长的窄带通滤镜、燃烧器、光束截止器、数据采集系统等。

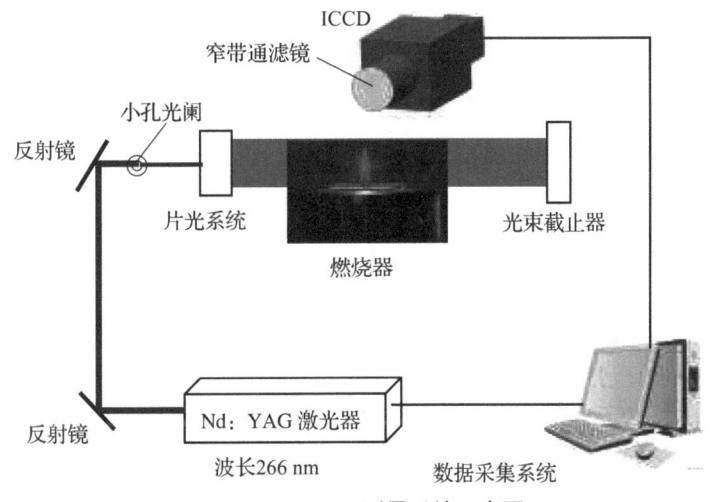

图 2-11 PLIF 测量系统示意图

激光器提供频率为 10 Hz、波长为 266 nm、能量为 80 mJ/脉冲的脉冲激光。脉冲激光经片光系统后转化为厚度为 0.8 mm 的片激光,然后穿过火焰中心激发芳烃的荧光信号。ICCD 的采集门宽设为 30 ns。之前的研究表明,随着采集波长的增加,荧光信号可以代表较大的芳香环[29,205]。基于相关文献 [29,164,204-205],本书选择中心波长为 320 nm(FWHM 为 10 nm)的窄带通滤镜来测量 1 环芳烃，选择中心波长为 360 nm（FWHM 为 10 nm）的窄带通滤镜来测量 2~3 环芳烃，选择中心波长为 400 nm（FWHM 为 10 nm）的窄带通滤镜来测量 3~4 环芳烃，选择中心波长为 450 nm（FWHM 为 10 nm）的窄带通滤镜来测量 4~5 环芳烃。中心波长为 320 mm、360 nm、400 nm 和 450 nm 的窄带通滤镜透射率曲线如图 2-12 所示。

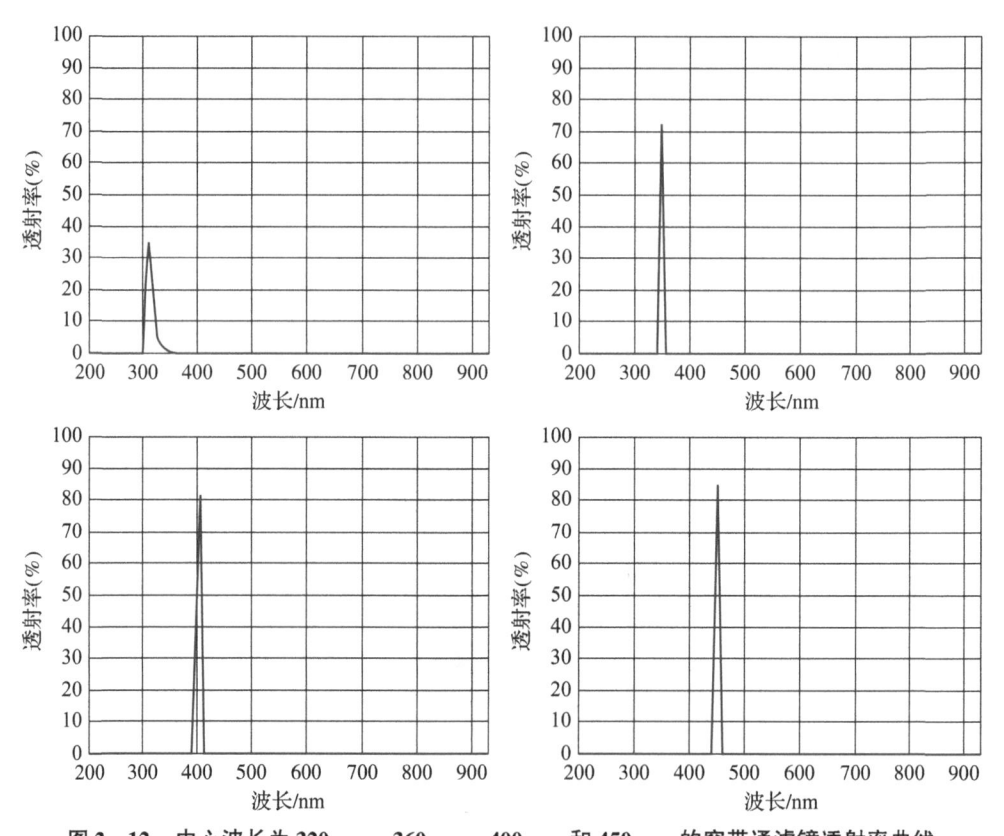

图 2-12 中心波长为 320 nm、360 nm、400 nm 和 450 nm 的窄带通滤镜透射率曲线

2.5 化学发光法测量系统

火焰自由基是燃料燃烧过程的中间产物，自由基的测量对了解火焰燃烧状态和火焰结构特征有着重要作用[206]。利用火焰中自由基自身的化学发光特性，结合 ICCD 和滤镜可以得到反映火焰实时形态的自由基二维分布图像。

先前的研究表明，OH 自由基和 CH 自由基自身在烃类火焰中具备很强的化学发光[207]。OH 自由基几乎可以与各种分子、原子或自由基发生反应。Marchese 等人[208]指出，由于 OH 自由基峰值接近最大火焰温度区域，OH 自由基分布可以合理地表明火焰前沿位置。因此，OH 自由基可以用于高温反应区位置的表征。CH 自由基作为最简单的烃基，可作为大分子降解完成的标志[209]，其分布可显示火焰的不同反应区。因此，为了了解不同醇类汽油层流扩散火焰的火焰结构和反应区位置特征，本书利用 ICCD 结合相应的窄带通滤镜分别记录火焰中 OH 自由基和 CH 自由基的二维浓度分，窄带通滤镜的中心波长分别为 310 nm（FWHM 为 10 nm）和 431 nm（FWHM 为 10 nm）。测量中 ICCD 的门宽设置为 990 μs，增益为 70，每种燃料至少收集 90 张图像。

2.6 TSPD–TEM 测量系统

2.6.1 TSPD 测量系统

为了对碳烟颗粒的微观形貌及结构特性进行研究，本书利用 TSPD 测量系统采集火焰中生成的碳烟颗粒。TSPD 技术是基于热泳原理而开发的一种取样方法[210-211]。初始温度为室温的探针夹住取样膜快速插入高温火焰后会形成大的温度梯度，这种温度梯度产生的热泳力使得沿程的碳烟颗粒沉积在取样膜上，并保持形貌不变[212]。其优点是可以得到火焰中某一点、某一时刻的碳烟颗粒，而且对于瞬时直接采样可以近似认为被捕获的碳烟颗粒能反映其在火焰中的瞬时微观和纳观结构特征，从而真实地反映碳烟颗粒在演化过程中的特性。

图 2–13 所示为本书采用的 TSPD 测量系统示意图和实物图，该系统主要由直线电缸、伺服驱动电机、电机控制装置、自锁镊子和光学位移调整台，以及燃烧器组成。试验中将一个夹持着直径为 3 mm、厚度约 30 μm 的取样膜（碳支持膜或微栅）的自锁镊子固定在直线电缸上，然后通过伺服驱动电机和电机控制装置驱动直线电缸快速运行和精确定位，以确保取样膜能够快速伸入火焰中心，并且在火焰中停留数十毫秒后立即收回，从而完成碳烟颗粒的采样过程。其中，碳支持膜和微栅分别作为聚集体颗粒和基本颗粒形貌与结构特征分析的取样载体。取样高度由带有精确标尺的光学位移调整台控制，每种火焰

至少取样4个不同高度,以涵盖碳烟初始生成、生长和氧化全过程。取样膜伸在火焰中的停留时间设置为40 ms,该时间可以在不破坏取样膜的基础上获得足够数量的碳烟颗粒。待取样后,将取样膜取下,用专用盒隔离并抽真空保护,以便后续用透射电镜观测分析。

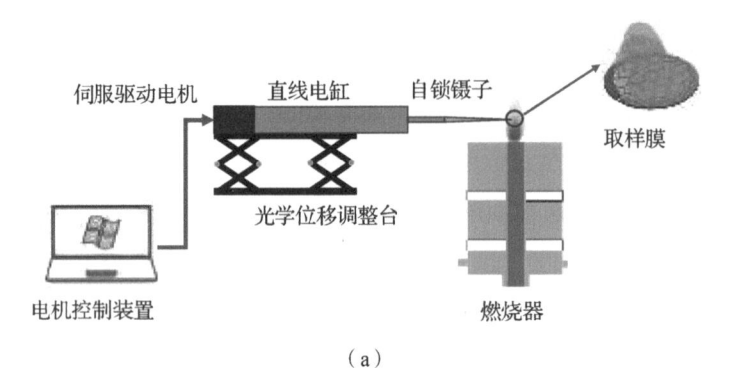

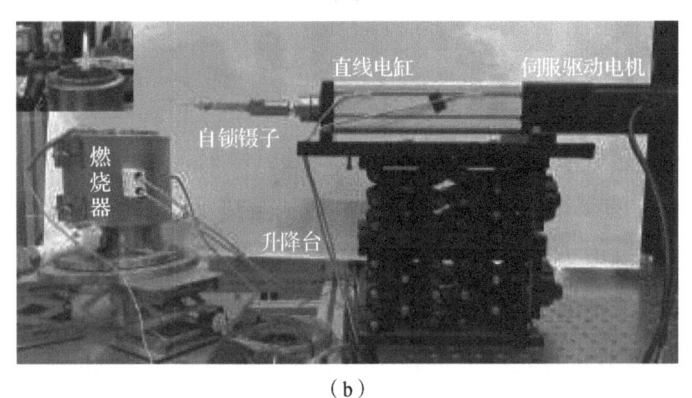

(a)

(b)

图2-13　TSPD测量系统示意图与实物图

(a) 示意图；(b) 实物图

2.6.2　TEM

本书采用JEM-1400Flash型和JEM-2100F型TEM分别拍摄分析颗粒微观和纳观形貌特征。两种TEM的主要技术指标分别如表2-2和表2-3所示,其主要差别在于加速电压不同所造成的分辨率的差异,JEM-2100F型TEM具有更高的分辨率,适合用于拍摄基本颗粒纳观形貌特征。TEM是利用高能电子束作为照明源而进行放大成像的大型显微分析设备,成像原理与光学显微镜类似,但使用电子束取代可见光作为照明光源，因此 TEM 具有比光学显微镜高得多的分辨能力。图 2 – 14 所示为 TEM 的工作原理示意图与实物图。工作时，电子发射源发射出电子，在阳极加速电压的作用下，电子经聚光镜聚合成电子束并照射 TEM 样品。电子束穿过 TEM 样品后携带了 TEM 样品本身的结构信息，先后经过物镜、中间镜和投影镜的聚焦放大，使得结构信息以图像或衍射谱的形式显示于荧光屏上。其中，获取的颗粒形貌图像主要包括两类：第一类图像放大倍数为 1 万~5 万倍，主要用于观测积聚颗粒的形貌和结构，并结合图像处理技术获得基本颗粒尺寸分布和聚集体分形维数等微观结构的特征参数；第二类图像放大倍数为 20 万~40 万倍，主要用来观察基本碳烟颗粒的形貌和结构，并结合图像处理技术获得微晶长度、层间距和曲率等表征基本颗粒纳观结构的特征参数，如图 2 – 15 所示。

表 2 – 2　JEM – 1400Flash 型 TEM 的主要技术指标

项目	参数
加速电压	80 kV、100 kV、120 kV
束斑飘逸	<1 nm/min
放大倍数	$3 \times 10^2 \sim 1.5 \times 10^6$
点分辨率	0.38 nm
线分辨率	0.2 nm

表 2 – 3　JEM – 2100F 型 TEM 的主要技术指标

项目	参数
加速电压	100 kV、120 kV、160 kV、200 kV
束斑飘逸	<1 nm/min
放大倍数	$1 \times 10^2 \sim 1.5 \times 10^6$
点分辨率	0.19 nm
线分辨率	0.1 nm

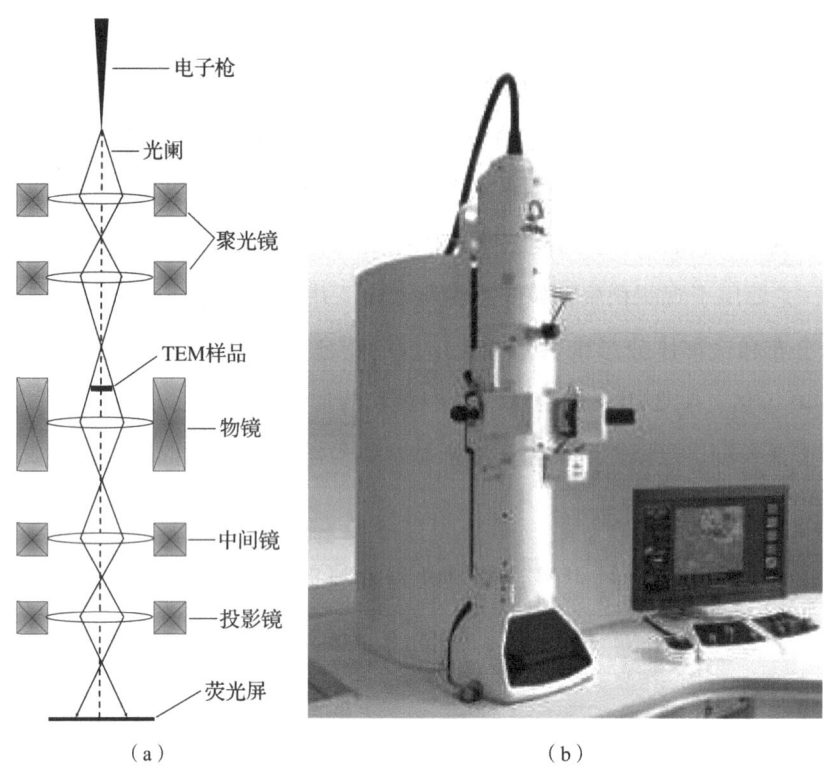

图 2-14 TEM 的工作原理示意图与实物图

(a) 原理图；(b) 实物图

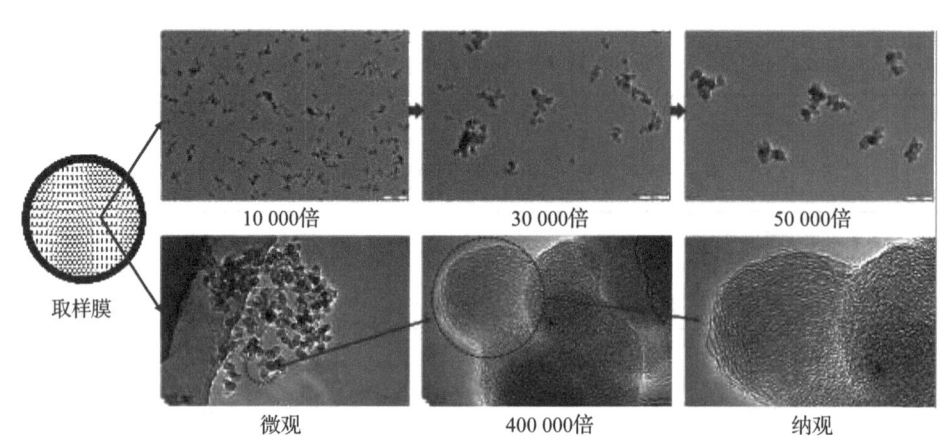

图 2-15 不同放大倍率下的碳烟颗粒微观与纳观形貌示例

2.6.3 颗粒微观特征参数处理

碳烟颗粒微观基本特征参数包括基本颗粒粒径、颗粒聚集体投影面积和分形维数等。其中,基本颗粒粒径和颗粒聚集体投影面积可由 Image J 软件测量得到。为保证测量精度,基本颗粒粒径至少测量 300 个具有清晰边界的基本颗粒,并且每个颗粒的直径需要测量两次并取其平均值。颗粒聚集体投影面积为颗粒聚集体在 TEM 图像中的二维投影面积。使用 Image J 软件计算颗粒聚集体所覆盖的像素总和即可得到单个聚集体的投影面积。如图 2-16 所示,虚线包围的面积总和即单个颗粒聚集体的投影面积。

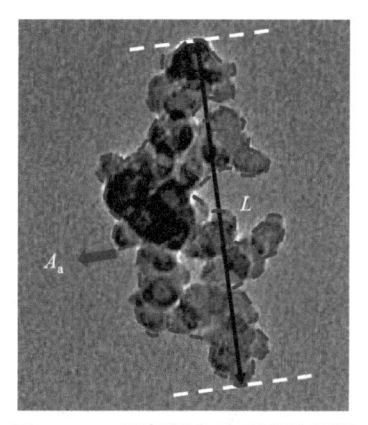

图 2-16 颗粒聚集体微观处理图

颗粒聚集体的分形维数可以反映颗粒的聚集成型情况和紧密程度。分形维数值越大,颗粒聚集体的形状越趋向于球状,其所包含的基本颗粒的凝聚程度越高;分形维数值越小,颗粒聚集体的形状越趋向于链状,其所包含的基本颗粒的凝聚程度越低。分形维数的值由式(2-6)计算得到[213-214]。

$$N = k_f \left(\frac{R_g}{r_p} \right)^{D_f} \quad (2-6)$$

式中,N 为颗粒聚集体内包含的基本颗粒数量;k_f 为分形前因子(又称结构系数);R_g 为聚集体的回转半径;r_p 为基本颗粒平均半径;D_f 为分形维数。通过绘制以 $\ln N$ 为 Y 轴,以 $\ln(R_g/r_p)$ 为 X 轴的坐标图像,并进行线性拟合($\ln N = D_f \ln(R_g/r_p) + \ln k_f$),所得直线斜率即分形维数 D_f。其中,聚集体内的基本颗粒数量 N 和聚集体的回转半径 R_g 可由式(2-7)、式(2-8)计算得到[213]。

$$N = \left(\frac{A_\mathrm{a}}{A_\mathrm{p}}\right)^\gamma \tag{2-7}$$

$$R_\mathrm{g}^2 = \frac{1}{n}\sum_{i=1}^{n} r_i^2 \tag{2-8}$$

式（2-7）中，A_a 为颗粒聚集体的投影面积；A_p 为聚集体中基本颗粒的平均投影面积；γ 为经验参数，根据 Megaridis 等人[215]的研究 γ 取 1.09。式（2-8）中，r_i 为颗粒聚集体中第 i 个基本颗粒到整个聚集体几何中心的距离。由于 TEM 图像显示的是二维投影，颗粒聚集体在空间上的分布很难确定，r_i 无法精确求解。根据 Brasil 等人[216]的研究，回转半径 R_g 可由式（2-9）估算得到。

$$\frac{L}{2R_\mathrm{g}} = 1.50 \pm 0.05 \tag{2-9}$$

式中，L 为颗粒聚集体的最大投影长度，如图 2-16 所示。

2.7 本章小结

本章详细介绍了碳烟颗粒生成演化特性研究所用的试验系统和测量方法。试验系统主要包括扩散火焰燃烧器系统、TC-LII 测量系统、2D-LOSA 测量系统、PLIF 测量系统、化学发光法测量系统、TSPD-TEM 测量系统。具体内容如下。

（1）扩散火焰燃烧器系统主要包括燃烧器、蓄能器、蒸发混合器、质量流量控制器、稳压腔、空气压缩机、氮气和加热带等。基于该系统可以获得高度波动约 1~2 mm 的、较为稳定的同轴层流扩散火焰。

（2）TC-LII 测量系统主要包括 Nd：YAG 激光器（532 nm）、片光系统、燃烧器、双像器、ICCD 及其控制系统、滤镜、光束截止器和数据采集系统。该系统利用标准光源积分球对 ICCD 进行标定，可以得到在采集波长 425 nm 和 590 nm 下的校准因子。

（3）2D-LOSA 测量系统主要包括卤钨灯光源、小孔光阑、反射镜、凹面镜、凸透镜组、平凸透镜、滤镜和 CCD 等。该系统利用探测光强和入射光强两者的关系，结合层析反演算法，可以得到碳烟浓度的二维分布。

（4）PLIF 测量系统主要包括 Nd：YAG 激光器（266 nm）、片光系统、

ICCD、不同波长的窄带通滤镜、燃烧器、光束截止器、数据采集系统等。通过 320 nm、360 nm、400 nm、450 nm 四种不同中心波长的窄带通滤镜，来区分不同环数芳烃的浓度分布。

（5）化学发光法测量系统利用 ICCD 结合中心波长分别为 310 nm 和 431 nm 的窄带通滤镜记录火焰中 OH 自由基和 CH 自由基辐射的发光强度图像。

（6）TSPD 系统主要包括直线电缸、伺服驱动电机、电机控制装置、自锁镊子、光学位移调整台、燃烧器。通过该系统可以获得碳烟颗粒微观和纳观形貌，并通过统计分析获得基本颗粒粒径、颗粒聚集体投影面积和分型维数等结构参数。

第 3 章
醇类/汽油火焰碳烟生成特性研究

为了研究不同醇类自身燃料因素对汽油碳烟生成特性的影响，本章基于第 2 章介绍的扩散火焰燃烧器系统，采用 TC – LII 方法研究不同醇类掺混对汽油火焰中碳烟体积分数的影响规律，并分别在碳质量流量和燃料质量流量一定的条件下，以及相同掺混比和氧含量的条件下，比较碳烟体积分数随不同醇类掺混的降低效果，阐明醇类掺混所致碳稀释和增氧差异等宏观因素的影响效应。测试燃料和试验条件的详细设置可参见第 2 章。

3.1 醇类掺混比对碳烟生成特性的影响分析

3.1.1 自然发光火焰

图 3 – 1 所示为相同燃料质量流量条件下利用 CMOS 相机拍摄的汽油、甲醇/汽油、乙醇/汽油和丁醇/汽油自然发光火焰图像的对比。经测量可以得到：G100 的可视火焰高度为 54 mm；M20、M40、M60 和 M80 的可视火焰高度分别为 43 mm、32 mm、24 mm 和 19 mm；E20、E40、E60 和 E80 的可视火焰高度分别为 48 mm、39 mm、29 mm 和 24 mm；B20、B40、B60 和 B80 的可视火焰高度分别为 49 mm、43 mm、37 mm 和 30 mm。由此可见，火焰高度随着醇类掺混比的增加而降低，其中甲醇掺混对火焰高度的影响最为显著。层流扩散火焰的高度主要与喷嘴出口燃料流的体积流量及燃料本身的化学计量比有关。燃料蒸气离开喷嘴出口后，继续沿着轴向流动，并且迅速向外侧扩散，而氧化剂（空气）迅速向火焰方向扩散。

最终，流场中燃料与氧化剂的比达到化学计量比的点构成了火焰边界。这就意味着，燃料完全燃烧所需的空气越少，火焰高度越低。在相同的燃料质量流量条件下，喷嘴出口处的体积流量随着醇类掺混比的增加而增加，但火焰高度却逐渐降低。这表明化学计量空燃比的降低占据了主导因素，如乙醇掺混比从0%增加至80%时，化学计量空燃比则会从14.7降低至10.5，因此，完全燃烧所需的空气量显著减少，导致火焰高度随着乙醇掺混比的增加而逐渐降低。

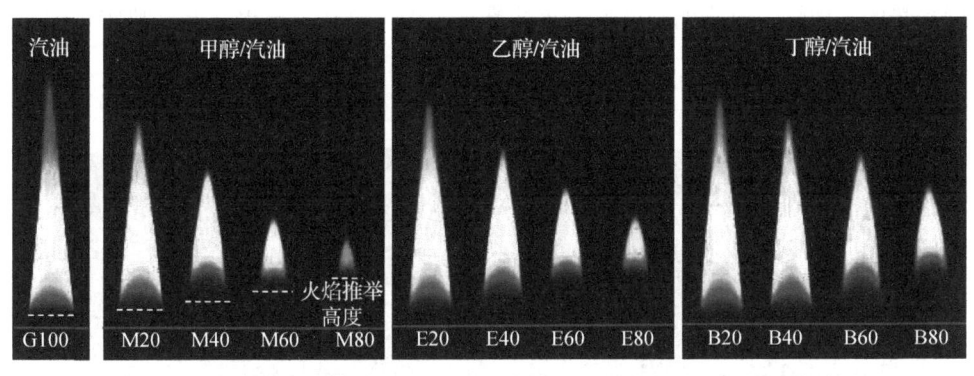

图 3-1 相同燃料质量流量条件下不同醇类/汽油的自然发光火焰图像的对比

同时，随着醇类掺混比的增加，火焰根部的暗区面积逐渐增加，火焰中部的明亮区面积逐渐减少，尤其是 M80、E80 和 B80 火焰。考虑到层流扩散燃烧器的燃烧模式主要是扩散燃烧，可视自然发光火焰主要来自碳烟颗粒的热辐射。因此，暗区面积和亮区面积的变化趋势定性地反映了不同醇类添加对于碳烟生成的抑制作用。此外，从图 3-1 中的白色虚线可以看出，随着醇类掺混比的增加，自然发光火焰推举高度逐渐增加。火焰推举高度主要与燃料的出口速度有关。在相同的燃料质量流量条件下，燃料出口速度随着醇类掺混比的增加而增加，这与火焰推举高度的趋势一致。由于 Gülder 型协流扩散燃烧器的自然发光火焰主要归因于碳烟颗粒的热辐射[134]，所以火焰推举高度的增加可以在一定程度上表明碳烟形成起始高度的增加[217]。

3.1.2 碳烟分布特征

图 3-2 所示为相同燃料质量流量条件下，利用 TC-LII 方法测量得到的汽油、甲醇/汽油混合物、乙醇/汽油和丁醇/汽油火焰中碳烟体积分数的分布。由

图 3-2 可以看出，高浓度的碳烟主要位于火焰的中部两翼和下游中心区域。随着不同醇类掺混比的增加，火焰中的总体碳烟水平显著减少。尤其是对于甲醇/汽油来说，当醇类掺混比增加到 80% 时，火焰中探测到的碳烟生成量很低。图 3-2 中的白色虚线表示整个火焰中的碳烟形成的起始高度。碳烟形成的起始高度随醇类掺混比的增加而增加，这主要与燃料的出口速度和碳烟成核生长的速率有关。另外，图 3-2 也证明了碳烟形成起始高度与图 3-1 所示的火焰推举高度趋势的一致性，这表明自然发光火焰推举高度可以在一定程度上反映碳烟起始高度的变化趋势。

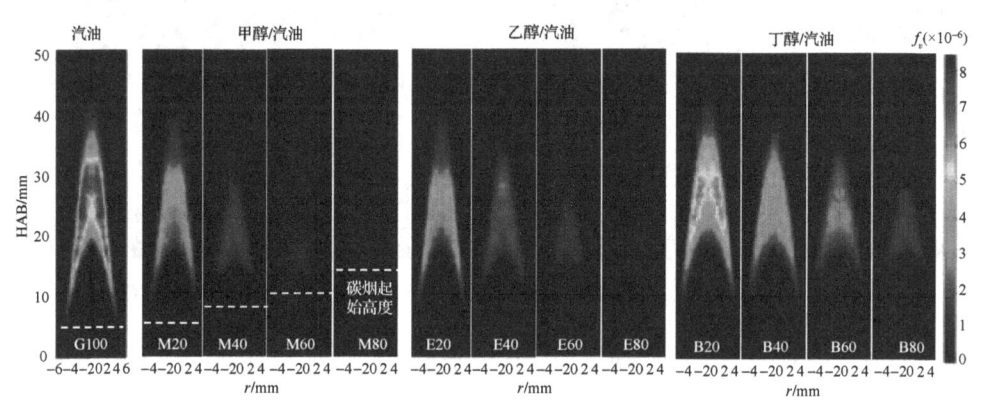

图 3-2　相同燃料质量流量条件下不同醇类/汽油火焰碳烟体积分数分布

3.1.3　碳烟定量分析

为了便于碳烟的定量分析，图 3-3 展示了在相同燃料质量流量条件下，峰值碳烟体积分数和平均碳烟体积分数随不同醇类掺混比的变化趋势。其中，平均碳烟体积分数的定义如式（3-1）所示，可以表征火焰中碳烟体积分数的总体水平。G100 的碳烟浓度峰值为 9.10×10^{-6}。与 G100 相比，M20、M40、M60 和 M80 的峰值碳烟体积分数分别降低了 50.7%、74.8%、91.0% 和 97.8%，平均碳烟体积分数分别降低了 53.4%、85.6%、97.3% 和 99.8%；E20、E40、E60 和 E80 的峰值碳烟体积分数分别降低了 37.4%、68.1%、87.0% 和 94.3%，平均碳烟体积分数分别降低了 42.2%、76.6%、93.3% 和 98.3%；B20、B40、B60 和 B80 火焰的峰值碳烟体积分数分别降低了 20.0%、41.5%、61.4% 和 80.2%，平均碳烟体积分数分别降低了 23.5%、50.4%、73.0% 和 90.8%。

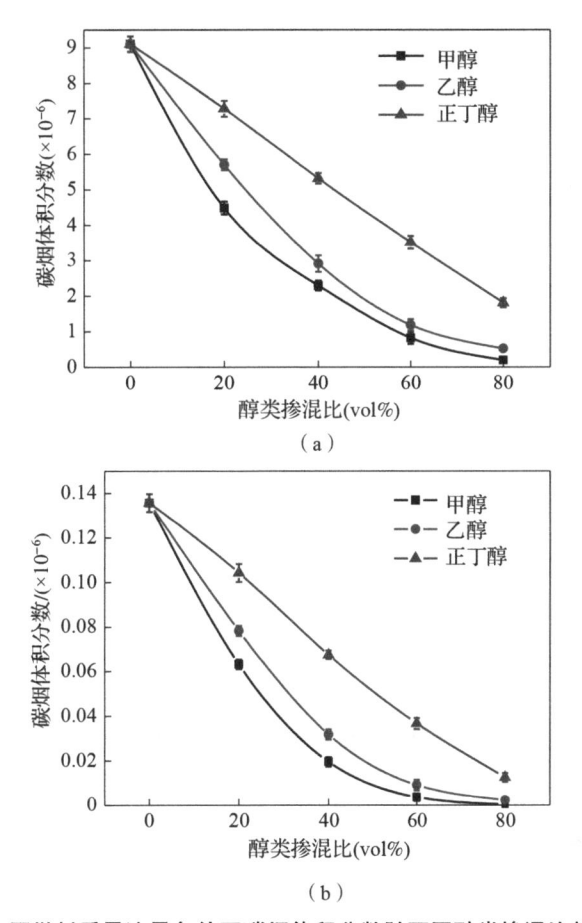

图 3-3 相同燃料质量流量条件下碳烟体积分数随不同醇类掺混比的变化趋势

(a) 峰值碳烟体积分数；(b) 平均碳烟体积分数

$$\overline{f_v} = \frac{\sum_{i=1}^{N} f_i v}{V} = \frac{v \sum_{i=1}^{N} f_i}{V} = \frac{\sum_{i=1}^{N} f_i}{N} \quad (3-1)$$

式中，N 为像素的总数；f_i 为任意一个像素所对应的测量区域中的碳烟体积分数；v 为任意一个像素所对应的测量区域的体积；V 为测量区域的总体积。

由图 3-3 中可以看出，当醇类掺混比从 0% 增加到 80% 时，甲醇、乙醇和正丁醇均能够显著降低碳烟生成，甲醇对碳烟的抑制效果最为显著，甲醇本身生成的碳烟量很小，正丁醇在降低碳烟方面不如其他两种醇类有效。随着不同醇类掺混比的增加，甲醇/汽油和乙醇/汽油的峰值碳烟体积分数和平均碳烟体积分数均呈现逐渐收敛的降低趋势，但正丁醇降低碳烟的趋势接近线性。这说明，随着醇类掺混比的增加，甲醇和乙醇对碳烟减少的影响逐渐减弱，而正丁醇对碳烟减少的影响几乎保持不变。这可能与醇类分子结构与摩尔分数的变化趋势有关。如图 3-4 所示，随着醇类体积分数的增加，甲醇和乙醇的摩尔分数呈现逐渐收敛的增加趋势，而正丁醇的摩尔分数几乎呈线性增加趋势，这导致了单位体积内，醇类分子结构作用强度的差异。

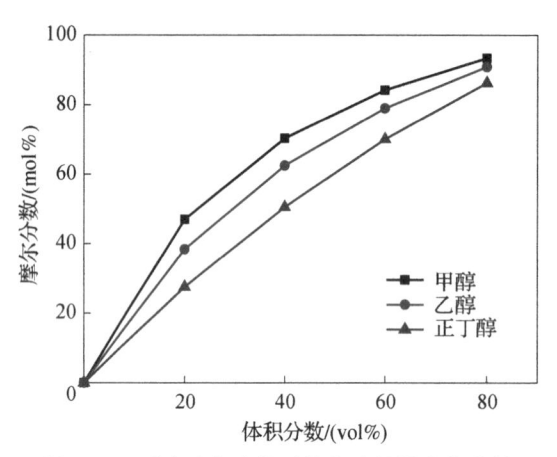

图 3-4 醇类摩尔分数随体积分数的变化趋势

3.2 碳质量流量稀释效应分析

对上述试验结果，必须注意的是汽油、甲醇、乙醇和丁醇的碳含量分别为 86.24%、37.5%、52.2% 和 64.9%。因此，在保证燃料质量流量一定的条件下，燃料流中碳质量流量（不考虑其存在的具体形式）随醇类掺混比的增加而降低，即存在碳质量流量稀释效应，尤其是甲醇对碳质量流量稀释效应最大。碳元素是造成碳烟生成的重要元素，为了弄清由于醇类添加导致的碳质量流量降低这一因素对碳烟降低的作用强度，本节在保证碳质量流量一定的情况下，进一步测量醇类掺混比对碳烟生成的影响，并与燃料质量流量一定条件下的结果进行比较，以明确碳质量流量稀释效应。

3.2.1 自然发光火焰

图 3-5 所示为相同碳质量流量条件下，利用 CMOS 相机拍摄的汽油、甲醇/

汽油、乙醇/汽油、丁醇/汽油自然发光火焰图像的对比。其中：G100 的可视火焰高度为 51 mm；M20、M40、M60 和 M80 的可视火焰高度分别为 46 mm、42 mm、39 mm 和 32 mm；E20、E40、E60 和 E80 的可视火焰高度分别为 46 mm、42 mm、40 mm 和 35 mm；B20、B40、B60 和 B80 的可视火焰高度分别为 47 mm、43 mm、41 mm 和 37 mm。由此可见，在相同的碳质量流量条件下，自然发光火焰高度也并不是相同的，而是随着醇类掺混比的增加呈现单调递减的趋势，但火焰高度的降幅比相同燃料质量流量条件下火焰高度降幅有所减缓。这主要是因为在相同碳质量流量条件下，燃料质量流量随着醇类掺混比的增加而逐渐增加，燃料的体积流量增加。

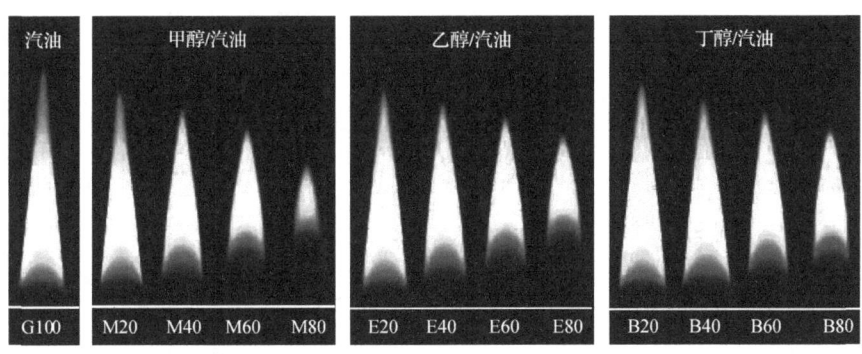

图 3-5 相同碳质量流量条件下不同醇类/汽油的自然发光火焰图像

3.2.2 碳烟定量分析

图 3-6 所示为相同碳质量流量条件下，峰值碳烟体积分数和平均碳烟体积分数随不同醇类掺混比的变化趋势。G100 的碳烟浓度峰值为 8.19×10^{-6}，与 G100 相比，M20、M40、M60 和 M80 的峰值碳烟体积分类分别降低了 41.5%、64.1%、75.8% 和 91.8%，平均碳烟体积分数分别降低了 48.2%、70.4%、83.8% 和 97.7%；E20、E40、E60 和 E80 的峰值碳烟体积分数分别降低了 34.7%、61.7%、74.0% 和 87.8%，平均碳烟体积分数分别降低了 41.5%、66.9%、81.0% 和 93.8%；B20、B40、B60 和 B80 的峰值碳烟体积分数分别降低了 16.0%、34.7%、51.5% 和 70.0%，平均碳烟体积分数分别降低了 19.5%、45.0%、61.6% 和 81.5%。由此可见，在碳质量流量保持一定的情况下，不同醇类的添加也可以显著降低汽油火焰的碳烟生成。

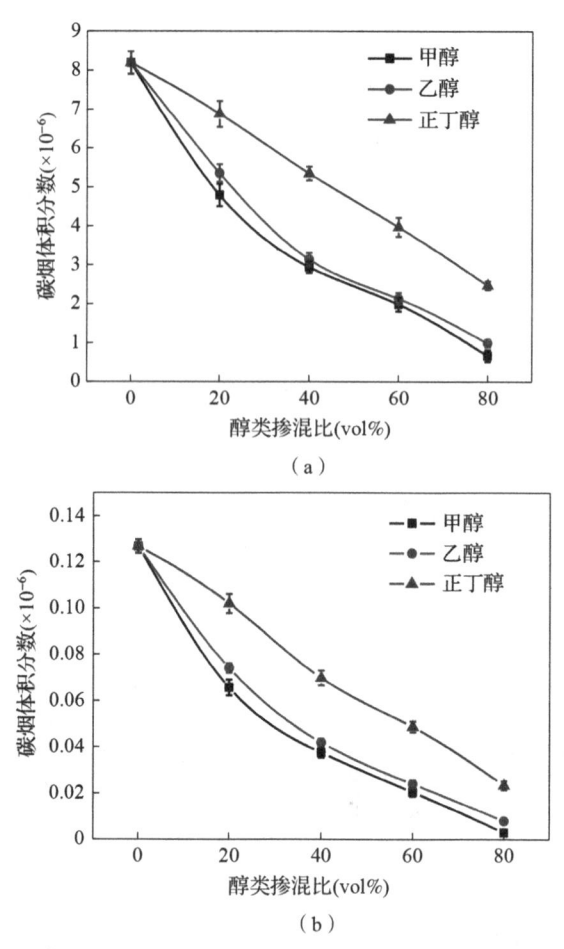

图 3-6 相同碳质量流量条件下碳烟体积分数随不同醇类掺混比的变化趋势
(a) 峰值碳烟体积分数；(b) 平均碳烟体积分数

为了更加直观地分析碳质量流量稀释效应，图 3-7 展示了在燃料质量流量一定和碳质量流量一定两种试验条件下，乙醇掺混比对峰值碳烟体积分数与平均碳烟体积分数降幅的对比。由图 3-7 可见，在同一种醇类掺混比下，其碳质量流量一定时峰值碳烟体积分数和平均碳烟体积分数的降幅与燃料质量流量一定时的结果相差不大，仅略小于燃料质量流量一定时的降幅。这种差异主要是由于为保持碳质量流量一定，燃料质量流量随着醇类掺混比的增加而增加，自然会导致碳烟生成的增加。但从总体上看，在两种燃料供给的条件下，随着醇类的添加，碳烟均保持了较高的降幅。这表明在燃料质量流量一定时，由于醇类添加所导致的碳质量流量稀释效应对于碳烟降低的作用很小。

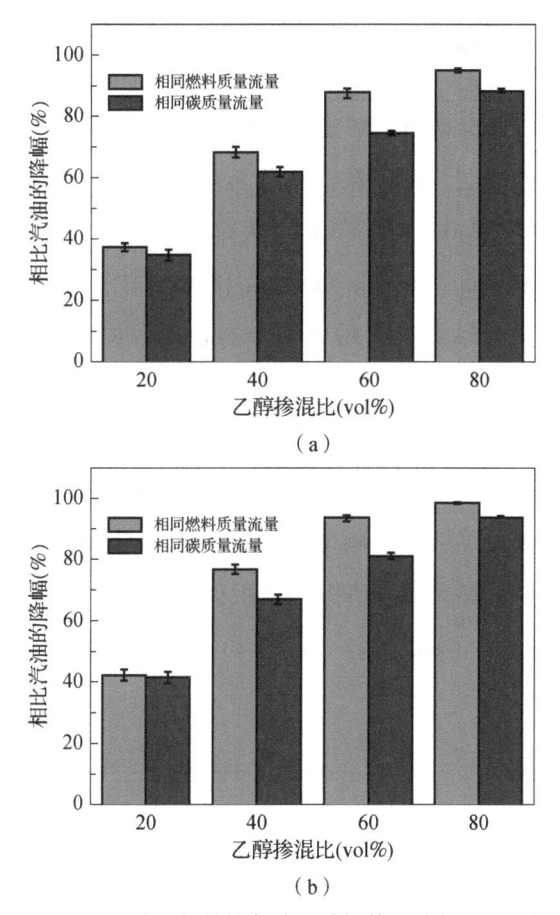

图 3-7 两种燃料供给条件下碳烟体积分数降幅比较

(a) 峰值碳烟体积分数；(b) 平均碳烟体积分数

醇类掺混比的增加对碳烟的抑制效果的增强可能取决于醇类对汽油燃料中芳烃稀释程度的增加、燃料氧含量的增加或者醇类本身所致的化学效应增强。一方面，随着醇类掺混比的增加，汽油中容易生成碳烟前驱物的芳烃和长链烃组分被不断稀释，抑制了 PAHs 的生成[130,217]。另一方面，甲醇、乙醇和丁醇均具有较高的氧含量，它们的添加可以提高燃料混合物中的氧含量，并在燃烧过程中提供 OH 自由基[132,218~219]。氧含量的增加和 OH 自由基可能会促进 PAHs 和碳烟颗粒的氧化。此外，醇类本身的分子结构也可能影响 PAHs 的生成路径和颗粒的生长过程。这些因素的具体影响效应将在第 5~8 章进行阐明与研究。

3.2.3 碳烟二维分布特征

为了解醇类掺混比对碳烟二维分布特征的影响规律,下面将对不同高度上径向和中心轴向上的碳烟体积分数进行分析。图 3-8 所示为相同碳质量流量条件下,G100、E20、E40、E60 和 E80 火焰在燃烧器上方不同高度 HAB 处 (15 mm、20 mm、25 mm、30 mm、35 mm 和 40 mm) 径向碳烟体积分数随火焰半径的变化趋势 (X 轴 0 点表示火焰中心轴线的位置)。由图 3-8 可以看出,在不同 HAB 处,随着乙醇掺混比的增加,局部碳烟体积分数均降低,这与 Khosousi 等人[130]的研究结果一致。具体来看,在 HAB = 15 mm 处,随着乙醇掺混比从 0% 增加至 60%,峰值碳烟体积分数从约 5.96×10^{-6} 降低至 0.61×10^{-6},此位置处 E80 火焰还没有测量到碳烟生成;在 HAB = 20 mm 处,随着乙醇掺混比从 0% 增加至 80%,峰值碳烟体积分数从约 7.83×10^{-6} 降低至 0.54×10^{-6};在 HAB25 mm、30 mm、35 mm 和 40 mm 处也可以总结出类似的降低趋势。

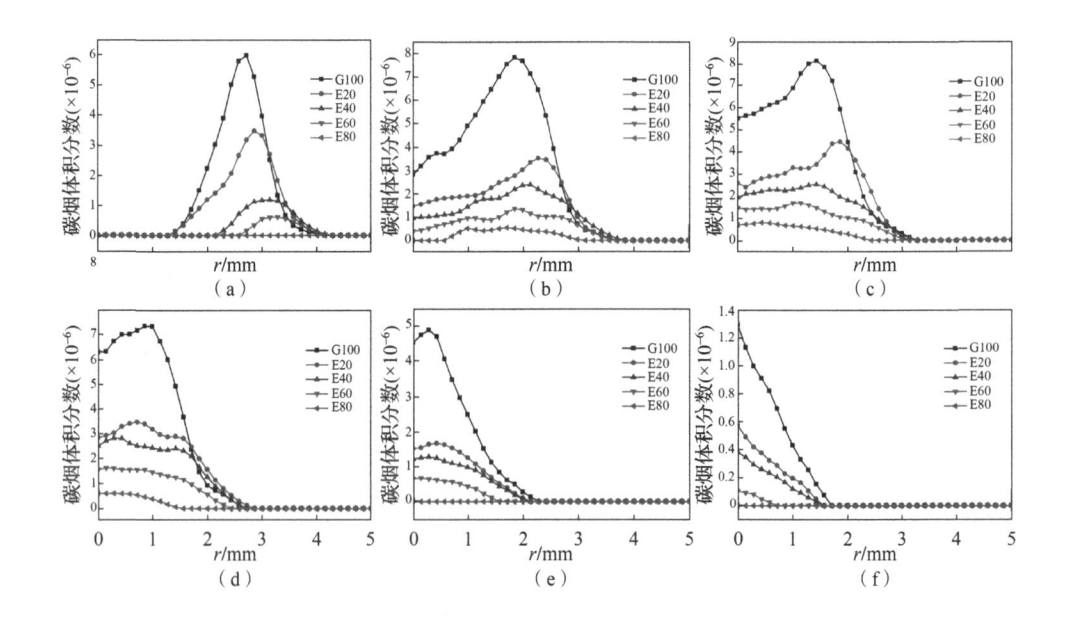

图 3-8 火焰在燃烧器上方不同高度处径向碳烟体积分数随火焰半径的变化趋势

(a) 15 mm; (b) 20 mm; (c) 25 mm; (d) 30 mm; (e) 35 mm; (f) 40 mm

此外，所有燃料的峰值碳烟体积分数随着 HAB 的增大逐渐从火焰外围向火焰中心移动。这一趋势与 Thomson 等人[201]在乙烯扩散火焰中和 Merchan 等人[220]在生物柴油扩散火焰中观察的结果一致。在 HAB 为 15 mm 处，G100、E20、E40 和 E60 的峰值碳烟体积分数均出现在火焰半径约 3 mm 处，并且火焰中心处的碳烟体积分数为 0。这主要是因为燃料蒸气刚刚离开喷嘴不久，火焰中心的燃料与空气还没有完全接触以进行燃烧反应，仍处于燃料热解和碳烟前驱物的形成阶段。而此时的外部燃料与空气扩散强度较大，燃烧反应较快[130,190]，因此，在较低高度处的火焰峰值碳烟体积分数出现在火焰外围。随着火焰高度的增加，火焰径向尺寸由于浮力的作用而逐渐收缩，峰值碳烟体积分数逐渐向火焰中心移动。当高度上升到 40 mm 时，所有试验燃料的峰值碳烟体积分数均已移动至火焰中心。

同时，由图 3-8 还可见，在峰值碳烟体积分数逐渐由火焰外围向火焰中心移动的过程中，其峰值大小先增加后减小，这与火焰中心轴线上碳烟体积分数的变化趋势一致。图 3-9 展示了在燃料质量流量一定和碳质量流量一定的条件下，G100、E20、E40、E60 和 E80 火焰中心轴线上碳烟体积分数随 HAB 的变化趋势（Y 轴 0 点代表喷嘴出口的水平位置）。沿着火焰中心轴线的碳烟体积分数随着 HAB 的增大大体上呈现三阶段变化趋势：碳烟体积分数首先保持在恒定值 0，然后逐渐增加到峰值，最后又降低至 0。这也反映了醇类/汽油层流扩散火焰的结构特征。

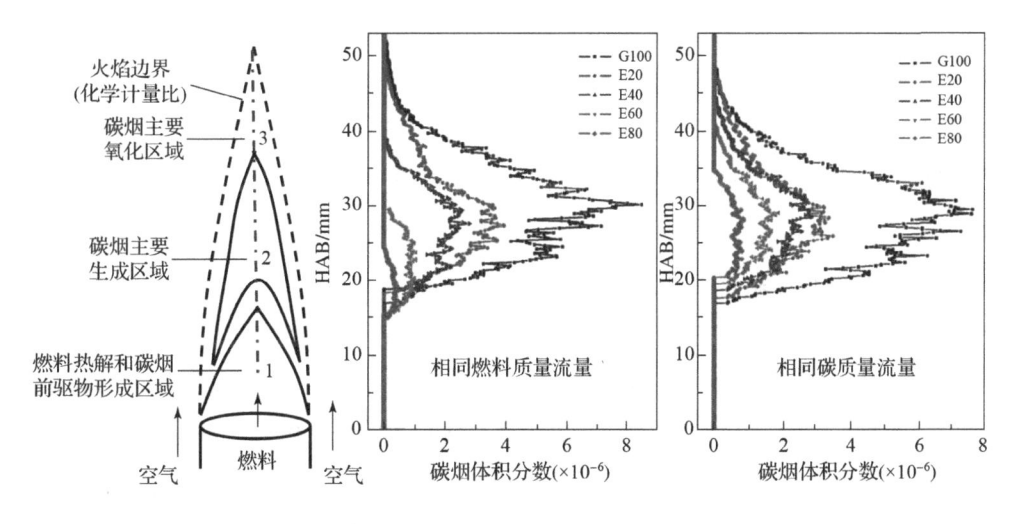

图 3-9 火焰中心轴线上的碳烟体积分数随燃烧器上方高度的变化趋势（见彩插）

沿着高度方向，火焰主要包括三个区域：燃料热解和碳烟前驱物形成区域（HAB≤20 mm）、碳烟主要生成区域（HAB=20~30 mm）和碳烟主要氧化区域（HAB≥35 mm），如图3-9所示。在HAB≤15 mm处，PAHs和初始碳核在此区域形成，此高度处由于火焰外围与氧气接触，相互扩散效应较强，可形成少量碳烟。在HAB=20~30 mm处，碳烟前驱物和碳核通过表面生长、PAHs沉积和碰撞凝结长成大量积聚态的碳烟颗粒。在这个区域，随着HAB的增大，峰值碳烟体积分数首先增加，然后由于氧化速率的增加而降低。在碳烟主要氧化区域（HAB≥35 mm），随着HAB的增大，火焰中卷吸的氧化剂更多，氧化速率逐渐增加，此时的氧化反应占主导地位[200]，碳烟逐渐被氧化完全，最终形成了不发烟的尖端封闭型火焰。从图3-9中峰值碳烟体积分数出现的高度位置可以看出，加入乙醇后，峰值碳烟体积分数出现的时间早于汽油，这可能是由于含氧燃料的氧化反应速度比汽油快，因此，进入氧化区的速度更快。此外，从图3-9中还注意到在两种燃料供给条件下，碳烟体积分数出现的起始高度随乙醇比例的变化趋势不同。

图3-10所示为燃料质量流量和碳质量流量一定的条件下，火焰中心轴线上碳烟生成起始高度随乙醇掺混比的变化趋势。在燃料质量流量一定的条件下，火焰中心轴线上碳烟生成起始高度随乙醇掺混比的增大而降低。其中，G100、E20、E40、E60和E80火焰的起始高度分别为18.9 mm、18.3 mm、17.0 mm、15.7 mm和14.9 mm。这一趋势与主要受燃料蒸气出口速度影响的火焰整体碳烟浮起高度的趋势不同。虽然添加乙醇增加了燃料出口速度，导致整个火焰的碳烟浮起高度增加。但火焰中心轴线上碳烟生成起始高度除了受燃料蒸气出口速度的影响外，还受燃料蒸气扩散速度和碳烟生长速度的影响。如图3-11所示，在燃料流场中，燃料蒸气在离开喷嘴后继续沿轴向流动（V_u），并快速向外扩散（V_d），两个速度的比值决定了内锥角度的大小。随着乙醇掺混比的增加，扩散速度增大，导致内锥角度的增大，最终使火焰中心轴线上碳烟生成起始高度减小。在碳质量流量一定的条件下，随着乙醇掺混比的增大，火焰中心轴线上碳烟生成起始高度逐渐增大（见图3-10（b））。这是由于在碳质量流量不变时，燃料质量流量随乙醇掺混比显著增大，燃料蒸气的出口速度显著增大，这导致整个火焰的推举高度和碳烟生成起始高度增大，因此，火焰中心轴线上碳烟生成起始高度也相应增大。

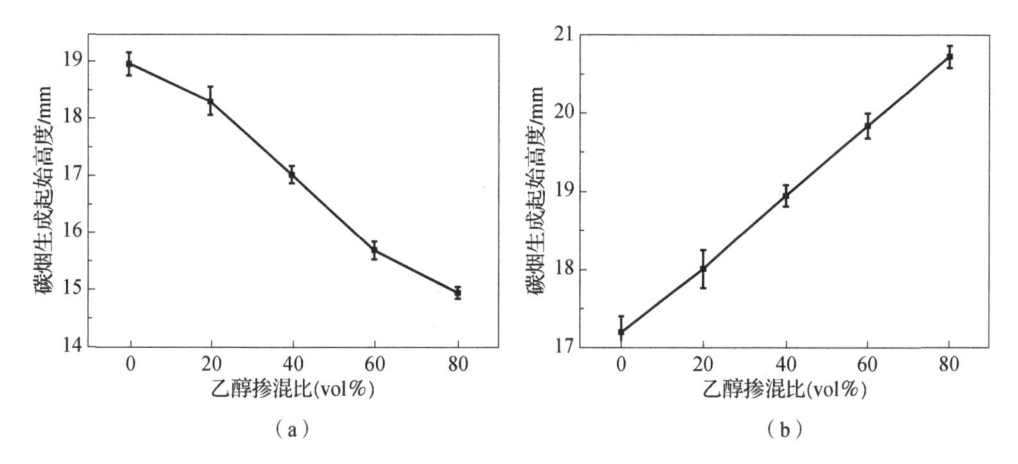

图 3-10 两种燃料供给条件下火焰中心轴线上碳烟生成起始高度随乙醇掺混比的变化趋势
(a) 相同燃料质量流量；(b) 相同碳质量流量

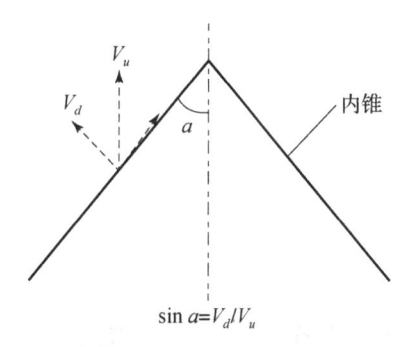

图 3-11 火焰内锥结构特征

3.3 增氧宏观差异的影响效应分析

3.2 节的研究表明，随着醇类掺混比的增加，甲醇对碳烟生成的抑制效果比乙醇和丁醇对碳烟生成的抑制效果显著。考虑到甲醇、乙醇和丁醇分子的氧含量分别为 50%、34.8% 和 21.6%，掺混相同比例的醇类后，甲醇/汽油混合燃料中氧含量高于乙醇/汽油混合燃料和丁醇混合燃料汽油混合燃料。本节将通过直观地对比相同醇类掺混比和相同氧含量条件下不同醇类掺混对碳烟生成的影响，以明确不同醇类掺混所致增氧宏观差异在决定其降低碳烟生成能力方面的影响效应。

3.3.1 相同醇类掺混比下不同醇类的对比

图 3-12 所示为在碳质量流量一定的条件下，相同醇类掺混比下不同醇类/汽油火焰碳烟体积分数二维分布的对比。由图 3-12 中碳烟体积分数二维分布情况可见，在相同醇类掺混比下，与甲醇/汽油火焰和乙醇/汽油火焰相比，正丁醇/汽油火焰中的整体和局部碳烟体积分数均是最高的。此外，与乙醇和正丁醇相比，甲醇对碳烟体积分数分布高度的影响最大，尤其是当醇类掺混比升至80%时，M80 的碳烟体积分数分布高度显著低于 E80 和 B80。这主要是因为与乙醇和丁醇相比，甲醇的化学计量空燃比最低，完全燃烧所需的空气量最少。此外，甲醇的碳烟生成量最小，少量的碳烟可以很容易地被氧化完全。因此，对于相同的 LII 检测设置，甲醇/汽油火焰中较低的碳烟体积分数导致低得多的 LII 强度。从图 3-12 中还可以看出，在相同的醇类掺混比下，不同醇类对碳烟生成起始高度（如图 3-12 中虚线所示）的影响不同。在相同醇类掺混比下，甲醇/汽油的碳烟生成起始高度最高，其次是乙醇/汽油，最后是丁醇/汽油，这也反映了碳烟成核和形成的时间差异。碳烟生成起始高度越高，碳烟成核的时间也越长。对于不同醇类掺混对碳烟颗粒成核和生长的具体影响将在第 7 章中进行分析。

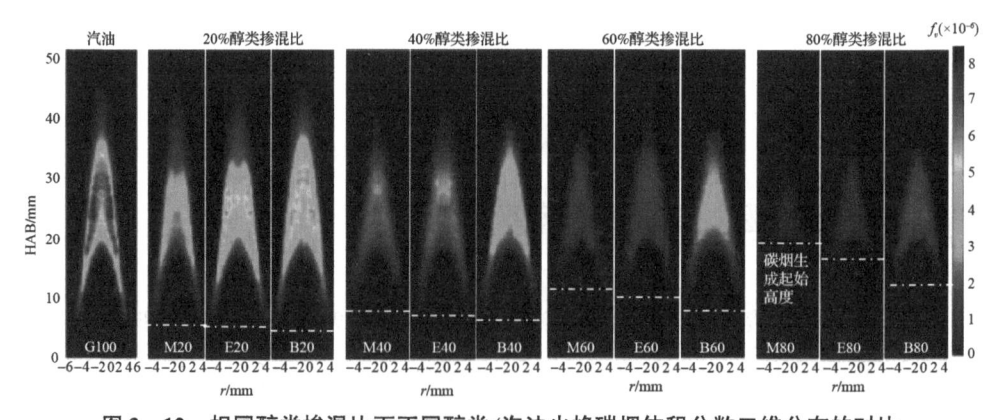

图 3-12　相同醇类掺混比下不同醇类/汽油火焰碳烟体积分数二维分布的对比

图 3-13 所示为相同醇类掺混比下不同醇类掺混对汽油火焰峰值碳烟体积分数和平均碳烟体积分数降低的百分比（与汽油相比）的对比。由图 3-13 可见，在任何相同醇类掺混比下，不同醇类添加对碳烟体积分数的降幅均表现为甲醇 > 乙醇 > 正丁醇。在醇类掺混比为 20% 时，与汽油相比，M20，E20 和 B20 火焰峰

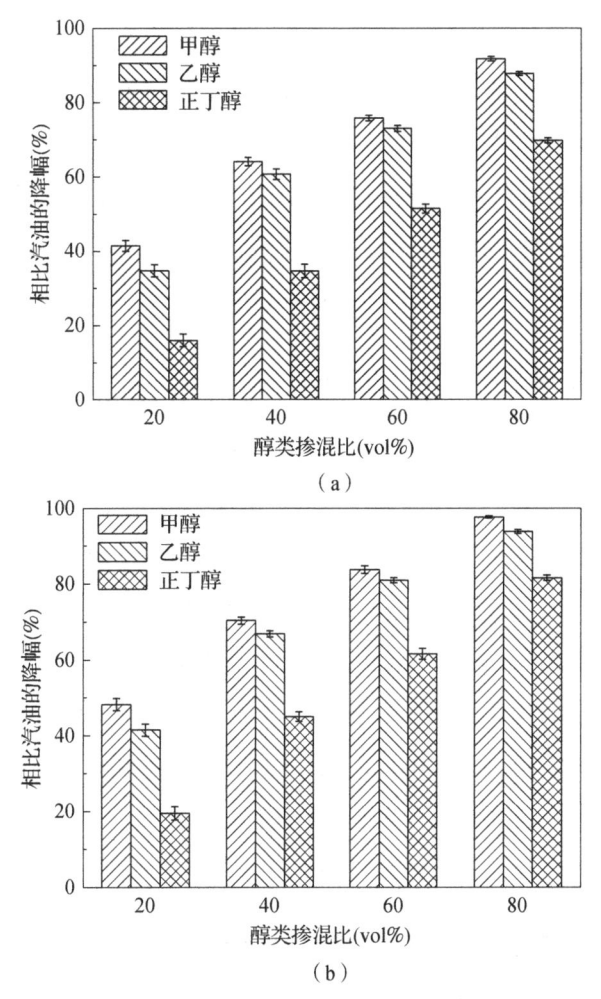

图 3-13 相同醇类掺混比下不同醇类掺混对汽油火焰碳烟体积分数降幅的对比

(a) 峰值碳烟体积分数；(b) 平均碳烟体积分数

值碳烟体积分数分别降低了 41.5%、34.7% 和 16.0%，平均碳烟体积分数分别降低了 48.2%、41.5% 和 19.5%；在醇类掺混比为 40%、60% 和 80% 时，也可以观察到类似的趋势。由此可以得出结论，在相同醇类掺混比下，不同醇类对碳烟生成的抑制能力表现为甲醇 > 乙醇 > 正丁醇。在相同醇类掺混比下，不同醇类对汽油中芳烃的稀释效应差别不大[23,130]，不同醇类对碳烟生成的抑制能力差异从微观因素上分析可能是由于醇类分子结构的差异所导致的化学作用的影响。关于相同醇类掺混比下，化学作用的具体机理将在第 6 章进行气相化学动力学分析，稀释效应和化学效应的作用将在第 7 章进行定量解耦分析。目前，仅从宏观因素上分析还可能是由于其氧含量差异的影响。从宏观氧含量来看，甲醇具有50%的氧含量，乙醇为34.8%的氧含量，正丁醇仅为21.6%的氧含量。因此，在相同醇类掺混比下，甲醇/汽油氧含量最高，其次是乙醇/汽油，正丁醇/汽油氧含量最低，如M20、E20和B20氧含量分别为10.72%、7.52%和4.72%。理论上，碳含量越低，越不利于碳烟前驱物PAHs和碳烟的生成；氧含量越高，对碳烟前驱物PAHs和碳烟的氧化越有利，最终的碳烟生成量就越少[23]。

3.3.2 相同氧含量下不同醇类的对比

为了解醇类氧含量的宏观差异在决定不同醇类对碳烟生成抑制能力方面的作用，本节将研究不同醇类在相同氧含量下对碳烟生成降低的影响。在保证氧含量为5%的条件下，经计算可以得到甲醇、乙醇和正丁醇的掺混比分别为9.2%、13.2%、21.2%。在这种情况下，M9.2、E13.2和B21.2的碳含量分别为81.39%、81.35%和81.31%，因此，碳含量也近似认为是相同的。

图3-14所示为相同氧含量下不同醇类/汽油火焰碳烟体积分数分布的对比。由图3-14中可以看出，与G100相比，三种醇类/汽油的整体碳烟体积分数均明显减少，且M9.2火焰中碳烟的整体体积分数是最低的，其次是E13.2和B21.2。火焰高度与碳烟生成起始高度的差异并不显著。

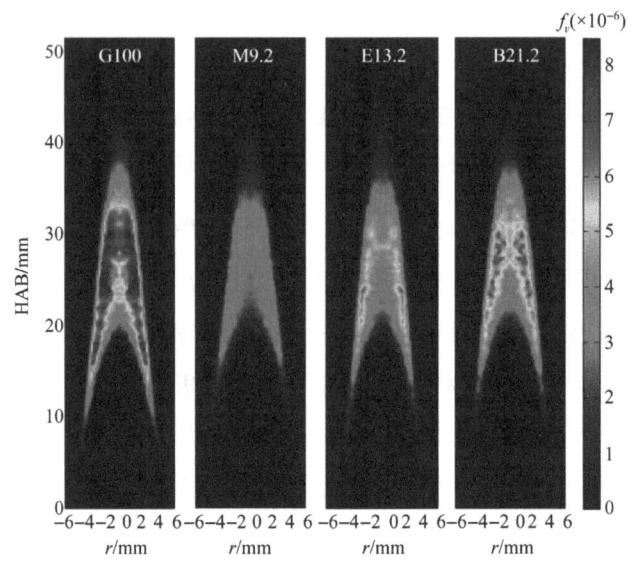

图3-14 相同氧含量下不同醇类/汽油火焰碳烟体积分数分布的对比

图 3-15 所示为相同氧含量下不同醇类掺混对汽油火焰中峰值碳烟体积分数和平均碳烟体积分数降幅的对比。由图 3-15 可见，在相同的氧含量下，甲醇对碳烟体积分数的降低能力仍然是最强的，其次是乙醇，最后是正丁醇。具体来看，与 G100 相比，M9.2、E13.2 和 B21.2 火焰峰值碳烟体积分数分别降低了 46.9%、24.7% 和 20.3%，平均碳烟体积分数分别降低了 49.3%、35.9% 和 15.6%。综合 3.3.1 节的分析可以得出，在相同醇类掺混比和相同氧含量的条件下，三种醇类对碳烟生成的抑制能力表现一致。因此可以明确，在相同醇类掺混比的条件下，醇类氧含量差异的宏观因素并不是决定不同醇类对碳烟生成的抑制能力的主导因素。相同醇类掺混比下，不同醇类对碳烟生成的抑制能力在很大程度上可能取决于其自身分子结构对碳烟气相前驱物 PAHs 和颗粒生长影响的化学效应[87,200,221-223]，这需要进一步对 PAHs 的生成进行试验与气相化学动力学研究，对固体颗粒的生长和氧化过程进行数值模拟研究。

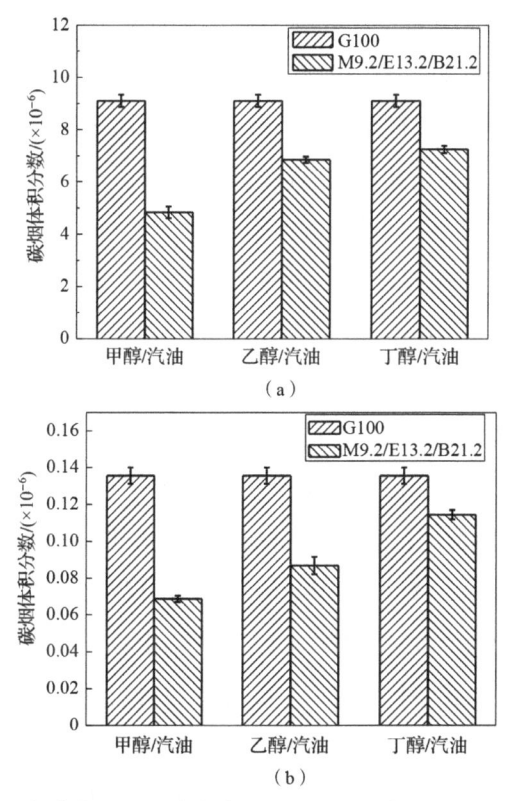

图 3-15 相同氧含量下不同醇类掺混对汽油火焰碳烟体积分数降幅的对比
(a) 峰值碳烟体积分数；(b) 平均碳烟体积分数

3.4 本章小结

本章利用 TC-LII 方法综合测量了汽油、甲醇/汽油、乙醇/汽油和正丁醇/汽油层流扩散火焰碳烟体积分数的二维分布,研究了不同醇类掺混对汽油火焰碳烟生成的影响规律,以及碳质量流量稀释和增氧差异等宏观因素的影响效应。主要结论如下。

(1) 随着不同醇类掺混比的增加,碳烟体积分数呈现不同程度的降低趋势,其中甲醇/汽油和乙醇/汽油的峰值碳烟体积分数和平均碳烟体积分数均呈现非线性的收敛趋势,而正丁醇/汽油对碳烟呈现近似线性降低的趋势。随着醇类掺混比的增加,甲醇和乙醇对碳烟体积分数降低的影响逐渐减弱,而正丁醇对碳烟体积分数降低的影响趋势几乎保持不变。

(2) 通过在碳质量流量一定和燃料质量流量一定两种条件下,比较醇类掺混对碳烟体积分数的影响发现,随着醇类的添加,碳烟体积分数均保持较高降幅,其中碳质量流量一定时碳烟体积分数的降幅仅略小于燃料质量流量一定时碳烟体积分数的降幅。这表明在燃料质量流量一定时,由于醇类添加所导致的碳质量流量稀释对于碳烟生成降低的影响很小。

(3) 在相同的碳质量流量和相同的氧含量条件下,不同醇类对碳烟生成的抑制效果表现一致,均为甲醇>乙醇>正丁醇。因此,在相同醇类掺混比的条件下,不同醇类掺混所致增氧的宏观差异不是决定其碳烟生成降低能力的主导机制,不同醇类对碳烟生成降低能力的差异在很大程度上取决于其自身分子结构对碳烟前驱物和颗粒生长过程影响的化学效应。

(4) 随着 HAB 的增加,醇类/汽油层流扩散火焰中径向峰值碳烟体积分数逐渐由火焰外围向火焰中心移动,其峰值碳烟体积分数先增加后减小,这与火焰中心轴线上碳烟生成起始高度的趋势一致。在火焰中心,碳烟生成起始高度在不同的燃料供应模式下表现出不同的趋势:在相同燃料质量流量的条件下,碳烟生成起始高度随着醇类掺混比的增加而降低;在相同碳质量流量的条件下,碳烟生成起始高度随着醇类掺混比的增加而增加,与整个火焰碳烟体积分数变化趋势一致。

第 4 章
醇类/汽油火焰碳烟前驱物演化过程研究

PAHs 的形成和生长起源于燃料的化学反应,从燃料热解开始形成初始单环芳烃;然后通过生长反应,逐渐形成大环芳烃;然后大环芳烃通过相互间的碰撞凝结,形成初始碳核。因此,PAHs 通常被认为是主要的碳烟气相前驱物,对第 3 章中醇类/汽油火焰表现出的最终碳烟宏观生成有着至关重要的作用。本章拟采用 PLIF 测量方法对不同醇类掺混汽油扩散火焰芳烃的生成和演化过程进行研究,并阐明影响芳烃初始生成和生长过程的主导机制。关于 PLIF 所涉及测试燃料和试验工况的详述参见第 2 章。

4.1 不同环数芳烃的演化过程分析

图 4-1 所示为汽油火焰中 320 nm、360 nm、400 nm 和 450 nm 波长处检测到的 PAHs - LIF 信号强度,以及 soot - LII 信号强度二维分布的发展过程。一般情况下,320 nm 波长处的荧光信号可以表征单环芳烃(A1)的浓度[28],360 nm 波长处的荧光信号可以表征 2~3 环芳烃(A2~A3)的浓度[29],400 nm 波长处的荧光信号可以表征 3~4 环芳烃(A3~A4)的浓度,450 nm 波长处的荧光信号可以表征 4~5 环芳烃(A4~A5)的浓度[32,205]。图 4-1 显示了汽油火焰中,单环芳烃(A1)向 PAHs 生长,并最终沿燃料流方向形成碳烟的演化过程。

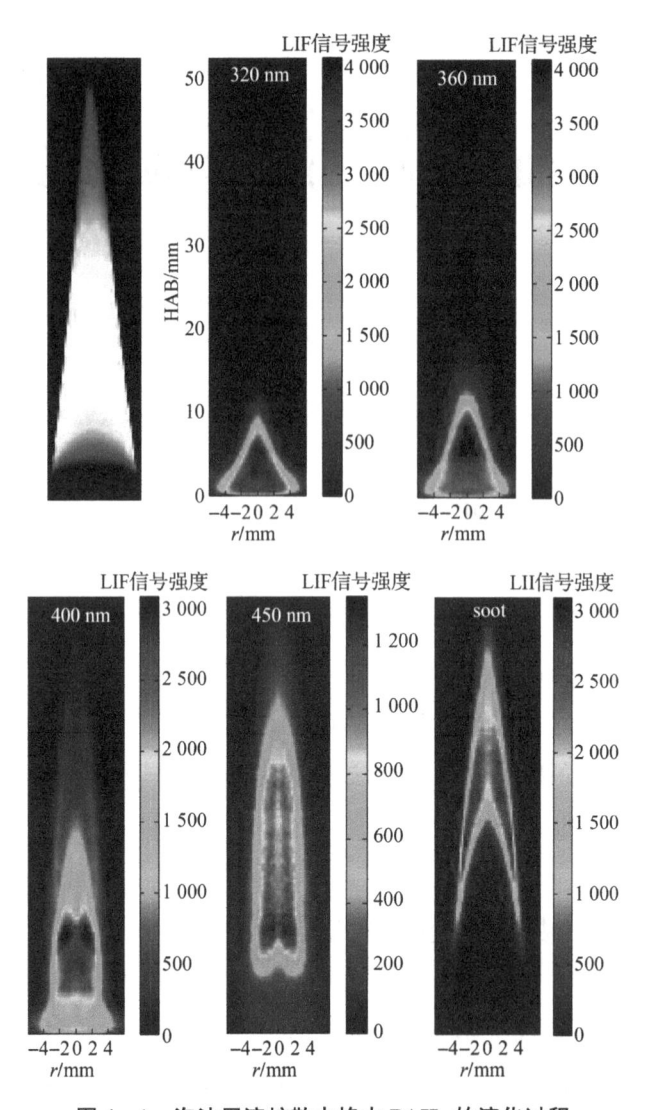

图 4-1 汽油层流扩散火焰中 PAHs 的演化过程

由图 4-1 可见,在 320 nm 和 360 nm 波长处的荧光信号出现在喷嘴的出口处,其强度较高;450 nm 波长处的荧光信号出现在燃烧器上方较高的位置,并且其强度比 320 nm 和 360 nm 的强度弱。与芳烃的 LIF 信号相比,碳烟的 LII 信号出现在更高的位置。虽然 Lee 等人[29] 和 Choi 等人[133] 在乙烯层流反扩散火焰中也发现不同大小芳烃浓度峰值出现的顺序,但是乙烯层流反扩散火焰仅能反映出高度方向上的一维分布特征,不能表现出径向的演化趋势。在本书研究的层流扩散火焰中,高浓度的单环芳烃位于火焰中心轴线附近,而大环芳烃则位于火焰的两翼，这与第 3 章测量的碳烟浓度的两翼分布一致。由此可以推断，随着芳环尺寸的增加，其高浓度区域逐渐从火焰中心向火焰径向两翼演化，并可能最终导致了碳烟浓度的两翼分布特性。分布结果显示 PAHs 与碳烟形成之间的密切关系，Choi 等人[133]在乙烯一维层流反流扩散火焰中的研究也报道了此种相关性。此外，还注意到大尺寸芳烃的分布面积远大于小环芳烃的分布面积，这表明扩散火焰中 PAHs 的生长面积远大于其初始形成区面积。

图 4 - 2 所示为汽油火焰中心轴线上归一化的 PAHs – LIF 和 soot – LII 信号强度随高度的变化趋势。可以看出，小环芳烃化合物（LIF – 320 nm 和 LIF – 360 nm）在喷嘴出口（HAB < 1 mm）附近快速形成，并在 HAB < 10 mm 处快速达到峰值。大环芳烃化合物（LIF – 450 nm）的浓度在 HAB = 15 mm 附近达到峰值，在 HAB = 25 mm 附近开始迅速下降。LII 峰值信号强度位置正好对应大环芳烃化合物（A4 ~ A5）LIF 信号强度快速下降的位置，A4 ~ A5 的快速下降在 HAB = 40 mm 处结束，而 LII 信号强度的快速下降段在 HAB = 50 mm 处结束。由此推断，在氧化之前大量的 A4 ~ A5 已形成固态碳烟。

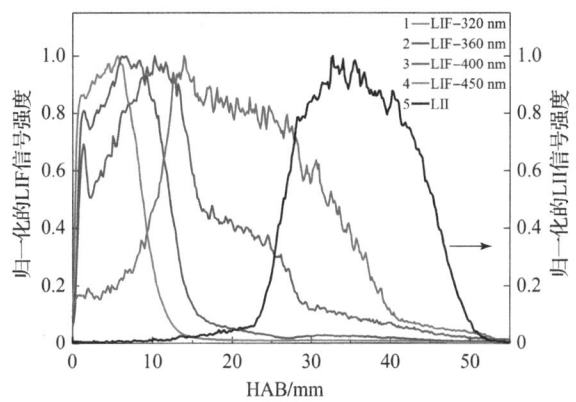

图 4 - 2　汽油火焰轴向中心轴线上归一化的 PAHs – LIF 和 soot – LII 信号强度随高度的变化趋势（见彩插）

4.2　不同醇类掺混对芳烃生成特性的影响分析

4.2.1　芳烃分布特征

为了了解相同稀释条件下，不同醇类掺混对汽油火焰中单环芳烃和 PAHs

生成特性的影响，图4-3对比了G100、M20、E20和B20火焰中在320 nm、360 nm和450 nm处检测到的不同环数芳烃的浓度分布。由图4-3可以看出，向汽油中添加甲醇、乙醇或正丁醇能够显著降低不同尺寸的芳烃浓度，但降低的幅度存在差异。相比M20和E20，B20火焰中各种尺寸的芳烃浓度均较高。然而，对于所有燃料来说，芳烃的浓度分布则表现出一致的特征，即随着芳环尺寸的增加，不同醇类/汽油火焰中芳烃高浓度区域逐渐从火焰中心向火焰两翼演化，并可能最终导致碳烟浓度的两翼分布特性。此外，还注意到掺混20%的醇类会显著减小大环芳烃（450 nm）的分布面积，而对小环芳烃（320 nm和360 nm）的分布面积影响不大。

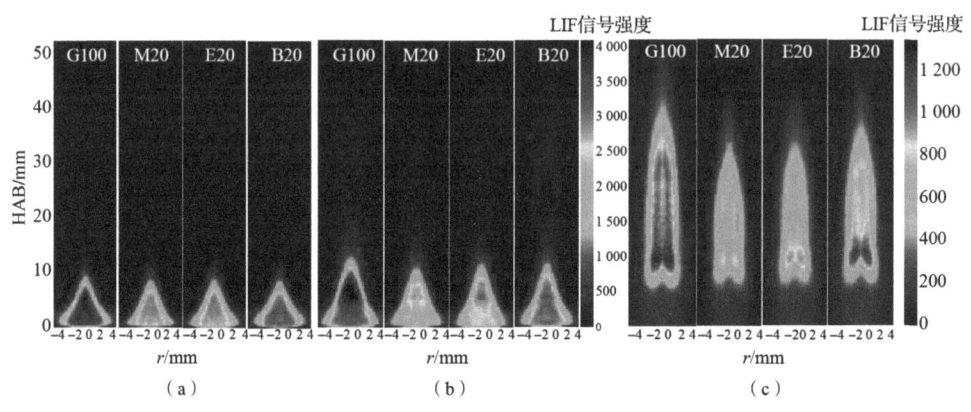

图4-3 G100、M20、E20和B20火焰不同环数芳烃浓度分布的对比

(a) 320 nm；(b) 360 nm；(c) 450 nm

图4-4所示为G100、M20、E20和B20火焰中心轴线上的归一化PAHs-LIF信号强度随高度的变化趋势。由图4-4中可以看出，在燃料流离开喷嘴之后，小环芳烃（A1，A2~A3）的生长速率比大环芳烃（A4~A5）的生长速率快得多。320 nm处的LIF信号强度在5 mm高度附近达到峰值，然后迅速下降。360 nm处的LIF信号强度在6 mm高度附近达到峰值，然后迅速下降。Choi等人[224]在汽油表征燃料一维对冲扩散火焰中也观察到400 nm处的LIF信号强度沿火焰中心轴线呈现先增大后减小的趋势。在本书研究的层流扩散火焰中，450 nm处的LIF信号强度沿着火焰中心轴线呈现出四阶段趋势：随着高度增加，LIF信号强度首先在12 mm高度附近达到峰值，然后进入缓慢下降的阶段，这是相对较为稳定的生长区间，此时PAHs的生长和氧化共同作用，然后在30 mm高度附近再次达到第二个拐点（低于第一个峰值），并最终在这一点之后开始迅速下降。由图4-4

还注意到,360 nm 处的 LIF 信号快速下降的阶段正好对应于 450 nm 处的 LIF 信号快速上升的阶段（6 mm < HAB < 12 mm）。这表明，小环芳烃在被氧化之前大部分转化为大环芳烃。此外，就 PAHs – LIF 开始迅速下降的高度而言，醇类掺混后的高度比汽油的高度低，这与碳烟测量的结果一致。

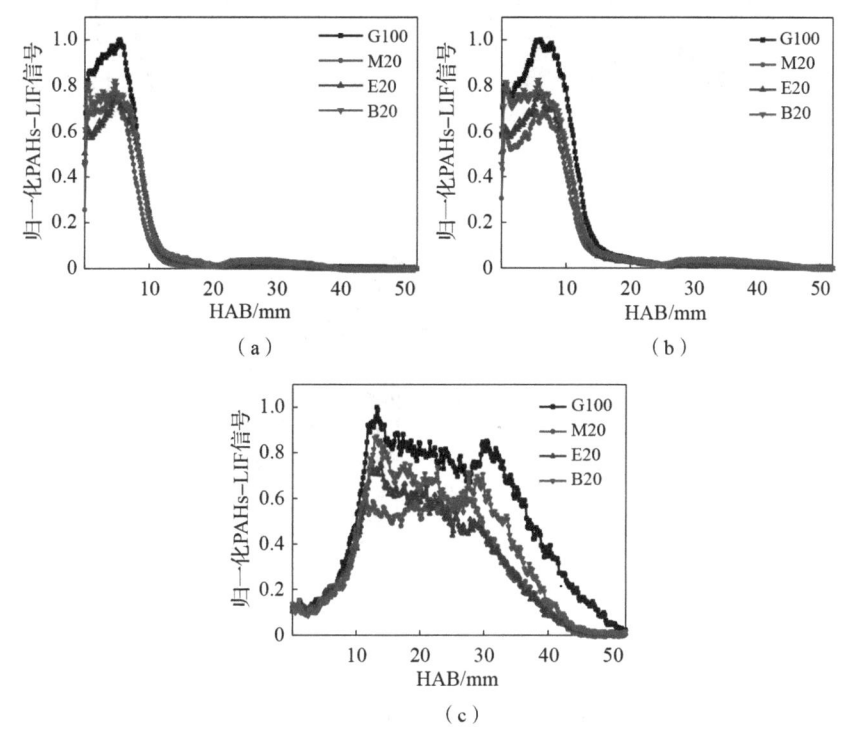

图 4 – 4　G100、M20、E20 和 B20 火焰中心轴线上的归一化
PAHs – LIF 信号随高度的变化趋势（见彩插）

(a) 320 nm；(b) 360 nm；(c) 450 nm

为了解醇类掺混比的增加对 PAHs 分布特征的影响，图 4 – 5 和图 4 – 6 分别展示了乙醇/汽油和丁醇/汽油火焰中不同环数的 PAHs 浓度分布。由图 4 – 5 和图 4 – 6 可见，PAHs 的分布特性没有随着醇类掺混比的增加而发生显著变化。随着醇类掺混比的增加，火焰中不同尺寸的芳烃均逐渐减小。此外，随着醇类掺混比的增加，不同尺寸芳烃的分布面积均逐渐减小，但大环芳烃（450 nm）的分布面积减小最为显著。

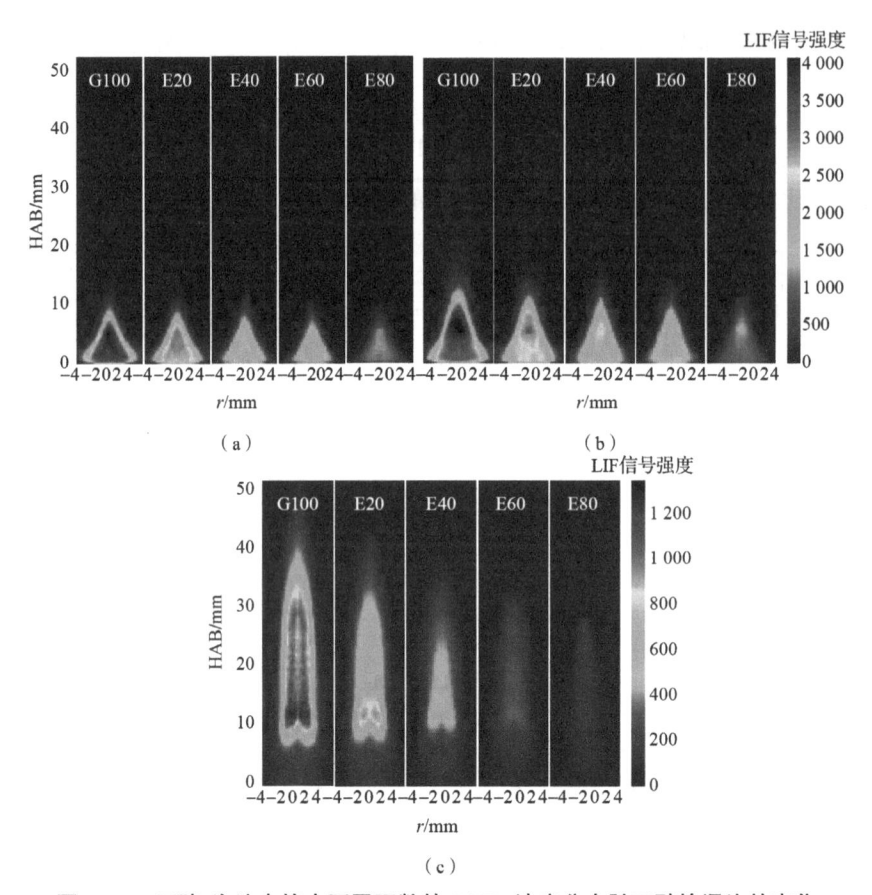

图4-5 乙醇/汽油火焰中不同环数的PAHs浓度分布随乙醇掺混比的变化

(a) 320 nm；(b) 360 nm；(c) 450 nm

图4-6 丁醇/汽油火焰中不同环数的PAHs浓度分布随丁醇掺混比的变化

(a) 320 nm；(b) 360 nm

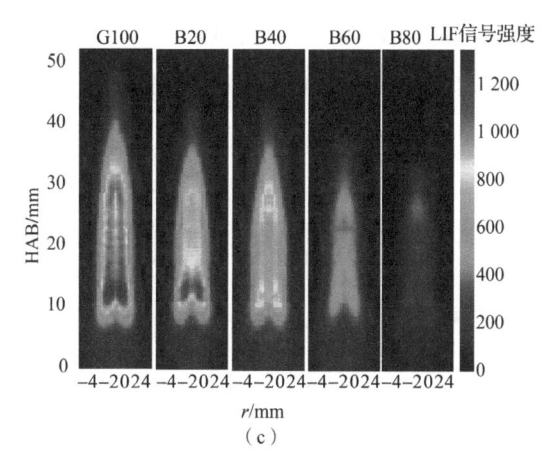

图 4-6 丁醇/汽油火焰中不同环数的 PAHs 浓度分布随丁醇掺混比的变化（续）

(c) 450 nm

4.2.2 芳烃定量分析

图 4-7 展示了醇类掺混比从 0% 增加至 80% 时，甲醇/汽油、乙醇/汽油或正丁醇/汽油火焰中不同环数芳烃浓度峰值变化趋势的对比。图 4-7 中的 LIF 信号以汽油火焰中的峰值为基准进行了归一化处理。Mcenally 等人[225-226]研究指出，最大荧光强度与芳烃浓度之间存在很好的相关性，因此，LIF 信号强度峰值可以定性反映参与碳烟生成过程中芳烃的浓度。由图 4-7 可见，不同尺寸的芳烃浓度与不同醇类掺混比均呈现单调递减的趋势，这与第 3 章碳烟体积分数的测量结果一致。这进一步证实了醇类掺混之后，会首先通过抑制碳烟前驱物 PAHs 的生成，从而最终抑制了碳烟的生成。从宏观上分析原因有两个方面。一方面，对于不同醇类来说，随着醇类掺混比的增加，燃料蒸气流中用于形成 PAHs 的碳含量逐渐减少。Wu 等人[126]指出，添加乙醇通过降低可用于形成 PAHs 的碳含量，从而降低了 PAHs 的生成。Khosousi 等人[130]进一步解释说明碳含量的下降主要是归因于芳烃浓度的下降。此外，Korobeinichev 等人[127]指出，可用于形成 PAHs 的碳含量降低是由于乙醇反应路径的存在抑制了苯和炔丙基的形成路径，从而减小了它们的生成。另一方面，随着醇类掺混比的增加，燃料流中的氧含量逐渐增加。Lemaire 等人[23]研究了乙醇/汽油湍流喷雾火焰中 PAHs 的形成特征，并指出 PAHs 的减少主要归因于碳质量流量

稀释效应和氧含量增加的综合影响。因此，PAHs浓度与醇类掺混比之间的单调递减趋势可能归因于可用于形成PAHs的碳含量减少、氧含量增加或化学反应路径改变的影响。

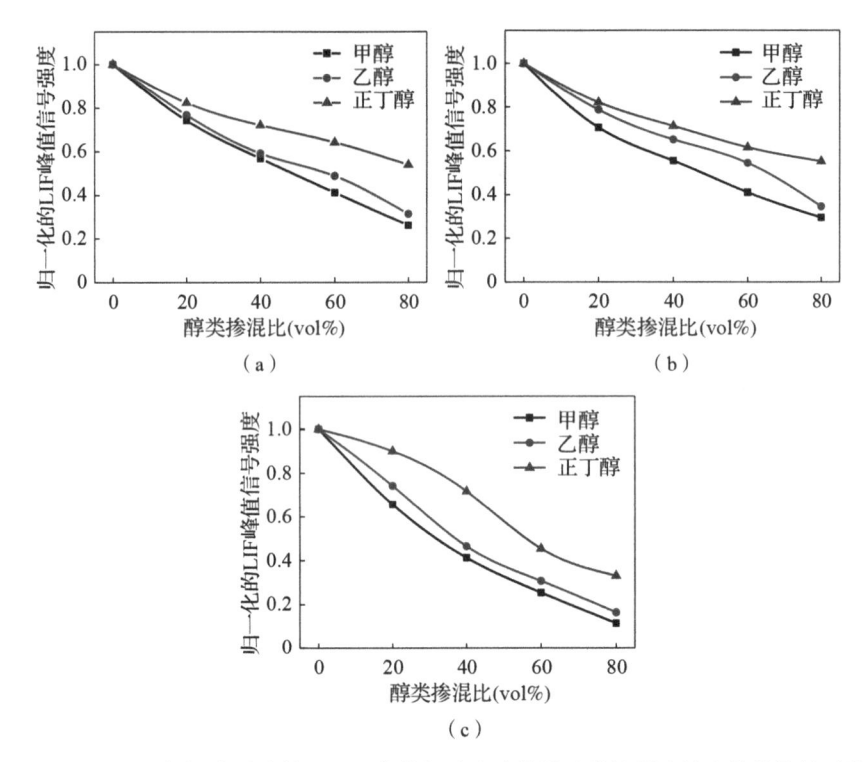

图4-7 不同醇类/汽油火焰不同环数芳烃浓度峰值随醇类掺混比的变化趋势的对比

(a) 320 nm; (b) 360 nm; (c) 450 nm

为了便于分析相同醇类掺混比下的结果，图4-8展示了在4种相同醇类掺混比下，添加不同醇类对芳烃LIF峰值信号强度降幅的对比。与G100相比，M20、M40、M60和M80火焰中320 nm（A1）的LIF峰值信号强度分别下降了25.8%、43.2%、58.7%和73.8%，450 nm（A4~A5）的LIF峰值信号强度分别下降了34.3%、58.7%、74.6%和88.5%；E20、E40、E60和E80火焰中320 nm（A1）的LIF峰值信号强度分别下降了23.2%、40.8%、51.2%和68.7%，450 nm（A4~A5）的LIF峰值信号强度下降了25.8%、53.5%、69.3%和83.7%；B20、B40、B60和B80火焰中320 nm（A1）的LIF峰值信号强度分别下降了17.6%、28.0%、35.7%和46.1%，450 nm（A4~A5）的LIF

第 4 章 醇类/汽油火焰碳烟前驱物演化过程研究 73

峰值信号强度分别下降了 10.0%、28.4%、54.6% 和 66.9%。在相同醇类掺混比下，添加甲醇对单环芳烃和 PAHs 的减少趋势比添加乙醇和正丁醇对单环芳烃和 PAHs 的减少趋势更为显著。此外，通过比较可以看出，添加甲醇或乙醇对 PAHs（A4~A5）的降幅总是高于单环芳烃（A1），且 A4~A5 的降幅总大于醇类掺混比。而正丁醇对单环芳烃和大环芳烃的降幅总是小于正丁醇掺混比。考虑到 A1 可以表征单环芳烃的初始形成，A4~A5 可以表征颗粒成核前 PAHs 的最终生长状态，即碳烟的气相前驱物。由此推断，在相同的稀释水平下，添加甲醇或乙醇对 PAHs 生长过程的抑制作用强于正丁醇对 PAHs 生长过程的抑制作用。

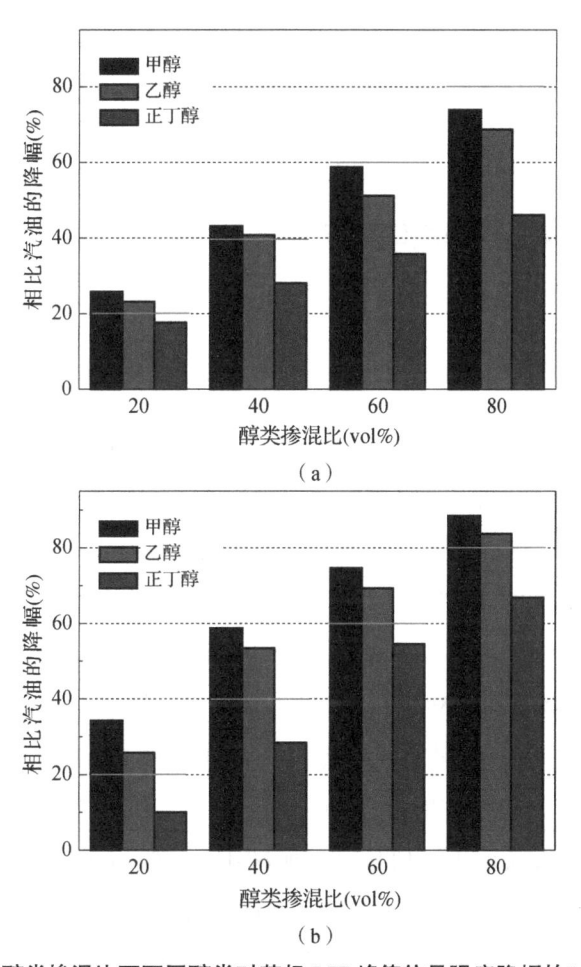

图 4-8 相同醇类掺混比下不同醇类对芳烃 LIF 峰值信号强度降幅的对比（见彩插）
(a) 320 nm；(b) 450 nm

在相同的醇类掺混比下，不同醇类对PAHs生长抑制的差异可能归因于其碳/氧含量或醇类分子结构的影响。在相同醇类掺混比的条件下，甲醇/汽油具有最低的碳含量、最高的氧含量及最简单的分子结构。Esarte等人[183]研究了乙炔与甲醇、乙醇、异丙醇或正丁醇混合物的热解，发现甲醇由于最低的碳氧比会加强氧化反应。Wu等人[126]研究曾指出，添加乙醇通过减少可用于形成碳烟前驱物的碳含量，最终减少了乙烯-空气预混火焰中的PAHs的生成。因此理论上，氧含量越高，对于所生成的PAHs的氧化就越有利；碳含量越低，产生的PAHs越少。同时，与甲醇相比，正丁醇由于其较长的碳链可产生更多不饱和烃，从而对PAHs生长的抑制作用减弱[87]。因此，综合碳/氧含量和分子结构因素，甲醇抑制PAHs生长的能力强于乙醇和正丁醇抑制PAHs生长的能力，但对于主导因素的作用需要进一步的分析。

4.3 稀释和分子结构对芳烃的影响效应分析

4.3.1 芳烃分布特征

为了了解不同醇类掺混抑制芳烃生成和生长的主导因素，本节在相同氧含量和碳含量的条件下，对比甲醇、乙醇和正丁醇对PAHs生成和生长过程的影响。在保证氧含量为5%的情况下，甲醇的体积掺混比为9.2%，乙醇的体积掺混比为13.2%，正丁醇的体积掺混比为21.2%，因此，对汽油中芳烃和长链烃的初始稀释程度为正丁醇＞乙醇＞甲醇。在这种情况下，M9.2、E13.2和B21.2的碳含量分别为81.39%、81.35%和81.31%，因此，可以近似认为碳含量也相同。图4-9展示了在相同氧含量和碳含量下，G100、M9.2、E13.2和B21.2火焰不同尺寸PAHs浓度分布的对比。由图4-9可见，与G100相比，M9.2、E13.2和B21.2火焰中不同波长的LIF信号均有所减小，450 nm的LIF信号减小最为显著。对于M9.2、E13.2和B21.2火焰，320 nm和360 nm的PAHs浓度分布差异不明显，而450 nm的高浓度区域面积和峰值有明显差异；M9.2火焰中高浓度区域的面积最小，浓度峰值最低。

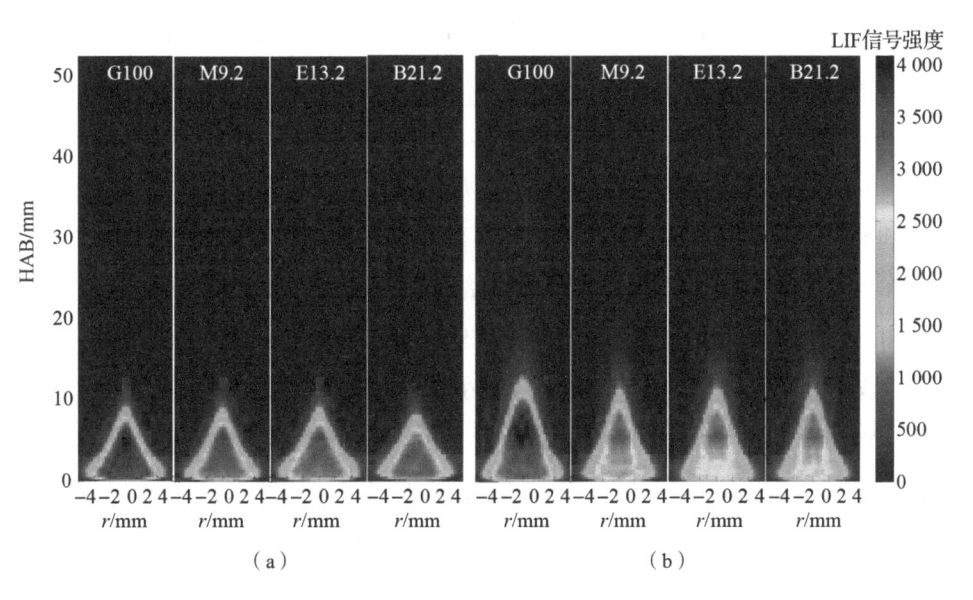

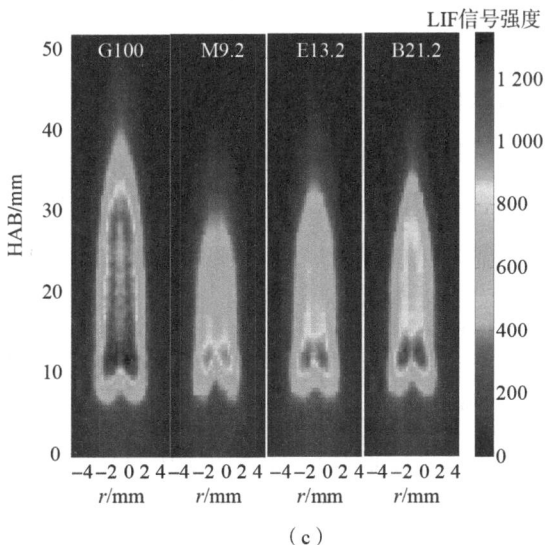

图 4-9　G100、M9.2、E13.2 和 B21.2 火焰不同尺寸 PAHs 的浓度分布的对比

（a）320 nm；（b）360 nm；（c）450 nm

4.3.2　芳烃定量分析

图 4-10 展示了 G100、M9.2、E13.2 和 B21.2 火焰中 320 nm、360 nm 和 450 nm 波长处归一化 LIF 峰值信号强度的对比。在 320 nm（A1）处，与 G100

相比，M9.2、E13.2 和 B21.2 火焰中的 LIF 峰值信号强度分别下降了 9.2%、12.0% 和 17.7%。因此，在相同氧含量和碳含量的条件下，B21.2 降低 A1 (320 nm) 生长的能力最强，其次是 E13.2，而 M9.2 最弱，这与相同醇类掺混比条件下的结果恰好相反。这主要是因为汽油含有大量的芳烃（主要是一环芳烃）和长链烃，丁醇掺混比最高，可以对汽油起到更强的稀释效应。这一结果表明，在汽油火焰中，醇类掺混比（即初始的稀释水平）在降低大环芳烃中起关键作用。但随着 PAHs 不断生长，这种情况会发生逆转，稀释效应的影响将不断减弱。在 360 nm（A2~A3）处，与 G100 相比，M9.2、E13.2 和 B21.2 火焰中的 LIF 峰值信号强度分别下降了 17.0%，17.5% 和 18.6%，M9.2、E13.2 和 B21.2 对 A2~A3 生长的降低幅度几乎相同。最终，在 450 nm（A4~A5）处，与 G100 相比，M9.2、E13.2 和 B21.2 火焰中的 LIF 峰值信号分别下降了 25.7%、18.4% 和 10.2%。甲醇降低大环芳烃（A4~A5）的能力变得最强，其次是乙醇，正丁醇最弱，这与相同醇类掺混比条件下大环芳烃的结果一致。这可以归因于表面生长抑制的影响，M9.2 对 A1 生长至 A4~A5 过程的化学促进作用最弱，这抵消了 M9.2 与 B21.2 之间稀释水平的差异。通过对比相同醇类掺混比条件下和相同氧含量下的结果，可以明确不同醇类对降低大环芳烃生长的能力差异不取决于其氧含量的差异，而是取决于其分子结构对 PAHs 生长过程影响的化学效应差异。

事实上，甲醇分子只有一个直接与氧原子相连的碳原子，Westbrook 等人[87]的研究指出，含氧燃料中的碳原子一旦与氧原子形成稳定的碳氧键，那么与氧原子相连的碳原子就很难转化为碳烟前驱物。甲醇分子中只有一个碳原子且与氧原子直接相连，乙醇和正丁醇分子中分别有一个和三个碳原子不与氧原子相连。理论上，甲醇分子生成碳烟前驱物的能力弱于乙醇和正丁醇生成碳烟前驱物的能力。具体来看，甲醇自身的主要反应路径[87,201]为 $CH_3OH \rightarrow CH_2OH \rightarrow CH_2O \rightarrow HCO \rightarrow CO \rightarrow CO_2$，由此可见，其燃烧过程中几乎不产生小分子的烯烃和炔烃。然而，乙醇或正丁醇分子分别有两个或四个碳原子，其中一个或三个不与氧原子连接。相比甲醇，乙醇和正丁醇燃烧反应过程中会产生较多有助于 PAHs 形成的不饱和烃，从而促进 PAHs 的生长。因此，可以认为与乙醇和正丁醇相比，加入甲醇因其分子结构的优势对汽油中芳烃和长链烃起到了更好的稀释作用，对 PAHs

的生长起到了更弱的促进作用。由此可以推断,正构醇的碳链长度在减少大环芳烃的形成中起关键作用。碳链长度越短,越有利于减少汽油扩散火焰中大环芳烃的形成,即碳烟气相前驱物的形成。对于添加不同醇类对 PAHs 生成过程中具体化学反应路径和反应速率的影响机理需要进行进一步的气相化学动力学分析。

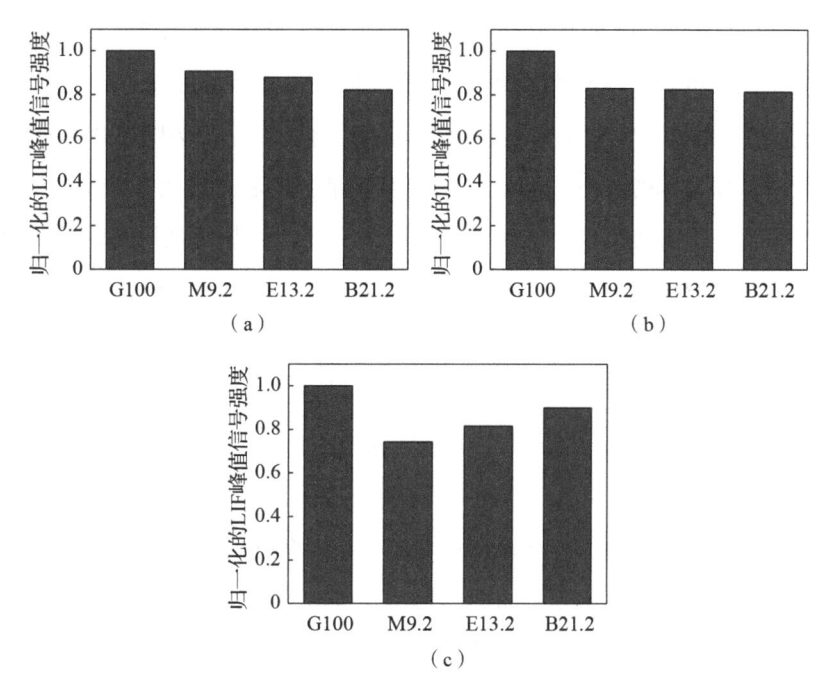

图4-10 G100、M9.2、E13.2 和 B21.2 火焰中不同波长处归一化 LIF 峰值信号强度的对比

(a) 320 nm; (b) 360 nm; (c) 450 nm

4.4 不同醇类掺混对火焰结构的影响分析

4.4.1 不同醇类掺混的对比

之前的相关研究指出,OH 自由基和 CH 自由基在烃类火焰中具有很强的化学发光特性[207],OH 自由基几乎可以与各种分子、原子或自由基反应。Marchese 等人[208]指出,由于 OH 峰值接近最大火焰温度区域,OH 自由基分布可以合理地表明火焰前沿位置,以及高温反应区域的位置。CH 自由基是最简单的烃基,可作为大分子降解完成的标志,其分布可显示火焰的不同反应区域特征。因此,为了解不同醇类/汽油火焰的火焰结构和反应区域的位置,本节利用化学发光法对

火焰中 OH 和 CH 自由基的二维发光强度进行了测量。

图 4-11 (a) 对比了 G100、M20、E20 和 B20 火焰中 OH 自由基发光强度的分布。由图 4-11 (a) 可见，OH 自由基主要分布在火焰外围，反映了火焰前沿和主要反应区域的位置。出现这种分布特征的原因主要是因为协流空气中氧原子的可用性倾向于将 OH 自由基向空气侧移动[207]。此外，对于整个火焰，OH 自由基峰值发光强度位于火焰根部的三角形区域内，如 4-11 (a) 中圆圈所示。OH 自由基发光强度在喷嘴出口附近出现峰值，这主要是因为喷嘴出口附近的气流速度较高，促进了燃料蒸气和氧气的相互扩散，燃料的热解反应加剧[227]。由于此处的峰值在很大程度上取决于空气卷吸量，因此，其发光强度在一定程度上可以定性表征部分预混燃烧的强度。图 4-11 (b) 所示为 G100、M20、E20 和 B20 火焰径向 OH 自由基峰值发光强度随火焰高度的变化趋势及火焰的浮起高度。这里的火焰浮起高度定义为从喷嘴出口水平高度到 OH 自由基峰值高度的距离。与 G100 相比，M20、E20 和 B20 火焰的 OH 自由基峰值发光强度分别下降 30.2%、24.9% 和 13.0%。对于 G100、M20、E20 和 B20 火焰，火焰浮起高度分别为 5.08 mm、3.38 mm、4.00 mm 和 4.05 mm。靠近火焰浮起高度处的高温反应区域的发光强度趋势为 G100 > B20 > E20 > M20，这与火焰浮起高度的趋势一致。由于醇类的燃烧速度比汽油快得多，其中甲醇最快[219,228]，导致低温氧化反应时间很短，火焰浮起高度变低，这也减少了燃料和空气的相互扩散时间，减少了火焰浮起高度处的空气卷吸量，从而导致高温反应区域的发光强度降低。

图 4-12 (a) 比较了 G100、M20、E20 和 B20 火焰中 CH 自由基发光强度的分布。由图 4-12 (a) 可见，火焰底部的"钟形"区域（HAB = 0~20 mm）几乎没有 CH 自由基产生，高浓度的 CH 自由基主要位于火焰中部的外围 OH 自由基和内部火焰的交界处（HAB = 20~30mm）。这是因为，一方面，只有在经过加热和热解（HAB > 20 mm）后，燃料流才能产生大量含碳的小自由基；另一方面，OH、O 和 O_2 自由基广泛分布在火焰外围，因此，在此界面形成大量的 CH 自由基。

图 4-12 (b) 所示为 G100、M20、E20 和 B20 火焰中径向 CH 自由基峰值发光强度随高度的变化趋势。由图 4-12 (b) 可见，CH 自由基峰值发光强度排序为 G100 > B20 > E20 > M20，这与 OH 自由基峰值发光强度的趋势一致（见

图 4-11（b））。Giassi 等人[229]研究指出，CH 自由基峰值浓度可能是放热率峰值变化的标志。Orain 等人[230]指出，OH 自由基也可以作为放热率的标志。因此，OH 自由基和 CH 自由基峰值发光强度的变化趋势的一致性在一定程度上也定性地反映了放热率的变化趋势为 G100 > B20 > E20 > M20。这一趋势也可以用燃料的低热值来解释，从表 1-2 可以看出，汽油、甲醇、乙醇和正丁醇的低热值分别为 43.5 MJ/kg、20.26 MJ/kg、25 MJ/kg 和 33.1 MJ/kg。

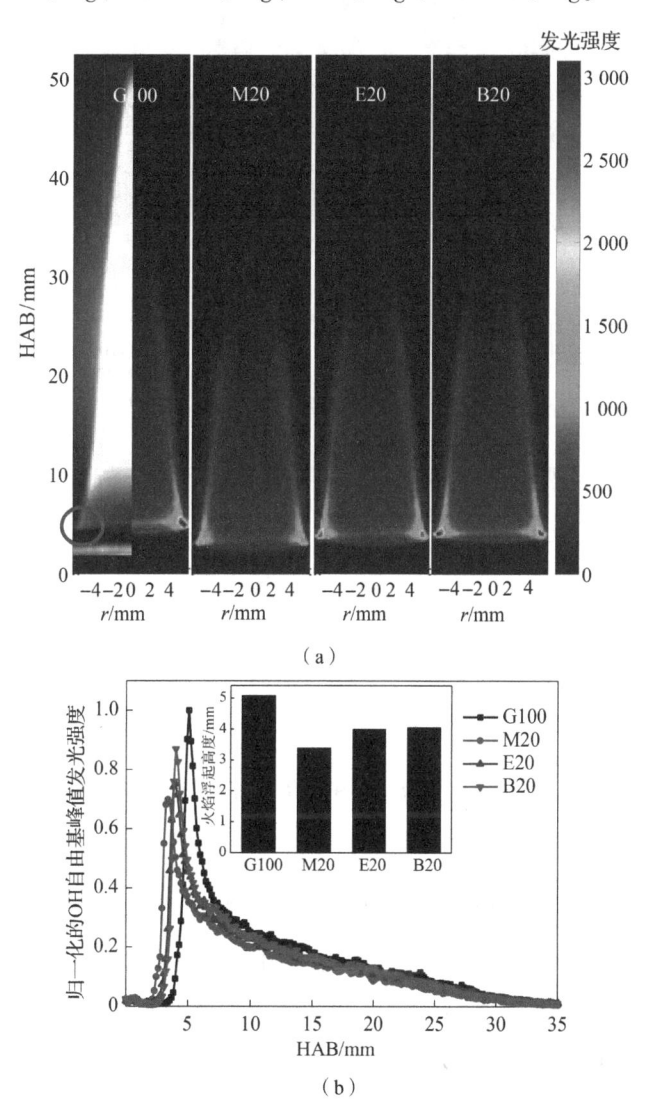

图 4-11　G100、M20、E20 和 B20 火焰中 OH 自由基发光强度分布的对比（见彩插）
(a) 发光强度分布；(b) 径向最大发光强度和火焰浮起高度

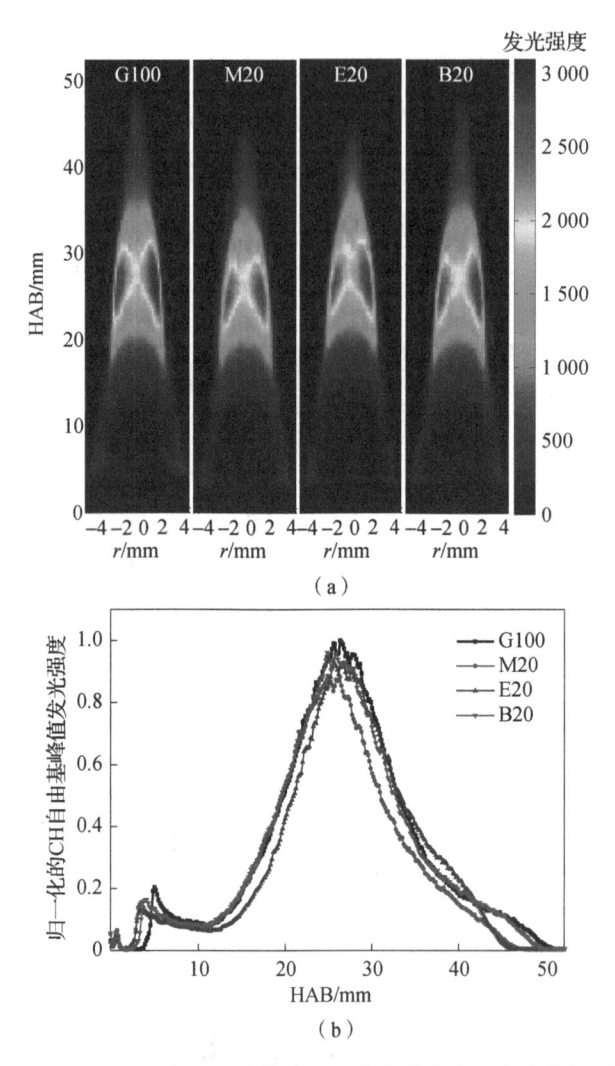

图 4 – 12　G100、M20、E20 和 B20 火焰中 CH 自由基发光强度分布的对比（见彩插）

(a) 发光强度分布；(b) 径向最大发光强度

图 4 – 12（b）中还可以看出，CH 自由基峰值发光强度的位置略有不同。M20 火焰中的 CH 自由基在最低高度处达到峰值发光强度，然后是 E20 和 B20，G100 火焰的 CH 自由基在最高位置处达到峰值发光强度。在相同的燃料质量流量下，与 E20 和 B20 相比，M20 具有最大的燃料蒸气出口速度，由此可以推断其完成热解所需的时间最短。此外，值得注意的是，CH 自由基高浓度区域（HAB = 25 ~ 30 mm）的位置几乎对应于大环芳烃浓度开始迅速下降的位置。

4.4.2 醇类掺混比的影响

为进一步了解醇类掺混比的增加对火焰结构的影响,图 4-13 和图 4-14 分别展示了乙醇/汽油和丁醇/汽油火焰中 OH 自由基发光强度随醇类掺混比的变化。图 4-13 (a) 展示了 G100、E20、E40、E60 和 E80 火焰中 OH 自由基发光强度的分布。由图 4-13 (a) 中可以看出,不同比例乙醇/汽油层流扩散火焰的 OH 自由基发光强度分布特征相似,OH 自由基主要分布在火焰外围,其发光强度在喷嘴出口附近达到峰值,峰值发光强度随乙醇掺混比的增大而降低。图 4-13 (b) 所示为 G100、E20、E40、E60 和 E80 火焰中径向 OH 自由基峰值发光强度随火焰高度的

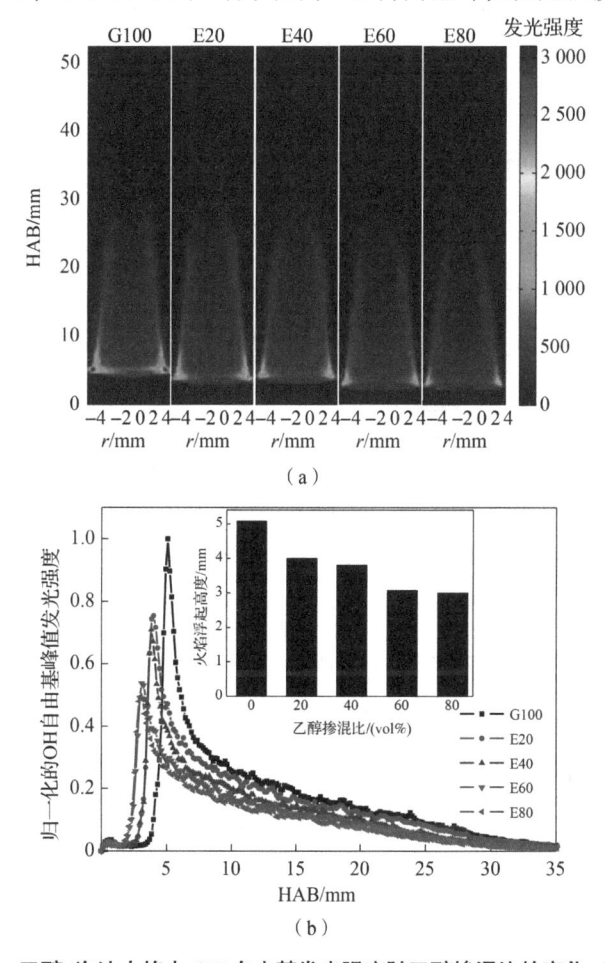

图 4-13 乙醇/汽油火焰中 OH 自由基发光强度随乙醇掺混比的变化（见彩插）

(a) 发光强度分布；(b) 径向最大发光强度和火焰浮起高度

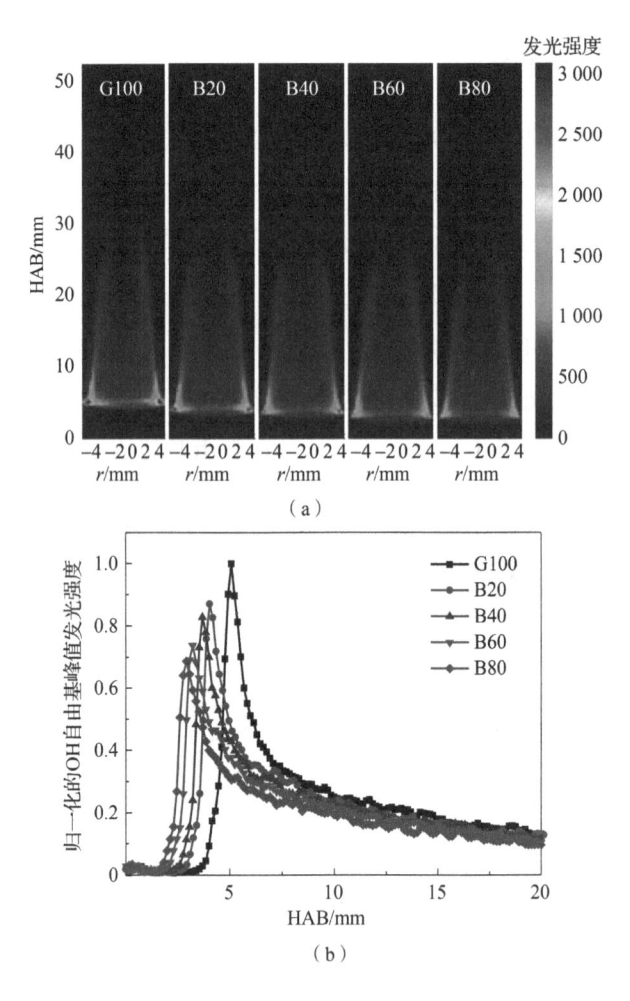

图4-14 丁醇/汽油火焰中 OH 自由基发光强度随丁醇掺混比的变化（见彩插）

(a) 发光强度分布；(b) 径向最大发光强度

变化趋势和火焰浮起高度随乙醇掺混比的变化趋势。与 G100 相比，E20、E40、E60 和 E80 火焰的 OH 自由基峰值发光强度分别下降了 24.7%、29.2%、46.3% 和 50.5%。火焰浮起高度附近的高温反应强度随乙醇掺混比的增加也呈现单调下降趋势，与火焰浮起高度的变化趋势一致。如图 4-13（b）所示，G100、E20、E40、E60 和 E80 火焰浮起高度分别为 5.08 mm、4.00 mm、3.81 mm、3.08 mm 和 3.00 mm。此外，根据火焰浮起高度和燃料出口速度，可以推断出随着乙醇掺混比的增加，燃料蒸气流离开喷嘴出口到高温反应区所需的时间（即 OH 自由基发光强度达到峰值发光强度的时间）是逐渐降低的。较短的低温化学反应时间减少了空气卷吸量,从而减少了火焰浮起高度处通过氧化反应产生的 H_2O_2 的含量,最终主要抑制了通过 $H_2O_2 + M \Longrightarrow 2OH + M$ 反应产生的 OH 自由基[231]。由此也可以推断,由于"热火焰"反应($CO + OH \Longrightarrow CO_2 + H$)减弱,醇的添加会在一定程度上降低火焰的温度[231],这将在第 7 章的火焰温度场计算结果中得到证实。

图 4 – 15 和图 4 – 16 分别展示了乙醇/汽油和丁醇/汽油火焰中 CH 自由基发光强度随醇类掺混比的变化。图 4 – 15 (a) 所示为 G100、E20、E40、E60 和 E80 火焰中 CH 自由基基发光强度的分布。由图 4 – 15 (a) 可见,随着乙醇掺混比的增加,火焰高度和 CH 自由基发光强度逐渐减小,CH 自由基的高浓度区逐渐向火焰顶部移动。此外,随着乙醇掺混比的增加,火焰下部没有 CH 自由基分布的"钟形"区所占的火焰总体比例也在增加。图 4 – 15 (b) 所示为 G100、E20、E40、E60 和 E80 火焰 CH 自由基径向最大发光强度值随高度的变化趋势。由图 4 – 15 (b) 可见,G100、E20、E40、E60 和 E80 火焰的 CH 自由基发光强度均在约 26 mm 高度处达到峰值。与 G100 相比,E20、E40、E60 和 E80 火焰的 CH 自由基峰值发光强度分别下降了 6.6%、19.9%、30.7% 和 57.4%。随着乙醇掺混比的增加,CH 自由基发光强度呈单调减少的趋势,由此可以推断随着醇类掺混比的增加,放热速率会逐渐减小[229],火焰温度也会有所降低,这将在第 7 章的火焰温度场研究中得到证实。

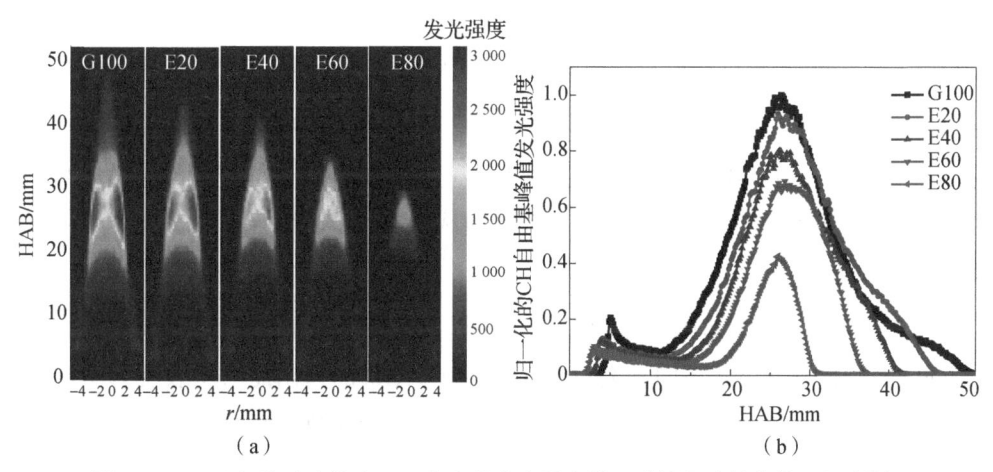

图 4 – 15 乙醇/汽油火焰中 CH 自由基发光强度随乙醇掺混比的变化 (见彩插)

(a) 发光强度分布;(b) 径向最大发光强度

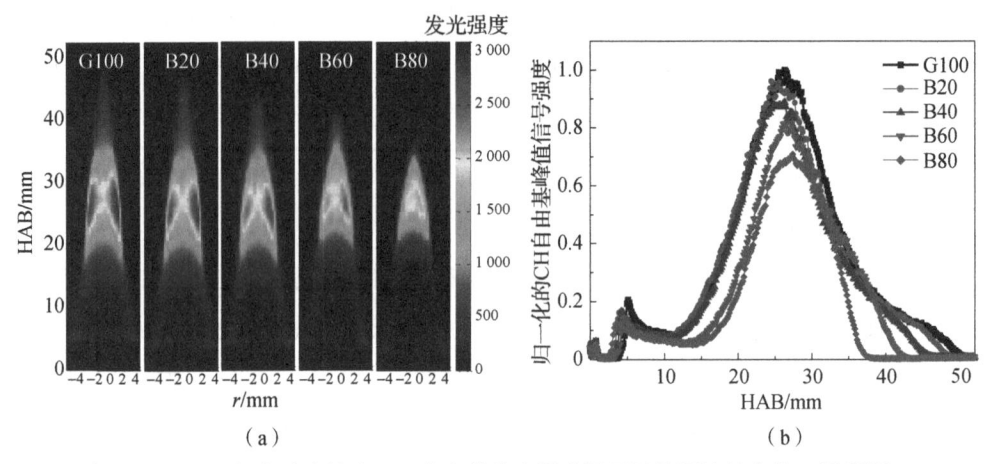

图 4-16 丁醇/汽油火焰中 CH 自由基发光强度随丁醇掺混比的变化（见彩插）

(a) 发光强度分布；(b) 径向最大发光强度

4.5　本章小结

本章采用 PLIF 方法综合测量了汽油、甲醇/汽油、乙醇/汽油和正丁醇/汽油层流扩散火焰中不同环数芳烃浓度的二维分布，分析了不同醇类掺混比对碳烟前驱物生长演化过程的影响差异，并利用化学发光法测量了不同醇类/汽油火焰中 OH 和 CH 自由基浓度的二维分布，研究了醇类掺混比对火焰结构的影响规律。主要结论如下。

(1) 不同醇类/汽油层流扩散火焰中碳烟前驱物的演化过程表现如下：小环芳烃位于喷嘴出口处，分布面积较小，其高浓度区域位于火焰中心附近；大环芳烃位于喷嘴出口上较高位置，分布面积较大，其高浓度区域位于火焰两翼。随着芳烃环尺寸的增加，芳烃的高浓度区域逐渐从火焰中心向火焰两翼演化，并最终导致了碳烟的两翼分布特征。

(2) 随着醇类掺混比的增加，不同环数芳烃均表现出单调下降的趋势。在相同的醇类掺混比下，不同醇类对单环芳烃和 PAHs 的抑制能力均表现为甲醇＞乙醇＞正丁醇。添加甲醇或乙醇对大环芳烃的降幅总是高于单环芳烃，且大环芳的降幅总大于醇类掺混比，而正丁醇对单环芳烃和大环芳烃的降幅总是小于其醇类掺混比。因此，在相同的稀释水平下，添加甲醇或乙醇对芳烃生长过程的抑制作用强于正丁醇。

（3）在相同的氧含量下，不同醇类对单环芳烃的抑制能力表现为正丁醇＞乙醇＞甲醇。在芳烃生长过程中，这种趋势逐渐发生了逆转，对大环芳烃的抑制能力最终表现为甲醇＞乙醇＞正丁醇，与相同醇类掺混比条件下的趋势一致。这表明，不同醇类掺混的稀释水平主导了单环芳烃的初始生成，而醇类分子结构主导了随后芳烃的生长演化，并对碳烟前驱物大环芳烃的抑制起主导作用。

（4）OH 自由基发光强度在喷嘴出口附近出现峰值，峰值发光强度位于火焰根部蓝色三角形区域内。基于 OH 自由基化学发光的火焰浮起高度和火焰浮起高度处的高温反应强度随醇类碳链长度的减小和醇类掺混比的增加均呈单调递减的趋势。CH 自由基主要位于火焰中部外围 OH 自由基和内部火焰的交界处，火焰底部的"钟形"区域几乎没有 CH 自由基产生。CH 自由基发光强度随着醇类碳链长度减小和醇类掺混比的增加呈单调下降趋势，与 OH 自由基的变化趋势一致。

第 5 章
基于碳烟前驱物分析的汽油表征燃料评价研究

汽油是目前交通运输业中使用最广泛的燃料,它是由烷烃、环烷烃、烯烃和芳烃等多种碳氢化合物组成的复杂混合物[232]。由于成分复杂,在涉及计算仿真时,无法得到涵盖真实汽油所有成分的动力学模型[233~234]。因此,在后续章节研究醇类/汽油火焰碳烟生成机理前,本章基于碳烟前驱物和碳烟分析,对汽油表征燃料组分比例及关键组分甲苯的影响进行评价和研究。这不仅可以发展汽油表征燃料的碳烟特性评价维度,还可以为汽油碳烟机理方面的研究提供有效的燃料组分选取原则。

■ 5.1 汽油表征燃料的研究概述

汽油表征燃料通常由少数几种成分组成,可以表征真实汽油关键的物理化学特性[235~236]。最初,鉴于异辛烷的物理性质与汽油接近,以及对汽油辛烷值的考量,异辛烷[237]的单一组分或者正庚烷和异辛烷的基础燃料(primary reference fuel,PRF)[238]被作为汽油表征燃料进行研究。此后,考虑汽油含有 30% 左右的芳烃,甲苯作为汽油中芳烃成分的典型代表成为汽油表征燃料的重要组分。目前主要包含正庚烷、异辛烷和甲苯的甲苯参比燃料(toluene reference fuel,TRF)已经被广泛接受作为汽油表征燃料,这三种组分的物化特性如表 5 - 1 所示。之后的一些研究人员又在其中增加了烯烃、环烷烃或乙醇等构成了更多组分的汽油表征燃料[239]。但目前常用的汽油表征燃料仍主要以 TRF 为基础。关于 TRF 中的组分,Gauthier 等人[240]、Machrafi 等人[241]、Sileghem 等人[228]、Pera 等人[242]和

Knop 等人[243]分别基于汽油的点火延迟、燃烧特性、层流火焰速度和自燃特性的预测，提出了不同的组分比例。然而，能够得到较好的排放预测对表征燃烧来说也十分重要。由于碳烟生成与燃料化学、燃料成分和颗粒模型相关，因此其预测最具复杂性和挑战性。

表 5-1 汽油表征燃料中组分的物化特性

名称	正庚烷	异辛烷	甲苯
分子式	$n-C_7H_{16}$	$i-C_8H_{18}$	$C_6H_5CH_3$
相对分子质量	100.2	114.23	92.14
密度（20 ℃）/(kg·m^{-3})	680	691.9	862.3
沸点/℃	98.5	99.25	110.6
低热值/(MJ·kg^{-1})	44.93	44.65	40.94
研究法辛烷值	0	100	120
马达法辛烷值	0	100	103.5

鉴于 GDI 发动机所面临的碳烟排放问题[244]，对于现存的各种组分比例的 TRF，需要了解哪一种组分比例对预测汽油的碳烟行为是最佳的。因为碳烟的成核反应和 PAHs 密切相关，详细的碳烟模型由碳烟前驱物 PAHs 的气相化学动力学和固相颗粒动力学两部分组成。一般情况下，通过优化气相 TRF - PAHs 化学机理和固相颗粒动力学参数来实现详细碳烟模型的匹配。实际上，TRF 中合适的成分比例在预测 PAHs 和碳烟生成中也是十分重要的。

甲苯作为汽油中芳烃的主要成分，其本身比例对预测碳烟颗粒及碳烟前驱物生成至关重要。为了解关键组分甲苯的化学影响，Li 等人[245-246]使用真空紫外光电离质谱技术研究了甲苯预混火焰中的 PAHs 生成，发现甲苯的主要降解产物是苯（C_6H_6）和苄基（$C_6H_5CH_2$）。在富甲苯火焰中，苯主要是通过 H 自由基攻击引起的脱烷基反应生成的，而不是由自由基重组产生的，苄基在 PAHs 的生成和生长过程中起着重要的作用。El Bakali 等人[247]研究了甲苯在甲苯/甲烷预混火焰中的热解过程。研究发现，甲苯/甲烷火焰中甲苯降解的途径主要由反应 $C_6H_5CH_3$ + H $\Longrightarrow C_6H_6 + CH_3$ 和 $C_6H_5CH_3 + H \Longrightarrow C_6H_5CH_2 + H_2$ 控制。Harris 等人[248]研究了甲苯/乙烯预混火焰中的碳烟生长特性。研究表明，在相同的碳氧比下，掺混甲苯后的混合物火焰中颗粒初始阶段形成的碳烟量比乙烯火焰中颗粒初始阶段形成的碳烟量高得多，但乙烯火焰中由于较高的乙炔浓度，其碳烟的表面生长速率比甲苯/乙烯混合物火焰中碳烟的表面生长速率更高。随后，Choi 等人[133]对比研究了掺混甲苯、正庚烷和苯的乙烯层流反扩散火焰中 PAHs 和碳烟的生成特性。研究结果发现，乙烯/甲苯火焰比其他混合物火焰形成更多的 PAHs 和碳烟，在乙烯中加入少量甲苯可以有效地促进 PAHs 和碳烟的生成。研究还指出，甲苯的反应路径有助于芘的生成，从而促进大尺寸 PAHs 的形成。国内清华大学郑东等人[249]利用详细的碳烟模型对异辛烷、正庚烷、甲苯、二异丁烯和乙醇的碳烟生成特性进行了对比研究。研究发现，5 种燃料中甲苯最易生成碳烟，而乙醇最不易生成碳烟，烯烃比烷烃更易于生成碳烟。四川大学鲜雷勇等人[250]利用激光消光法在激波管内研究了甲苯/氩气和甲基环己烷/氩气高温裂解下的碳烟生成。研究表明，随着甲苯浓度的增加，峰值温度增加，碳烟生成增加；在相同温度和浓度下，甲基环己烷的碳烟最高产率只有甲苯的碳烟最高产率的 1/8。

当然，也有一些研究在正庚烷/异辛烷/甲苯混合物中开展。Alexiou 等人[251]在激波管热解中研究了掺混正庚烷或异辛烷对甲苯碳烟生成的影响。研究表明，随着正庚烷或异辛烷掺混比的增加，峰值碳烟浓度降低，这主要因为正庚烷或异辛烷的快速分解将碳烟生成过程从更有效的甲苯热解路径转变为更慢的路径。Botero 等人[252]对比研究了庚烷、甲苯、50% 庚烷/50% 甲苯和汽油不同燃料层流火焰中碳烟颗粒的形态和纳观结构。研究表明，庚烷火焰产生较小的基本颗粒，然后是汽油和庚烷/甲苯混合物；甲苯火焰产生最大的颗粒，并具有最大的石墨化程度。Choi 等人[224]研究了汽油表征燃料一维对冲扩散火焰中碳烟和 PAHs 的生成特性。研究结果发现，随着汽油表征燃料中甲苯含量的增加，碳烟的生成单调增加，而 PAHs 则表现出协同效应。Consalvi 等人[253]利用数值方法研究添加正庚烷/甲苯或异辛烷/甲苯二元混合物对甲烷层流扩散火焰中 PAHs 和碳烟生成的影响。研究发现，在甲烷扩散火焰中，随着二元混合物中甲苯含量的增加，碳烟生成单调增加，而苯和芘的生成呈现非单调趋势。Park 等人[254]研究了汽油表征燃料的成分对 PAHs 和碳烟生成的影响。研究表明，汽油表征燃料的成分对 PAHs 和碳烟的形成有强烈的影响，且涉及苄基的反应在正庚烷/异辛烷/甲苯混合物的 PAHs 形成中起重要作用。

上述的研究表明，TRF 的组分，尤其是甲苯的含量，对 PAHs 和碳烟颗粒的形成有很强的影响，PAHs 可能随着甲苯含量的增加表现出协同效应。然而，对于现有的不同比例的 TRF，尚不清楚哪一个比例更适合预测汽油的碳烟及碳烟前驱物生成特性。此外，正庚烷与异辛烷在掺混甲苯后的 PAHs 生成趋势和火焰结构表现出的差异性也有待进一步研究，尤其是在二维层流扩散火焰中的影响尚不清晰。

本章拟基于碳烟前驱物和碳烟颗粒生成演化特性，从燃料化学的角度，比较不同组分比例汽油表征燃料的碳烟趋势与真实汽油的差异，并初步说明这些汽油表征燃料能否复制真实汽油的碳烟行为。此外，将研究关键组分甲苯对汽油表征燃料碳烟前驱物、火焰结构和颗粒微观结构演变的影响规律，明确其显著作用范围。这不仅发展了汽油表征燃料的碳烟特性评价维度，而且对今后汽油表征燃料组分比例的选择具有重要的指导意义。

5.2 汽油表征燃料评价研究

5.2.1 碳烟前驱物和碳烟特性对比

表 5-2 列出了试验评价所用的 5 种汽油表征燃料的组分。1 号表征燃料（记为 surrogate1）是 PRF，2~5 号表征燃料（分别记为 surrogate2~surrogate5）是 TRF。2~5 号表征燃料中甲苯的比例是逐渐增加的。先前的研究已经在点火延迟时间或层流燃烧速度等方面评估了它们与汽油的一致性。

表 5-2 各种汽油表征燃料的组分

名称	surrogate1[238]	surrogate2[240]	surrogate3[241]	surrogate4[228]	surrogate5[242]
正庚烷	0.08	0.17	0.11	1/3	0.137
异辛烷	0.92	0.63	0.59	1/3	0.429
甲苯	0	0.20	0.30	1/3	0.434
辛烷值	92	86.5	95	73.6	91.4

图 5-1 所示为汽油和不同汽油表征燃料之间不同环数芳烃归一化的 LIF 峰值信号强度的对比，图中数据基于汽油火焰中的最大值进行了归一化处理。由图 5-1 可见，在不含甲苯的 PRF（surrogate1）火焰中，4 种波长下的 PAHs-LIF 信号均是最弱的，与汽油的差异最大，而 4 号汽油表征燃料火焰中的 PAHs-LIF 信号是最强的，与汽油的差异最小。需要注意的是，5 号汽油表征燃料中的甲苯含量高于 4 号汽油表征燃料，但其 PAH-LIF 信号强度却低于 4 号汽油表征燃料。由此可以推断，在正庚烷、异辛烷和甲苯组成的三元混合物中，PAHs 浓度与甲苯含量之间并不是单调增加的关系。由图 5-1 还可以观察到，所有汽油表征燃料的 PAHs-LIF 信号强度都比汽油低，尤其是小环芳烃。由此可见，5 种汽油表征燃料均不能表征汽油火焰中小环芳烃（320 nm 或 360 nm）的生成特性，这可能归因于单环芳烃的荧光光谱差异，TRF 中的芳烃只有一种甲苯，主要的裂解后的单环产物是苯[231]，但汽油中包括各种烷基苯及二环芳烃物质。随着芳环数量的增加，汽油表征燃料和汽油之间 PAHs-LIF 信号强度的差异显著减小。这表明，汽油表征燃料 TRF 对大环芳烃（450 nm）具有一定的表征能力。实际上，较大的 PAHs 在碳烟形成中起主导作用，因此，大环芳烃的 LIF 信号强度更适合作为评估碳烟前驱物生成特性的指标。因此，就碳烟前驱物生成特性来看，4 号汽油表征燃料与实际汽油最为接近。

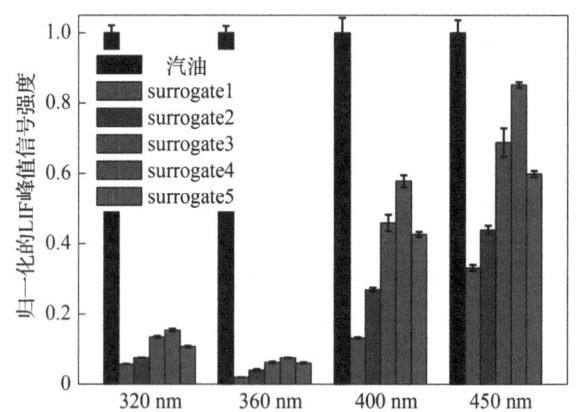

图 5-1　汽油和不同汽油表征燃料之间不同环数芳烃归一化的
LIF 峰值信号强度的对比（见彩插）

图 5-2（a）所示为汽油和汽油表征燃料火焰中在 450 nm 处检测到的 PAHs-LIF 信号强度二维分布的对比。由图 5-2（a）可见，PRF（surrogate1）火焰中的

PAHs – LIF 信号强度分布与汽油和 TRF（surrogate2～surrogate5）明显不同。PRF 火焰中的信号主要分布在火焰的顶部，而其他燃料的信号分布在火焰中部的两翼。图 5-2（b）所示为汽油和汽油表征燃料火焰中心轴线上归一化的450 nm - LIF 信号强度随高度的变化。整体来看，中心轴线上的信号呈先上升后下降的趋势。然而，具体的趋势不同，汽油和 TRF 火焰信号强度的上升趋势较快，而 PRF 火焰信号强度的上升趋势却非常缓慢。具体来看，汽油火焰中心轴线上的信号峰值出现在 HAB < 15 mm 处，而 PRF 火焰的峰值信号强度出现在 HAB > 30 mm 处。4 号汽油表征燃料中心轴线上的 PAHs – LIF 信号强度趋势与汽油最为相似，只是峰值信号强度略低于汽油。

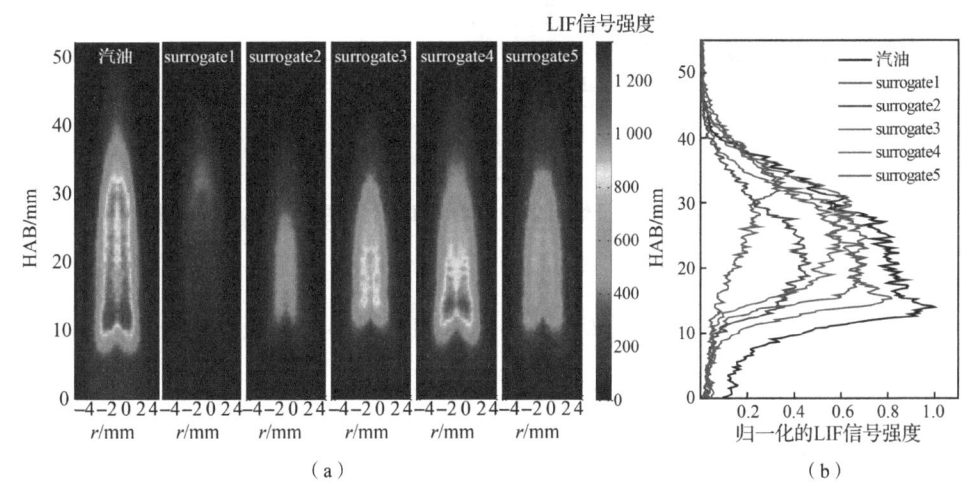

图 5-2 汽油和汽油表征燃料火焰中在 450 nm 处检测到的 PAHs – LIF 信号强度的对比（见彩插）
（a）二维分布；（b）中心轴线上

图 5-3（a）所示为汽油和汽油表征燃料之间碳烟 LII 信号强度的对比，其中每个火焰中 LII 峰值信号强度标示在图像底部。需要指出的是，1 号汽油表征燃料火焰中的 LII 信号很弱，5 号汽油表征燃料的火焰发烟严重，因此，两者没有参与对比。图 5-3（b）所示为相应的火焰中心轴线上归一化的 LII 信号强度变化趋势。由图 5-3（b）可见，三种 TRF 火焰（surrogate2～surrogate4）中的碳烟的分布区域，以及中心轴线上的碳烟变化趋势基本与汽油火焰一致，但 LII 峰值信号强度有所不同，4 号汽油表征燃料与汽油的差异最小。因此，从 LII 信号强度分布和中心轴线上的趋势来看，4 号汽油表征燃料的碳烟浓度特性与汽油的碳烟浓度特性最为接近。

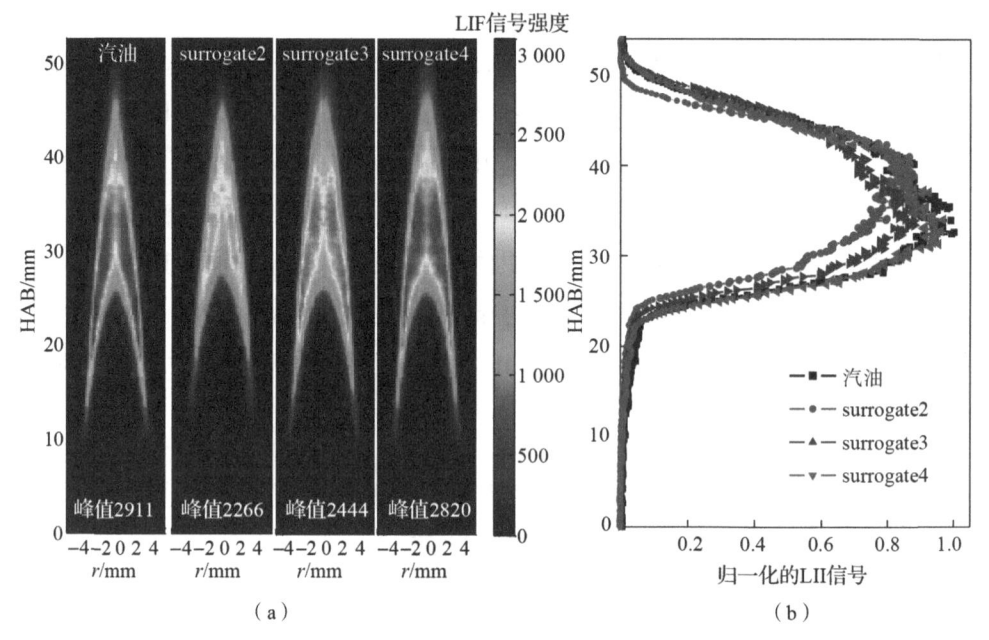

图 5-3 汽油和汽油表征燃料之间碳烟 LII 信号强度的对比（见彩插）

(a) LII 信号强度二维分布；(b) 中心轴线上 LII 信号

综合图 5-1~图 5-3 的分析，4 号汽油表征燃料可以最好地表征汽油层流扩散火焰中碳烟前驱物 PAHs 和碳烟的生成特性。

5.2.2 火焰结构对比

图 5-4 所示为汽油表征燃料中主要组分正庚烷、异辛烷和甲苯火焰的自然发光图像及 OH 自由基和 CH 自由基化学发光图像的对比。由图 5-4 可以看出，正庚烷和异辛烷的火焰顶端是封闭的，存在明确清晰的边界且没有发出可见碳烟，而甲苯火焰顶端是开放发烟的。在火焰根部附近，正庚烷火焰中的蓝色火焰区域面积最大，其蓝色火焰区域面积占总火焰面积近 1/2，具有典型的两阶段燃烧现象，其次是异辛烷，甲苯火焰中的蓝色火焰区域面积最小，如图 5-4（a）中圆圈所示。从黄色火焰的位置也可以推断出碳烟生成起始高度表现为正庚烷 > 异辛烷 > 甲苯。正庚烷火焰中燃料从热解到生成碳烟颗粒所需的时间最长，这除了与其本身的分子结构有关外，还可能与负温度系数（negative temperature coefficient，NTC）效应有关。Law 等人[255]和 Peng 等人[256]发现，在逆流火焰系

统中存在特定的 NTC 影响的化学反应性及相关的弱燃烧火焰。Deng 等人[257]和 Peng 等人[258]指出，NTC 现象是大型碳氢化合物氧化动力学的一个基本特征。Ji 等人[259]指出，NTC 行为与低温链分支反应和中间物质分解之间的竞争密切相关。随着温度沿着高度逐渐增加，正庚烷扩散火焰中低温区域的链分支反应被中温区域的链传递反应所取代，从而导致反应速率变慢。而甲苯由于其着火温度较高，反应过程中不会出现 NTC 现象，从着火到生成碳烟所需的时间很短。

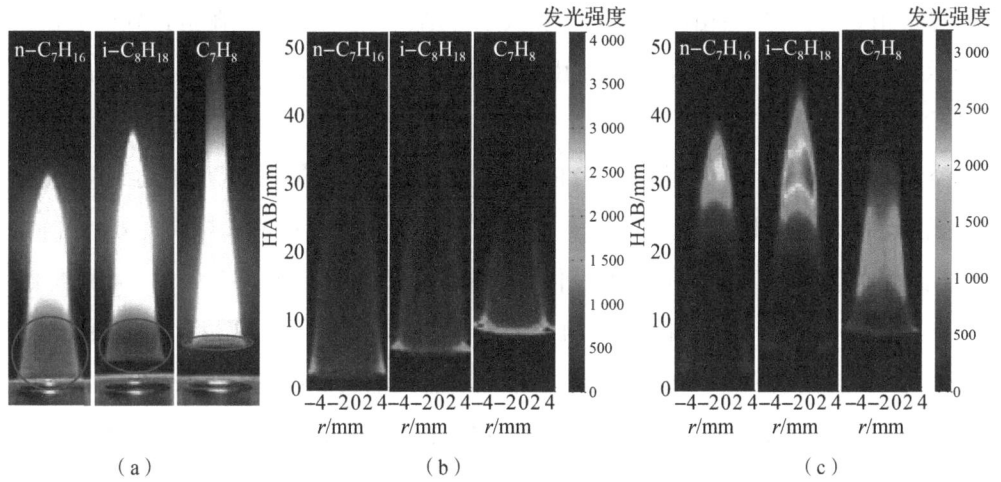

图 5-4　正庚烷、异辛烷和甲苯火焰的自然发光图像及 OH 自由基和 CH 自由基化学发光强度的对比（见彩插）

（a）自然发光火焰；（b）OH 自由基化学发光强度；（c）CH 自由基化学发光强度

从 OH 自由基化学发光图像可以看出，甲苯扩散火焰的火焰浮起高度最高，其次是异辛烷，正庚烷最低。从层流火焰速度来看，正庚烷最大，异辛烷和甲苯的差异较小，且甲苯的着火温度较高[228]，因此，火焰浮起高度表现出这样的结果。由此可以推断，在燃料流离开喷嘴出口后，甲苯具有最长的着火滞燃期，这又增加了燃料和空气的相互扩散，并增加了火焰根部周围空气的卷吸量，导致预混燃烧强度的增加，这从火焰浮起高度处的 OH 自由基的发光强度可以证明。

从图 5-4 中的 CH 自由基化学发光图像可以看出，三种火焰的分布特征明显不同。在正庚烷火焰中，CH 自由基主要分布在火焰顶部；在异辛烷火焰中，CH 自由基主要分布在中上部火焰的内侧（HAB = 25~40 mm）；在甲苯火焰中，CH 自由基主要分布在火焰的外围，并在较低的高度处达到峰值发光强度。另外，可以看出,异辛烷火焰的 CH 自由发光强度最高,而甲苯火焰的 CH 自由发光强度最低。考虑甲苯是一种芳烃,其反应路径不同于正庚烷和异辛烷的烷烃类反应路径,这也可能是导致其火焰结构显著不同的原因。

图 5-5 (a) 所示为汽油和汽油表征燃料火焰中 OH 自由基发光强度二维分布的对比。由于 3~5 号汽油表征燃料的 OH 自由基分布与 2 号汽油表征燃料相似,因此未列出。由图 5-5 (a) 可见,汽油和汽油表征燃料的 OH 自由基分布趋势是相似的,OH 自由基主要分布在火焰外围,并在喷嘴出口附近达到最大值,预示着主要反应区域的位置。这是由于空气中氧原子的可用性倾向于将 OH 自由基移向空气侧[207]。此外,对于整个火焰,由于火焰底部相对较高的流速促进燃料和空气的相互扩散[227],所以 OH 自由基在喷嘴出口附近的较低高度处达到峰值发光强度。图 5-5 (b) 所示为 OH 自由基发光强度达到峰值的火焰高度处的径向 OH 自由苯趋势线和 OH 自由基归一化的峰值对比。由图 5-5 (b) 可见,4 号汽油表征燃料和汽油之间 OH 自由基峰值发光强度的差异最小,而 5 号汽油表征燃料火焰中的 OH 自由基峰值发光强度高于汽油。随着汽油表征燃料中甲苯比例的增加,OH 自由基峰值发光强度逐渐增加,这与图 5-1 所示的 PAHs 变化趋势不同。这也说明,在 TRF 火焰中 OH 自由基发光强度与 PAHs 浓度之间不是单调的相关性。

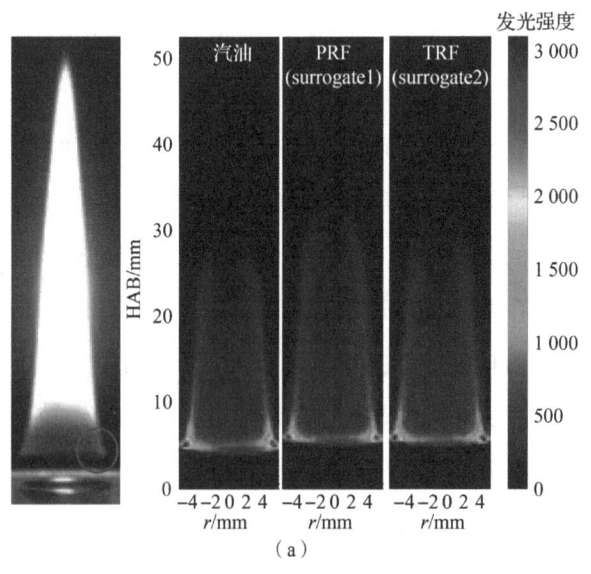

(a)

图 5-5 汽油和汽油表征燃料火焰中 OH 自由基发光强度的对比 (见彩插)

(a) OH 自由基发光强度分布

(b)

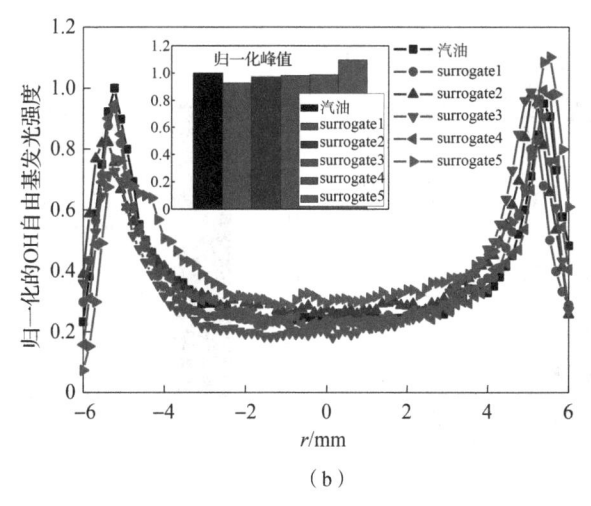

图 5-5 汽油和汽油表征燃料火焰中 OH 自由基发光强度的对比（续）

(b) 峰值高度处的径向 OH 自由基趋势

图 5-6 (a) 所示为汽油和汽油表征燃料火焰中 CH 自由基发光强度二维分布的对比。由于 3~5 号汽油表征燃料的 CH 自由基分布与 2 号汽油表征燃料相似，因此未列出。由图 5-6 (a) 可见，PRF（surrogate1）火焰中 CH 自由基的分布与汽油中 CH 自由基的分布显著不同，而 TRF 火焰中 CH 自由基的分布与汽油中 CH 自由基的分布相似。在汽油和 TRF 火焰中，CH 自由基主要分布在火焰中部的两翼区域，对应于碳烟主要形成区域。而在 PRF 火焰中，CH 自由基主要分布在火焰的顶部，与汽油和 TRF 相比，其峰值发光强度位置更高。由于 CH 自由基是热解的最终产物，所以 1 号汽油表征燃料完成热解所需的时间远远长于汽油和 TRF 燃料完成热解所需的时间[260]。

图 5-6 (b) 所示为火焰中归一化的 CH 峰值发光强度的比较。可以观察到，4 号汽油表征燃料火焰中的 CH 自由基发光强度与汽油最为接近，CH 自由基发光强度与甲苯含量之间并不是不单调增加的关系。在 1~4 号汽油表征燃料火焰中，CH 自由基发光强度随着燃料中甲苯含量的增加而增加。然而，5 号汽油表征燃料中的甲苯含量高于 4 号汽油表征燃料，但其 CH 自由基发光强度较低。这一趋势与图 5-1 所示的 PAHs 变化趋势一致。由此推断，扩散火焰中 CH 自由基强度与 PAHs 之间存在很强的相关性。这可以从燃料的热值来解释。Giassi 等人[229]指出，峰值放热率的趋势与 CH 自由基的分布趋势一致，因此，峰值 CH 自由基浓

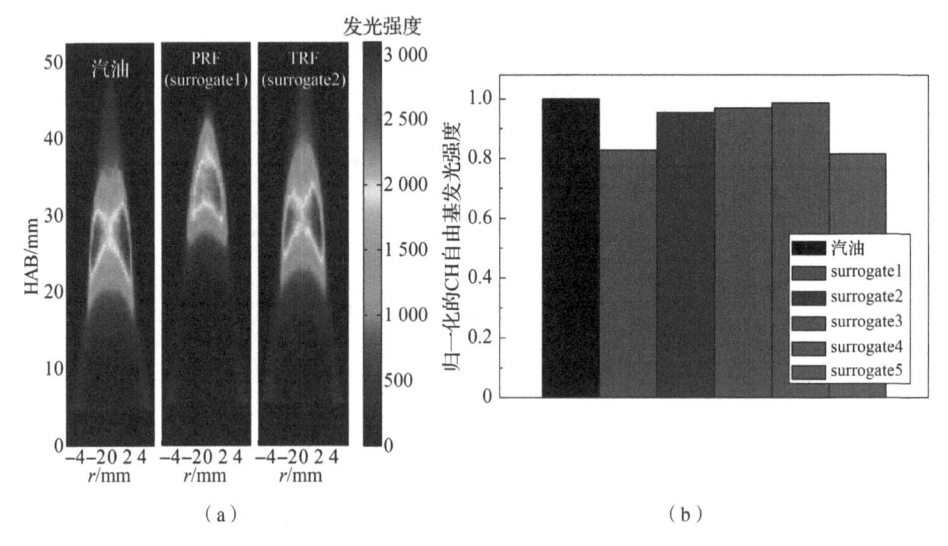

图 5-6 汽油和汽油表征燃料火焰中 CH 自由基发光强度的对比 (见彩插)
(a) CH 自由基发光强度分布; (b) CH 自由基发光强度峰值

度可以作为峰值放热率的标志。从这个观点来看,4 号汽油表征燃料火焰的放热率和温度应最接近汽油。

因此,综合图 5-5 和图 5-6 的分析,4 号汽油表征燃料可以最好地表征汽油层流扩散火焰的火焰结构和发展。

5.3 甲苯对正庚烷和异辛烷影响差异研究

5.3.1 芳烃分布特征

为了更好地了解关键组分甲苯比例的影响规律,分别在正庚烷或异辛烷中添加体积比为 0%~100% 的甲苯,研究 PAHs 的生成特性差异。

图 5-7 所示为正庚烷/甲苯火焰中 320 nm 和 450 nm 的 PAHs-LIF 信号强度随甲苯比例的变化趋势。T0~T100 分别代表甲苯掺混比例为 0%、20%、50%、80% 和 100%。可以看出,在正庚烷/甲苯层流扩散火焰中,320 nm-LIF 信号在喷嘴出口处开始出现,而 450 nm-LIF 信号在 HAB>5 mm 后开始出现。Choi 等人[224]在正庚烷/甲苯一维逆流扩散火焰中也报道了不同尺寸芳烃出现的顺序,但它仅是一个方向上的一维分布特征。在二维同轴层流扩散火焰中,高浓度的单环

芳烃位于火焰中心，而高浓度的大尺寸芳烃位于火焰的两翼，最终导致碳烟的两翼分布特征。此外，由图 5-7 还可见，在正庚烷中添加甲苯对 PAHs 的生成和生长具有不同的影响。随着甲苯比例的增加，可表征 PAHs 初始形成的 320 nm – LIF 信号的分布面积和强度逐渐增大，而表征 PAHs 生长后状态的 450 nm – LIF 信号的分布面积和强度先增大后逐渐减小，其分布面积在甲苯比例为 40% 时达到最大值。

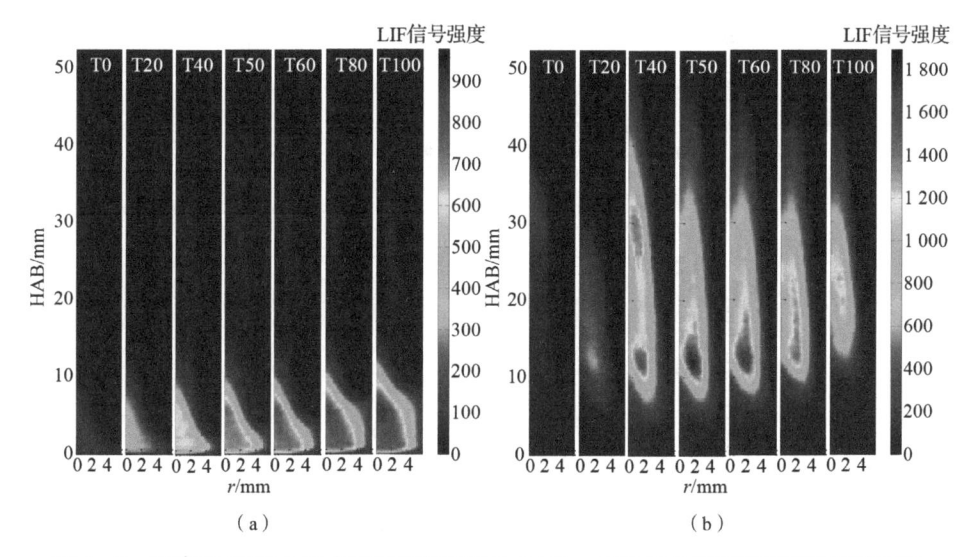

图 5-7 正庚烷/甲苯火焰中不同环数芳烃的 PAHs – LIF 信号强度随甲苯比例的变化

(a) 320 nm；(b) 450 nm

图 5-8 所示为正庚烷/甲苯火焰中心轴线上 320 nm 和 450 nm 处归一化的 LIF 信号强度曲线。在 T0 和 T20 火焰中，320 nm – LIF 信号强度在迅速增大后呈稳定趋势，然后逐渐减小。在 T40~T100 火焰中，320 nm – LIF 信号强度在第一次急剧增加后出现第二个峰值，然后迅速下降。这表明，当甲苯比例超过 20% 时，显著促进了单环芳烃的生成。320 nm – LIF 信号强度的下降阶段（HAB ≈ 10 mm）对应于 450 nm – LIF 信号强度的增大范围，这表明单环芳烃在氧化之前已大量转化为大尺寸芳烃。总体而言，归一化的 450 nm – LIF 信号强度在中心轴线上分布呈先增大后减小的趋势。不同的是，正庚烷火焰中的 450 nm – LIF 信号强度增大非常缓慢，在 HAB > 30 mm 处达到峰值信号强度。当甲苯比例在 20%~60% 时，大尺寸芳烃的生长速度明显加快，450 nm – LIF 信号强度在 HAB = 13 mm 附近出现

信号强度峰值。然而，当甲苯比例在80%~100%后，大尺寸芳烃的生长速率有所减弱，450 nm – LIF 信号强度在 HAB = 23 mm 附近达到峰值信号强度。

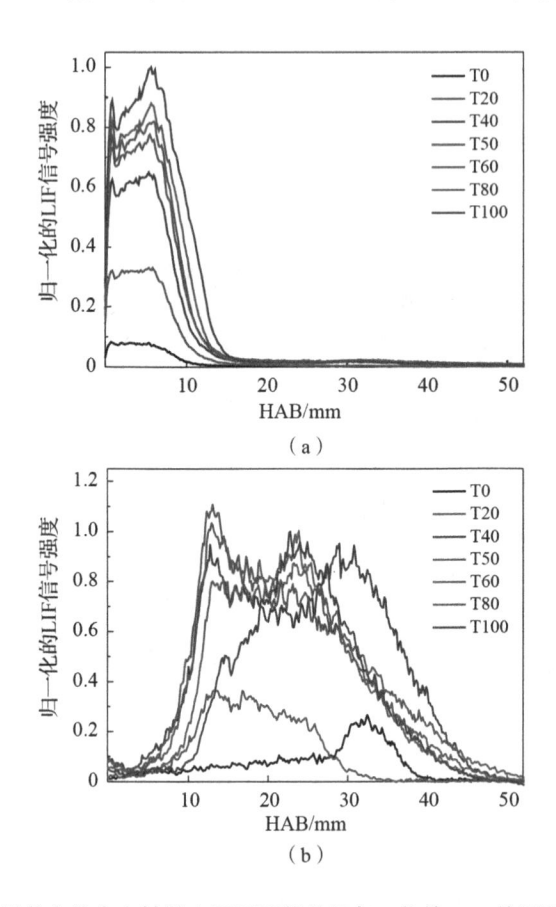

图 5 – 8 正庚烷/甲苯火焰中心轴线上不同环数芳烃归一化的 LIF 信号强度曲线（见彩插）

(a) 320 nm；(b) 450 nm

图 5 – 9 所示为异辛烷/甲苯火焰中 320 nm 和 450 nm 的 PAHs – LIF 信号强度随甲苯比例的变化趋势。由图 5 – 9 可知，320 nm – LIF 信号强度与正庚烷/甲苯火焰中的 320 nm – LIF 信号强度相似，而 450 nm – LIF 信号强度不同于正庚烷/甲苯火焰中的 450 nm – LIF 信号强度。在异辛烷/甲苯火焰中，450 nm – LIF 信号的高浓度区域位于 HAB = 10~30 mm 处的火焰两翼，而在正庚烷/甲苯火焰中主要位于 HAB = 10~15 mm 处。这表明，异辛烷/甲苯火焰中大尺寸芳烃的生长时间比正庚烷/甲苯火焰中大尺寸芳烃的生长时间长。另外，随着甲苯比例的增加，

450 nm – LIF 信号的分布面积和强度先增大后逐渐减小，然后又有所增大，分布面积和强度在甲苯比例为 40% 时达到最大值。

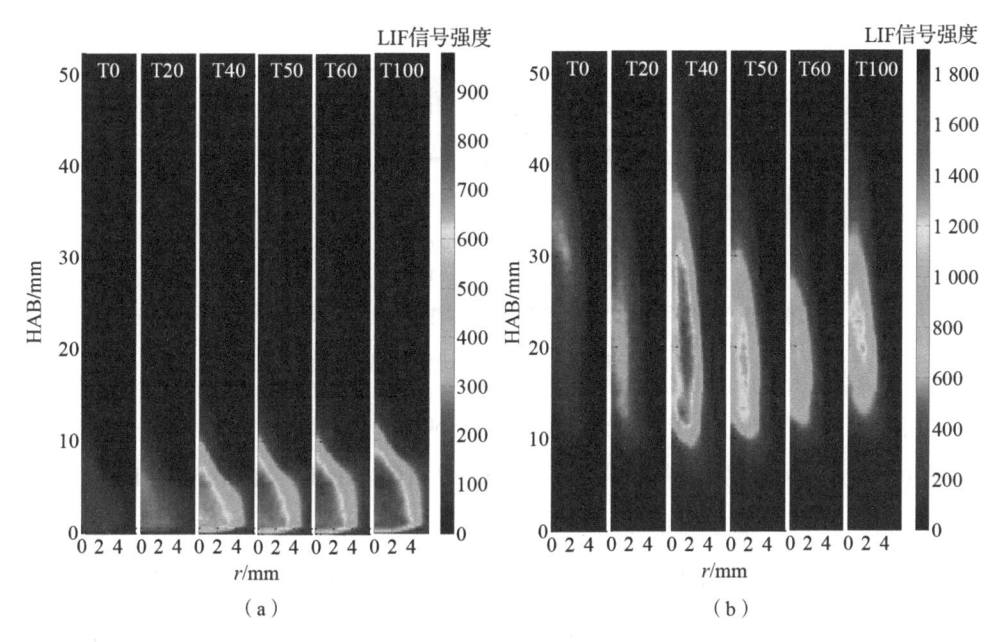

图 5-9 异辛烷/甲苯火焰中不同环数芳烃的 PAHs – LIF
信号强度随甲苯比例的变化趋势

(a) 320 nm；(b) 450 nm

5.3.2 芳烃定量分析

图 5-10 展示了正庚烷/甲苯二元混合物层流扩散火焰中 320 nm、360 nm、400 nm 和 450 nm 波长处的归一化的 LIF 峰值信号强度随甲苯比例的变化趋势。可以看出，尽管正庚烷中不含甲苯，但是其火焰中也有单环芳烃的生成。Inal 等人[261]研究了正庚烷层流预混火焰中 PAHs 的生成特性，发现了苯的生成，而且苯也是生成最多的芳烃。由图 5-10 可见，320 nm – LIF 信号强度随甲苯比例的增加表现出单调增加的趋势，但这种增加趋势随着甲苯比例的增加逐渐收敛。当甲苯比例从 0 增加到 50% 时，320 nm – LIF 峰值信号强度快速变大；当甲苯比例达到 50% 时，LIF 信号强度增大的趋势开始显著减小。320 nm – LIF 信号强度的单调增加可以归因于甲苯含量的增加，因为其本身就属于单环芳烃。

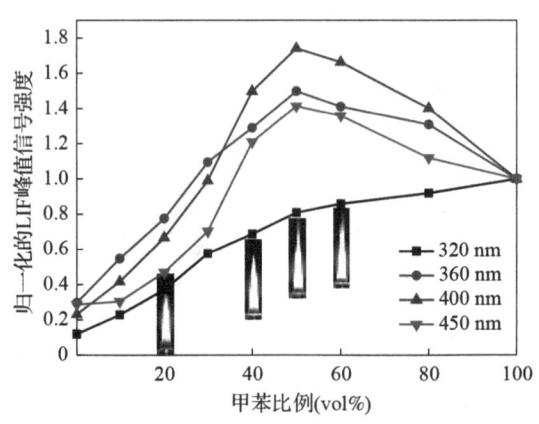

图 5-10 正庚烷/甲苯二元混合物层流扩散火焰中不同波长处归一化的
LIF 峰值信号强度随甲苯比例的变化趋势

与 320 nm-LIF 信号的变化趋势不同，360 nm、400 nm、450 nm-LIF 信号呈现非单调增加的趋势。当甲苯比例从 0% 增加到 50% 时，PAHs 的 LIF 信号强度逐渐增大；当甲苯比例从 50% 增加到 100% 时，PAHs 的 LIF 信号强度逐渐减小。这三个波长下的 PAHs-LIF 信号强度均在甲苯比例为 50% 时达到峰值，这和 320 nm 波长的 LIF 信号强度增加趋势收敛时对应的甲苯比例一样。360 nm、400 nm、450 nm-LIF 信号的变化趋势可能归因于甲苯含量增加所引发的协同效应。随着甲苯比例的增加，一方面，单环芳烃的含量增加，这将 PAHs 的生成过程从较慢的烷烃路径转移到更加有效的甲苯热解路径[251]；另一方面，某些自由基减少，又反过来抑制着 PAHs 的生长[185,262]，具体的影响见第 6 章进一步的气相化学动力学分析。此外，由图 5-10 还可以看出，当正庚烷中甲苯比例低于 10% 时，450 nm 波长的 LIF 信号强度基本没有改变，这表明，甲苯比例的影响存在一个最小限值，当甲苯比例低于这个值时，其对大环芳烃的作用可以忽略不计。此外，由图 5-10 中标注的火焰自然发光图像可以看出，LIF 峰值信号强度恰好对应于火焰的发烟点，在这个点之前，火焰顶端是封闭不发烟的，而在这个点之后，火焰顶端是开放发烟的。因此，可以得出结论，随着甲苯比例的增加，当正庚烷/甲苯火焰达到其发烟点后，PAHs 的生成开始减少。

图 5-11 所示为异辛烷/甲苯层流扩散火焰中不同波长处归一化的 LIF 峰值信号强度随甲苯比例的变化趋势。与正庚烷/甲苯火焰相同的是，随甲苯比例的增加，320 nm-LIF 信号也显示出逐渐收敛的单调增加趋势。与正庚烷/甲苯火焰

不同的是拐点位置，当甲苯比例从 0% 增加到 40% 时，320 nm – LIF 信号峰值迅速增加，而后增加的趋势显著减慢，而在正庚烷/甲苯火焰中的拐点为 50% 甲苯比例。此外，与正庚烷/甲苯火焰不同的是，异辛烷/甲苯火焰中的 360 nm – LIF 信号强度、400 nm – LIF 信号强度、450 nm – LIF 信号强度均显示出三阶段趋势。随着甲苯比例从 0% 增加到 40%，三种 LIF 信号强度均迅速增大；当甲苯比例从 40% 增加到 80% 时，三种 LIF 信号强度呈现逐渐收敛的减小趋势；当甲苯比例从 80% 增加到 100% 时，三种 LIF 信号强度又略微有所增大。360 nm – LIF 信号强度、400 nm – LIF 信号强度、450 nm – LIF 信号强度均在甲苯比例为 40% 时达到峰值信号强度，而正庚烷/甲苯火焰中为 50%。因此，随着甲苯比例的增加，异辛烷/甲苯火焰中 PAHs 的减少趋势比正庚烷/甲苯火焰中 PAHs 的减少趋势出现得更早。此外，还观察到，向异辛烷中添加少于 20% 的甲苯对 450 nm – LIF 信号强度几乎没有影响，低于该比例时甲苯的添加对大尺寸 PAHs 形成的影响可以忽略不计。由于大尺寸芳烃是碳烟成核的直接前驱物，因此，综合图 5 – 10 和图 5 – 11 的分析，对于正庚烷、异辛烷和甲苯组成的汽油表征燃料，为了预测汽油的碳烟和 PAHs 的生成特性，甲苯合适的调节比例在 20%~40%。此外，根据图 5 – 11 中标记的火焰自然发光图像，峰值点也对应于火焰的发烟点，这与正庚烷/甲苯火焰中发现的一致。由此可以得出结论，随着甲苯比例的增加，TRF 火焰高度逐渐增加，火焰会逐渐到达发烟点，之后进一步增加甲苯比例会导致发烟，PAHs 的生成有所降低。

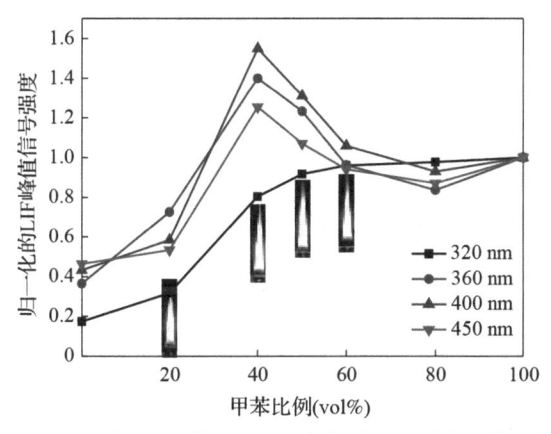

图 5 – 11　异辛烷/甲苯层流扩散火焰中不同波长处归一化的
LIF 峰值信号强度随甲苯比例的变化趋势

5.3.3 火焰结构分析

图 5-12 展示了正庚烷/甲苯和异辛烷/甲苯的火焰高度和归一化的 PAHs 停留时间随甲苯比例的变化趋势。由于甲苯比例达到 40%，异辛烷/甲苯火焰开始发烟，因此，图 5-12 中仅展示了甲苯比例在 0%-30% 的结果。其中 PAHs 停留时间是根据燃料出口速度和火焰高度进行的定性评价。由图 5-12 可见，正庚烷/甲苯或异辛烷/甲苯的火焰高度随甲苯比例的增加而增高，PAHs 在火焰中的停留时间与甲苯比例也呈单调上升趋势。在相同的甲苯比例下，异辛烷/甲苯的火焰高度和 PAHs 停留时间均大于正庚烷/甲苯火焰，这将有助于 PAHs 和碳烟的生成。

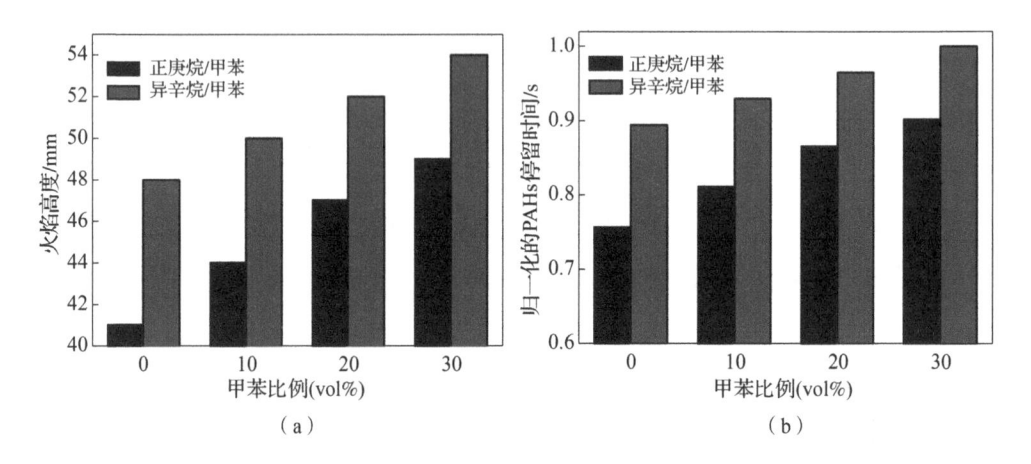

图 5-12 正庚烷/甲苯和异辛烷/甲苯的火焰高度和归一化的 PAHs 停留时间随甲苯比例的变化趋势（见彩插）

图 5-13 所示为正庚烷和异辛烷火焰中的径向 OH 自由基信号峰值强度和火焰浮起高度随甲苯比例的变化趋势。在正庚烷和异辛烷火焰中，OH 自由基化学发光强度峰值随着甲苯比例的增加而逐渐增加。具体而言，在正庚烷/甲苯火焰中，与纯甲苯相比，T20、T40、T60 和 T100 火焰中 OH 自由基信号峰值强度分别下降 39.11%、28.68%、25.83% 和 11.84%。在异辛烷/甲苯火焰中，与纯甲苯相比，T20、T40、T60 和 T100 火焰中 OH 自由基信号峰值强度分别下降了 21.76%、15.00%、10.93% 和 4.08%。从数据对比可以看出，在相同的甲苯比例下，正庚烷/甲苯火焰中 OH 自由基信号峰值强度低于异辛烷/甲苯中 OH 自由

基信号峰值强度。在正庚烷和异辛烷火焰中，随着甲苯比例的增加，火焰浮起高度均呈单调上升趋势，而且正庚烷/甲苯火焰的上升趋势比异辛烷/甲苯火焰的上升趋势更加明显。在正庚烷/甲苯火焰中，T0、T20、T40、T60 和 T100 的火焰浮起高度分别为 2.77 mm、3.23 mm、3.74 mm、5.23 mm 和 9.08 mm。在异辛烷/甲苯火焰中，T0、T20、T40、T60 和 T100 的火焰浮起高度分别为 6.15 mm、6.40 mm、6.81 mm、8.46 mm 和 9.08 mm。在相同的甲苯比例下，异辛烷/甲苯火焰中的火焰浮起高度均高于正庚烷/甲苯中的火焰浮起高度，这也说明了扩散火焰中正庚烷比异辛烷具有更高的反应性。

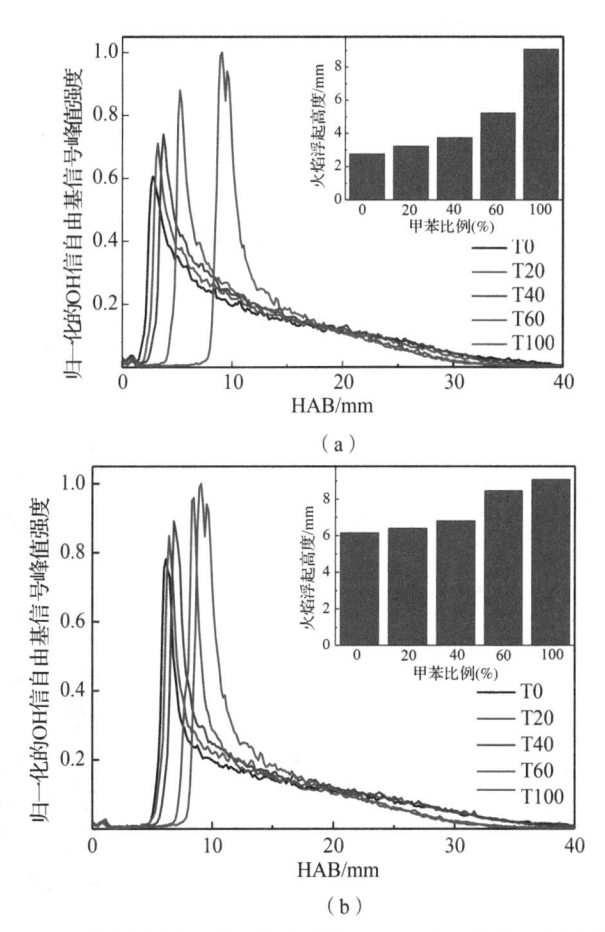

(a)

(b)

图 5 – 13 正庚烷和异辛烷火焰中的径向 **OH** 自由基信号峰值强度和火焰浮起高度随甲苯比例的变化趋势（见彩插）

(a) n - C_7H_{16}/$C_6H_5CH_3$；(b) i - C_8H_{18}/$C_6H_5CH_3$

5.4 甲苯对碳烟颗粒微观结构演化的影响

5.4.1 碳烟颗粒微观形貌

甲苯比例的增加不仅对碳烟的生成具有积极的促进作用，也会直接影响碳烟颗粒微观形貌及结构特征的演变。图 5-14 所示为通过 TSPD-TEM 获得的正庚烷及不同甲苯比例正庚烷/甲苯层流扩散火焰中心碳烟颗粒微观形貌沿火焰高度 HAB 的演变过程，反映了碳烟颗粒成核、生长、凝聚、氧化和破碎等过程。在相同 HAB 处，含甲苯的火焰中，碳烟积聚颗粒表现出相对疏松的堆积形态。随着甲苯比例的增加，积聚颗粒尺寸增加，小颗粒数目逐渐减少。在火焰上游 HAB=10 mm 处，T0 火焰中还没有看到明显的颗粒产生，仅有大团的、轮廓不清晰的类液态状物质；而在 T10、T20 和 T30 火焰中碳烟颗粒已经出现，并初步凝聚形成较小的积聚物质，且随着甲苯比例的增加，积聚颗粒数量减少，积聚颗粒尺寸增大。在 HAB=20 mm 处，T0 火焰中也有较小的积聚颗粒形成，而 T10、

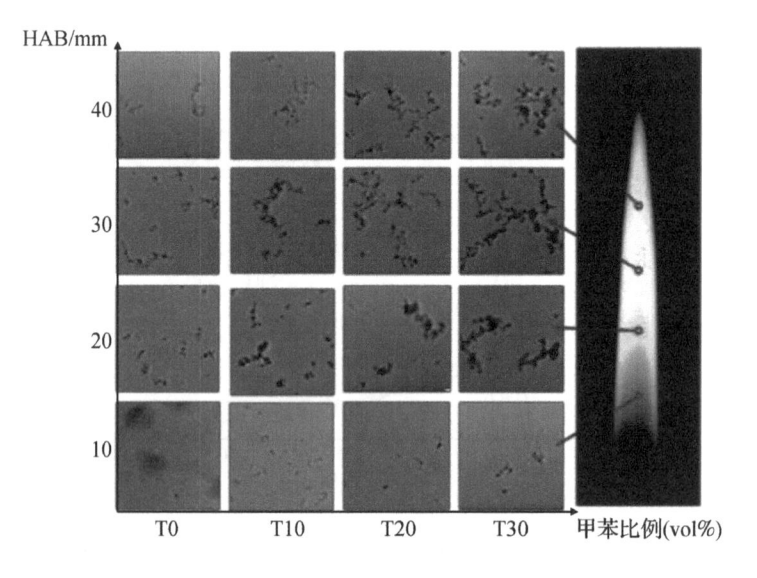

图 5-14 正庚烷及不同甲苯比例正庚烷/甲苯层流扩散火焰中心
碳烟颗粒微观形貌沿火焰高度 HAB 的演变过程

T20 和 T30 三种火焰中碳烟颗粒经过生长，基本颗粒粒径和积聚颗粒尺寸相比之前都有明显增大，积聚颗粒生长成链状，且随甲苯比例的增加，链长也逐渐增长。在 HAB = 30 mm 处，由于碳烟颗粒被氧化，基本颗粒粒径有所减小，但积聚颗粒仍在生长，尺寸进一步增大。此外，随着甲苯比例的增加，积聚颗粒形态的发展出现了不一样的趋势。在甲苯比例低于 20% 时，积聚颗粒仍保持几乎无分支的单链形态；而在甲苯比例高于 20% 时，碳烟积聚颗粒则向着多支链的形态发展，颗粒间连接更为松散。在 HAB = 40 mm 处，由于氧化增强，积聚颗粒尺寸减小，团聚更紧密。

5.4.2 基本颗粒特征

图 5 - 15 所示为正庚烷及不同甲苯比例正庚烷/甲苯层流扩散火焰中不同高度处基本颗粒粒径的直方分布图和平均粒径值。由于在 HAB = 10 mm 处，T0 火焰中没有明显的碳烟颗粒出现，因此，未展示其粒径分布。可以观察到，不同高度处基本颗粒粒径近似于正态分布，基本颗粒粒径的大小随高度变化呈先增大后减小最后趋于稳定的趋势，在相同高度处，基本颗粒粒径随着甲苯比例的增加整体呈增大的趋势。在 HAB = 10 mm 处，T10、T20 和 T30 火焰中颗粒平均粒径相差不大，可能是由于碳烟颗粒刚刚成核还未充分生长。在 HAB = 20 mm 处，T10、T20 和 T30 火焰的基本颗粒粒径都有了大幅增长，分别增长了 40.4%、52.1% 和 69.2%，这表明该区域内碳烟表面生长十分迅速。而且 T10、T20 和 T30 火焰中的平均粒径增幅高于 T0 火焰，这再次说明甲苯对碳烟的生长有积极的促进作用。当 HAB = 20 ~ 30 mm 时，碳烟氧化开始逐渐占据主导位置。相比在 HAB = 20 mm 处，T0、T10、T20 和 T30 火焰中基本颗粒平均粒径分别降低了 16.5%、45.4%、29.1% 和 27.8%。但从 HAB = 30 mm 到 HAB = 40 mm 过程中，T0 火焰中碳烟颗粒平均粒径降低了 13.9%，而 T10、T20 和 T30 火焰中碳烟颗粒平均粒径则几乎不变，这在很大程度上归因于碳烟氧化与表面生长相互竞争的结果。

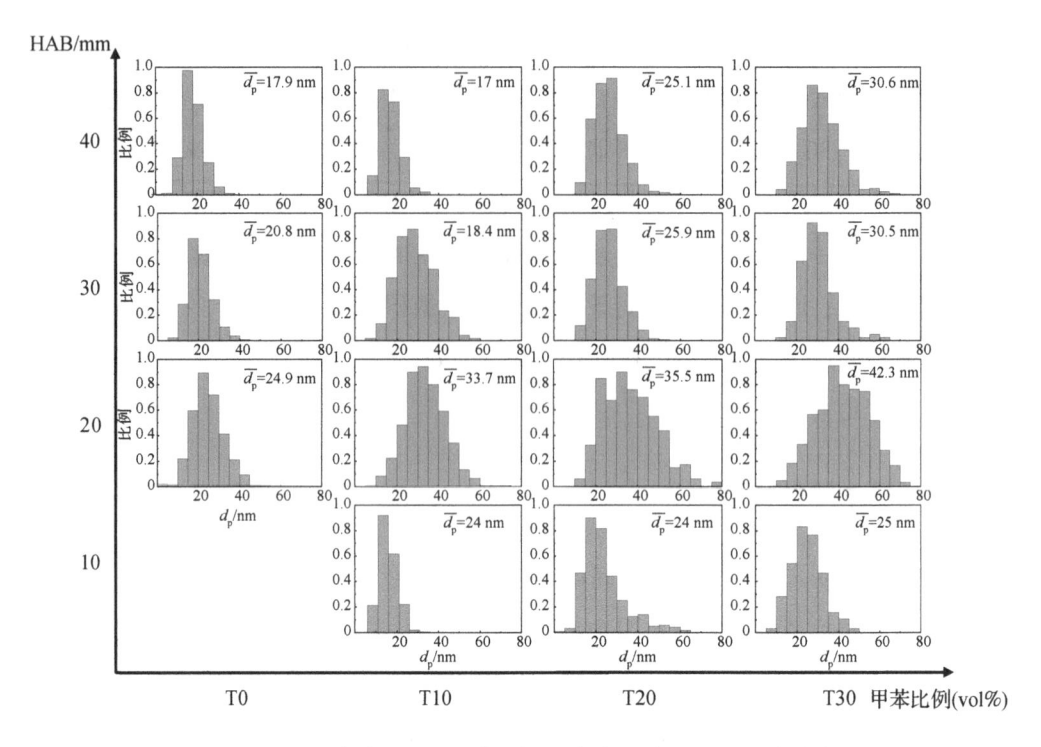

图 5 – 15　正庚烷及不同甲苯比例正庚烷/甲苯层流扩散火焰中
不同高度处基本颗粒粒径的直方分布图和平均粒径值

5.4.3　积聚颗粒特征

积聚颗粒投影面积是基本颗粒粒径和积聚颗粒包含的基本颗粒数共同影响的结果。图 5 – 16 所示为正庚烷及不同甲苯比例正庚烷/甲苯层流扩散火焰中积聚颗粒投影面积平均值和包含的平均基本颗粒数随火焰高度的变化趋势。在相同的火焰高度处，随甲苯比例的增加，积聚颗粒逐渐增大，但积聚颗粒包含的平均基本颗粒数呈非单调递增的趋势。由图 5 – 16 可以观察到，T0 和 T10 火焰中碳烟颗粒投影面积平均值相差很小，二者碳烟生成量的差异主要体现在积聚颗粒的数量上，这可能是甲苯添加促进了碳烟成核所致。而 T20 和 T30 火焰中，碳烟积聚形成了更大尺寸的积聚颗粒，小尺寸的积聚颗粒数量明显减少，因此，投影面积平均值显著增加。随火焰高度的增加，在 T0 和 T10 火焰中，积聚颗粒包含的平均基本颗粒数逐渐增多，但 T20 和 T30 火焰中积聚颗粒包含的平均基本颗粒数则呈先增多后减少的变化趋势。在 HAB = 20 mm 处，随甲苯比例的增加，积聚颗粒包含的基本颗粒数更多，同时基本颗粒粒径也逐渐增大，因此，积聚颗粒尺寸更大。在 HAB = 30 mm 处，碳烟颗粒不断积聚致使积聚颗粒包含的基本颗粒数增加，但此处因积聚颗粒投影面积的增长受限，T30 火焰中积聚颗粒投影面积甚至有所减小，这归因于氧化所导致的基本颗粒粒径减小。从 HAB = 30 mm 处到 HAB = 40 mm 处，T0 和 T10 火焰中积聚颗粒包含的基本颗粒数继续增长，但积聚颗粒投影面积因基本颗粒粒径的减小而减小，而 T20 和 T30 火焰中积聚颗粒投影面积和包含的基本颗粒个数均大幅减小。综合碳烟形貌和基本颗粒粒径的变化趋势来看，大尺寸积聚颗粒的破碎是其投影面积减小的主要原因。

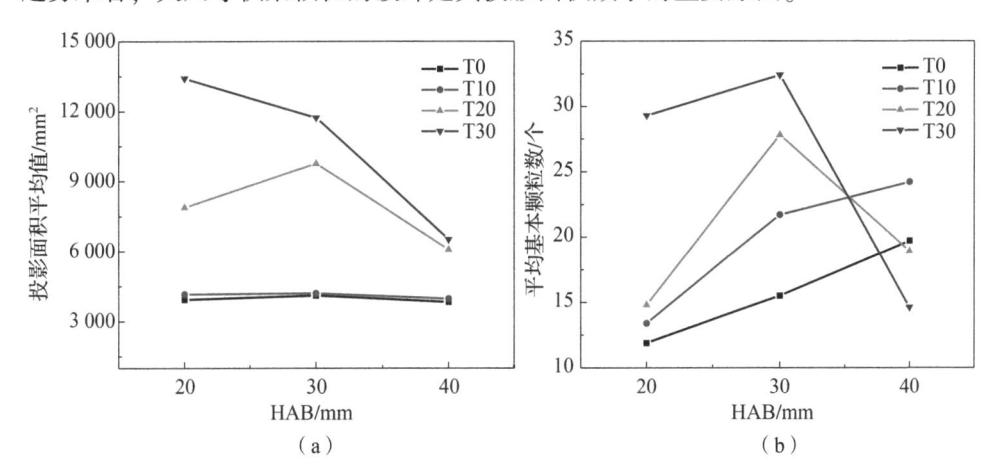

图 5 - 16 正庚烷及不同甲苯比例正庚烷/甲苯层流扩散火焰中凝聚
颗粒随火焰高度的变化趋势（见彩插）

(a) 投影面积平均值；(b) 平均基本颗粒数

图 5 - 17 所示为正庚烷及不同甲苯比例正庚烷/甲苯层流扩散火焰中积聚颗粒分形维数 D_f 的双对数坐标统计图。可以看出，积聚颗粒的 D_f 介于 1.35 ~ 1.8 之间，总体上随高度增加呈先减小后增大的趋势。在相同高度处，T10 火焰中积聚颗粒的 D_f 均小于 T0，这是由于甲苯添加产生了更多链状的积聚颗粒，这与微观形貌的观测结果是一致的。而 T0 火焰中积聚颗粒尺寸较小，因此，具有较大的 D_f。在 HAB = 20 mm 处，随着甲苯含量的进一步增加，D_f 逐渐增大，这是由于积聚颗粒呈现出尺寸相近的短链形态，而且包含相对更多的基本颗粒。从 HAB = 20 mm 到 HAB = 30 mm，积聚颗粒的形态由短链向长链发展，碳烟颗粒团聚度降低。D_f 的降幅随甲苯比例的增加逐渐减小，这是因为火焰中的碳烟颗粒

逐渐由单链向形态更复杂的多支链发展。当 HAB = 40 mm，在生长和氧化的竞争作用下，T0 和 T10 火焰中积聚颗粒的形态未发生太大的改变，但积聚颗粒包含的基本颗粒数增加，更多的基本颗粒被填补到积聚颗粒的间隙中，D_f 因此增大。此外，在甲苯比例超过 20% 后，积聚颗粒会出现明显的破碎现象，积聚颗粒的连接薄弱点被氧化，长链状结构断裂、团聚，形成较小的、更加紧密的结构，因此，T30 火焰中碳烟颗粒 D_f 有着相对更大的增幅。

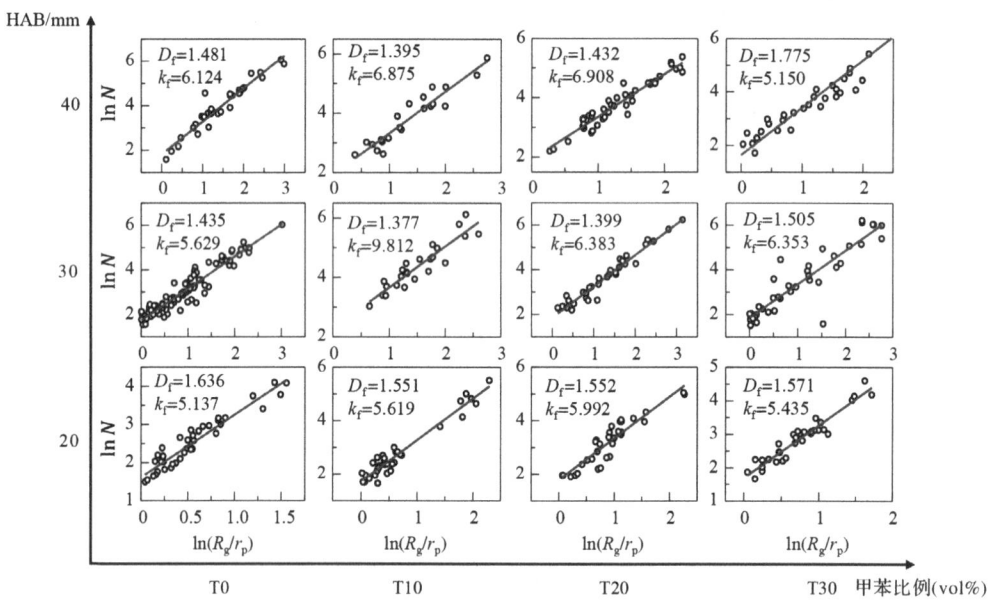

图 5-17　正庚烷及不同甲苯比例正庚烷/甲苯层流扩散火焰中
积聚颗粒分形维数 D_f 的双对数坐标统计图

5.4.4　固相颗粒动力学分析

图 5-18 所示为计算得到的正庚烷/甲苯层流扩散火焰中颗粒成核和表面生长速率峰值随甲苯比例的变化趋势。由此可见，成核速率峰值随甲苯比例的增加呈近似线性增长，这可能是因为甲苯的芳香结构促进了 A4 等大环芳烃的生成，更多的碳烟前驱物导致了更快的成核速率。与成核速率不同，甲苯比例对颗粒表面生长速率的影响较为复杂。随甲苯比例的增加，HACA 表面生长速率表现出先增大后减小的协同效应，而 PAHs 沉积速率则呈现单调增加的趋势。HACA 表面生长速率主要取决于碳烟表面活性位点及 C_2H_2 的生成量。碳烟表面活性位点主

要通过 H 自由基与碳烟表面反应从碳烟颗粒表面提取 H 原子而形成。然后，活性位点与 C_2H_2 反应导致颗粒质量的增加。计算发现，C_2H_2 的摩尔分数随甲苯比例的增加而逐渐减小，且减小的幅度逐渐降低，如图 5-19（a）所示。可能的原因是加入甲苯后中心轴线上火焰温度降低，导致燃料裂解生成 C_2H_2 速率减慢。而 H 自由基的含量在较低火焰高度处随甲苯比例的增加而逐渐减少，如图 5-19（b）所示，活性位点的生成因此受到抑制。因此，随着火焰中甲苯比例的增加，HACA 表面生长速率先因碳烟表面活性位点的增加而略有上升，然后则因反应活性位点和 C_2H_2 生成量的减少而逐渐降低。而 PAHs 沉积速率则因 PAHs 摩尔分数的增加（见图 5-19（c）和图 5-19（d））导致 PAHs 碰撞频率的增大而近似呈线性增长。

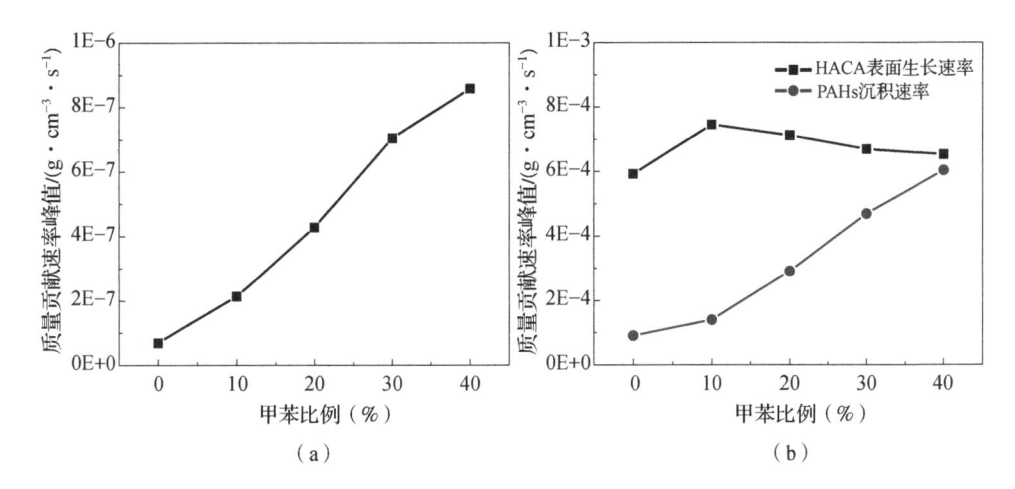

图 5-18 正庚烷/甲苯层流扩散火焰中颗粒成核速率和
表面生长速率峰值随甲苯比例的变化趋势

(a) 成核速率；(b) 表面生长速率

从整体上看，相比 PAHs 沉积速率，HACA 表面生长速率波动不大。因此，添加不同比例甲苯的汽油表征燃料火焰中碳烟颗粒生长速率的差异主要取决于 PAHs 沉积速率。在添加小比例甲苯时，HACA 表面生长速率远大于 PAHs 沉积速率，HACA 是碳烟颗粒生长的主要机制，随着添加甲苯比例的增加，PAHs 沉积速率的增幅大于 HACA 表面生长速率的降幅，其对碳烟生长的贡献越来越大。相比于 HACA 表面生长，通过 PAHs 碰撞在一起的碳烟颗粒连接要更加松散。因此，随着 PAHs 沉积速率的上升，积聚颗粒将更易形成松散的多支链结构，并且在之后的氧化过程中，颗粒间连接的薄弱处更易被氧化，导致积聚颗粒的断裂与破碎，这从颗粒微观形貌的结果也可以得到证实。

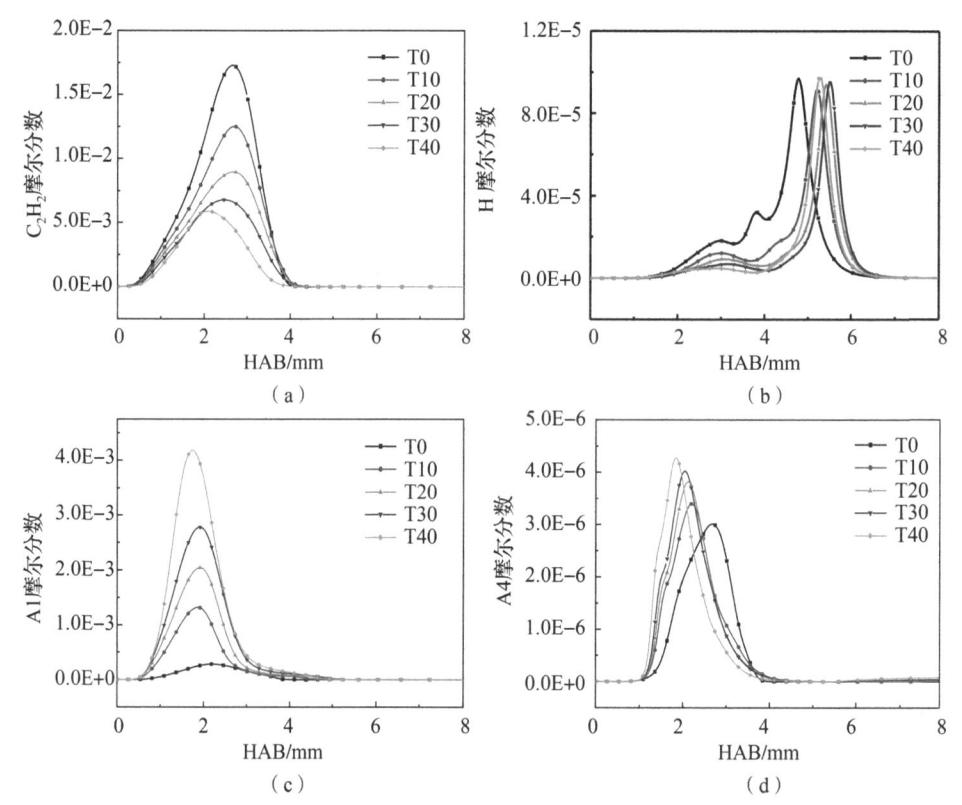

图 5-19 正庚烷/甲苯火焰中心轴线上关键物种浓度随火焰高度的变化趋势（见彩插）

(a) C_2H_2；(b) H；(c) A1；(d) A4

5.5 本章小结

本章基于碳烟前驱物和碳烟特性，研究了不同组分汽油表征燃料的碳烟行为与真实汽油的差异，明确了最优比例，并研究了关键组分甲苯比例对正庚烷和异辛烷扩散火焰 PAHs 生成规律的影响差异，明确了其显著作用范围。主要结论如下。

(1) 汽油表征燃料 PRF 和 TRF 未能表征汽油火焰中小环芳烃的生成特性，

但对大环芳烃具有一定的表征能力。具有 1/3 正庚烷、1/3 异辛烷和 1/3 甲苯的汽油表征燃料可以最好地表征汽油层流扩散火焰中碳烟前驱物和碳烟的生成特征。这一结果为气相前驱物化学动力学和固相颗粒动力学仿真研究提供了有效的燃料组分配比方案。

(2) 在正庚烷火焰中,随甲苯比例的增加,320 nm – LIF 信号强度显示出逐渐收敛的单调递增趋势,而 360 nm – LIF 信号强度、400 nm – LIF 信号强度、450 nm – LIF 信号强度均为先增大后减小,在甲苯比例为 50% 时达到峰值,且峰值点恰好对应于火焰发烟点。此外,当甲苯比例小于 10% 时,可以忽略其对大环芳烃生成的影响。

(3) 在异辛烷火焰中,320 nm – LIF 信号强度同样显示出逐渐收敛的单调递增趋势,而 360 nm – LIF 信号强度、400 nm – LIF 信号强度、450 nm – LIF 信号强度均呈现三阶段趋势,并在甲苯比例为 40% 时达到峰值,峰值点同样对应火焰发烟点。当甲苯比例小于 20% 时,可以忽略其对大环芳烃生成的影响。就汽油表征燃料对汽油碳烟特性的适应性来说,甲苯显著作用范围及其合适的调节比例在 20%~40% 之间。这一结果发展了汽油表征燃料碳烟特性的评价维度,为碳烟机理方面的研究提供了有效的组分选取原则。

(4) 基于 OH 自由基和 CH 自由基发光强度,1/3 正庚烷、1/3 异辛烷和 1/3 甲苯的汽油表征燃料可以最好地表征汽油的火焰结构和发展。就 TRF 中单一组分来看,正庚烷火焰中的蓝色火焰区域面积占总火焰面积的近 1/2,表现出典型的两阶段燃烧现象,而甲苯的蓝色火焰区域面积几乎可以忽略,蓝焰区域面积大小表现为正庚烷 > 异辛烷 > 甲苯。OH 自由基发光强度和火焰浮起高度表现为正庚烷 < 异辛烷 < 甲苯,且均显示出随甲苯比例的增加而单调增加的趋势。在相同的甲苯比例下,正庚烷/甲苯的 OH 自由基峰值发光强度和火焰浮起高度均低于异辛烷/甲苯。此外,正庚烷、异辛烷和甲苯火焰中的 CH 自由基发光强度表现出完全不同的分布特征。

(5) 随着甲苯比例的增加,基本颗粒粒径增大,积聚颗粒形态先由短链向长链生长后,逐渐由长单链形态向多支链发展,这致使 D_f 先减小后增大。随甲苯比例的增加,颗粒成核速率峰值呈近似线性增长,HACA 表面生长速率表现出先增大后减小的协同效应,PAHs 沉积速率呈现单调增加的趋势。添加不同比例甲苯的汽油表征燃料火焰中碳烟生长速率的差异主要取决于 PAHs 沉积速率。

第 6 章
醇类/汽油碳烟前驱物生成的气相化学动力学研究

碳烟的生成全过程就机理而言包括气相化学动力学和固相颗粒动力学，它们分别对应于碳烟前驱物的生成过程和颗粒的成核、生长与氧化过程。PAHs 是最主要的碳烟前驱物，与颗粒成核密切相关，并直接影响碳烟的最终生成[44]。第 4 章的试验研究表明，不同醇类掺混的稀释水平主导了单环芳烃的初始生成，而醇类分子结构主导了随后 PAHs 的生长演化，但其中的内在机理尚不清晰。本章拟通过开发醇类/汽油 PAHs 生成的化学反应机理，并结合 Chemkin 进行气相化学动力学分析，对醇类掺混稀释效应和分子结构主导碳烟前驱物生长过程的气相化学动力学机理进行深入研究。

6.1 Chemkin 理论基础

Chemkin 是美国桑迪亚国家实验室（Sandia National Laboratories）于 1980 年开发并推出的软件包，可以求解燃烧过程中的气相化学动力学或表面反应动力学问题[263]，主要包括热力学数据库、连接文件、解释器和气相子程序库等，其结构如图 6-1 所示。其中，解释器用于读取用户提供的燃烧过程所涉及的元素、组分和基元反应，并从热力学数据库中调取机理所涉及物质的热力学参数，对它们进行编译，形成用于气相子程序库调用的连接文件，同时生成 .out 输出文件。气相子程序库包括气相化学反应库、表面化学反应库和物质输运库，而表面化学反应和物质输运必须以气相化学反应为基础，可以根据具体的问题和模型来进行选择。

第6章 醇类/汽油碳烟前驱物生成的气相化学动力学研究 113

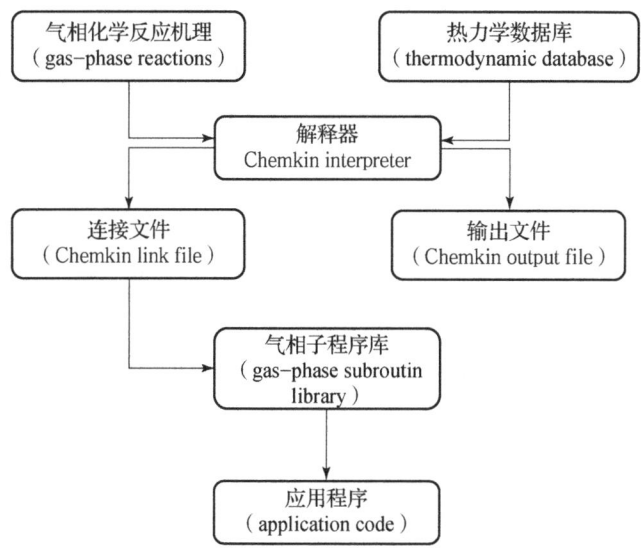

图 6-1 Chemkin 结构示意图

6.1.1 热力学参数

Chemkin 中将所有组分的热力学参数近似为温度 T 的多项式函数。其中，摩尔比定压热容 C_p^0 表示为最高次为 4 次方的 T 的多项式：

$$\frac{C_p^0}{R_u} = a_1 + a_2 T + a_3 T^2 + a_4 T^3 + a_5 T^4 \tag{6-1}$$

于是，任意物质的绝对焓 H_T^0 或绝对熵 S_T^0 可以通过对比热容积分，并加上物质的生成焓或生成熵得到

$$H_T^0 = a_6 R_u + \int_{298}^{T} C_p^0 \mathrm{d}T \tag{6-2}$$

$$S_T^0 = a_7 R_u + \int_{298}^{T} \frac{C_p^0}{T} \mathrm{d}T \tag{6-3}$$

因此，任意温度 T 下物质的焓和熵的计算多项式可以最终表示为

$$\frac{H_T^0}{R_u} = a_6 + a_1 T + \frac{a_2}{2} T^2 + \frac{a_3}{3} T^3 + \frac{a_4}{4} T^4 + \frac{a_5}{5} T^5 \tag{6-4}$$

$$\frac{S_T^0}{R_u} = a_7 + a_1 \ln T + a_2 T + \frac{a_3}{2} T^2 + \frac{a_4}{3} T^3 + \frac{a_5}{4} T^4 \tag{6-5}$$

式（6-1）～式（6-5）中，R_u 为摩尔气体常数；式（6-1）、式（6-4）和

式 (6-5) 利用 $a_1 \sim a_7$ 这 7 个系数定义了任意温度下的 C_p^0、H_T^0 和 S_T^0。在 Chemkin 中为了提高计算精度，以 $T=1\,000\,\text{K}$ 为分隔温度，采用两组不同的多项式系数：第一组的 7 个系数用于高温情况；第二组的 7 个系数用于低温情况。

6.1.2 基元反应与速率常数

根据参加反应的分子数目，基本反应通常被分为单分子反应、双分子反应和三分子反应。燃烧化学反应机理通常包括多种、多步基元反应和多种组分，假设 K 种组分共包含 I 个基元反应，则对于所有基元反应有

$$\sum_{k=1}^{K} v'_{ki} X_k = \sum_{k=1}^{K} v''_{ki} X_k \quad (i=1,2,\cdots,I) \tag{6-6}$$

式中，v'_{ki} 和 v''_{ki} 分别为反应物与生成物的化学当量系数；X_k 为第 k 种组分。

第 k 种组分在多步反应机理中的净生成率可以表示为

$$\omega_k = \sum_{i=1}^{I} v_{ki} q_i \quad (k=1,2,\cdots,K) \tag{6-7}$$

式中，$v_{ki} = v''_{ki} - v'_{ki}$；$q_i$ 定义为第 i 个基元反应的过程变化率，表达式为

$$q_i = k_{fi} \prod_{k=1}^{K} [X_k]^{v'_{ki}} - k_{ri} \prod_{k=1}^{K} [X_k]^{v''_{ki}} \tag{6-8}$$

式中，k_{fi} 和 k_{ri} 分别为第 i 个基元反应的正、逆反应速率常数；$[X_k]$ 为第 k 种组分的摩尔浓度。

Chemkin 中第 i 个基元反应的正反应速率常数 (k_{fi}) 可以基于阿伦尼乌斯经验公式进行求取，计算式为

$$k_{fi} = A_i T^{b_i} \exp\left(\frac{-E_i}{R_u T}\right) \tag{6-9}$$

式中，A_i、b_i 和 E_i 分别为第 i 个基元反应的指前因子项、温度指数项和活化能项。

第 i 个基元反应的逆反应速率常数 (k_{ri}) 根据平衡常数和正反应速率来计算，计算式为

$$k_{ri} = \frac{k_{fi}}{K_{pi}} \tag{6-10}$$

式中，K_{pi} 表示第 i 个基元反应的平衡常数，计算式为

$$K_{pi} = \exp\left(\frac{\Delta S_i^0}{R_u} - \frac{\Delta H_i^0}{R_u T}\right) \quad (6-11)$$

$$\Delta S_i^0 = \sum_{k=1}^{K} v_{ki} S_k^0 \quad (6-12)$$

$$\Delta H_i^0 = \sum_{k=1}^{K} v_{ki} H_k^0 \quad (6-13)$$

此外，针对与压力有关的反应速率常数，常用的速率常数表达式有 PLOG 形式、Lindemann 形式、Troe 形式和 SRI 形式等。其中，PLOG 形式速率常数是基于已知压力下的速率常数。采用对数内插的方法求解其他压力条件下的速率常数，是 Chemkin 化学反应机理中常见的一种处理反应压力依赖的方法，计算式为

$$\lg k(T,P) = \lg k(T,P_i) + \left[\lg k(T,P_{i+1}) - \lg k(T,P_i)\right]\frac{\lg P - \lg P_i}{\lg P_{i+1} - \lg P_i} \quad (6-14)$$

6.2 汽油表征燃料 PAHs 生成的气相化学动力学分析

为了选择合适的汽油表征燃料机理，本节利用 Chemkin 中的一维扩散火焰模型对 TRF 燃烧过程中 PAHs 的生成进行了气相化学动力学分析，并分析了试验结果中 PAHs 随甲苯比例的增加所表现出的非单调行为的诱导反应。

对于 TRF，An 等人[231]和 Wang 等人[262]分别开发了模拟其 PAHs 生成的反应机理。这两种反应机理中均包含一环芳烃到四环芳烃的生成和生长，因此，可以用于本书汽油表征燃料碳烟前驱物形成过程的模拟。其中，An 等人的反应机理包含 219 种物质和 1 229 个反应，Wang 等人的反应机理包含 109 种物质和 543 个反应。两种反应机理均在较宽广的温度和压力范围内已经进行了层流火焰速度和点火延迟方面的验证，在预混或对冲扩散火焰中 PAHs 的预测方面也表现良好。在此次 Chemkin 计算初始条件中，均匀网格点的数量设置为 16，绝对公差设置为 1.0×10^{-9}，燃料初始温度设置为 423 K，压力设置为 1 atm。

6.2.1 不同环数芳烃计算值

图 6-2 所示分别为利用 An 等人的反应机理和 Wang 等人的反应机理计算得到的正庚烷/甲苯和异辛烷/甲苯一维扩散火焰中苯（A1）、萘（A2）、菲（A3）

和芘（A4）的归一化摩尔分数峰值随甲苯比例的变化趋势。对于正庚烷/甲苯，两种反应机理都可以预测 A2 的非单调趋势，但不能预测 A3 和 A4 的非单调趋势，而且 A2 在甲苯比例为 80% 时达到峰值，高于试验中的 50% 甲苯比例。对于异辛烷/甲苯，An 等人的反应机理可以成功预测 A1～A4 的非单调行为。其中需要说明的是，在试验中单环芳烃呈单调增加趋势是由于其考虑了所有的单环芳烃（包括甲苯本身的 LIF 信号），而计算的 A1 仅是 C_6H_6 的摩尔分数。Wang 等人的反应机理能预测 A2 的非单调行为，没有很好地预测出 A3 和 A4 的非单调趋势。综合来看，An 等人的反应机理对于 TRF 扩散燃烧中 PAHs 的生成和生长特性显示了较好的预测能力。下面将对其中的具体反应路径和生成速率进行分析。

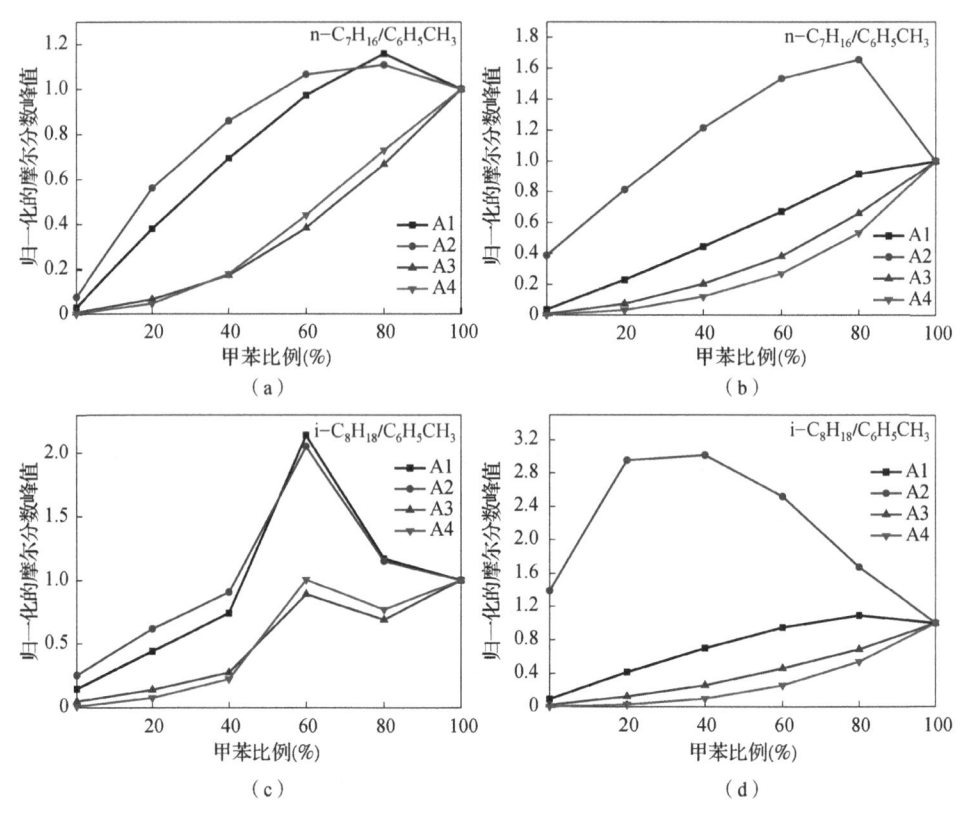

图 6-2 正庚烷/甲苯和异辛烷/甲苯一维扩散火焰中不同环数芳烃的归一化摩尔分数峰值随甲苯比例的变化趋势

（a）An 等人的机理；（b）Wang 等人的机理；（c）An 等人的机理；（d）Wang 等人的机理

6.2.2 反应路径分析

图 6-3 所示为 An 等人的反应机理计算的异辛烷及异辛烷/甲苯中 A1、A2、A3 和 A4 生成的主要反应路径。通过图 6-3（a）和图 6-3（b）的对比可以发现，加入甲苯后，A1、A2、A3 和 A4 的主要生成路径均发生了很大改变。由图 6-3 可见，在纯异辛烷中，A1 主要通过 $AC_3H_4 + C_3H_3 \Longrightarrow A1 + H$ 生成，而对于异辛烷/甲苯，A1 主要通过 $C_6H_5CH_3 + H \Longrightarrow A1 + CH_3$ 产生。在异辛烷/甲苯中，甲苯降解的途径主要由 $C_6H_5CH_3 + H \Longrightarrow A1 + CH_3$ 和 $C_6H_5CH_3 + H \Longrightarrow C_6H_5CH_2 + H_2$ 两个反应控制，这与 Li 等人[246]在甲苯预混火焰和 El Bakali 等人[247]在甲苯/甲烷预混火焰研究中的结论一致。A2 在纯异辛烷中主要通过 $A1- + C_4H_4 \longrightarrow A2 + H$ 和 $n-A1C_2H_2 + C_2H_2 \longrightarrow A2 + H$ 两个反应生成，而加入甲苯后，反应 $C_{10}H_9 + H \Longrightarrow A_2 + H_2$ 也成为 A2 生成的途径，由图 6-3 可见，$C_{10}H_9$ 主要来自 $C_6H_5CH_2$ 的后续反应路径生成。A3 在纯异辛烷中主要通过反应 $A2CH_2 + C_3H_3 \longrightarrow A3 + 2H$ 和 $P_2- + C_2H_2 \longrightarrow A_3 + H$ 产生，而在加入甲苯后，反应 $A2- + C_4H_4 \longrightarrow A_3 + H$、$C_{14}H_{12} \Longrightarrow A3 + H_2$、$A2CH_2 + C_3H_5 \longrightarrow A3 + 2H_2$ 和 $C_9H_7 + c-C_5H_5 \longrightarrow A3 + 2H$ 也成为 A3 形成的主要反应路径。A4 在纯异辛烷中主要通过反应 $A3- + C_2H_2 \longrightarrow A4 + H$、$C_9H_7 + C_6H_5CH_2 \longrightarrow A4 + 2H_2$ 和 $2C_9H_7 \longrightarrow A4 + C_2H_2 + H_2$ 生成，加入甲苯后，$A2CH_2 + c-C_5H_5 \longrightarrow A4 + 2H_2$ 也成为 A4 的生成路径。由以上反应路径也可以看出，脱氢加乙炔机理[264]是 PAHs 生长过程的重要反应。由图 6-3 可见，在涉及 A3 和 A4 生成反应中的 $C_{14}H_{12}$ 和 C_9H_7 等物质也主要来自 $C_6H_5CH_2$。Park 等人[254]的研究也指出涉及 $C_6H_5CH_2$ 的反应在正庚烷/异辛烷/甲苯的 PAHs 生成中起重要作用。根据本书的分析，在异辛烷/甲苯扩散火焰中，$C_6H_5CH_2$ 通过生成 $A1C_2H_5$、$C_{14}H_{12}$、$C_{10}H_9$ 和 C_9H_7 等物质对 A2~A4 的生成过程产生了重要的间接影响。

图 6-4 所示为 Wang 等人的反应机理计算的异辛烷/甲苯中 A1、A2、A3 和 A4 生成的主要反应路径。由图 6-4 可以看出，$C_6H_5CH_2$ 的反应路径与 An 等人的反应机理中的反应路径存在较大的不同。在 Wang 等人的反应机理中，$C_6H_5CH_2$ 的主要热解产物是 C_4H_3 和 C_3H_4。此外，A1~A4 的反应路径也存在

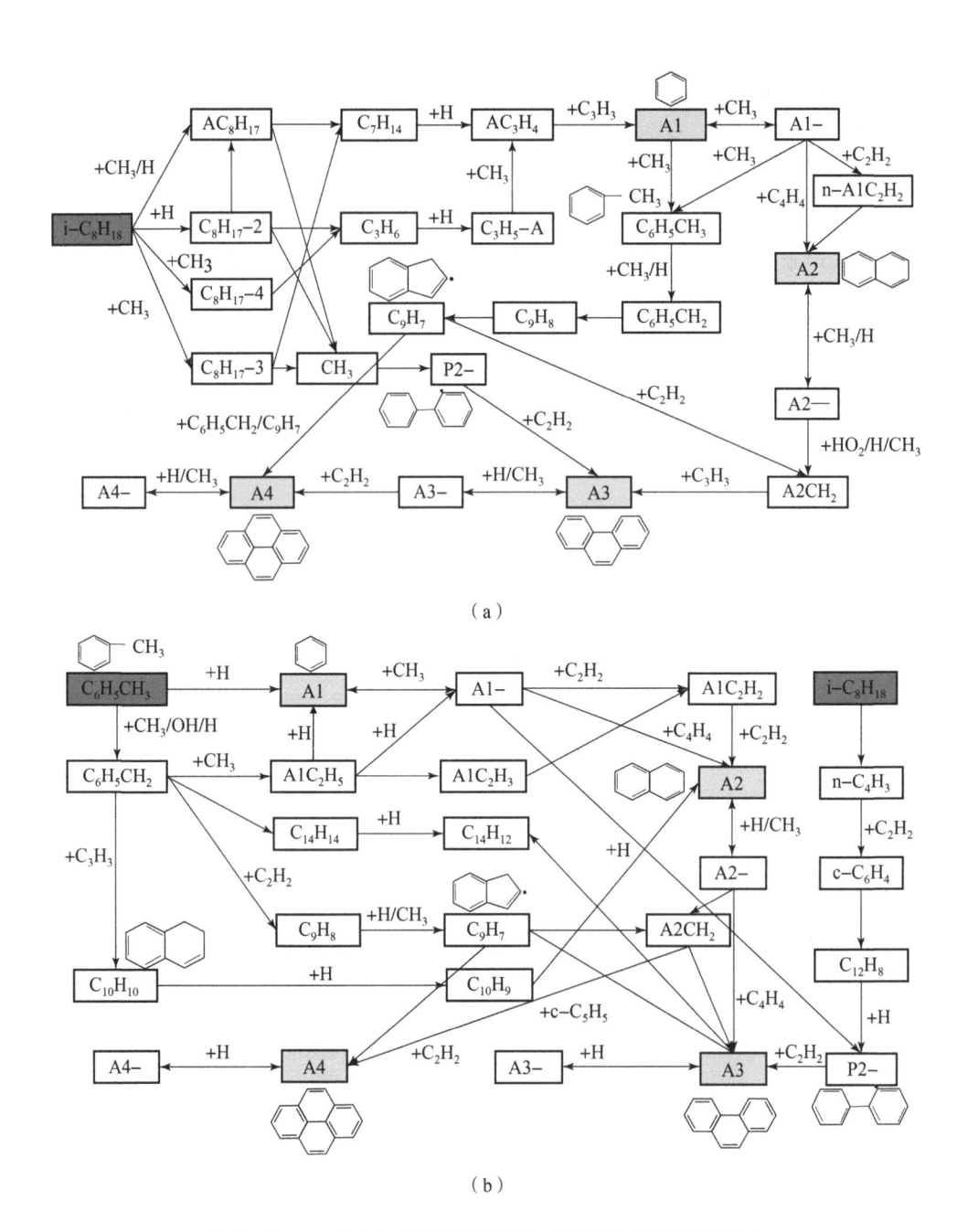

图 6-3 An 等人的反应机理计算的异辛烷及异辛烷/甲苯中
A1、A2、A3 和 A4 生成的主要反应路径

(a) $i-C_8H_{18}$; (b) $i-C_8H_{18}/C_6H_5CH_3$

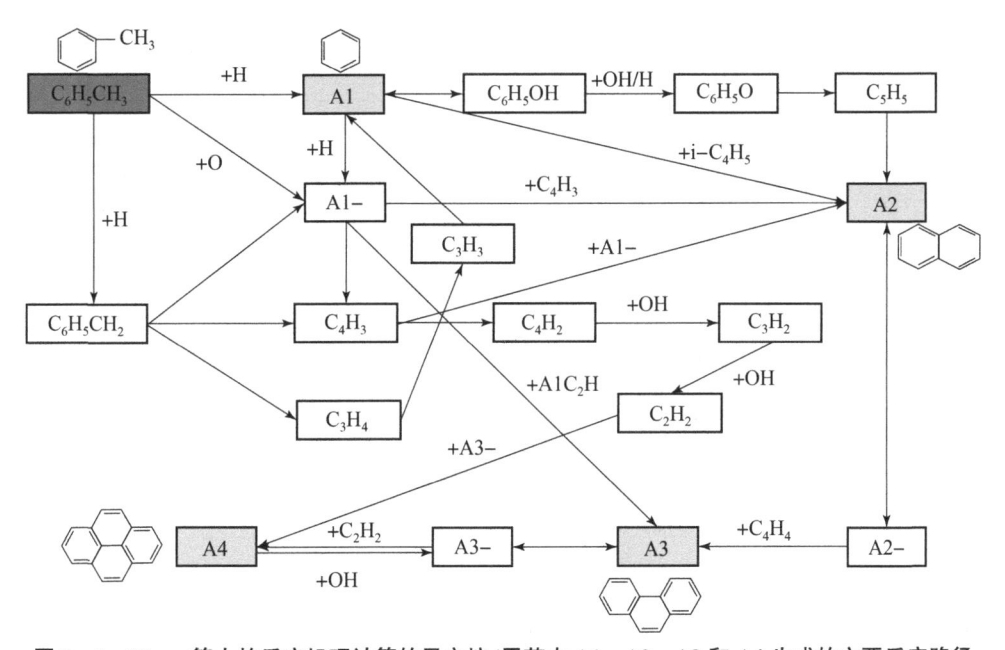

显著差异，A1 主要通过反应 $C_6H_5CH_3 + H \Longrightarrow A1 + CH_3$ 和 $C_6H_5OH + H \Longrightarrow A1 + OH$ 产生；A2 主要通过反应 $2C_5H_5 \Longrightarrow A2 + 2H$、$A1 + i-C_4H_5 \Longrightarrow A2 + H_2 + H$ 和 $A1- + C_4H_3 \Longrightarrow A2$ 产生；A3 主要通过反应 $A1C_2H + A1- \Longrightarrow A3 + H$ 和 $A2- + C_4H_4 \Longrightarrow A3 + H$ 产生；A4 主要通过反应 $A3- + C_2H_2 \Longrightarrow A4 + H$ 产生。这些反应路径与 An 等人的反应机理的差异可能导致其对 PAHs 生成表现出不同的预测。

图 6-4　Wang 等人的反应机理计算的异辛烷/甲苯中 A1、A2、A3 和 A4 生成的主要反应路径

由图 6-5 所示的异辛烷/甲苯中 PAHs 主要反应速率峰值随甲苯比例的变化趋势，可进一步了解 PAHs 随甲苯比例的增加所表现出的非单调行为的原因。由图 6-5 可以看出，这些反应速率峰值随甲苯比例的增加均表现出了先升高后降低的非单调趋势。A1 的非单调行为主要取决于反应 $C_6H_5CH_3 + H \Longrightarrow A1 + CH_3$ 的速率趋势，这可以从甲苯含量与 H 基生成量之间存在的此长彼消的关系来解释。图 6-6 所示为中间组分的归一化摩尔分数峰值随甲苯比例的变化趋势。由图 6-6 可以看出，随着甲苯比例的增加，H 基的摩尔分数表现出单调递减的趋势，这抵消了甲苯比例增加的影响效应，导致了 $C_6H_5CH_3 + H \Longrightarrow A1 + CH_3$ 反应速率随甲苯比例的增加表现出先升高后降低的非单调趋势。

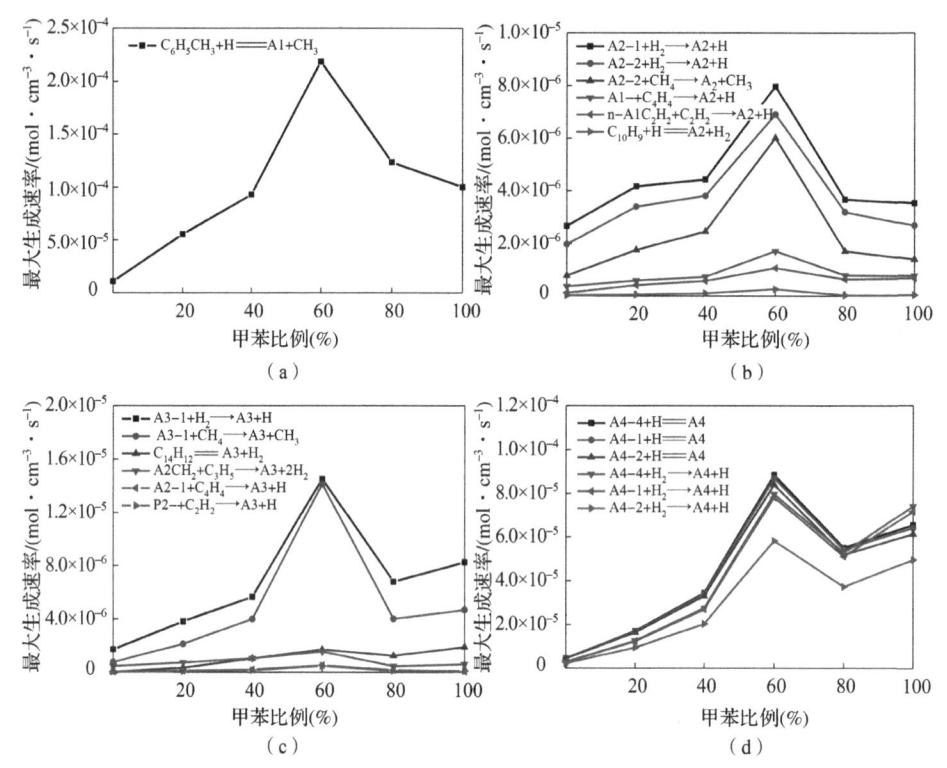

图 6-5 异辛烷/甲苯中 PAHs 主要反应速率峰值随甲苯比例的变化趋势

(a) A1；(b) A2；(c) A3；(d) A4

A2、A3 和 A4 的非单调趋势主要由其自身脱氢基团 A2-、A3- 和 A4- 与 H_2 或 H 基之间的反应所诱导，这与 H 基和 H_2 的摩尔分数变化趋势有很大关系，如图 6-6 所示。具体来看，反应 A2- + H2 ⟶ A2 + H 对 A2 的非单调行为贡献最大。此外 A2 的主要生成反应 A1- + C_4H_4 ⟶ A2 + H、n-A1C_2H_2 + C_2H_2 ⟶ A2 + H 和 $C_{10}H_9$ + H === A2 + H_2 对 A2 的非单调行为也有一定程度的贡献。由图 6-3 (b) 可以看到，A1- 和 A1C_2H_2 主要由 A1 的反应生成，因此，其摩尔分数很大程度上遵循 A1 的变化趋势。由图 6-6 可以看出，C_4H_4 和 C_2H_2 的摩尔分数整体上呈先增大后减小的趋势。这两方面因素导致一环类物质 A1- 和 A1C_2H_2 与 C_4H_4 和 C_2H_2 反应表现出非单调趋势。此外，$C_{10}H_9$ 与 H 基的反应由于 H 基摩尔分数的降低，同样表现出明显的非单调趋势。A3 的非单调行为主要由反应 A3- + H_2 ⟶ A3 + H 所诱导，此外 A3 的主要生成反应 $C_{14}H_{12}$ === A3 + H_2、A2CH_2 + C_3H_5 ⟶ A3 + 2H_2、A2- + C_4H_4 ⟶ A3 + H 和 P2- + C_2H_2 ⟶

A3 + H 对 A3 的非单调行为也有一定程度的贡献。从图 6-6 中可以看出，参与反应的中间组分 C_3H_5 的摩尔分数呈现逐渐减小的趋势。A4 的非单调行为主要由反应 A4 - + H ══ A4 和 A4 - + H_2 ── A4 + H 所诱导。

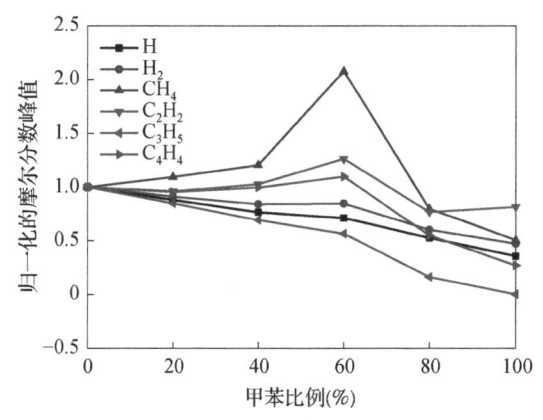

图 6-6　中间组分的归一化摩尔分数峰值随甲苯比例的变化趋势

6.3　醇类/汽油 PAHs 生成的气相化学动力学模型构建

6.3.1　简化机理理论基础

（1）直接关系图法。

Lu 等人[265]在 2005 年提出了直接关系图（DRG）法，为判定组分之间的耦合关系，以及删除不重要的组分提供了一个简单有效的方法。该方法的理论基础是，如果删除组分 B 导致组分 A 生成或消耗的预测产生较大误差，则表示组分 B 对组分 A 来说是重要的。图 6-7 所示为 DRG 中组分之间的典型关系图。假设 A 是反应机理中的一个重要组分，组分 A 指向组分 B 的单向箭头表示组分 A 依赖于组分 B 的贡献，箭头粗细表示依赖强弱。若组分 B 对组分 A 的贡献较大，则与组分 B 强烈相关的组分 D 对组分 A 的贡献也不应被忽视。虽然组分 B 和组分 D 对组分 C 有贡献，但组分 C 对组分 B 和组分 D 没有贡献。同时，组分 E 和组分 F 之间存在强烈相关性，但两者均与组分 A 无关。由此可以判定，删除组分 C、组分 E 和组分 F 不会对组分 A 的预测产生较大的影响[265-266]。

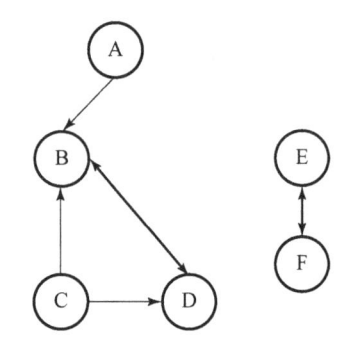

图6-7　DRG中组分之间的典型关系图

为了定量表示组分 B 和组分 A 之间的耦合关系，Lu 等人[265]定义了如下表达式：

$$r_{AB} = \frac{\sum_{i=1}^{I} |v_{Ai}\omega_i \delta_{Bi}|}{\sum_{i=1}^{I} |v_{Ai}\omega_i|} \quad (6-15)$$

$$\delta_{Bi} = \begin{cases} 1, & \text{组分 B 参与第 } i \text{ 个反应} \\ 0, & \text{组分 B 未参与第 } i \text{ 个反应} \end{cases} \quad (6-16)$$

式中，r_{AB} 为组分 B 对组分 A 的关系值；I 为反应机理中基元反应的总数目；ω_i 为第 i 个基元反应的净反应速率；v_{Ai} 为组分 A 在第 i 个基元反应中的化学计量系数。

该方法通过关系值 r_{AB} 对两种组分之间的耦合程度进行了定量的描述。若 r_{AB} 足够大，则表示组分 A 强烈依赖于组分 B，删除组分 B 将导致组分 A 的预测产生较大误差。实际应用时依据所需精度，设定阈值 ε 的大小。若两种组分之间的关系值 $r_{AB} < \varepsilon$，则表示可以从反应机理中删除组分 B，且不会对组分 A 的预测产生较大的影响。若两种组分之间的关系值 $r_{AB} > \varepsilon$，则表示不能删除组分 B，否则会对组分 A 的预测产生很大的影响。

（2）基于误差传播的直接关系图法。

Pepiot - Desjardins 等人[267]于 2008 年提出了基于误差传播的直接关系图（direct relation graph with error propagation，DRGEP）法，其综合考虑了各组分之间的直接与间接关系，分开考虑了各组分的生成与消耗，并考虑了不同反应路径对各组分之间关系的影响。具体看来是从以下两个方面对 DRG 法进行了改进。

首先,修改了各组分之间的关系值定义,组分 B 对组分 A 的关系值定义如下:

$$r_{AB} = \frac{\left|\sum_{i=1}^{I} v_{Ai} q_i \delta_{Bi}\right|}{\max(P_A, C_A)} \qquad (6-17)$$

$$P_A = \sum_{i=1}^{I} \max(0, v_{Ai} q_i) \qquad (6-18)$$

$$C_A = \sum_{i=1}^{I} \max(0, -v_{Ai} q_i) \qquad (6-19)$$

式中,P_A 为组分 A 的生成率;C_A 为组分 A 的消耗率,均为非负值。

其次,考虑误差传播对各组分之间关系判定的影响,即组分 A 不仅可以直接受组分 B 的影响,也可以通过间接组分和反应路径受到组分 B 的影响。组分 A 与组分 B 之间的路径依赖系数定义如下:

$$r_{AB,\text{path}} = \prod_{i=1}^{n-1} r_{s_i s_{i+1}} \qquad (6-20)$$

$$R_{AB} = \max(r_{AB,\text{path}}) \qquad (6-21)$$

式中,s 为组分 A 到组分 B 的某一条路径上的某一组分(其中 s_1 = 组分 A,s_n = 组分 B);R_{AB} 为 DRGEP 法中各组分之间关系值的最终表达式。

(3) 基于计算奇异摄动法重要性指标的反应移除方法。

Lu 等人[268]于 2008 年还提出了基于计算奇异摄动(computational singular perturbation,CSP)法重要性指标的反应移除方法。该方法将可逆反应的正、逆反应作为一个反应来计算,从而可以准确判断出能快速达到平衡状态的可逆反应的重要程度。判断依据,即重要性指标(I_{Ai})的定义式如下:

$$I_{Ai} = \frac{|v_{Ai} \omega_i|}{\sum_{i=1}^{I} |v_{Ai} \omega_i|} \qquad (6-22)$$

在利用此方法进行反应机理简化时,需要先设定阈值和重要组分,计算所设重要组分的 I_{Ai} 值,而后删除 I_{Ai} 值小于阈值的基元反应,进一步简化反应机理。

本书选择李树豪等人[269]开发的碳氢燃料燃烧反应动力学机理自动简化程序 ReaxRed1.0 作为反应机理简化工具。该程序是通过 Intel ® Fortran Composer XE 2013 for Linux 编译产生,运行平台为 Linux 操作系统。考虑不同反应机理简化方法对同一个详细的反应机理的简化力度和简化后精度的不确定性,本书在进行反应机理简化时,采用多级反应机理简化相结合的方法。首先分别采用 DRG 和 DRGEP 两种方法对详细的反应机理进行简化,删除冗余的组分和反应,取较优的一种结果。然后再利用基于 CSP 重要性指标的反应移除方法进一步简化基元反应,最终得到组分数和基元反应数均较少的最优简化机理。

6.3.2 丁醇机理研究与简化机理构建

目前,国内外针对丁醇燃烧反应动力学已开展了较多的研究。在丁醇 4 种异构体动力学模型的开发方面,McEnally 等人[270]利用光电离质谱法研究了掺混 4 种丁醇异构体的甲烷/空气同轴协流扩散火焰,测量了 $C_1 \sim C_{12}$ 碳氢化合物和主要物种。研究结果表明,4 种丁醇异构体主要的分解过程是单分子离解,而不是氢原子提取。离解路径主要是四中心消除水生成丁烯,以及 C—C 裂变和自由基 β 断裂生成烯烃、醛类和酮类。其中,正丁醇、仲丁醇、异丁醇以 C—C 裂变为主,叔丁醇以四中心消除水为主。

不同的是,Moss 等人[271]基于激波管-滞燃期试验开发的包含 158 种组分和 1 250 步反应的丁醇高温氧化动力学模型则同时强调了 H 原子提取、脱水和单分子分解三种消耗反应在 4 种丁醇异构体氧化过程中的重要性。其中,正丁醇和异丁醇的消耗反应主要是通过 H 原子提取产生自由基,随后自由基分解产生高度反应性支化剂、H 基和 OH 基。而叔丁醇和仲丁醇的主要消耗反应路径是脱水生成烯烃,从而产生反应性极低的共振稳定自由基。

随后,Van Geem 等人[272]使用反应机理生成器(reaction mechanism generator,RMG),为正丁醇、仲丁醇和叔丁醇构建了一个包含 281 种组分和 3 608 步反应的详细的气相化学动力学模型,并通过热解、火焰和激波管多种类型的试验和不同的反应条件(扩散/预混、富/贫、1~4 bar①压力和 900~1 800 K 温度)进行了验证。研究指出,仲丁醇反应路径在热解反应器入口附近由 $HOCH(CH_3)$—CH_2CH_3 断裂反应和脱水反应控制,在其余部分由氢提取反应控制,而叔丁醇的化学反应完全由脱水反应控制。对于掺混甲烷火焰试验,除水消除反应外,C—C 断裂反应

---

① 1 bar = 1×10^5 Pa。

决定了丁醇异构体的反应性。

Yasunaga 等人[273]基于 GC – 热解/氧化物种浓度和点火滞燃期的试验研究，构建了一个包括 284 种组分和 1 892 步反应的丁醇详细的气相化学动力学模型。该模型能够预测 Moss 等人[271]先前研究的叔丁醇、仲丁醇和异丁醇的点火滞燃期，以及 Van Geem 等人[272]研究的正丁醇和仲丁醇的组分浓度分布数据。该气相化学动力学模型表明，正丁醇通过 H 原子提取、C—C 键断裂和四中心消除水消耗的比例分别为 83%、11.1% 和 2.6%，仲丁醇分别为 58.6%、21.6% 和 14%，异丁醇分别为 69.4%、13.7% 和 13%，叔丁醇分别为 29.8%、19.6% 和 47.7%。由此可见，正丁醇、仲丁醇、异丁醇以 H 原子提取为主，叔丁醇以四中心消除水为主。随后，氢提取产生的燃料基经历 β – 断裂主要形成小分子自由基和烯醇类物质。

Grana 等人[274]采用分层方法开发了一个包含 300 种组分和 7 000 步反应，涵盖 4 种丁醇异构体的详细模型，并利用正丁醇和异丁醇对冲扩散火焰试验数据进行了验证。该模型详细描述了单分子引发反应、复分解反应、烷氧基分解反应、异构化反应和四中心分子脱水反应的速率常数。但在该模型中，正丁醇和异丁醇在 α 位置的氢提取气相化学动力学参数是通过增加仲氢原子 50% 的频率因子获得的，而仲丁醇的参数是通过增加叔氢原子 50% 的频率因子获得的，因此，不同碳位的分支比存在不确定性。

Frassoldati 等人[275]针对 Grana 等人[274]的模型进行了改进，修改了正丁醇不同碳位氢提取反应的分支比，增强了 α 位置的重要性。该模型能够更好地表征高温条件下单分子分解反应的重要性，而且允许讨论低压火焰条件下复分解反应、引发反应和脱水反应的相对作用。研究表明，正丁醇、仲丁醇、异丁醇均主要通过氢提取反应消耗（约 55%），且仲丁醇通过四中心分子脱水反应形成 1 – 丁烯和 2 – 丁烯的比例也高达 34.5%，而叔丁醇主要通过四中心分子脱水反应生成异丁烯（54.3%），这与 Yasunaga 等人的模型[273]的研究结果基本一致。可以发现，叔丁醇反应路径与其他三种丁醇异构体相比表现出明显差异，这种差异可能与温度条件有关。

Lefkowitz 等人[276]研究称，在 780 ~ 950 K 的温度范围内，叔丁醇主要通过氢提取反应消耗，随后自由基通过 β – 断裂途径形成甲基和丙烯 – 2 – 醇（异构形成丙酮),而且在高温条件下,异丁烯形成反应路径相比丙酮形成反应路径占主导地位。此外,他们根据流动反应器和逆流扩散火焰试验结果,对 Moss 等人[271]、Van Geem 等人[272]和 Grana 等人[274]提出的叔丁醇氧化动力学模型进行了验证,并指出现有模型中对丁烯氧化动力学的理解需要改进。

之后,蔡江淮等人[277]在早期丁烯模型[278]的基础上发展了一个包含186种组分和1 314步反应的4种丁醇异构体燃烧反应动力学模型,并首次研究了4种丁醇异构体的变压力热解。研究发现,丁醇在各个压力条件下的热解均主要通过单分子解离反应(包括脱水反应和C—C断键反应)和H原子提取反应进行消耗,但主导反应路径随着压力而变化。在低压条件下,单分子解离反应发挥着非常重要的作用,随着压力的升高丁醇更趋向于通过 H 原子提取反应进行消耗。丁烯、烯醇、醛酮类物质是丁醇热解中最主要的初级或次级分解产物,其种类和浓度受到了丁醇异构体效应的显著影响。此外,研究还发现,在射流搅拌反应器氧化和层流预混火焰中,由于含有大量的 H 基、OH 基等活性自由基,丁醇主要通过 H 原子提取反应进行消耗。

在正丁醇燃烧反应动力学模型方面,Dagaut 等人[279]证实了 H 原子提取反应对于正丁醇消耗的重要性。他们基于射流搅拌反应器和先前开发的 $C_1 \sim C_4$ 氧化机理提出了一个包含116种组分和880步反应的正丁醇详细的气相化学动力学模型,并指出 H 原子提取是正丁醇消耗的主要反应路径,而单分子离解相对并不重要,这不同于 McEnally 等人[270]在同轴扩散火焰中研究的结果。由此可见,在扩散和预混(即不同温度和当量比)条件下,正丁醇的主要消耗反应可能存在显著差异。

随后,Sarathy 等人[280]再次基于射流搅拌反应器 JSR、逆流扩散火焰和预混合层流火焰试验结果对 Dagaut 等人的模型[279]进行了改进,提出了一个包含118种组分和878步反应的正丁醇的气相化学动力学模型。研究再次表明,正丁醇主要的消耗反应路径是 H 原子提取,产生的燃料自由基随后主要发生 β-断裂。关于正丁醇主要的消耗反应,Dagaut 等人的模型和 Sarathy 等人的模型不同于 McEnally 等人的模型。但事实上,在 Dagaut 等人的模型和 Sarathy 等人的模型中,单分子离解的重要性也表现出随着 φ 的增加而增加,如在富燃料条件下,约35%的正丁醇会通过单分子分解途径消耗[219]。因此,McEnally 等人的发现也是符合逻辑的,因为其结果是基于丁醇掺杂的协流扩散火焰，该类型火焰中心轴线区域温度较高（>1 300 K），燃料浓度较大，能够吸氢的小自由基浓度较低。由此说明，单分子离解机制在不同燃烧条件下的重要性有所不同。为说明这一问题，Harper 等人[222]利用 RMG 构建了一个包含 263 种组分和 3 381 步反应的正丁醇详细的气相化学动力学模型，并在热解、火焰、喷射搅拌反应器和激波管等多种试验平台，以及扩散和预混、富燃和贫燃、1~10 atm 压力和 800~1 800 K 温度等宽广的试验条件下进行了验证。在热解试验中，C_α—C_β 裂变反应在反应器入口占主导地位，但在反应器的其余部分，H 原子提取反应主导。在逆流扩散火焰试验中，正丁醇消耗在反应区域前半部分由 H 原子提取反应主导，而在后半部分由 C_α—C_β 裂变反应主导。在掺混甲烷的扩散火焰中，C_α—C_β 裂变反应决定了正丁醇的反应性。在激波管试验中，H 原子提取反应控制了着火滞燃期。

随后，Hansen 等人[281]对 Harper 等人的模型[222]进行了改进，并指出正丁醇主要通过 H 基、O 基和 OH 基的 H 原子提取反应消耗，单分子离解仅在燃烧器表面附近的较高温度下与 H 原子提取反应产生竞争，而脱水反应不是正丁醇消耗或 1 - 丁烯生成的重要反应路径，1 - 丁烯几乎完全由 β - C_4H_9O 自由基的 β - 断裂生成。

在正丁醇反应路径中，除了 H 原子提取与单分子离解的主要反应路径之争，H 原子提取反应发生的主要位点，以及正丁醇初始分解产生的燃料基的反应路径在不同模型之间也表现出显著差异。Veloo 等人[219]指出在 Dagaut 等人的模型中，H 原子提取主要来自 β 碳、γ 碳和 δ 碳，a - C_4H_8OH 自由基主要发生一种 β - 断裂生成 C_2H_5 和 CH_3CHO，b - C_4H_8OH 自由基主要分解生成 1 - 丁烯，d - C_4H_8OH 自由基主要发生异构化产生 a - C_4H_8OH，C_4H_9O 自由基反应生成 C_3H_7CHO。而在 Westbrook 等人的模型中，H 原子提取反应主要来自 δ 碳，a - C_4H_8OH 自由基有两种 β - 断裂路径生成丁醛或者乙醇 + C_2H_5，b - C_4H_8OH 自由基分解生成 CH_3 + C_3H_5OH，d - C_4H_8OH 自由基主要发生 β - 断裂（C_2H_4—C_2H_4OH 键断裂），C_4H_9O 自由基通过 β - 断裂生成 CH_2O + C_3H_7。

Black 等人[282]基于宽广条件下的激波管 - 滞燃期试验（当量比为 0.5~2，压力为 1~8 atm，温度为 1 100~1 800 K）和 CBS - QB3 理论水平的键离解能计算，提出了一个包含 243 种组分和 1 446 步反应的正丁醇详细的气相化学动力学模型。该模型表明，H 原子提取反应是正丁醇消耗的主要反应路径，而单分子分解反应约占正丁醇消耗量的25%。在所有 H 原子提取反应中，α 位置的 H 原子提取占主导地位，其次是 γ、β 和 δ 位置，—OH 位置的 H 原子提取反应比例很小。

随后，Karwat 等人[283]利用快速压缩设备获得 920～1 040 K 温度范围和 2.86～3.35 atm 压力范围内正丁醇的着火滞燃期和着火过程中间体的摩尔分数变化，并将其与 Black 等人的模型的预测结果进行比较，进一步证实 Black 等人的模型体现了许多对预测中间体很重要的反应途径。

然后，Zhang 等人[284]通过在 Black 等人的模型中添加缺席反应（如 n - $C_4H_9OH \Longrightarrow n - C_3H_7CHO + H_2$）和更新一些反应速率常数，提升了对乙醛和丁醛的预测。在两种模型中，正丁醇的消耗均主要取决于 H 原子提取反应，但随着温度的升高，单分子分解反应变得更加重要，支化率增加约40%，由于 $C_α—C_β$ 键的键能最弱，$C_α—C_β$ 裂变反应表现出最高的分支比。在能够提取 H 原子的自由基方面，OH 基和 H 基提取 H 原子比其他自由基提取 H 原子更重要。而 OH 基和 H 基两种自由基提取 H 原子的重要性又与富氢/贫氢条件有关。

正如 Harper 等人[222]在喷射搅拌反应器中的研究发现，正丁醇的主要反应途径将从富氢条件下的 H 基提取转变为贫氢条件下的 OH 基提取。鉴于通过 OH 基的 H 原子提取反应是正丁醇重要的反应路径，Vasu 等人[285]利用激波管和 OH 基激光吸收技术对 OH 基与正丁醇在 973～1 428 K 温度范围和 2.25 atm 压力下的反应速率进行了测量，提取了 OH 基与正丁醇整体反应的速率常数。为了增强对丁醇低温燃烧动力学的理解，Vranckx 等人[286]在提炼已有的正丁醇高温动力学机理的基础上，引入了低温过氧反应方案，并采用 Vasu 等人[285]研究的正丁醇 + OH 基反应速率系数，建立了新的正丁醇详细的气相化学动力学模型。然而，需要指出的是，该模型主要基于乙醇氧化动力学，而且通过 H 原子提取反应形成的 α - 羟基丁基自由基、β - 羟基丁基自由基、γ - 羟基丁基自由基和 δ - 羟基丁基自由基的过氧反应被认为是相同的，因此，正丁醇燃料基与 O_2、RO_2 反应，以及 QOOH 中二次加 O_2 导致的低温链分支反应缺乏精确的信息。

随后，Sarathy 等人[287]基于低压预混平面火焰物种分布、层流火焰速度、快速压缩机和激波管点火延迟及喷射搅拌反应器物种分布等试验研究，提出了一个包含 426 种组分和 2 335 步反应的 4 种丁醇异构体低温反应路径详细的气相化学动力学模型。此后，Wu 等人[288]进一步证实了该模型对 4 种丁醇异构体在 1~5 atm 的压力下层流火焰速度的预测。

本书主要涉及正丁醇的高温燃烧反应，因此，选择以 Black 等人[282]提出的正丁醇详细的反应机理为基础，通过机理简化构建正丁醇的简化机理。图 6-8（a）和图 6-8（b）所示分别为采用 DRG 和 DRGEP 法简化过程中正丁醇简化机理的最大着火误差、组分数和基元反应数与阈值的关系。在简化处理中，将反应物与产物（NC_4H_9OH、N_2、O_2、CO_2 和 H_2O）设为重要组分，边界条件设为当

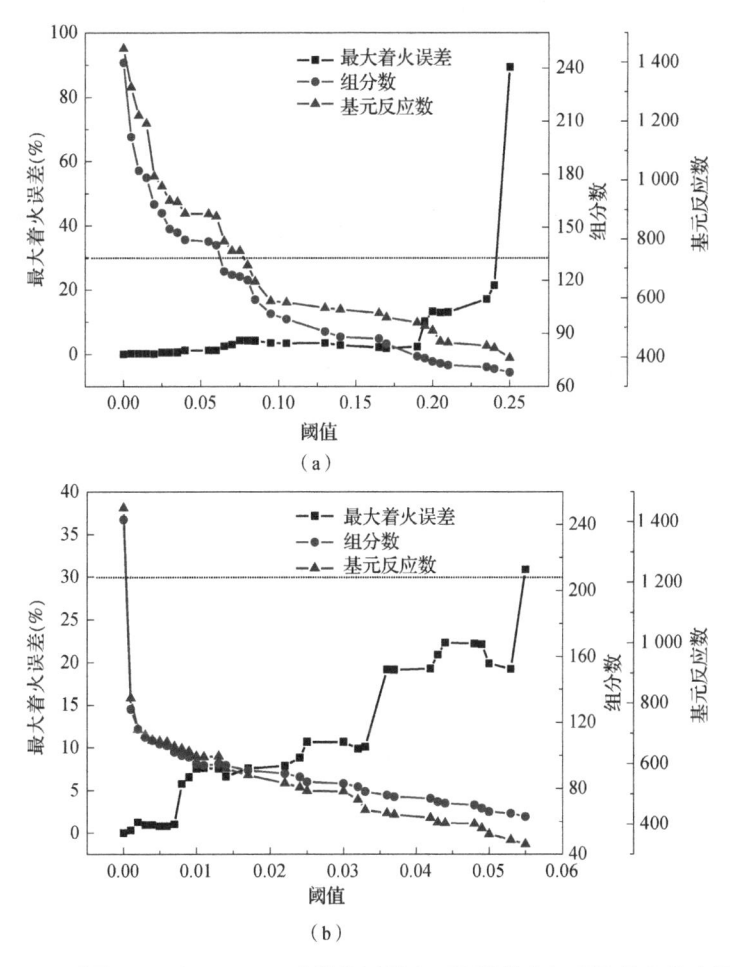

图 6-8 采用 DRG 和 DRGEP 法简化过程中正丁醇简化机理的最大着火误差、
组分数和基元反应数与阈值的关系

（a）DRG；（b）DRGEP

量比为 0.5、1.0 和 1.5,温度为 1 000~1 600 K 区间内的 4 个温度点,压力为 1 atm 和 8 atm。由图 6-8 可见,简化机理中组分数和基元反应数均随着阈值的增加而降低,简化机理与详细机理的最大着火误差也整体呈上升趋势。实际应用时,最大着火误差需要控制在 30% 以下,然后通过阈值的选取,得到较优的简化机理[249]。由图 6-8(a)可见,DRG 法可以在阈值为 0.24 处得到 70 种组分和 431 步反应、最大着火误差为 21.44% 的简化机理;由图 6-8(b)可见 DRGEP 法可以在阈值 0.053 处得到 65 种组分和 348 步反应、最大着火误差为 19.24% 的简化机理。相比 DRG 法的简化结果,DRGEP 法得到的组分数和基元反应数均较少,最大着火误差较小,简化方法较优。因此,可以选用 DRGEP 法的简化结果进行下一步的简化处理。

针对上述 DRGEP 法得到的简化机理,采用基于 CSP 重要性指标的反应移除方法进一步去除多余的反应。在简化处理中,将 DRGEP 最终简化得到的 65 种组分设为重要组分,采用与 DRG 法和 DRGEP 法相同的边界条件。图 6-9 所示为采用基于 CPS 重要性指标的反应移除方法得到的正丁醇简化机理的最大着火误差和基元反应数与阈值的关系。由图 6-9 可见,随着阈值的增加,基元反应数逐渐降低,最大着火误差增加。最终,在阈值 0.248 处得到了 65 种组分和 188 步反应的正丁醇简化机理。

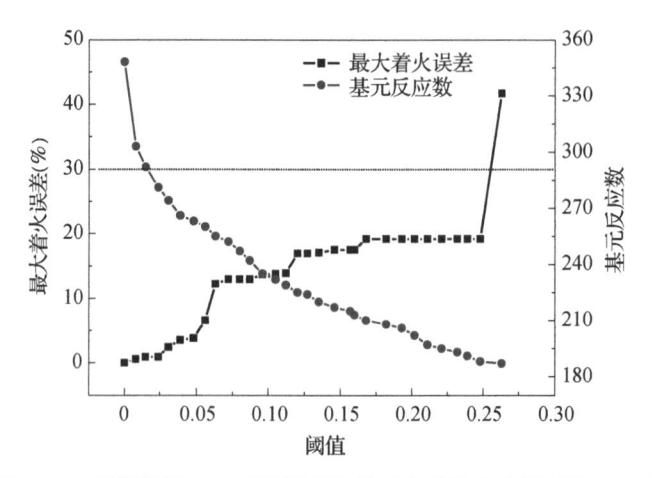

图 6-9 采用基于 CPS 重要性指标的反应移除方法得到的正丁醇简化机理的最大着火误差和基元反应数与阈值的关系

为验证 65 种组分和 188 步反应的正丁醇简化机理的有效性，本书基于 Chemkin 的零维均质定容反应器模型分别采用正丁醇详细机理和简化机理对不同条件下正丁醇的着火滞燃期进行模拟计算。图 6-10（a）所示为不同当量比（ϕ）（0.5、1 和 2）下正丁醇详细机理和简化机理所模拟的着火滞燃期的对比。着火滞燃期定义为从开始到 OH 基达到最大值的时间。在 0.5、1.0 和 2.0 当量比下，正丁醇、氧气和氩气的初始比分别为 0.007 5/0.09/0.902 5、0.007 5/0.045/0.947 5 和 0.007 5/0.022 5/0.97，该比例与 Black 等人[282]的试验工况保持一致。试验中采用较高的稀释程度是为了减小化学反应过程中环境条件的波动对测量结果的影响。由图 6-10（a）可以看出，着火滞燃期随着温度的降低而逐渐延长。此外，在相同温度下，着火滞燃期随着当量比的增加而延长。这是因为随着当量比的增加，正丁醇的比例不变，氧气的比例下降，混合物的反应活性下降，滞燃期延长。图 6-10（b）所示为不同压力（10 bar、20 bar 和 30 bar）下正丁醇详细机理和简化机理所模拟的着火滞燃期的对比。由图 6-10（b）可以看出，滞燃期随着环境压力的升高而降低。这是因为在相同的初始温度下，正丁醇和氧气的浓度随着环境压力的升高而升高。由图 6-10 可见，在不同的温度、当量比和压力下，该简化机理对着火滞燃期的预测与详细机理能够保持很好的一致性。

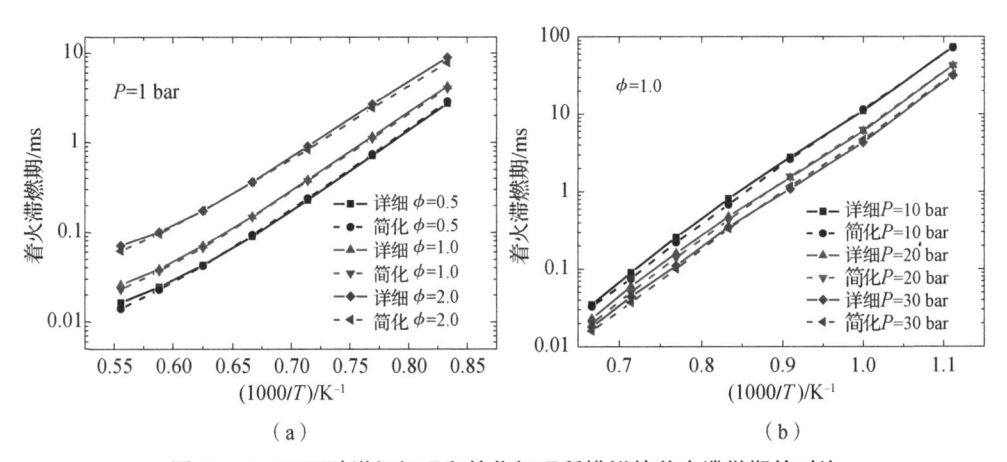

图 6-10 正丁醇详细机理和简化机理所模拟的着火滞燃期的对比

图 6-11 所示为正丁醇消耗 50% 时正丁醇详细机理和简化机理中主要反应路径的对比。由图 6-11 可见，详细机理与简化机理中正丁醇的反应路径基本上保持一致。正丁醇首先通过脱氢主要生成 C_4H_8OH-1 和 C_4H_8OH-3。这是因为正丁醇分子中 4

个碳原子上的碳氢键的键能从高到低依次为 δ>β>γ>α（见图6-12），α位和γ位上碳基原子的脱氢较为容易，因此，理论上正丁醇脱氢后生成4个羟基丁基的含量为 $C_4H_8OH-1 > C_4H_8OH-3 > C_4H_8OH-2 > C_4H_8OH-4$。随后，$C_4H_8OH-1$ 和 C_4H_8OH-3 的反应途径在详细机理和简化机理中也是一致的，热解途径主要是 $C_4H_8OH-1 \Longrightarrow C_2H_3OH + C_2H_5$ 和 $C_4H_8OH-3 \Longrightarrow C_3H_6 + CH_2OH$。由此可以说明，简化机理在组分数和基元反应数明显减少的情况下保留了详细机理中的重要反应路径。

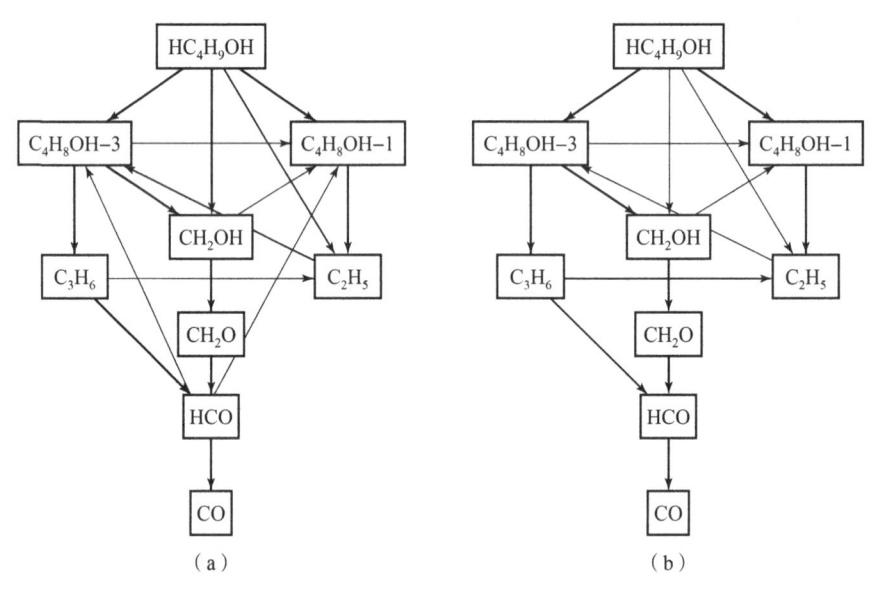

图6-11 正丁醇消耗50%时正丁醇详细机理和简化机理中主要反应路径的对比[282]

(a) 详细机理；(b) 简化机理

图6-12 正丁醇分子中的键能

注：键能单位为 KJ·mol^{-1}。

6.3.3 乙醇机理研究与简化机理构建

乙醇是一种应用前景广阔的可再生能源，关于其燃烧化学反应动力学机理也开展了一些研究。1992 年，Norton 等人[289]在 1 100 K 初始温度、0.61~1.24 当量比下开展了流动反应器中乙醇的氧化试验，基于试验数据提出了一个包含 142 步反应的乙醇反应机理，并指出乙醇氧化中乙烯的主要来源是 C_2H_4OH 基的分解。1999 年，Marinov[290]提出一个乙醇高温氧化详细机理，包含 57 种组分和 383 步反应。2004 年，Li 等人[291]在 1.7~3.0 bar 压力和 1 045~1 080 K 温度下开展了流动反应器中乙醇的裂解试验，他指出 Marinov 的模型低估了乙醇分解成 C_2H_4 和 H_2O 的生成速率，并修正了相关反应的阿伦尼乌斯参数。此后，Saxena 等人[292]又提出了一个包含 57 种组分和 288 步反应乙醇详细的化学机理，增加了对氮氧化物生成的预测，并基于着火滞燃期和层流火焰速度对该化学机理进行了验证。2014 年，Mittal 等人[293]利用快速压缩机，在 10~50 bar 压力、825~985 K 温度和 0.3~1.0 当量比下，对乙醇/氧化剂混合物的着火滞燃期进行了研究，基于试验数据提出了一个包含 113 种组分和 710 步反应的乙醇详细的气相化学动力学机理，该气相化学动力学机理可以准确预测低温和高压下乙醇的自燃特性，与其他文献中的模型相比也表现出了较好的预测结果。

　　本书以 Mittal 等人[293]开发的乙醇详细机理为基础，构建乙醇简化机理。图 6-13（a）和图 6-13（b）所示分别为采用 DRG 法和 DRGEP 法简化过程中乙醇简化机理的最大着火误差、组分数和基元反应数与阈值的关系。在简化处理中，将反应物与产物（C_2H_5OH、N_2、O_2、CO_2 和 H_2O）设为重要组分，当量比为 0.5、1.0 和 1.5，温度为 800~1 200 K 区间内的 4 个温度点，压力为 1 atm 和 10 atm。由图 6-13（a）可以看出，在最大着火误差不高于 30% 的区间内，DRG 可以在阈值为 0.434 处得到 35 种组分和 160 步反应、最大着火误差为 19.66% 的简化机理；由图 6-13（b）可以看出，DRGEP 法可以在阈值为 0.198 处，得到 37 种组分和 175 步反应、最大着火误差为 25.38% 的简化机理。相比之下，DRG 得到的组分数和基元反应数均较少，最大着火误差较小，简化方法较优。因此，选用 DRG 法的简化结果进行下一步的简化处理。

　　图 6-14 所示为采用基于 CPS 重要性指标的反应移除方法得到的乙醇简化机理的最大着火误差和基元反应数与阈值的关系。在简化处理中，将 DRG 简化得到的 35 种组分均设为重要组分，采用与 DRG 和 DRGEP 法相同的边界条

件。由图 6-14 可见，随着阈值的增加，基元反应数逐渐降低，最大着火误差增加。当阈值由 0.145 增加至 0.146 时，最大着火误差迅速由 4.106% 增至 27.086%，因此，选用阈值为 0.145 处所得到的 35 种组分和 95 步反应作为最终的乙醇简化机理。

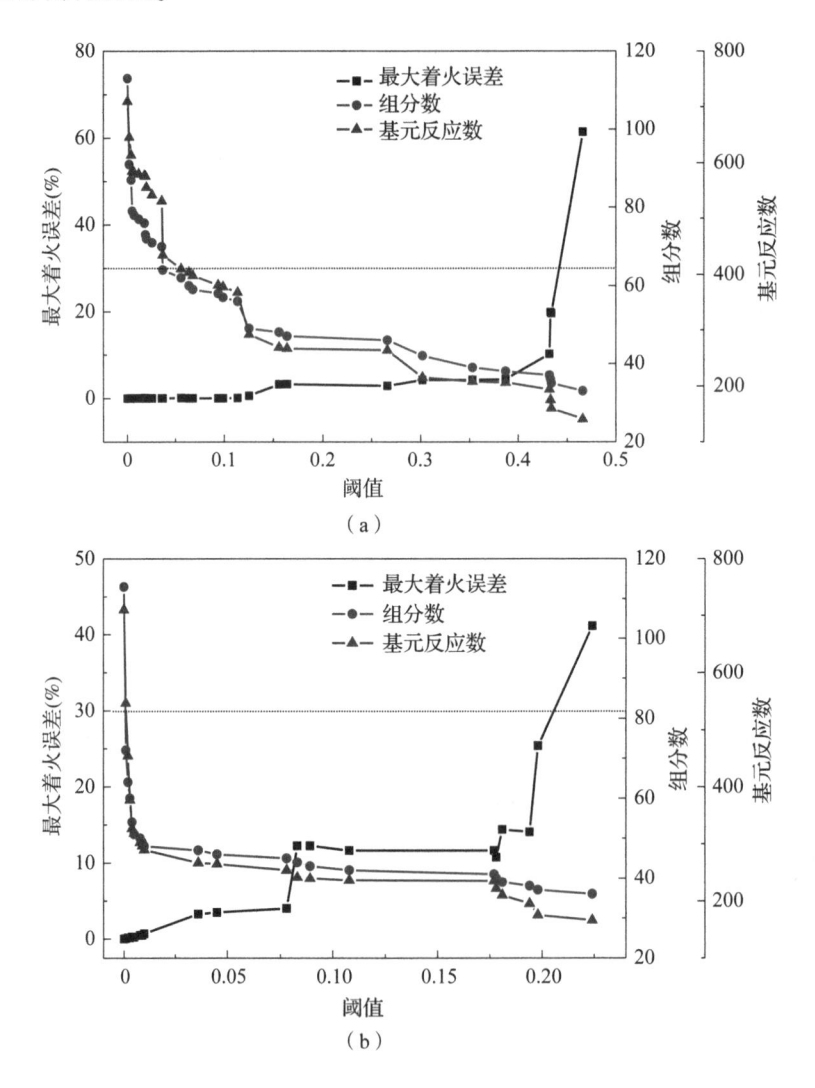

图 6-13 采用 DRG 和 DRGEP 法简化过程中乙醇简化机理的最大着火误差、组分数和基元反应数与阈值的关系

(a) DRG；(b) DRGEP

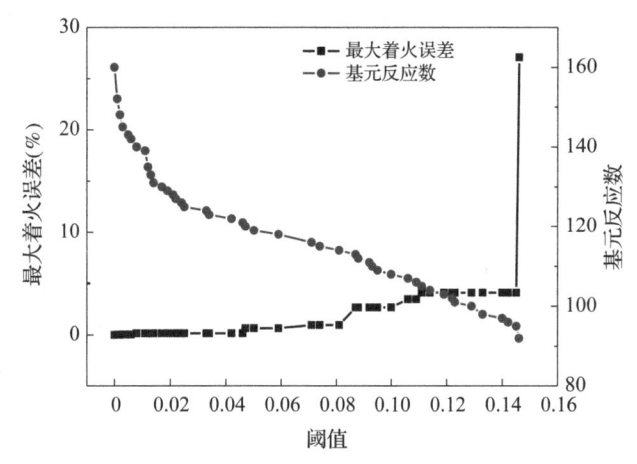

图 6-14 采用基于 CPS 重要性指标的反应移除方法得到的乙醇简化机理的最大着火误差和基元反应数与阈值的关系

图 6-15 (a) 所示为不同当量比 (0.5、1 和 2) 下乙醇详细机理和简化机理所模拟的着火滞燃期的对比。在 0.5、1.0 和 2.0 当量比下，乙醇、氧气和氩气的初始比分别为 1/6/22.56、1/3/11.28 和 1/1.5/5.64，该比例与 Mittal 等人[293]的试验工况保持一致。图 6-15 (b) 所示为不同压力 (10 bar、20 bar 和 30 bar) 下乙醇详细机理和简化机理所模拟的着火滞燃期的对比。由图 6-15 可以看出，在不同的温度、当量比和压力下，乙醇简化机理对着火滞燃期的预测能够与详细机理保持很好的一致性。此外，还可以发现着火滞燃期随着当量比的增加而缩短，这与正丁醇表现的趋势不同。这主要取决于模拟中初始比的设置方式。在乙醇的模拟中，氩气与氧气摩尔分数的比恒为 3.76，于是当量比越大，氧气含量越少，氩气含量相应越少，乙醇的浓度越大，反应活性增强，着火滞燃期缩短。

图 6-16 所示为乙醇消耗 50% 时，乙醇详细机理和简化机理中主要反应路径的对比。由图 6-16 可见，详细机理与简化机理中乙醇的反应路径基本上保持一致。乙醇首先通过与 H、OH、HO_2 和 CH_3 等自由基发生脱氢反应，形成两种不同的羟基乙基化合物 SC_2H_4OH (CH_3CHOH) 和 PC_2H_4OH (CH_2CH_2OH)。因为键能的影响，SC_2H_4OH 生成量较多。然后，SC_2H_4OH 与 O_2 反应生成 CH_3CHO，CH_3CHO 主要被自由基 H、OH 和 HO_2 氧化生成 CH_3CO，CH_3CO 通过一个三体反应分解

生成 CH_3 和 CO，随后 CH_3 主要与 HO_2 反应生成 CH_3O，最后 CH_3O 经过多步氧化形成 CO。通过乙醇详细机理和简化机理反应路径的对比可知，乙醇简化机理保留了详细机理的重要反应，具有较高的预测精度。

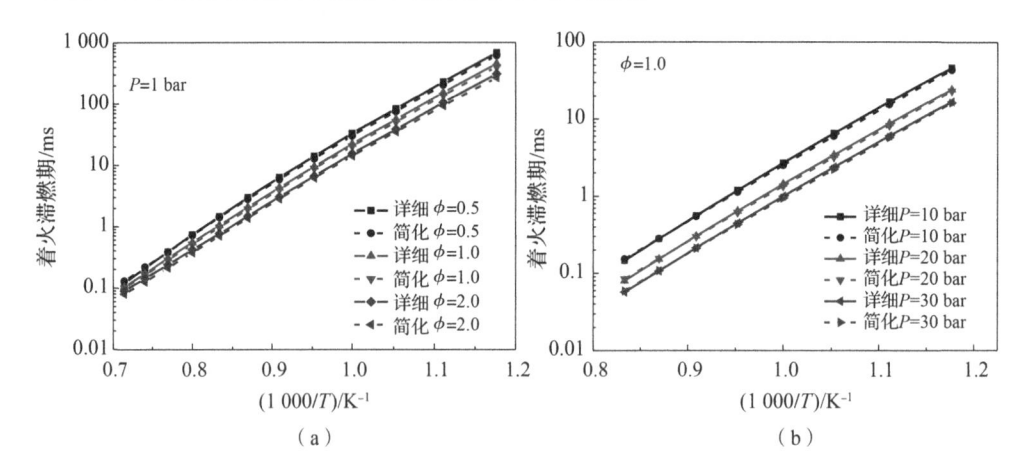

图 6-15 乙醇详细机理和简化机理所模拟的着火滞燃期的对比（见彩插）

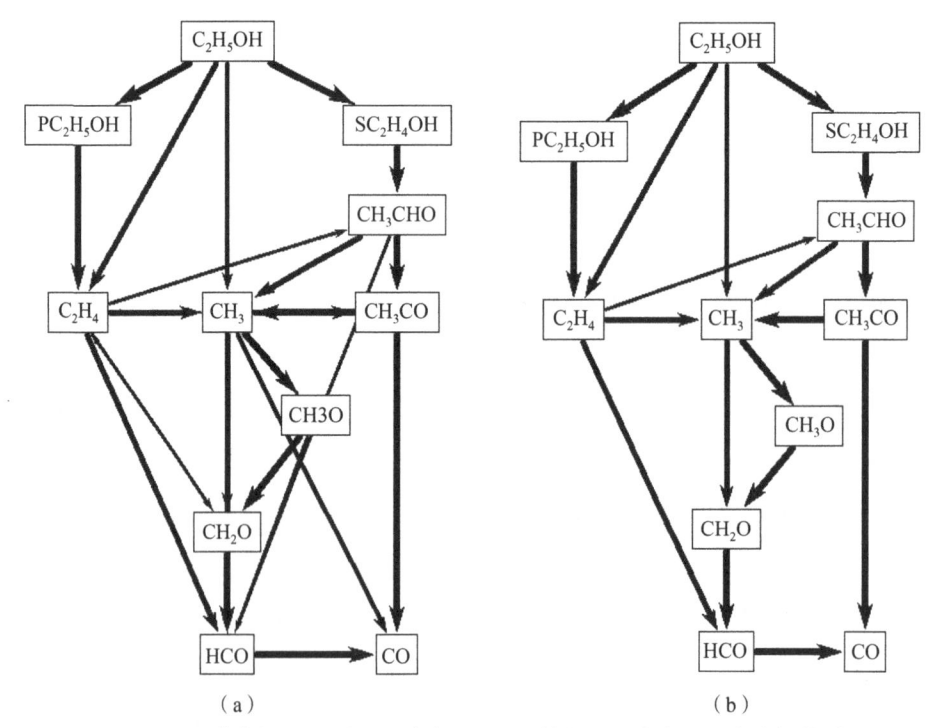

图 6-16 乙醇消耗 50% 时，乙醇详细机理和简化机理中主要反应路径的对比

(a) 详细机理；(b) 简化机理

6.3.4 甲醇机理研究与简化机理构建

1979 年，Westbrook 等人[294]基于湍流反应器和激波管试验数据提出了一个包含 26 种组分和 84 步反应的甲醇详细的气相化学动力学机理，并在初始温度为 1 000 ~ 2 180 K、当量比为 0.5 ~ 3.0、压力为 1 ~ 5 atm 的环境条件下，与试验结果进行了对比。1989 年，Norton 等人[295]在当量比为 0.6 ~ 1.6、初始温度为 1 025 ~ 1 090 K、压力为 1 atm 的湍流反应器中进行了甲醇氧化试验。研究表明了 HO_2 的化学重要性，并指出在 1 000 K 下反应 $CH_3OH + H \Longleftrightarrow CH_3 + H_2O$ 和 $CH_3H + H \Longleftrightarrow CH_2OH + H_2$ 的速率比值仅为 1/40，远低于之前甲醇机理中的 1/2.5。1992 年，Egolfopoulos 等人[296]在初始温度为 318 ~ 368 K 范围内测量了甲醇/空气层流火焰传播速度。研究指出，层流火焰速度的准确预测是反应机理验证的必要条件，反应 $CH_3OH + OH \longrightarrow$ 产物的反应速率可能比之前反应机理中的反应速率慢。随后，Grotheer 等人[297-298]开发了一个可以预测火花点火（spark ignition，SI）发动机层流燃烧速度和自燃特性的详细机理，根据灵敏度分析指出，$CH_3OH + OH \Longleftrightarrow CH_2OH/CH_3O + H_2O$ 中反应产物的分配比率对甲醇机理的整体性能有重大影响，此外，反应 $CH_2OH + H \longrightarrow$ 产物和反应 $CH_3O + H \longrightarrow$ 产物也对于甲醇/空气层流火焰速度的预测起着重要作用。2002 年，Lindstedt 等人[299]提出了一个包含 52 种组分和 326 步反应的详细甲醇机理，利用激波管、流动反应器、预混和部分预混火焰的试验数据进行验证，并指出详细机理可以简化为一个 C/H/O 系统的 14 步反应机理和含氮物质的 5 步子反应机理。2007 年，Li 等人[300]基于层流火焰速度、激波管滞燃期和流动反应器物种浓度的试验数据开发了一个包含 21 种组分和 93 步反应的甲醇机理，并在温度为 300 ~ 2 200 K、压力为 1 ~ 20 atm、当量比为 0.05 ~ 6.0 的宽广试验条件下进行了验证，模型预测的结果与所有试验结果之间均表现出了非常好的一致性。2016 年，Burke 等人[301]基于激波管、快速压缩机和射流搅拌反应器在压力为 1 ~ 20 atm、当量比为 0.2 ~ 2.0、温度为 800 ~ 1 200 K 的条件下，提出了一个包含 173 种组分和 1 011 步反应的详细甲醇机理，并与 Li 等人[300]机理的预测结果进行了对比，结果发现两种反应机理表现出较好的一致性。

考虑研究的简化需要，本书最终选择 Li 等人[300]的机理作为最终的甲醇机理，鉴于此机理本身较为简单，因此，不再另行简化。该机理已经在温度为 300～2 200 K、压力为 1～20 atm、当量比为 0.05～6.0 的宽广试验条件下进行了验证，并且在与 Burke 等人[301]所开发的详细机理预测结果的对比中表现出很好的一致性。

6.3.5 醇类/汽油 PAHs 生成机理构建

通过多级机理简化工作，分别得到正丁醇、乙醇和甲醇的简化机理。在 6.2 节中关于 TRF – PAHs 的气相化学动力学分析指出 An 等人的反应机理（包含 219 种组分和 1 229 步反应）对于 TRF 中 PAHs 的形成和生长特性显示了良好的预测能力。因此，本书以 An 等人开发的 TRF – PAHs 机理为基础，与上述得到的正丁醇、乙醇和甲醇简化机理进行整合。在整合之前，首先通过分析不同的化学反应机理，将其中的组分命名方式和机理格式修改统一，然后将热力学数据库和输出文件中相同组分的参数修改一致。本书在机理整合过程采用解耦法的思想，首先将同属醇类的正丁醇、乙醇和甲醇简化机理进行合并，以正丁醇简化机理为基础，将甲醇简化机理和乙醇简化机理融入其中，删除重复反应，对于反应速率系数不同的重复反应，取正丁醇简化机理的速率系数，最终得到一个包含 77 种组分和 294 步反应的醇类气相化学动力学机理。然后，以详细的 TRF – PAHs 机理为基础，将醇类反应机理融入其中，删除与主机理重复的反应。基于解耦法的思想，对于反应速率系数不同的低碳数重复反应（C_1～C_3），取发展较为成熟的 TRF – PAHs 详细机理中的速率系数，从而减轻对 TRF – PAHs 机理的影响，经过不断的修正和比较，最终得到一个包含 253 种组分和 1 406 步反应的醇类 – 汽油 – 多环芳烃（alcohols – TRF – PAHs）气相化学动力学模型。

为验证最终 alcohols – TRF – PAHs 气相化学动力学模型的氧化反应特性，本书分别对 TRF、甲醇、乙醇和正丁醇的激波管着火滞燃期、层流火焰速度，以及与 PAHs 生成相关的重要中间组分的浓度进行了验证。图 6 – 17 所示为不同当量比下 TRF、甲醇、乙醇和正丁醇试验和模拟得到的着火滞燃期的对比。其中 TRF 的着火滞燃期试验数据由 Gauthier 等人[240]测量得到，甲醇的试验数据由 Burke

等人[301]测量得到,乙醇的试验数据由 Mittle 等人[293]测量得到,正丁醇的试验数据由 Stranic 等人[302]测量得到。模拟结果由 Chemkin 软件包中的零维均质定容反应器模型模拟得到,模拟时组分数和初始条件设置与相应文献中的试验条件一致。由图 6-17 可见,在各种当量比下,alcohol-TRF-PAHs 机理的模拟结果均能够较好地吻合 TRF、甲醇、乙醇和正丁醇的试验数据,仅在当量比 $\phi = 0.5$ 时对 TRF 的预测值稍有偏大,在初始较低温(<900 K)条件下对甲醇和乙醇的预测值稍有偏小。目前的研究普遍认为,碳烟主要在约 1 600 K 温度的扩散火焰内生成,而碳烟前驱物开始大量生成的温度约为 900 K,因此,在较高温度下着火滞燃期数据的吻合很好。

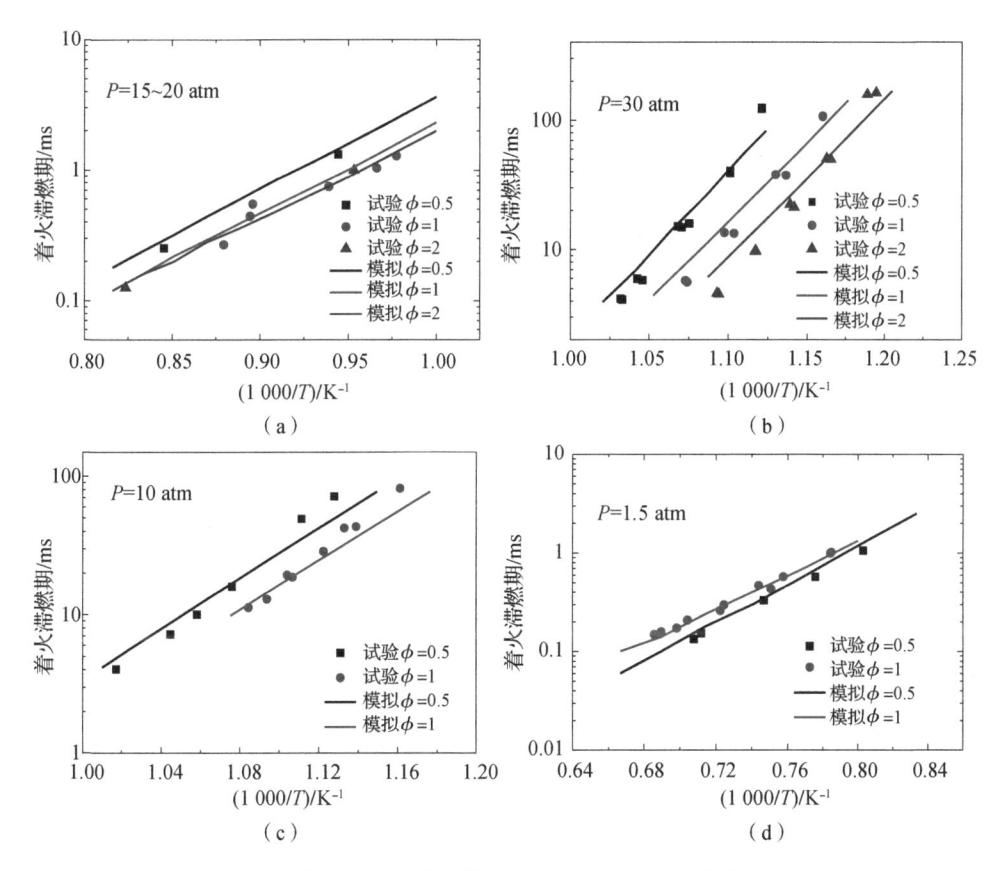

图 6-17 不同当量比下试验和模拟得到的着火滞燃期的对比(见彩插)

(a) TRF;(b) 甲醇;(c) 乙醇;(d) 正丁醇

层流火焰速度是燃料/空气的固有属性,被广泛用于气相化学动力学模型验证。在本书中,利用 Chemkin 软件包中的层流预混火焰模型进行模拟计算。图 6-18 所示为 TRF、甲醇、乙醇和正丁醇在不同温度下的试验和模拟的层流火焰速度的对比。其中 TRF 的试验数据由 Sileghem 等人[228]测量得到,甲醇的试验数据由 Egolfopoulos 等人[296]测量得到,乙醇和正丁醇在 343 K 和 393 K 温度下的试验数据分别由 Veloo 等人[219]和 Broustail 等人[303]测量得到。由图 6-18 可见,alcohols-TRF-PAHs 气相化学动力学模型,仅在 $T=358$ K、高当量比时对 TRF 的预测值,以及在 $T=393$ K、高当量比时对乙醇和正丁醇的预测值稍有偏小,但整体上能够很好地预测出 TRF、甲醇、乙醇和正丁醇的层流火焰速度变化趋势。

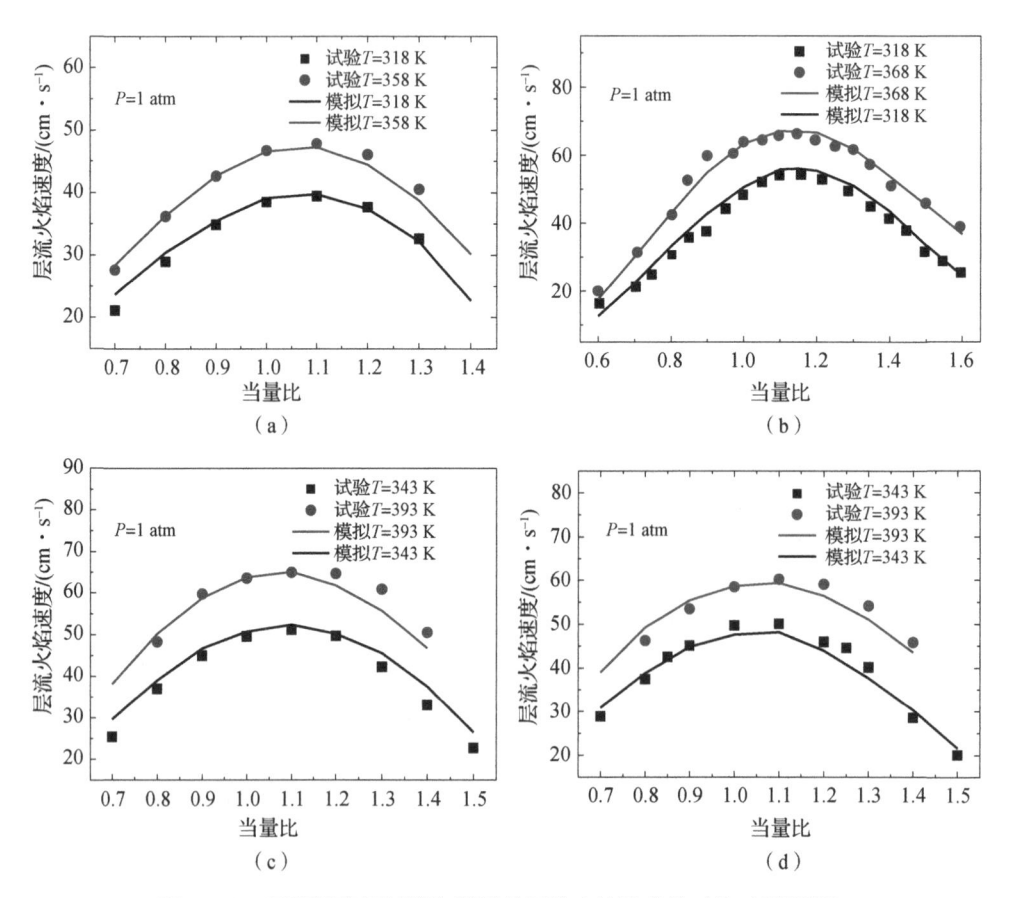

图 6-18 不同温度下试验和模拟的层流火焰速度的对比(见彩插)

(a) TRF;(b) 甲醇;(c) 乙醇;(d) 正丁醇

图 6-19 所示为正庚烷、异辛烷层流预混火焰中，试验和模拟的 PAHs 生长组分 C₂ 和苯（A1）摩尔分数的对比。试验数据由 Bakali 等人[304]测量得到，模拟数据由 Chemkin 软件包中的预混火焰模型模拟得到。在碳烟前驱物的生成过程中，C_2H_2 和 C_2H_4 等不饱和烯烃物质发挥着十分重要的作用，其中 C_2H_2 更是 PAHs 和颗粒生长的重要中间组分。由图 6-19 可见，alcohols-TRF-PAHs 气相化学动力学模型能够较好地预测出 C_2H_2、C_2H_4 和 A1 的变化趋势。

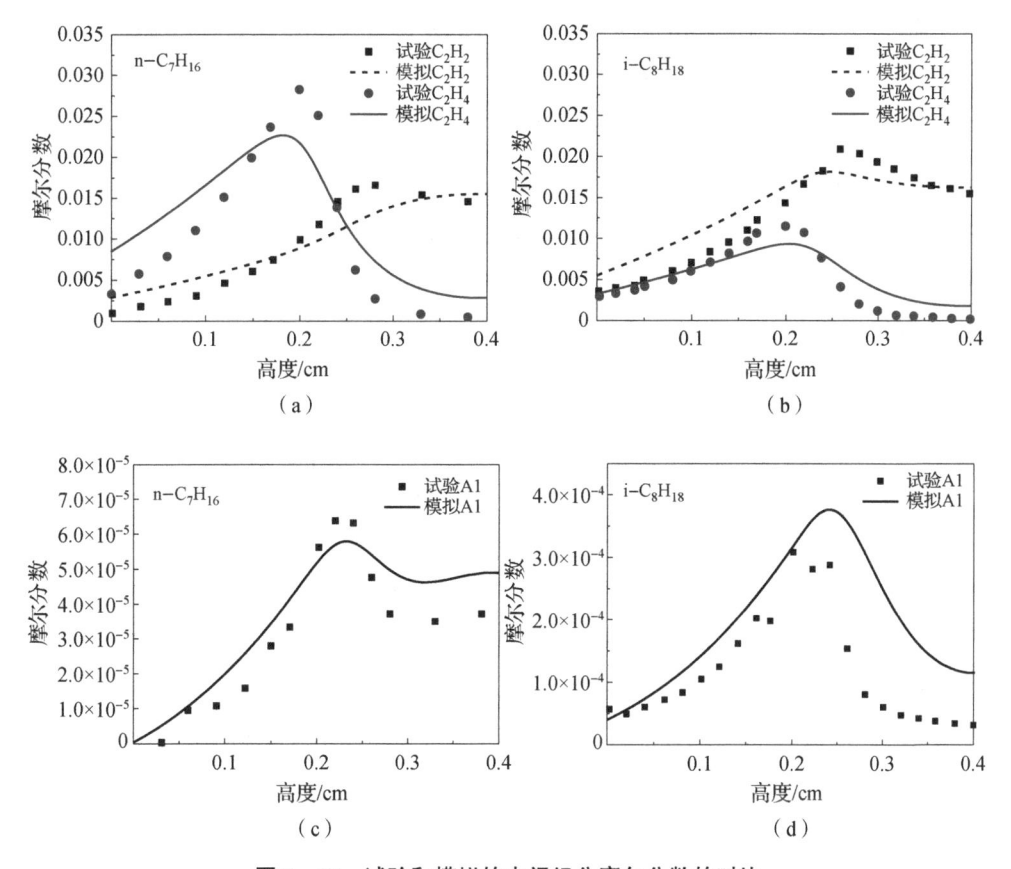

图 6-19 试验和模拟的中间组分摩尔分数的对比

（a）正庚烷火焰 C2；（b）异辛烷火焰 C2；（c）正庚烷火焰 A1；（d）异辛烷火焰 A1

综上可见，alcohols-TRF-PAHs 机理能够很好地反映 TRF、甲醇、乙醇和正丁醇各自的氧化反应特性，表现出较好的精度。这表明，本章通过多级机理简化和解耦法机理融合所构建的 alcohols-TRF-PAHs 化学动力学模型是有效合理的，可以用于后续的燃料燃烧过程中气相碳烟前驱物的气相化学动力学分析。

6.4 醇类掺混稀释效应的动力学分析

前文试验的结果已经表明汽油扩散火焰中不同醇类掺混的稀释水平主导了单环芳烃的初始生成。碳烟和碳烟前驱物 PAHs 的生成与醇类掺混比之间均呈单调递减的趋势与醇类对汽油燃料中芳烃和长链烃稀释程度的增强有很大关系，而具体的稀释机理尚不清楚。本节将以正丁醇为例分析醇类掺混所致稀释效应的内在机理。

第 5 章汽油表征燃料碳烟特性的研究表明，具有 1/3 正庚烷、1/3 异辛烷、1/3 甲苯组分的甲苯参比燃料 TRF 可以较好地表征汽油火焰中碳烟前驱物和碳烟的生成特性。因此，本节的计算选用这种组分的 TRF 作为汽油成分的初始条件。此外，燃料入口温度设置为 423 K，压力设置为 1 atm，绝对公差设置为 1.0×10^{-9}。

6.4.1 不同环数芳烃计算值

图 6-20 所示为计算得到的不同正丁醇掺混比下，正丁醇/TRF 扩散火焰中苯 A1、萘 A2、菲 A3 和芘 A4 的摩尔分数随喷嘴出口距离的变化曲线。由图 6-20 可以看出，不同环数芳烃的摩尔分数都随着正丁醇掺混比的增高而显著降低，这与试验测量的碳烟体积分数和 PAHs 浓度的变化趋势一致。此外，就 TRF 来说，A1、A2、A3 和 A4 的摩尔分数分别在距离喷嘴出口 0.58 cm、0.59 cm、0.60 cm 和 0.61 cm 处达到峰值。随着芳烃尺寸的增加，其峰值出现在距离喷嘴出口更远处，这也与试验测量的 PAHs 分布趋势一致，即更大芳烃峰值摩尔分数出现在燃烧器上方更高位置处。由图 6-20 还可以看到，A1 的摩尔分数在 4 种芳烃中是最高的，其在芳烃的生长过程中起着关键作用，下一步将对 A1 的生成进行重点分析。

6.4.2 稀释效应的影响机理

图 6-21（a）和图 6-21（b）所示为燃料消耗 80% 位置处，B0、B20、B40、B60、B80 和 B100 中 A1 主要生成和消耗反应的反应速率。由图 6-21 可以

看出,对于 TRF 和正丁醇/TRF 来说(B0~B80),A1 主要通过氢原子取代甲苯分子中的甲基反应(R1)产生,这与 Raj 等人[305]和 Jia 等人[185]的研究结论一致。向 TRF 中添加正丁醇没有改变 A1 的主要生成反应。此外,A1 还可以由炔丙基的自反应(R2)生成,但相比 R1,其生成速率较小。随着正丁醇掺混比的增加,R1 的生成速率逐渐降低,而 R2 的生成速率几乎不变,因此,甲苯比例越多,R2 对 A1 生成的贡献越小。由图 6-22(a)和图 6-22(b)可见,随着正丁醇掺混比的增加,甲苯初始含量逐渐降低,H 基含量逐渐增加,因此,R1 反应速率的降低归因于醇类掺混导致的甲苯初始含量的下降,即正丁醇对 TRF 中甲苯的稀释效应增强。对于正丁醇(B100)来说,A1 主要通过 R2 和丙炔与炔丙基的反应(R3)生成,但生成速率比 R1 的生成速率小很多,因此,其 A1 生成量很小。

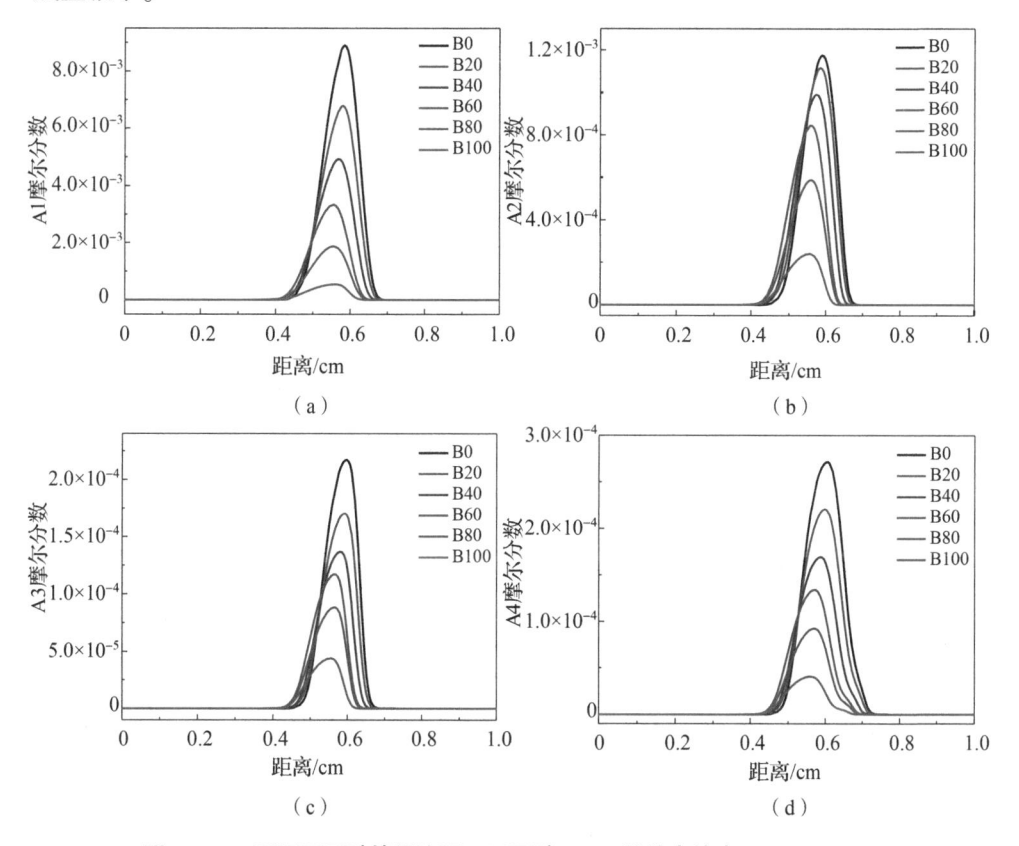

图 6-20 不同正丁醇掺混比下,正丁醇/TRF 扩散火焰中 A1、A2、A3 和 A4 摩尔分数随喷嘴出口距离的变化曲线(见彩插)

(a)

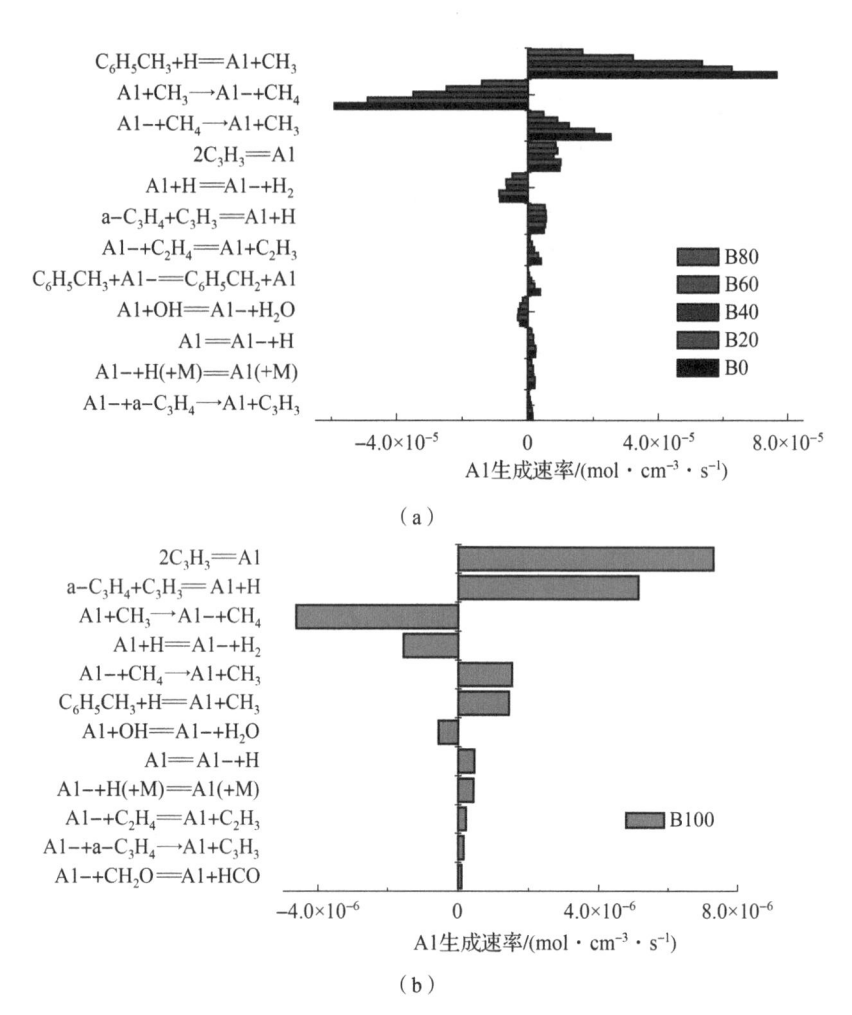

(b)

图 6 - 21 燃料消耗 80% 位置处，不同正丁醇掺混比下 A1 主要生成和消耗反应的反应速率（见彩插）

A1 的主要消耗反应对于 B0～B100 来说是一致的。A1 主要通过与 CH_3 基的 H 基取代反应（R4）消耗，也有小部分通过与 H 基和 OH 基的反应（R5 和 R6）消耗。如图 6 - 22（b）、图 6 - 22（c）和图 6 - 22（d）可见，随着正丁醇掺混比的增加，H 基、CH_3 基和 OH 基含量均逐渐增加，这有助于 A1 通过 R4、R5 和 R6 进行消耗。

$$C_6H_5CH_3 + H \Longrightarrow A1 + CH_3 \quad (R1)$$

$$2C_3H_3 \Longrightarrow A1 \quad (R2)$$

(a) (b) (c) (d)

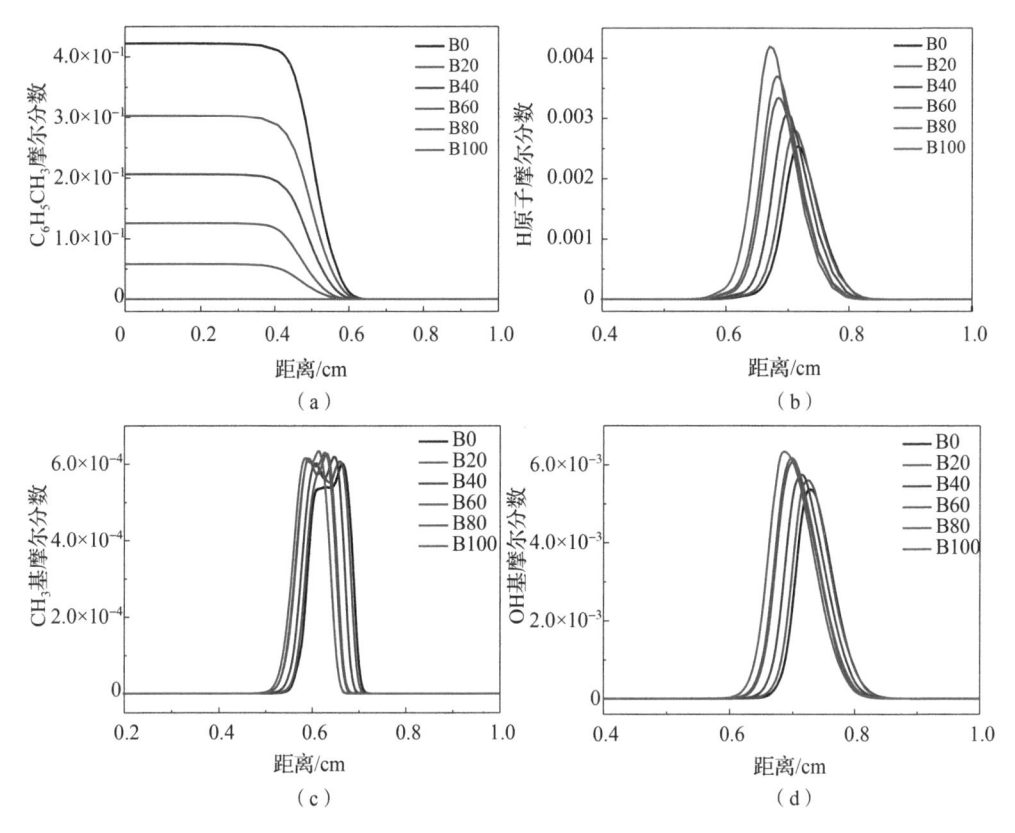

图6-22 不同正丁醇掺混比下，甲苯和中间组分的摩尔分数随喷嘴出口距离的变化曲线（见彩插）

$$a - C_3H_4 + C_3H_3 \Longrightarrow A1 + H \quad (R3)$$

$$A1 + CH_3 \Longrightarrow A1- + CH_4 \quad (R4)$$

$$A1 + H \Longrightarrow A1- + H_2 \quad (R5)$$

$$A1 + OH \Longrightarrow A1- + H_2O \quad (R6)$$

图6-23所示为不同正丁醇掺混比下甲苯消耗和PAHs生成的主要路径。由图6-23可以看出，B0、B40和B80中甲苯的主要消耗路径是一致的，甲苯的主要降解产物是苯和苄基。在B0、B40和B80中，苯分别占据了甲苯消耗量的25.6%、26.9%和26.1%，苄基分别占据了甲苯消耗量的40.3%、37.1%和34.7%。苯生成之后一部分会转化为苯基，在B0、B40和B80中苯基分别占据了苯消耗量的39.3%、36.5%和37.1%。由此可以看出，无论正丁醇掺混比的大小，燃料中总有1/4左右的甲苯会转化为苯。此外，生成苯的另一种方式是

C_3+C_3 反应路径，但在 B0、B40 和 B80 中，苯分别仅占 C_3H_3 消耗量的 16.6%、17.1% 和 15.4%。由此可以得出结论，正丁醇掺混比的增加导致苯生成减少主要是由于初始芳烃稀释效应的增强，即燃料流中甲苯含量的降低。另外，由图 6-23 还可以看出，A2 的生成路径也与甲苯和苯基密切相关。因此，甲苯的稀释也会间接导致 A2~A4 生成减少。

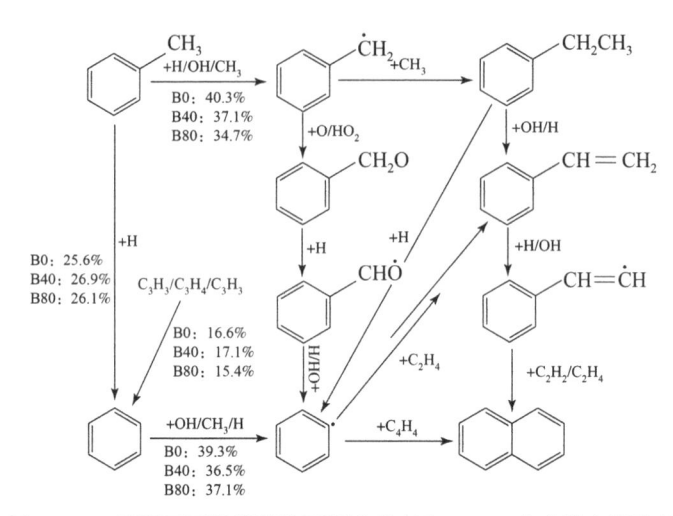

图 6-23 不同正丁醇掺混比下甲苯消耗和 PAHs 生成的主要路径

为了解其他因素对 PAHs 生成的间接影响，使用 Chemkin 软件包对苯进行灵敏度分析。归一化灵敏度系数定义如下[306]：

$$S = \frac{k_j}{c_i} \cdot \frac{\partial c_i}{\partial k_j} = \frac{\partial \ln c_i}{\partial \ln k_j} \quad (6-23)$$

式中，k_j 为反应速率常数；c_i 为组分浓度。归一化灵敏度系数可以表示由参数 k_j 的变化引起的组分浓度 c_i 的变化。

图 6-24（a）和图 6-24（b）所示分别为 TRF（B0）和正丁醇/TRF（B60）中苯生成和消耗的灵敏度分析。由图 6-24 可以看出，B0 和 B60 中，对于苯生成过程最灵敏的反应均为 R1 和 R4。其中，R1 对苯生成具有最大的正向灵敏度，这进一步证实了 R1 对苯生成的重要影响；R4 对苯生成具有最大的负向灵敏度，这是由于 R4 是苯的主要消耗反应（见图 6-21）。此外，R7 虽然不直接消耗苯，但对苯的生成也具有强烈的负向灵敏度。由图 6-23 也可以看出，甲苯降解的反应路径主要由 R1 和 R7 控制，而 R1 是苯生成最重要的反应，因此，

R7 具有很强的负向灵敏度。由此可知，苯的生成过程很大程度上受到了甲苯降解反应路径的控制。

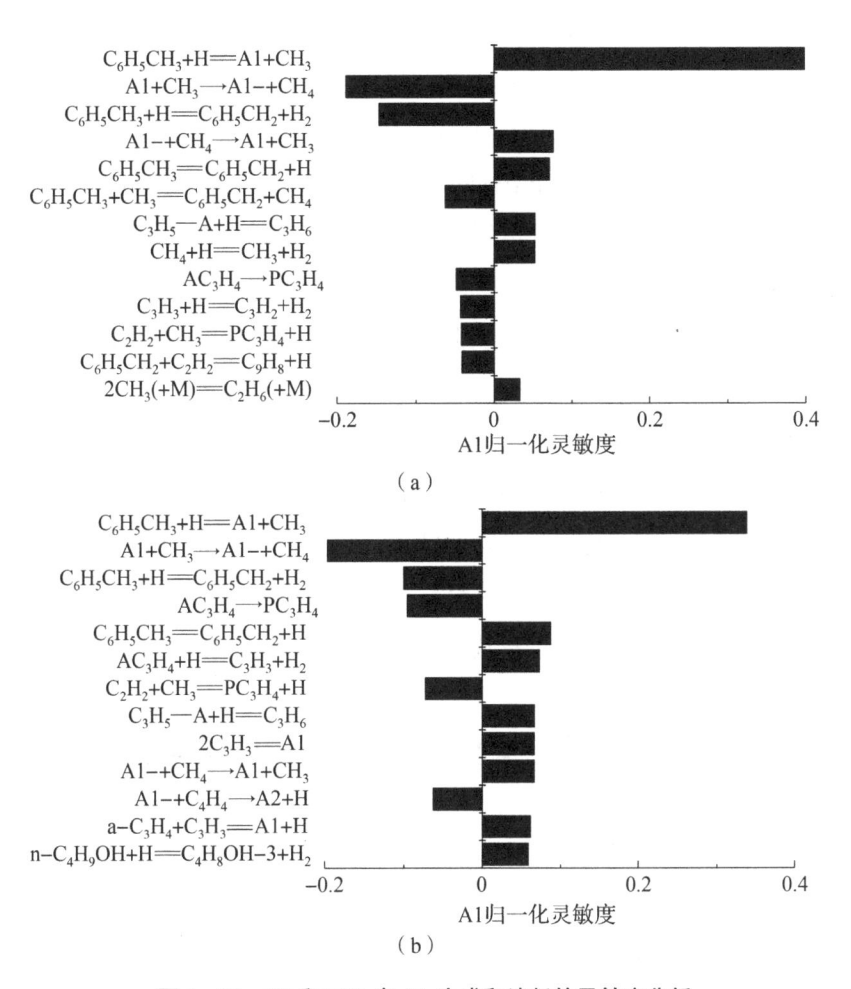

图 6 – 24　B0 和 B60 中 A1 生成和消耗的灵敏度分析

由图 6 – 24 的对比可以发现，掺混正丁醇后，苯相关反应的灵敏度也发生了改变。直接生成苯的 R2 和 R3（$C_3 + C_3$ 路径）使苯的正向灵敏度增强。这是由于甲苯含量降低，R1 的反应速率降低，因此，R2 和 R3 的相对贡献增加。掺混正丁醇后，R8 对苯的正向灵敏度增加，虽然该反应没有直接生成苯，但其生成的炔丙基有助于苯的生成。此外，由图 6 – 24（b）可以看到，正丁醇与 H 自由基的 R9 对苯的生成也具有一定的正向灵敏度，说明正丁醇热解过程也会产生有助于苯生成的物质，这些物质也可能是导致在相同的物理稀释水平下，正丁醇相比甲醇和乙醇对 PAHs 生长过程抑制作用较弱的原因。6.5 节将就不同醇类分子结构对 PAHs 生长过程的影响机理进行分析。

$$C_6H_5CH_3 + H \Longrightarrow C_6H_5CH_2 + H_2 \quad (R7)$$

$$a - C_3H_4 + H \Longrightarrow C_3H_3 + H_2 \quad (R8)$$

$$n - C_4H_9OH + H \Longrightarrow C_4H_8OH - 3 + H_2 \quad (R9)$$

综合以上分析，可以得到 PAHs 随醇类掺混比增加而单调降低的主导机制稀释效应的内在机理：对于 TRF 和醇类/TRF 燃料，A1 的主要生成反应是一致的，主要通过 H 自由基取代甲苯分子中甲基的生成反应，且该反应对 A1 的生成具有最大的正向灵敏度。PAHs 的生成过程很大程度上受到了甲苯降解反应路径的控制，生成量与甲苯初始含量密切相关。随着醇类掺混比的增加，甲苯初始含量逐渐降低，H 自由基含量逐渐增加，因此，PAHs 生成反应速率的降低归因于甲苯初始含量的下降，即汽油中芳烃稀释效应的增强。

事实上，燃料中芳族化合物含量的减少，除了会抑制 PAHs 的生成，还会影响随后碳烟颗粒成核与生长过程，并最终影响碳烟的生成。其对碳烟颗粒生长过程的微观影响，将在第 7 章中进行数值模拟研究。

6.5 不同醇类分子结构影响的气相化学动力学分析

本文试验部分通过对比相同醇类掺混比和相同氧含量条件下不同醇类掺混对碳烟和芳烃生成特性的影响，明确了在相同的醇类掺混比下，不同醇类对大环芳烃和最终碳烟抑制能力表现出的差异不取决于其氧含量的宏观因素，而是取决于其分子结构对 PAHs 生长过程化学作用的差异。为了说明这种差异的内在机理，本节将在相同的氧含量条件下，就不同醇类对 PAHs 生长过程的影响进行气相化学动力学分析。

6.5.1 不同环数芳烃计算值

图 6-25 所示为计算得到的相同氧含量条件下，M9.2、E13.2 和 B21.2 扩散火焰中苯 A1、萘 A2、菲 A3 和芘 A4 摩尔分数沿喷嘴出口方向的变化曲线。由图 6-25 中可以看出，A1 摩尔分数峰值的表现为 M9.2 > E13.2 > B21.2，而

A2、A3 和 A4 摩尔分数峰值的表现均为 B21.2 > E13.2 > M9.2。第 4 章的试验测量结果已经表明在相同的氧含量条件下，A1 的 LIF 信号强度（320nm）为 M9.2 > E13.2 > B21.2，A4 ~ A5 的 LIF 信号强度（450 nm）为 B21.2 > E13.2 > M9.2。因此，模拟计算的结果与试验结果是一致的，二者均表明：在相同氧含量条件下，添加甲醇、乙醇和正丁醇对单环芳烃和大环芳烃的降低能力表现出相反的趋势，对大环芳烃的降低能力与相同醇类掺混比条件下的结果一致。根据试验结果推断，在相同氧含量条件下，醇类掺混比在降低单环芳烃的形成中起主要作用（6.4 节进行了动力学分析），而醇类分子结构在抑制 PAHs 生长过程中起到了不同的化学作用，下面可以对此进行具体的气相化学动力学分析。

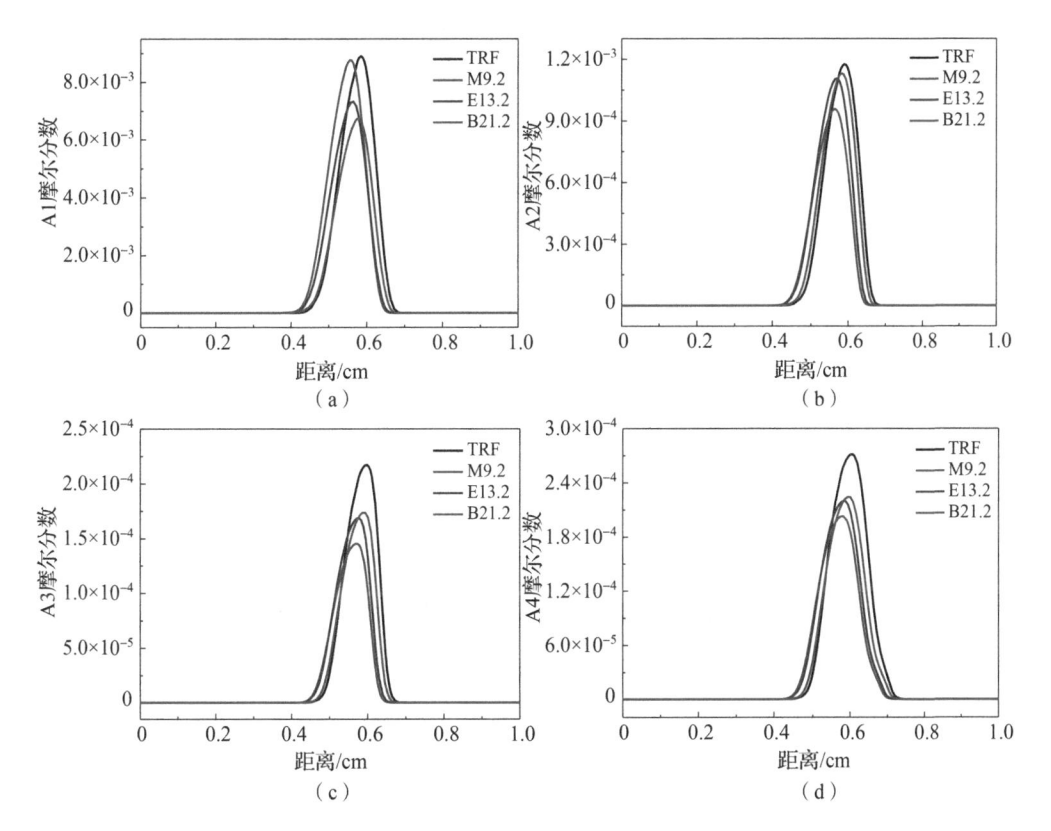

图 6 – 25　相同氧含量条件下，M9.2、E13.2 和 B21.2 扩散火焰中 A1、A2、A3 和 A4 摩尔分数沿喷嘴出口方向的变化曲线（见彩插）

6.5.2 醇类分子结构的影响机理

根据 6.2 节的分析可以得到 A1、A2、A3 和 A4 的主要生成反应,如 R1 及 R10~R17 所示。图 6-26 所示为计算得到的 M9.2、E13.2 和 B21.2 火焰中 $C_6H_5CH_3$ 和 H 自由基的摩尔分数随喷嘴出口距离的变化曲线。由图 6-26 可见,在相同的氧含量条件下,正丁醇掺混比最高,对 TRF 的稀释程度最高,因此,$C_6H_5CH_3$ 的含量最低。$C_6H_5CH_3$ 的初始摩尔分数为 M9.2 > E13.2 > B21.2。此外,M9.2 中 H 自由基的含量较高,E13.2 和 B21.2 中 H 自由基含量相差不大。对于醇类/TRF 来说,生成 A1 的主要反应是 $C_6H_5CH_3 + H \Longleftrightarrow A1 + CH_3$,因此,A1 的生成量取决于 $C_6H_5CH_3$ 和 H 自由基的含量。最终,A1 的生成量与 $C_6H_5CH_3$ 和 H 的初始摩尔分数一致:M9.2 > E13.2 > B21.2。由此进一步说明,掺混醇类对 TRF 中 A1 生成的降低程度在很大程度上取决于对 TRF 中 $C_6H_5CH_3$ 的稀释程度,对于汽油来说就是其中芳烃的稀释程度。

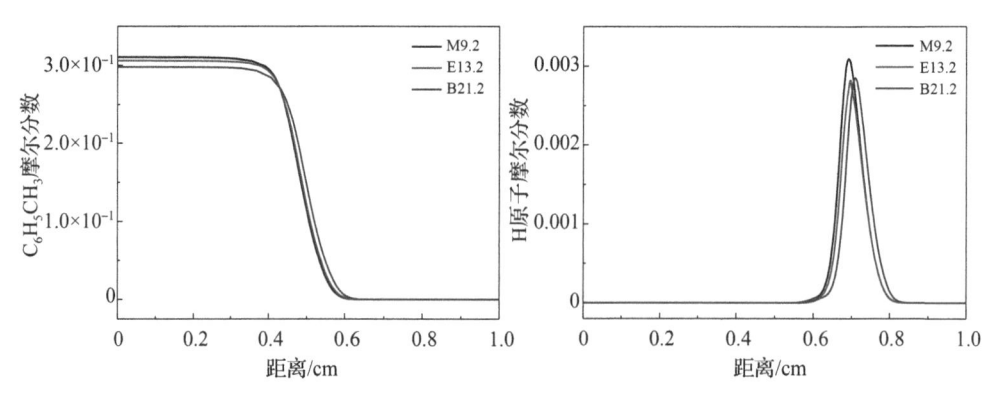

图 6-26 计算得到的 M9.2、E13.2 和 B21.2 火焰中 $C_6H_5CH_3$ 和 H 自由基摩尔分数随喷嘴出口距离的变化曲线(见彩插)

$$A1- + C_4H_4 \longrightarrow A2 + H \tag{R10}$$

$$A1C_2H_2 + C_2H_2 \longrightarrow A2 + H \tag{R11}$$

$$A2- + C_4H_4 \longrightarrow A3 + H \tag{R12}$$

$$P_2- + C_2H_2 \longrightarrow A3 + H_2 \tag{R13}$$

$$A2CH_2 + C_3H_5 \longrightarrow A3 + 2H_2 \tag{R14}$$

$$A3- + C_2H_2 \longrightarrow A4 + H \tag{R15}$$

$$A2CH_2 + c-C_5H_5 \longrightarrow A4 + 2H_2 \quad (R16)$$

$$A3C_2H_2 =\!\!=\!\!= A4 + H \quad (R17)$$

A2 主要由苯基 A1- 和乙烯基乙炔 C_4H_4 的反应 R10，以及苯基乙烯基 $A1C_2H_2$ 和乙炔 C_2H_2 的反应（R11）生成。其中，$A1C_2H_2$ 主要由苯乙烯 $A1C_2H_3$ 的反应生成，而苯乙烯主要由 A1- 经 R18~R19、$C_6H_5CH_3$ 经 R20，以及 $C_6H_5CH_2$ 经 R21~R22 生成。随后 $A1C_2H_2$ 主要通过 R23、R24 和 R25 生成。因此，A2 的生成量主要取决于起始组分 A1-、$C_6H_5CH_3$ 和 $C_6H_5CH_2$，以及生长组分 C_2H_2 和 C_4H_4 的摩尔分数。图 6-27 所示为 M9.2、E13.2 和 B21.2 火焰中 A1- 和 $C_6H_5CH_2$ 的摩尔分数随喷嘴出口距离的变化曲线。由图 6-26（a）和图 6-27 可见，A1-、$C_6H_5CH_3$ 和 $C_6H_5CH_2$ 摩尔分数的大小均为 M9.2＞E13.2＞B21.2。然而 A2 摩尔分数却表现为 B21.2＞E13.2＞M9.2，这可能归因于生长组分 C_2H_2 和 C_4H_4 的摩尔分数。图 6-28 所示为 M9.2、E13.2 和 B21.2 火焰中 C_2H_2、C_4H_4、C_3H_5 和 $c-C_5H_5$ 的摩尔分数随喷嘴出口距离的变化曲线。由图 6-28 可见，C_2H_2 和 C_4H_4 摩尔分数的大小均为 B21.2＞E13.2＞M9.2。分析反应路径可知，在相同的氧含量和碳含量条件下，相比甲醇和乙醇，正丁醇热解中通过 $n-C_4H_9OH \rightarrow C_4H_8OH-3 \rightarrow C_3H_6 \rightarrow C_3H_5 \rightarrow C_3H_4 \rightarrow C_2H_2$ 和 $n-C_4H_9OH \rightarrow C_4H_8OH-3 \rightarrow C_3H_6 \rightarrow C_3H_5 \rightarrow C_3H_4 \rightarrow C_3H_3 \rightarrow C_4H_4$ 路径会生成更多的生长组分 C_2H_2 和 C_4H_4，这不仅弱化了甲苯的稀释效应，还最终促进了 A2 的生成反应。而 M9.2 中 C_2H_2、C_4H_4 和 C_3H_5 等生长组分的含量显著低于 B21.2（见图 6-28），这减弱了 A2 的生成反应，使甲醇掺混的稀释效应得到增强。

$$A1- + C_2H_4 =\!\!=\!\!= A1C_2H_4 \quad (R18)$$

$$A1C_2H_4 =\!\!=\!\!= A1C_2H_3 + H \quad (R19)$$

$$C_6H_5CH_3 + CH_2 =\!\!=\!\!= A1C_2H_3 + H_2 \quad (R20)$$

$$C_6H_5CH_2 + CH_2 =\!\!=\!\!= A1C_2H_5 \quad (R21)$$

$$A1C_2H_5 =\!\!=\!\!= A1C_2H_3 + H_2 \quad (R22)$$

$$A1C_2H_3 + H =\!\!=\!\!= A1C_2H_2 + H_2 \quad (R23)$$

$$A1C_2H_3 + OH =\!\!=\!\!= A1C_2H_2 + H_2O \quad (R24)$$

$$A1- + C_2H_2 =\!\!=\!\!= A1C_2H_2 \quad (R25)$$

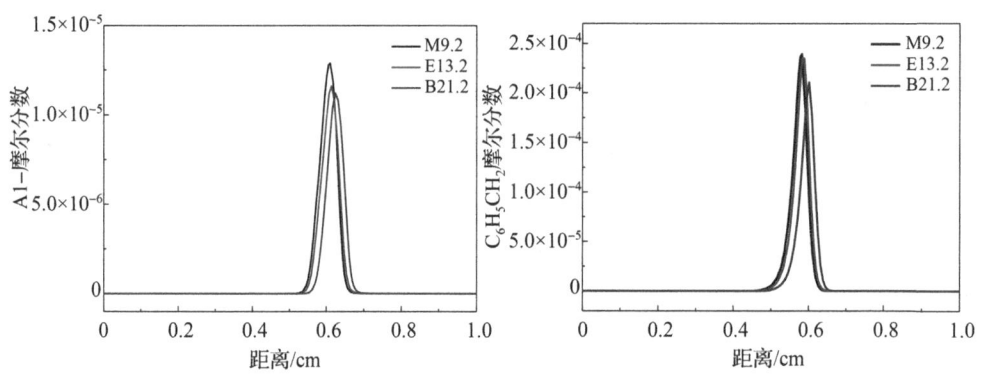

图 6-27　M9.2、E13.2 和 B21.2 火焰中 A1- 和 $C_6H_5CH_2$ 的摩尔分数随喷嘴出口距离的变化曲线（见彩插）

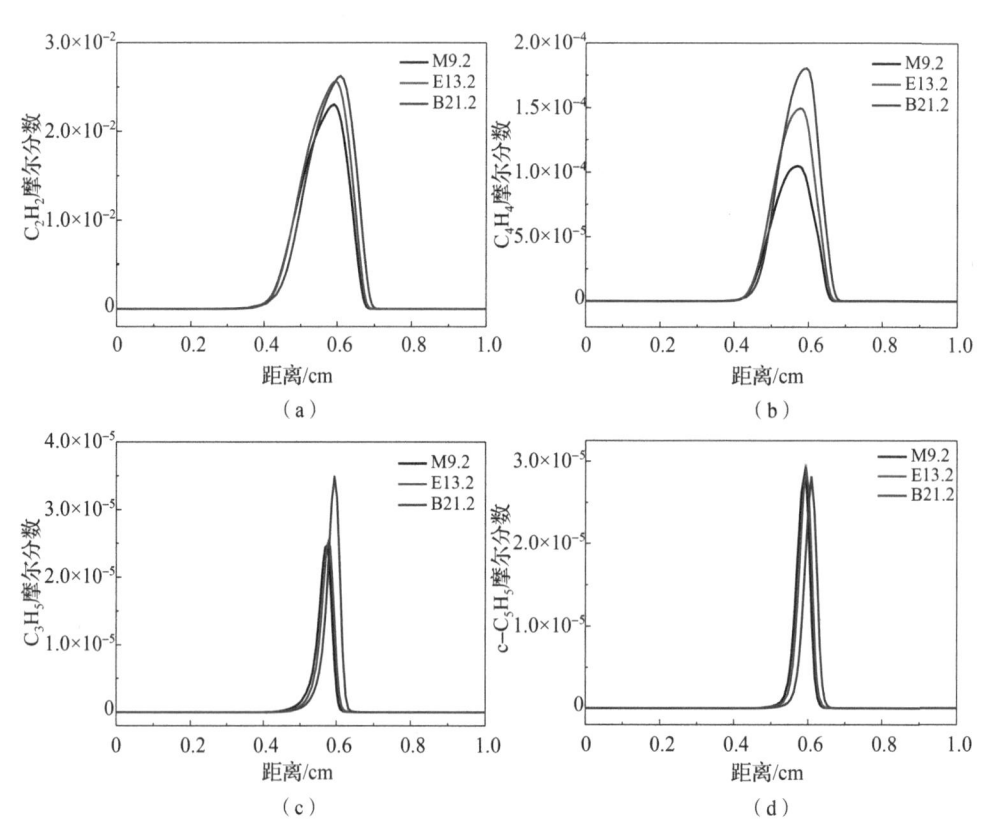

(a)

(b)

(c)

(d)

图 6-28　M9.2、E13.2 和 B21.2 火焰中 C_2H_2、C_4H_4、C_3H_5 和 $c-C_5H_5$ 的摩尔分数随喷嘴出口距离的变化曲线（见彩插）

A3 的生成主要来自二环芳烃类物质（A2 -、P$_2$ - 和 A2CH$_2$）分别与 C$_4$H$_4$、C$_2$H$_2$ 和 C$_3$H$_5$ 经 R12~R14 生成。二环芳烃物质的摩尔分数主要由 A2 的摩尔分数决定。此外，由图 6 - 28（a）~图 6 - 28（c）可知，C$_2$H$_2$、C$_4$H$_4$、C$_3$H$_5$ 的摩尔分数为 B21.2 > E13.2 > M9.2，与 A2 的趋势一致，因此，A3 的摩尔分数的变化趋势表现与 A2 一致。其中掺混正丁醇火焰中 C$_3$H$_5$ 生成量较高的原因是其存在的热解路径：n - C$_4$H$_9$OH→C$_4$H$_8$OH - 3→C$_3$H$_6$→C$_3$H$_5$。A4 主要由三环类物质（A3 -）与 C$_2$H$_2$ 之间的反应（R15），以及二环类物质（A2CH$_2$）与环戊二烯基（c - C$_5$H$_5$）之间的反应（R16）生成。如图 6 - 28（a）和图 6 - 28（d）所示，C$_2$H$_2$ 的摩尔分数为 B21.2 > E13.2 > M9.2，c - C$_5$H$_5$ 的摩尔分数相差不大，因此，A4 最终也遵循 A3 和 A2 的摩尔分数的变化趋势。

由此从气相化学动力学的角度解释了试验测量得到相同醇类掺混比下不同醇类掺混对 PAHs 抑制能力差异的内在原因，揭示了醇类分子结构对 PAHs 生长过程影响的化学机理。在相同的氧含量下，不同醇类掺混对单环芳烃的抑制能力表现为正丁醇 > 乙醇 > 甲醇。这主要归因于不同醇类掺混对基础燃料 TRF 中甲苯的稀释效应。在相同醇类掺混比和相同氧含量下，不同醇类掺混对大环芳烃的抑制能力均一致表现为甲醇 > 乙醇 > 正丁醇。这主要归因于醇类分子结构对 PAHs 生长过程抑制作用的差异：在 PAHs 生长过程中，相比甲醇和乙醇，正丁醇热解中通过 n - C$_4$H$_9$OH→C$_4$H$_8$OH - 3→C$_3$H$_6$→C$_3$H$_5$→C$_3$H$_4$→C$_2$H$_2$ 和 n - C$_4$H$_9$OH→C$_4$H$_8$OH - 3→C$_3$H$_6$→C$_3$H$_5$→C$_3$H$_4$→C$_3$H$_3$→C$_4$H$_4$ 路径会生成更多的生长组分 C$_2$H$_2$、C$_4$H$_4$ 和 C$_3$H$_5$，促进了单环芳烃类物质 A1 - 和 A1C$_2$H$_2$，二环芳烃类物质 A2 -、P2 - 和 A2CH$_2$，以及三环类物质 A3 - 的生长反应，这在一定程度上弱化了对甲苯的稀释效应的作用，最终促进了 A2、A3 和 A4 的生成；而甲醇/TRF 中生长组分的生成量显著低于正丁醇/TRF，这抑制了 PAHs 的生成反应。因此，醇类掺混对大环芳烃（即碳烟气相前驱物）的抑制能力表现为甲醇 > 乙醇 > 正丁醇。大环芳烃的生成也会直接影响随后碳烟颗粒的成核和生长过程，最终使不同醇类掺混对碳烟的抑制能力与大环芳烃的生成一致。至于颗粒的成核、生长和氧化过程将在第 7 章进行研究。

6.6 本章小结

本章结合多级机理简化与机理融合方法，构建了适用于醇类/汽油扩散火焰碳烟前驱物生成的气相化学动力学模型，对醇类掺混稀释效应及不同醇类分子结构对汽油火焰中碳烟前驱物生成影响的气相化学动力学机理进行了研究。主要结论如下。

(1) 利用 Chemkin 扩散火焰模型分别结合两种 TRF – PAHs 机理对汽油表征燃料中 PAHs 的生成和生长进行了气相化学动力学分析。分析发现，A1 的非单调行为主要取决于 $C_6H_5CH_3 + H = A1 + CH_3$ 反应的速率趋势，而 A2、A3 和 A4 的非单调行为主要由其自身脱氢基团 A2 –、A3 – 和 A4 – 与 H_2 或 H 自由基之间的反应所诱导。

(2) 结合 DRG 法、DRGEP 法和 CSP 多级机理简化方法，分别构建了正丁醇和乙醇简化机理，且基于着火滞燃期和主要反应路径对简化机理进行了验证。采用解耦法的思想融合 TRF – PAHs 机理与正丁醇、乙醇和甲醇简化机理，最终构建了一个包含 253 种组分和 1 406 步反应的醇类/汽油 PAHs 生成的气相化学动力学模型。同时，分别基于 TRF、甲醇、乙醇和正丁醇的激波管着火滞燃期、层流火焰速度，以及与 PAHs 生成相关的重要中间组分的浓度进行了模型验证。

(3) 从动力学的角度揭示了试验得到的 PAHs 随醇类掺混比增加而单调降低的主导机制稀释效应的内在机理。对于 TRF 和不同醇类/TRF，A1 的主要生成反应是一致的，主要通过 H 自由基取代甲苯分子中甲基反应生成，且该反应对 A1 的生成具有最大的正向灵敏性。PAHs 的生成过程很大程度上受到了甲苯降解反应路径的控制，生成量与甲苯初始含量密切相关。随着醇类掺混比的增加，甲苯初始含量逐渐降低，H 自由基含量逐渐增加，因此，PAHs 生成反应速率的降低归因于甲苯初始含量的下降，即汽油中芳烃稀释效应的增强。

(4) 在相同的氧含量下，不同醇类对单环芳烃的抑制能力表现为正丁醇 > 乙醇 > 甲醇，这归因于其对 TRF 中甲苯的稀释程度。而在相同醇类掺混比和相同氧含量下，不同醇类对大环芳烃的抑制能力表现为甲醇 > 乙醇 > 正丁醇。这主要归因于醇类分子结构对 PAHs 生长过程化学作用的差异。相比甲醇和乙醇，正丁醇热解通过 n-C$_4$H$_9$OH→C$_4$H$_8$OH-3→C$_3$H$_6$→C$_3$H$_5$→C$_3$H$_4$→C$_2$H$_2$ 和 n-C$_4$H$_9$OH→C$_4$H$_8$OH-3→C$_3$H$_6$→C$_3$H$_5$→C$_3$H$_4$→C$_3$H$_3$→C$_4$H$_4$ 路径会生成更多的生长组分 C$_2$H$_2$、C$_4$H$_4$ 和 C$_3$H$_5$，促进了单环芳烃类物质 A1- 和 A1C$_2$H$_2$，二环芳烃类物质 A2-、P$_2$- 和 A2CH$_2$，以及三环类物质 A3- 的生长反应，最终促进了大环芳烃 A4 的生成，这增强了正丁醇自身化学效应的作用，相对弱化了稀释效应的作用。而甲醇/TRF 中生长组分的生成量显著低于正丁醇/TRF，抑制了 PAHs 的生长反应。最终，正构醇类掺混对大环芳烃的降低能力一致表现为短链醇高于长链醇。这揭示了分子结构主导碳烟前驱物生长过程的气相化学动力学机理。

第 7 章
醇类/汽油层流扩散火焰数值模拟研究

第 6 章构建了醇类/汽油碳烟前驱物 PAHs 生成的气相化学动力学模型，揭示了醇类掺混稀释效应和不同醇类分子结构对碳烟前驱物 PAHs 影响的气相化学动力学机理。但碳烟的全局机理除气相化学动力学之外，还包括固相颗粒动力学，对应于碳烟颗粒的成核、生长与氧化过程。因此，本章以该气相化学动力学模型为基础，耦合 CFD 火焰代码，实现基于详细碳烟模型的醇类/汽油层流扩散火焰二维数值模拟，从固相颗粒动力学的角度对碳烟气相前驱物生成之后的颗粒成核、生长和氧化等微观机制进行深入探究。

■ 7.1 数值计算方法

碳烟数值计算模型主要包括经验模型、半经验模型和详细模型三大类[307]。经验模型是从表面现象出发，基于碳烟生成与燃烧条件之间相关性的试验结果得出的较为简单的经验关系式，通常包含求解碳烟质量和数密度两个方程[308~309]。这种模型易于理解、计算量最小，但不能深入理解碳烟的形成过程，因此，缺乏广泛的适用性。

半经验模型是采用少量组分和多步反应一定程度上描述燃料热解，碳烟成核、凝聚、表面生长和氧化等基本过程，如 Fusco 等人[310]提出的 8 步反应模型，Kazakov 等人[311]、Tao 等人[312]提出的 9 步反应模型，以及 Fairweather 等人[313]、Moss 等人[314]提出的两方程模型。半经验模型忽略了碳烟具体形成过程的描述，

集中求解碳烟体积分数 f_v 和颗粒数密度 N 两个微分方程,其中碳烟形成的基本过程以源项的形式体现:

$$\frac{\mathrm{d}(\rho s f_v)}{\mathrm{d}t} = \gamma n + \delta - \left(\frac{36\pi}{\rho^2 s}\right)^{\frac{1}{3}} n^{\frac{1}{3}} (\rho s f_v)^{\frac{2}{3}} \omega_{\mathrm{ox}} \tag{7-1}$$

$$\frac{\mathrm{d}(n/N_0)}{\mathrm{d}t} = \alpha - \beta\left(\frac{n}{N_0}\right)^2 \tag{7-2}$$

式 (7-1)、式 (7-2) 中,γ、δ 分别为碳烟表面生长、成核对碳烟体积分数的影响源项;ω_{ox} 为碳烟氧化对体积分数的影响源项;α、β 分别为碳烟成核、凝结对颗粒数密度的影响源项。

$$\alpha = C_\alpha \rho^2 T^{1/2} X_{\mathrm{f}} \exp(-T_\alpha/T) \tag{7-3}$$

$$\beta = C_\beta T^{1/2} \tag{7-4}$$

$$\gamma = C_\gamma \rho T^{1/2} X_{\mathrm{f}} \exp(-T_\gamma/T) \tag{7-5}$$

$$\delta = C_\delta \alpha \tag{7-6}$$

式 (7-3) ~ 式 (7-6) 中,C_α、C_β、C_γ 和 C_δ 为经验系数;X_{f} 为燃料摩尔分数;T_α 和 T_γ 为碳烟成核和表面生长反应的活化温度。

以上模型没有使用详细的气相化学动力学机理,忽略了碳烟颗粒的凝聚结构和多分散性,因此,无法预测详细的碳烟生成特征。详细模型则是从碳烟颗粒形成的实际过程出发,耦合气相化学动力学机理,能够提供针对碳烟生成和氧化微观过程的深入理解。在详细模型中,燃料的气相燃烧反应过程用详细的化学机理来描述,包括 PAHs 等碳烟前驱物的生成;颗粒的生长和演化过程通过使用先进数值方法求解的固相颗粒动力学方程来描述,如矩方法、分区法等。矩方法求解碳烟颗粒尺寸分布函数各阶矩的微分方程,包括碳烟成核、凝聚、表面生长、凝结和氧化等环节;分区法按照碳烟颗粒的粒径将其分为若干区间,在每个分区内分别计算颗粒粒径或颗粒数密度变化方程,包括碳烟成核、凝聚、表面生长、凝结和氧化等环节。

本书采用 CoFlame 火焰代码[315]对醇类/汽油层流扩散火焰的燃烧与碳烟生成进行二维数值模拟研究。该火焰代码是由加拿大多伦多大学 Thomson 等人共同开发的,可用来计算碳烟体积分数分布,聚集体颗粒粒径和颗粒数密度,基本颗粒粒径和颗粒数密度,碳烟颗粒的成核、生长和氧化速率,火焰温度场结构,以及各组分的摩尔分数等。其中碳烟生成模型采用了耦合气相PAHs反应机理的详细分区碳烟模型，在每个分区内会求解碳烟颗粒的聚集体数密度和基本粒子数密度两个输运方程。颗粒生成模型考虑了颗粒的成核，包括PAHs沉积，以及HACA的表面生长、氧化、凝聚、破碎、对流、热泳和扩散。下面将对该碳烟模型进行详细介绍[315]。

7.1.1 控制方程

本书研究的火焰结构实际上是一个对称的同轴协流扩散火焰，因此，该代码在一个二维轴对称系统中求解质量、动量、能量、组分和颗粒数密度守恒方程，利用有限体积法在圆柱坐标系 (r, z) 下对控制方程进行离散。基本控制方程的表达式如下。

（1）连续性方程：

$$\frac{1}{r} \cdot \frac{\partial}{\partial r}(r\rho v) + \frac{\partial}{\partial z}(\rho u) = 0 \qquad (7-7)$$

（2）轴向动量守恒方程：

$$\rho v \frac{\partial u}{\partial r} + \rho u \frac{\partial u}{\partial z} = -\frac{\partial p}{\partial z} + \frac{1}{r} \cdot \frac{\partial}{\partial r}\left(r\mu \frac{\partial u}{\partial r}\right) + 2\frac{\partial}{\partial z}\left(\mu \frac{\partial u}{\partial z}\right) - \frac{2}{3} \cdot \frac{\partial}{\partial z}\left[\frac{\mu}{r} \cdot \frac{\partial}{\partial r}(rv)\right] - \frac{2}{3} \cdot \frac{\partial}{\partial z}\left[\mu \frac{\partial u}{\partial z}\right] + \frac{1}{r}\frac{\partial}{\partial r}\left(r\mu \frac{\partial v}{\partial z}\right) + \rho g_z \qquad (7-8)$$

（3）径向动量守恒方程：

$$\rho v \frac{\partial v}{\partial r} + \rho u \frac{\partial v}{\partial z} = -\frac{\partial p}{\partial r} + \frac{2}{r} \cdot \frac{\partial}{\partial r}\left(r\mu \frac{\partial v}{\partial r}\right) + \frac{\partial}{\partial z}\left(\mu \frac{\partial v}{\partial z}\right) - \frac{2}{3}\frac{1}{r} \cdot \frac{\partial}{\partial r}\left[\mu \frac{\partial}{\partial r}(rv)\right] - \frac{2}{3}\frac{1}{r} \cdot \frac{\partial}{\partial r}\left[r\mu \frac{\partial u}{\partial z}\right] + \frac{\partial}{\partial z}\left(\mu \frac{\partial u}{\partial r}\right) + \frac{2\mu v}{r^2} + \frac{2}{3}\frac{\mu}{r^2} \cdot \frac{\partial}{\partial r}(rv) + \frac{2}{3}\frac{\mu}{r} \cdot \frac{\partial u}{\partial z} \qquad (7-9)$$

（4）组分守恒方程：

$$\rho v \frac{\partial Y_k}{\partial r} + \rho u \frac{\partial Y_k}{\partial z} = -\frac{1}{r}\frac{\partial}{\partial r}(r\rho Y_k V_{k,r}) - \frac{\partial}{\partial z}(\rho Y_k V_{k,z}) + W_k \dot{\omega}_k \quad (k=1,2,\cdots,\text{KK})$$

$$(7-10)$$

(5) 能量守恒方程：

$$C_p \left(\rho v \frac{\partial T}{\partial r} + \rho u \frac{\partial T}{\partial z} \right) = \frac{1}{r} \cdot \frac{\partial}{\partial r} \left(r\lambda \frac{\partial T}{\partial r} \right) + \frac{\partial}{\partial z} \left(\lambda \frac{\partial T}{\partial z} \right) - \sum_{k=1}^{KK} h_k W_k \dot{\omega}_k -$$

$$\sum_{k=1}^{KK} \left[\rho C_{p,k} Y_k \left(V_{k,r} \frac{\partial T}{\partial r} + V_{k,z} \frac{\partial T}{\partial z} \right) \right] - \rho C_{p,s} Y_s \left(V_{Ts,r} \frac{\partial T}{\partial r} + V_{Ts,z} \frac{\partial T}{\partial z} \right) -$$

$$h_s W_s \dot{\omega}_s + Q_r \qquad (7-11)$$

式（7-7）~式（7-11）中，u 为轴向（z）速度；v 为径向（r）速度；p 为压力；ρ 为混合物的平均密度；μ 为黏度；g_z 是轴向上的重力加速度，火焰中浮力作用即通过重力项模拟；Y_k 为第 k 种组分的质量分数；$V_{k,r}$ 和 $V_{k,z}$ 分别为第 k 种组分的径向扩散速度和轴向扩散速度；W_k 为第 k 种组分的摩尔质量；$\dot{\omega}_k$ 为考虑了气相反应及其与固相碳烟相互作用后，第 k 种组分的净生成速率；C_p 为混合物定压比热容；λ 为混合物的导热系数；T 为温度；h_k 为第 k 种组分的比焓；$C_{p,k}$ 为第 k 种组分的定压比热容；KK 为气相化学机理中的组分总数；$C_{p,s}$ 为碳烟的比定压热容（假设与石墨相同）；Y_s 是碳烟的质量分数；$V_{Ts,r}$ 和 $V_{Ts,z}$ 分别为径向和轴向碳烟的热泳速度；h_s 为碳烟的比焓（假设与石墨相同）；W_s 为碳烟的摩尔质量（假设与碳相同）；$\dot{\omega}_s$ 为碳烟的净生成速率；Q_r 为碳烟、H_2O、CO_2 和 CO 的辐射热损失源项，采用柱坐标系下离散坐标法（DOM）和基于统计窄带关联 k 模型（SNBCK）进行计算。

组分守恒方程式（7-10）中第 k 种组分的扩散速度 $V_{k,r}$ 和 $V_{k,z}$，考虑了温度梯度对组分扩散的影响（即 Soret 效应），包括三个部分，即常规扩散项（V_{ok}）、热扩散项（V_{Tk}）和扩散速度修正项（V_c），表达式为

$$V_{k,r} = V_{ok,r} + V_{Tk,r} + V_{c,r} = -\frac{D_k}{X_k} \cdot \frac{\partial X_k}{\partial r} - \frac{D_k \Theta_k}{X_k} \cdot \frac{1}{T} \cdot \frac{\partial T}{\partial r} + V_{c,r} \qquad (7-12)$$

$$V_{k,z} = V_{ok,z} + V_{Tk,z} + V_{c,z} = -\frac{D_k}{X_k} \cdot \frac{\partial X_k}{\partial z} - \frac{D_k \Theta_k}{X_k} \cdot \frac{1}{T} \cdot \frac{\partial T}{\partial z} + V_{c,z} \qquad (7-13)$$

式（7-12）和式（7-13）中，Θ_k 为热扩散率；X_k 为第 k 种组分的摩尔分数；$V_{c,r}$ 和 $V_{c,z}$ 为修正扩散速度，作用是确保气体组分和碳烟的质量分数和为 1；D_k 为混合扩散系数，计算式为

$$D_k = \frac{1 - Y_k}{\sum_{j=1, j \neq k}^{KK} \frac{X_j}{D_{j,k}}} \qquad (7-14)$$

式中，$D_{j,k}$ 为二元扩散系数，热扩散仅考虑 H_2 和 H 自由基，其他组分则忽略不计。

固相颗粒动力学用固定分区法进行描述，碳烟颗粒质量被分为 35 个不连续的区间，分区间隔系数 f_s 为 2.35（即一个分区的代表质量是其前一分区的 2.35 倍）。研究表明，35 个分区可以保证在增加分区数量时平均碳烟形态参数不再发生变化。假设每个颗粒聚集体由分形维数为 1.8、相同大小的球形基本粒子组成。在每个分区内求解聚集体数密度（N_i^a）和基本粒子数密度（N_i^p）输运方程（$i = 1, 2, \cdots, 35$），方程表达式如下。

碳烟聚集体数密度输运方程：

$$\rho v \frac{\partial N_i^a}{\partial r} + \rho u \frac{\partial N_i^a}{\partial z} = \frac{1}{r}\frac{\partial}{\partial r}\left(r\rho D_i^a \frac{\partial N_i^a}{\partial r}\right) + \frac{\partial}{\partial z}\left(\rho D_i^a \frac{\partial N_i^a}{\partial z}\right) - \frac{1}{r}\frac{\partial}{\partial r}(r\rho N_i^a V_{Ts,r}) -$$
$$\frac{\partial}{\partial z}(\rho N_i^a V_{Ts,z}) + \rho\left(\left.\frac{\partial N_i^a}{\partial t}\right|_{nu} + \left.\frac{\partial N_i^a}{\partial t}\right|_{co} + \left.\frac{\partial N_i^a}{\partial t}\right|_{sg} + \left.\frac{\partial N_i^a}{\partial t}\right|_{ox} + \left.\frac{\partial N_i^a}{\partial t}\right|_{fr}\right),$$
$$i = 1, 2, \cdots, 35 \qquad (7-15)$$

基本粒子数密度输运方程：

$$\rho v \frac{\partial N_i^p}{\partial r} + \rho u \frac{\partial N_i^p}{\partial z} = \frac{1}{r}\frac{\partial}{\partial r}\left(r\rho D_i^a \frac{\partial N_i^p}{\partial r}\right) + \frac{\partial}{\partial z}\left(\rho D_i^a \frac{\partial N_i^p}{\partial z}\right) - \frac{1}{r}\frac{\partial}{\partial r}(r\rho N_i^p V_{Ts,r}) -$$
$$\frac{\partial}{\partial z}(\rho N_i^p V_{Ts,z}) + \rho\left(\left.\frac{\partial N_i^p}{\partial t}\right|_{nu} + \left.\frac{\partial N_i^p}{\partial t}\right|_{co} + \left.\frac{\partial N_i^p}{\partial t}\right|_{sg} + \left.\frac{\partial N_i^p}{\partial t}\right|_{ox} + \left.\frac{\partial N_i^p}{\partial t}\right|_{fr}\right),$$
$$i = 1, 2, \cdots, 35 \qquad (7-16)$$

式中，N_i^a 和 N_i^p 分别为每单位质量气体混合物中第 i 个分区内碳烟聚集体的数量和基本粒子的数量；D_i^a 为第 i 个分区聚集体的扩散系数；$V_{Ts,r}$ 和 $V_{Ts,z}$ 为碳烟颗粒在 r 方向和 z 方向的热泳速度，根据式（7-17）[316] 进行计算：

$$V_{Ts,x_i} = -0.55 \frac{\mu}{\rho T} \cdot \frac{\partial T}{\partial x_i},$$
$$x_i = r, z \qquad (7-17)$$

颗粒数密度方程式中由颗粒成核、凝聚、表面生长、氧化和破碎导致的变化源项的求解将在 7.2 节的碳烟颗粒模型中进行介绍。

7.1.2 计算网格与边界条件

计算域与试验所用的液体燃烧器尺寸和燃烧器上方燃烧空间保持一致，燃烧器燃料管的内径为 10.9 mm、壁厚为 0.9 mm，协流空气管的内径为 89 mm，如图 7-1 所示。计算区域在轴向和径向被划分成 250 (z) × 80 (r) 个不均匀的网格。轴向初始网格大小为 0.027 50 cm，在 5.0 cm 以后按 1.02 的比例进行拉伸。径向初始网格大小为 0.027 25 cm，在 0.545~0.645 cm 壁面范围内采用 0.01 cm 的加密网格，之后按 1.04 的比例进行拉伸。研究表明，网格的进一步细化对结果的影响很小。

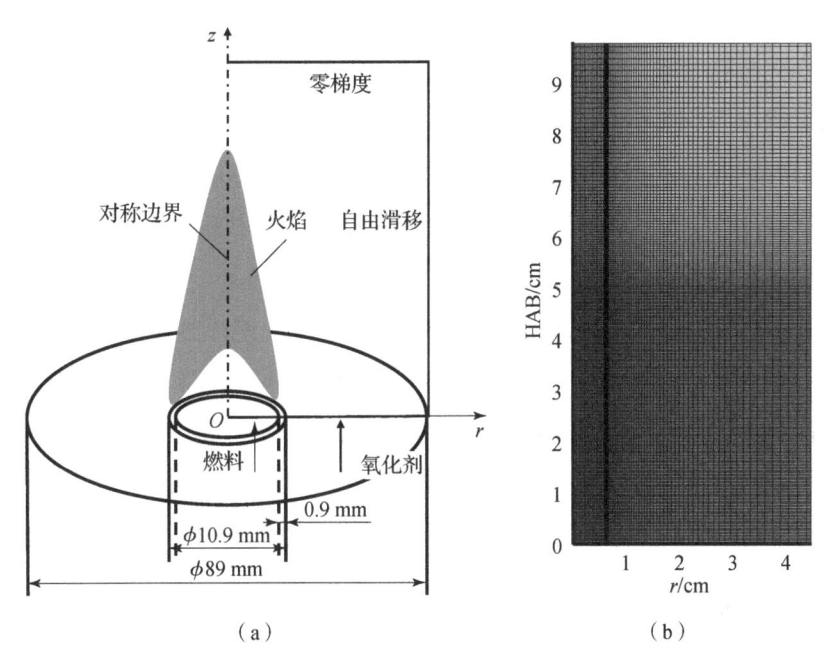

图 7-1 计算域与计算网格

(a) 计算域示意图；(b) 计算网络

火焰中心轴线以对称边界（symmetry condition）条件处理，最上方计算域的出口边界以零梯度（zero gradient）边界条件处理，最右侧外边界以自由滑移（free-slip）边界条件处理，计算区域内包含的燃料管表面为壁面不滑移（non-slip）条件。N_2 稀释后的燃料蒸气和氧化剂的入口流速和温度及壁面温度条件均按照试验中的相关参数进行设置。

7.1.3 求解方法

求解微分方程数值解的首要问题是在网格化积分区域内将连续形式的微分方

程转化为离散的有限数量的代数方程。目前,微分方程离散化的方法主要包括有限体积法、有限元法和有限分析法。本书使用有限体积法对每个控制体的控制方程进行离散,使用交错网格来处理压力和速度耦合,并使用压力耦合方程组的半隐式方法(SIMPLE)在每个离散时间间隔内进行压力和速度的耦合求解,分别使用二阶中心差分和幂律格式对扩散项与对流项进行离散。在每个伪时间步长中,采用三对角矩阵算法(TDMA)分别求解轴向动量方程、径向动量方程和压力修正方程,进而修正轴向速度、径向速度和压力。然后在每个控制体积中,以耦合的方式同时求解气相组分守恒方程及碳烟数密度输运方程,以加快收敛过程。接着使用 TDMA 求解能量方程,以产生更新的全局温度场,并执行收敛检查。当温度和碳烟体积分数的最大相对误差均小于 0.001 时,确认为收敛。此外,气相组分化学反应机理、热力学数据及输运数据利用 chem.exe 和 tran.exe 执行程序分别生成 chem.bin 和 tran.bin 二进制链接文件。

运行前,该代码需要使用安装有 OpenMPI 的 Intel 编译器进行编译。运行中,该代码采用并行计算方式,可以有效解决详细化学反应过程和精细网格带来的计算效率问题。计算中,计算域被均匀地划分为多个子域,每个子域的边界垂直于 z 轴,其中子域的数量即计算所使用的核数,轴向网格总数量即最多可用的核数。

7.2 碳烟颗粒生成模型

7.2.1 颗粒成核

本书的碳烟颗粒成核通过假设 PAHs 的碰撞和黏附来模拟,成核反应连接了碳烟气相前驱物组分和最小分区的碳烟颗粒。成核速率根据动力学理论计算:

$$\left.\frac{\partial N_1^a}{\partial t}\right|_{nu} = \left.\frac{\partial N_1^p}{\partial t}\right|_{nu} = \beta\sqrt{\frac{8\pi kT}{\mu_{AB}}}(r_A + r_B)^2 A_v^2 [A][B] \tag{7-18}$$

$$\left.\frac{\partial N_i^a}{\partial t}\right|_{nu} = \left.\frac{\partial N_i^p}{\partial t}\right|_{nu} = 0, \quad i = 2,3,\cdots,35 \tag{7-19}$$

式中,β 为成核效率,数值为 0.0001[317];k 为玻尔兹曼常数;μ_{AB} 为两个碰撞

PAHs 的折算质量；r_A 和 r_B 为两个碰撞 PAHs 的半径；A_v 为阿伏伽德罗常数（Avogadro constant）；[A] 和 [B] 为两个参与碰撞 PAHs 的浓度。

在各种基于 PAHs 的碳烟成核模型中，芘 A4 二聚反应已经被广泛使用和验证[135,318~319]。本书的碳烟成核模型也采用 A4 自身的二聚反应连接气相化学动力学模型和固相颗粒动力学模型。

7.2.2 颗粒碰撞凝聚

对于颗粒布朗运动导致的碰撞凝聚，该代码基于整个克努森（Knudsen）数（K_n）区域下碳烟聚集体的碰撞核函数进行计算[320]。在第 i 个区域，碳烟聚集体数密度方程和基本粒子数密度方程中碰撞凝聚项的计算式如下：

$$\left.\frac{\partial N_i^a}{\partial t}\right|_{co} = \sum_{\substack{k \leq j \leq i \\ m_{i-1} \leq m_j + m_k \leq m_{i+1}}} \left(1 - \frac{\delta_{j,k}}{2}\right) \eta \beta_{j,k} \xi_{j,k} N_j^a N_k^a - N_i^a \sum_{k=1}^{35} \beta_{j,k} \xi_{j,k} N_k^a \quad (7-20)$$

$$\left.\frac{\partial N_i^p}{\partial t}\right|_{co} = \sum_{\substack{k \leq j \leq i \\ m_{i-1} \leq m_j + m_k \leq m_{i+1}}} \left(1 - \frac{\delta_{j,k}}{2}\right) \eta \eta_p \beta_{j,k} \xi_{j,k} N_j^a N_k^a - n_{p,i} N_i^a \sum_{k=1}^{35} \beta_{i,k} \xi_{i,k} N_k^a$$

$$(7-21)$$

式中，m_i 为第 i 个分区中聚集体的代表质量；δ 为克罗内克（Kronecker delta）函数；$\xi_{j,k}$ 为第 j 个和第 k 个区域中两个聚集体的凝聚效率，设为 0.20[281]；η 为加权因子，将新形成的质量加权到两个质量相邻的分区中，使得聚集体的数量和质量守恒；η_p 为基本粒子加权因子，将基本粒子分配给两个相邻的分区，使得基本粒子的大小和数量守恒；$n_{p,i}$ 为第 i 个分区中每个聚集体的基本颗粒数；$\beta_{j,k}$ 为第 j 个和第 k 个分区中两个聚集体的碰撞核函数。

η 和 η_p 的计算式如下：

$$\eta = \begin{cases} \dfrac{m_{i+1} - (m_j + m_k)}{m_{i+1} - m_i}, & m_i \leq m_j + m_k \leq m_{i+1} \\ \dfrac{m_{i-1} - (m_j + m_k)}{m_{i-1} - m_i}, & m_{i-1} \leq m_j + m_k \leq m_i \end{cases} \quad (7-22)$$

$$\eta_p = \frac{m_i}{m_j + m_k}(n_{p,j} + n_{p,i}) \quad (7-23)$$

式中，$n_{p,j}$ 为第 j 个分区中聚集体包含的基本粒子数目，$n_{p,j} = N_j^p / N_j^a$。

$\beta_{j,k}$ 可以用与球形粒子类似的方式表示如下[321]：

$$\beta_{j,k} = 4\pi R_{abs}(D_j + D_k)f_D \quad (7-24)$$

式中，R_{abs} 为碰撞球体半径，与 Zurita-Gotor 等人[322]的表达式一致；D_j 和 D_k 为第 j 个和第 k 个区域中碳烟颗粒的扩散系数；f_D 为过渡态校正因子。其中，对于扩散系数的计算包括了自由分子和连续体模式，总扩散系数计算式为

$$D = \frac{kTC_c(Kn)}{3\pi\mu d_m} \quad (7-25)$$

式中，k 为玻尔兹曼常数；T 为气体温度；μ 为气相黏度；$C_c(Kn)$ 是坎宁安（Cunningham）滑移校正因子，为 Kn 的函数，如式 (7-26) 所示，Kn 的计算式如式 (7-27) 所示；d_m 为迁移率直径，计算式如式 (7-28) 所示。

$$C_c(Kn) = 1 + 1.612Kn \quad (7-26)$$

$$Kn = \frac{2\lambda_{mfp}}{d_m} \quad (7-27)$$

$$d_m = \begin{cases} 2r_p n_p^{0.43}, & \text{自由分子模式} \\ 2R_f\left(\frac{D_f-1}{2}\right)^{0.7}, & \text{连续体模式} \end{cases} \quad (7-28)$$

式 (7-27)、式 (7-28) 中，λ_{mfp} 为空气的平均自由程；r_p 为基本粒子半径；n_p 为聚集体中基本粒子的数量；D_f 为分形维数；R_f 为聚集体的外半径，计算式为

$$R_f = r_p(fn_p)^{\frac{1}{D_f}} \quad (7-29)$$

式中，f 为体积填充因子，它解释了即使在最紧密堆积的结构中，球形体也不能占据整个可用体积，设为常数 1.43[315]。

7.2.3 颗粒表面生长和氧化

碳烟颗粒的表面反应包括 PAHs 沉积、HACA 表面生长和氧化。PAHs 沉积模型基于碳烟聚集体和 PAHs 之间的过渡和连续体系碰撞理论，碰撞沉积效率 γ 设定为 1.0[319]。PAHs 的迁移率直径取兰纳-琼斯（Lennard-Jones）直径。HACA 表面生长模型是基于 Frenklach 等人[44]开发的碳烟表面反应机理，如表 7-1 所

示。HACA 表面生长反应速率（简称 HACA 反应速率）的计算基于碳烟的表面位点浓度，包含饱和位点（C_{soot}—H）和脱氢位点（C_{soot}·）。氧化模型考虑了 O_2 和 OH 基组分的氧化作用，反应机理如表 7-1 所示。O_2 对碳烟的氧化是基于 Frenklach 等人[44]提出的苯基氧化反应模型，而 OH 基的氧化作用则是采用了 Neoh 等人[323]的碰撞模型，碳烟和 OH 基之间的碰撞效率取值为 0.13。代码中的 α 是位阻因子，代表颗粒能进行表面生长反应的表面积占总表面积的比例，其在本书中的取值为 1。

表 7-1 碳烟 HACA 表面生长和氧化反应机理

序号	反应	$A/(cm^3 \cdot mol^{-1} \cdot s^{-1})$	b	$E_a/(kcal \cdot mol^{-1})$
S1	C_{soot}—H + H $=\!=\!=$ C_{soot}· + H_2	4.2×10^{13}	0	13.0
S2	C_{soot}—H + OH $=\!=\!=$ C_{soot}· + H_2O	1.0×10^{10}	0.73	1.43
S3	C_{soot}· + H $\longrightarrow$ C_{soot}—H	2.0×10^{13}	0	0
S4	C_{soot}· + C_2H_2 $\longrightarrow$ C_{soot}—H + H	8.0×10^{7}	1.56	3.8
S5	C_{soot}· + O_2 $\longrightarrow$ 2CO + 生成物	2.2×10^{12}	0	7.5
S6	C_{soot}—H + OH $\longrightarrow$ CO + 生成物	Neoh 模型，$\gamma_{OH} = 0.13$		

表面饱和位点浓度 [C_{soot}—H] 根据式 (7-30) 计算：

$$[C_{soot}\text{—H}]_i = \frac{\chi_{C_{soot}\text{—H}} A_{s,i} N_i}{A_v} \quad (7-30)$$

式中，$\chi_{C_{soot}\text{—H}}$ 为每单位颗粒表面积的位点数，设为常数 2.3×10^{15} 位/cm^2[277]；$A_{s,i}$ 为第 i 个分区中颗粒的表面积；N_i 为第 i 个分区中的碳烟颗粒数目；A_v 为阿伏伽德罗常数。

脱氢位点浓度 [C_{soot}·] 根据稳态近似计算，计算式为

$$[C_{soot}\cdot] = [C_{soot}\text{—H}]_i \times \frac{k_1[H] + k_2[OH]}{k_{-1}[H_2] + k_{-2}[H_2O] + k_3[H] + k_4[C_2H_2] + k_5[O_2]}$$

$$(7-31)$$

表面生长引起的第 i 个碳烟分区中聚集体数密度和基本粒子数密度变化源项使用两点法[324]进行计算，计算式为

$$\frac{\partial N_i^a}{\partial t}\bigg|_{sg} = \begin{cases} -\dfrac{I_{g,i}}{m_{i+1}-m_i}, & i=1 \\ \dfrac{I_{g,i-1}}{m_i-m_{i-1}} - \dfrac{I_{g,i}}{m_{i+1}-m_i}, & i=2,\cdots,SN-1 \\ \dfrac{I_{g,i-1}}{m_i-m_{i-1}}, & i=SN \end{cases} \quad (7-32)$$

$$\frac{\partial N_i^p}{\partial t}\bigg|_{sg} = \begin{cases} -\dfrac{I_{g,i}}{m_{i+1}-m_i}n_{p,i}, & i=1 \\ \dfrac{I_{g,i-1}}{m_i-m_{i-1}}n_{p,i-1} - \dfrac{I_{g,i}}{m_{i+1}-m_i}n_{p,i}, & i=2,\cdots,SN-1 \\ \dfrac{I_{g,i-1}}{m_i-m_{i-1}}n_{p,i-1}, & i=SN \end{cases} \quad (7-33)$$

式中，$I_{g,i}$ 为第 i 个分区中包括 PAHs 沉积和 HACA 反应速率总和（$g \cdot cm^{-3} \cdot s^{-1}$），总为正值；$m_i$ 为第 i 个分区中碳烟聚集体的质量；$n_{p,i}$ 为第 i 个分区中聚集体包含的初级粒子数量；SN 为分区数。

氧化引起的第 i 个碳烟分区中聚集体数密度和基本粒子数密度变化源项同样使用两点法进行计算，计算式为

$$\frac{\partial N_i^a}{\partial t}\bigg|_{ox} = \begin{cases} -\dfrac{I_{ox,i+1}}{m_{i+1}-m_i} + \dfrac{I_{ox,i}}{m_i}, & i=1 \\ \dfrac{I_{ox,i}}{m_i-m_{i-1}} - \dfrac{I_{ox,i+1}}{m_{i+1}-m_i}, & i=2,\cdots,SN-1 \\ \dfrac{I_{ox,i}}{m_i-m_{i-1}}, & i=SN \end{cases} \quad (7-34)$$

$$\frac{\partial N_i^p}{\partial t}\bigg|_{ox} = \begin{cases} -\dfrac{I_{ox,i}}{m_{i+1}-m_i}n_{p,i+1} + \dfrac{I_{ox,i}}{m_i}n_{p,i}, & i=1 \\ \dfrac{I_{ox,i}}{m_i-m_{i-1}}n_{p,i} - \dfrac{I_{ox,i+1}}{m_{i+1}-m_i}n_{p,i+1}, & i=2,\cdots,SN-1 \\ \dfrac{I_{ox,i}}{m_i-m_{i-1}}n_{p,i}, & i=SN \end{cases} \quad (7-35)$$

式中，$I_{ox,i}$ 为第 i 个分区中总的氧化速率（$g \cdot cm^{-3} \cdot s^{-1}$），总为负值；$m_i$ 为第 i 个分区中碳烟聚集体的质量。

7.2.4 颗粒破碎

颗粒模型中聚集体的破碎由氧化引起,破碎模型使用1∶1的比例模式[319],即母聚集体分裂为两个质量比为1∶1的子聚集体。假设对于包含少于两个基本粒子的聚集体不会发生破碎。在第 i 个碳烟分区中由于破碎导致的颗粒聚集体数密度和基本粒子数密度变化源项的计算式为

$$\left.\frac{\partial N_i^a}{\partial t}\right|_{\text{fr}} = \begin{cases} \Gamma_{i,i+1} S_{i+1} N_{i+1}^a, & i=1 \\ (\Gamma_{i,i}-1) S_i N_i^a + \Gamma_{i,i+1} S_{i+1} N_{i+1}^a, & i=2,\cdots,\text{SN}-1 \\ (\Gamma_{i,i}-1) S_i N_i^a, & i=\text{SN} \end{cases} \quad (7-36)$$

$$\left.\frac{\partial N_i^p}{\partial t}\right|_{\text{fr}} = \begin{cases} \dfrac{\Gamma_{i,i+1} S_{i+1} N_{i+1}^a n_{\text{PAHs},i+1}}{f_s}, & i=1 \\ (\Gamma_{i,i}-1) S_i N_i^a n_{\text{PAHs},i} + \dfrac{\Gamma_{i,i+1} S_{i+1} N_{i+1}^a n_{p,i+1}}{f_s}, & i=2,\cdots,\text{SN}-1 \\ (\Gamma_{i,i}-1) S_i N_i^a n_{\text{PAHs},i}, & i=\text{SN} \end{cases}$$

$$(7-37)$$

式中,$\Gamma_{i,i}$ 和 $\Gamma_{i,i+1}$ 为破碎分布函数,分布函数将新形成的质量分配到两个相邻的部分,从而保证聚集体的数量和质量守恒,以及基本粒子的数量和尺寸守恒,计算如式(7-38)和式(7-39)所示;S_i 为第 i 个碳烟分区中聚集体的破碎速率,计算如式(7-40)所示[325]。

$$\Gamma_{i,i} = \frac{f_s - 2}{f_s - 1} \quad (7-38)$$

$$\Gamma_{i,i+1} = \frac{f_s}{f_s - 1} \quad (7-39)$$

$$S_i = A \, (n_{p,i})^{\frac{1}{D_f}} \quad (7-40)$$

式中,f_s 为分区间隔系数;$n_{p,i}$ 为第 i 个分区中聚集体包含的基本粒子数量;D_f 为分形维数;A 为控制整体破碎率的系数。由于当前模型中的碳烟聚集体的破碎由氧化引起,因此,将 A 近似为碳烟氧化速率(单位碳烟表面积碳烟质量的减小速率 $r_{\text{ox,s}}$)的一阶函数,即 $A = C r_{\text{ox,s}}$,$C = 1.0 \times 10^5$[326]。

7.2.5 模型验证

图 7-2 所示为利用该碳烟模型耦合 C_2 气相化学机理[327]数值计算得到的乙烯标准同轴扩散火焰中碳烟体积分数与本书第 2 章中利用 TC-LII 方法测量得到的结果对比。数值模拟中的乙烯速率根据试验中的体积流量和喷嘴出口面积计算得到，为 2.46 cm/s，初始温度为 300 K。由图 7-2 可见，数值模拟得到的碳烟体积分数与试验测量结果具有相似的分布特征，且火焰高度也可以很好地预测。从具体数值上看，本书试验中测得的碳烟体积分数峰值为 7.58×10^{-6}，模拟计算得到的碳烟体积分数峰值为 7.32×10^{-6}，误差为 3.4%。综上所述，该数值模拟方法和碳烟颗粒模型是准确且有效的，可用于后续的模拟和分析。

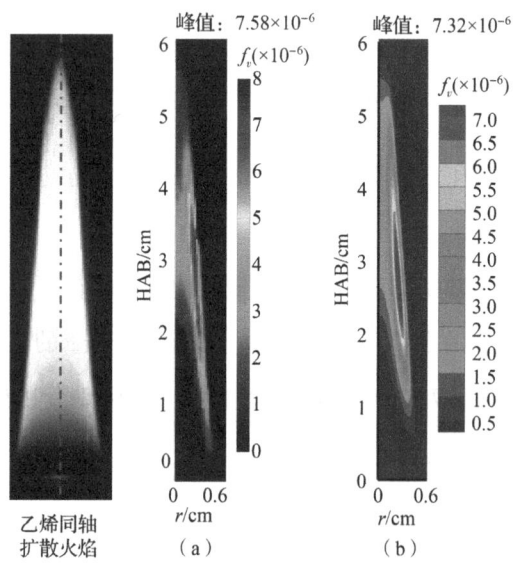

图 7-2　乙烯标准同轴扩散火焰中试验和模拟结果对比（见彩插）
(a) 试验结果；(b) 模拟结果

7.3　醇类掺混比对颗粒生长与氧化的影响

7.3.1　碳烟体积分数和温度场

图 7-3 所示为计算得到的丁醇/汽油火焰中的碳烟体积分数的二维分布。由

图 7-3 可见，丁醇/汽油火焰中高浓度碳烟位于火焰两翼的环形区域内，计算得到的 G100、B20、B40、B60、B80 火焰中碳烟体积分数峰值分别为 8.00×10^{-6}、6.88×10^{-6}、6.06×10^{-6}、5.05×10^{-6} 和 4.06×10^{-6}。同时也注意到火焰中心轴线上碳烟浓度比试验测量结果低。这可能归因于碳烟成核模型和气相 PAHs 化学动力学模型的不确定性。在本书的碳烟成核模型中，两个芘 A4 分子通过碰撞黏附发生碳烟成核，随后通过 PAHs 沉积和 HACA 表面生长获得质量的增长。质量的增加量取决于颗粒被氧化前可用于生长的停留时间和表面生长过程。在当前模型中碳烟成核的先决条件是形成芘，而在气相 PAHs 模型中，芘的形成发生在苯形成之后，从苯到芘的反应过程需要时间。因此，只利用芘二聚化作为碳烟成核机制不可避免地会过度预测碳烟的诱导时间[281]。此外，模型中 PAHs 沉积只考虑了芘的沉积生长可能不够全面。虽然火焰中心轴线附近的碳烟浓度预测稍有不足，但从整体来看，火焰中碳烟体积分数峰值、碳烟分布区域面积和火焰高度随丁醇掺混比的变化趋势均与试验测量结果保持了较好的一致性，因此，可以进行下一步醇类掺混比影响的固相颗粒动力学机制分析。

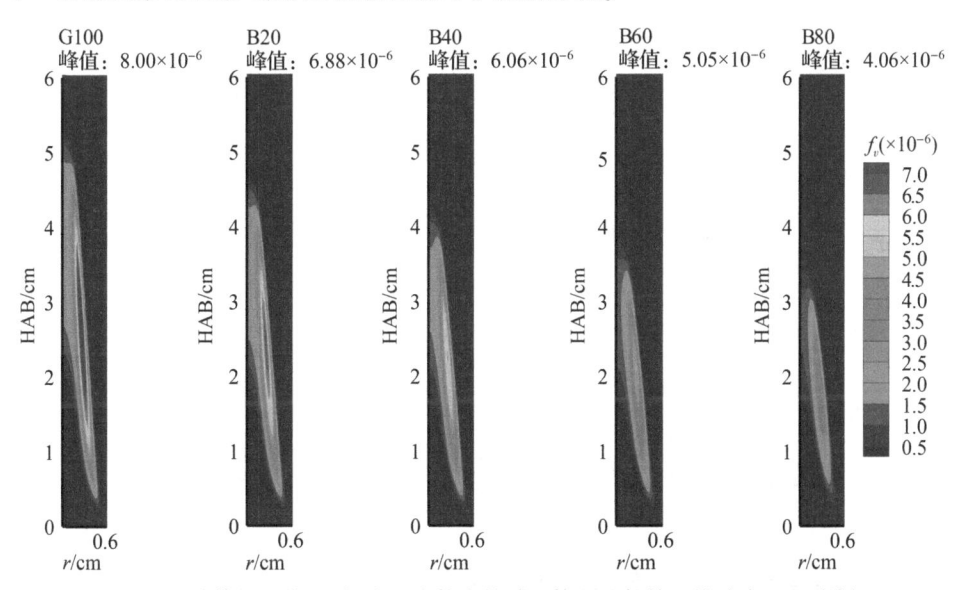

图 7-3 计算得到的丁醇/汽油火焰中的碳烟体积分数的二维分布（见彩插）

图 7-4 所示为计算得到的丁醇/汽油火焰中二维温度场分布随丁醇掺混比的变化。数值模拟中保持不同燃料的碳质量流量一定，与表 2-1 中的试验工况相同。由图 7-4 可见，火焰的峰值温度均出现在 HAB = 0.2~2 cm 高度之间的火焰两

翼环形区域内，且峰值温度随丁醇掺混比的增加而稍有降低。其中 G100、B20、B40、B60 和 B80 火焰的峰值温度分别为 1 927 K、1 910.5 K、1 902.5 K、1 891.1 K 和 1 888.7 K，由此可见，B80 火焰的峰值温度仅比 G100 火焰的峰值温度低 38.3 K。与 G100 相比，峰值温度降幅很小的原因主要是 5 种火焰中燃料流的碳质量流量是相同的[328]。因此可以得出，由于醇类添加所引起的火焰温度降低对碳烟降低的贡献很小。此外，由图 7-4 还可以发现，B80 火焰顶端中心轴线区域的温度明显比 G100 火焰核处温度高，火焰顶端中心轴线区域的温度随着醇类掺混比的增加而增加。这可能是因为随着醇类掺混比的增加，火焰顶端碳烟的浓度逐渐减小（见图 7-3），使得辐射热损失减小。

另一方面，通过对比图 7-3 和图 7-4 可以发现，碳烟生成的高浓度区域恰好位于火焰中温度高于 1 600 K 的环形温度带区域内。这也说明，该温度范围是扩散火焰中碳烟生成和生长的最佳温度区间。

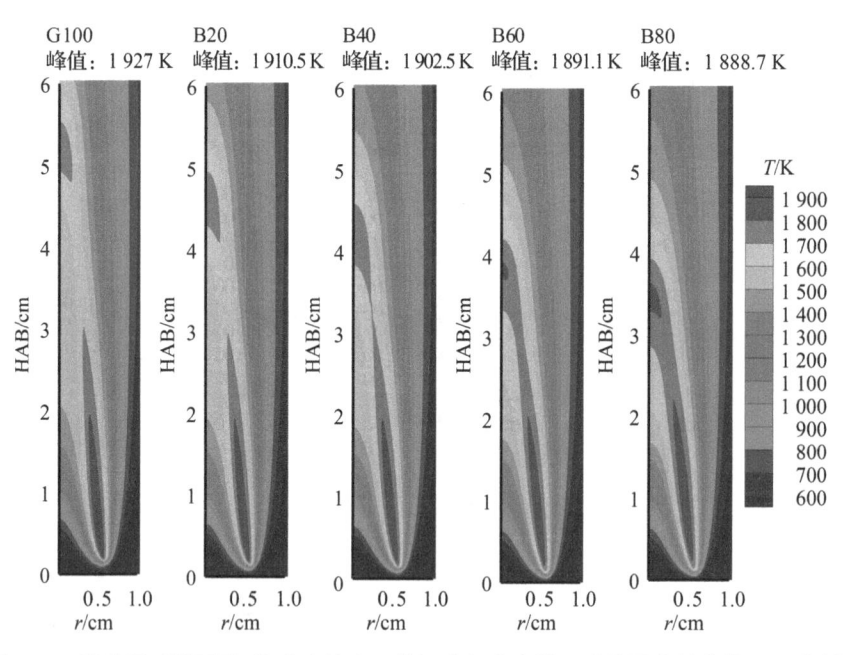

图 7-4　计算得到的丁醇/汽油火焰中二维温度场分布随丁醇掺混比的变化（见彩插）

7.3.2　颗粒粒径与颗粒数密度

图 7-5 所示为计算得到的丁醇/汽油火焰中基本粒子平均粒径和基本粒子数

密度分布随丁醇掺混比的变化。由图 7-5 可见，随着丁醇掺混比的增加，基本粒子平均粒径和基本粒子数密度均呈降低的趋势。具体而言，G100、B20、B40、B60 和 B80 火焰的基本粒子平均粒径峰值分别为 20.20 nm、19.49 nm、19.11 nm、18.73 nm 和 18.32 nm，基本粒子数密度峰值分别为 1.824×10^{12} cm^{-3}、1.678×10^{12} cm^{-3}、1.592×10^{12} cm^{-3}、1.440×10^{12} cm^{-3} 和 1.286×10^{12} cm^{-3}。由此可见，醇类掺混对汽油层流扩散火焰中碳烟颗粒粒径和颗粒数密度与对碳烟体积分数的影响规律一致。

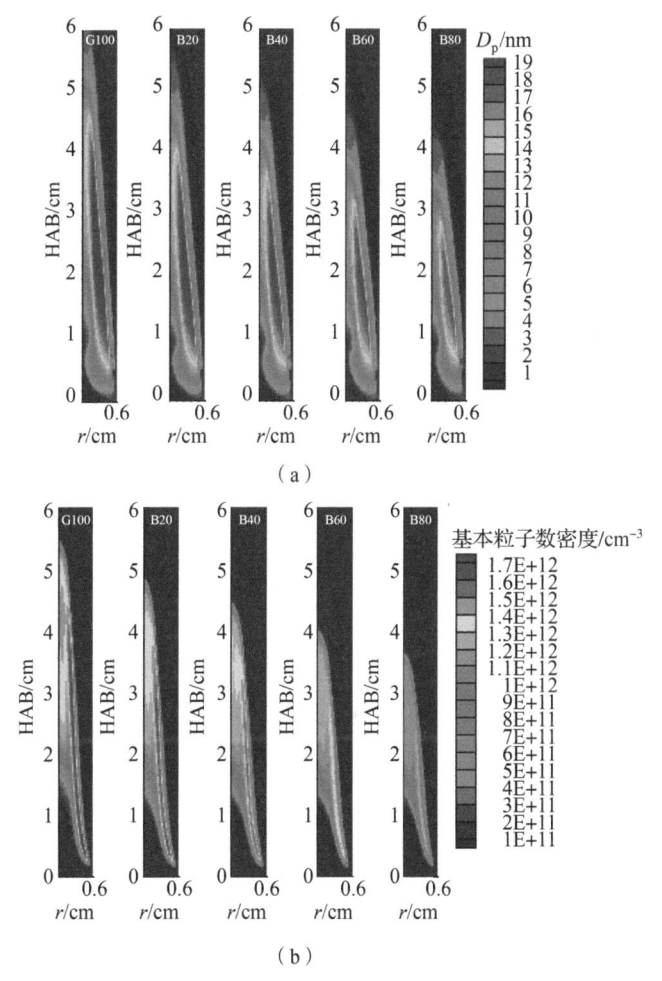

(a)

(b)

图 7-5　计算得到的丁醇/汽油火焰中基本粒子平均粒径和
基本粒子数密度分布随丁醇掺混比的变化（见彩插）

(a) 基本粒子平均粒径；(b) 基本粒子数密度

7.3.3 颗粒生长

颗粒成核反应将碳烟气相前驱物（本书碳烟模型中为 A4）转变为初始碳烟颗粒，也是碳烟颗粒生成的起始反应，然后是颗粒的凝结和表面生长，本书的碳烟模型中颗粒表面生长包括 PAHs 沉积和 HACA 反应。通过图 7-6 所示的丁醇/汽油火焰中颗粒成核、PAHs 沉积和 HACA 反应对颗粒质量贡献的速率峰值随正丁醇掺混比的变化趋势，可以了解这三个过程对碳烟生长的贡献。G100、B20、B40、B60 和 B80 火焰颗粒成核速率峰值分别为 1.1788×10^{-6} g·cm^{-3}·s^{-1}、

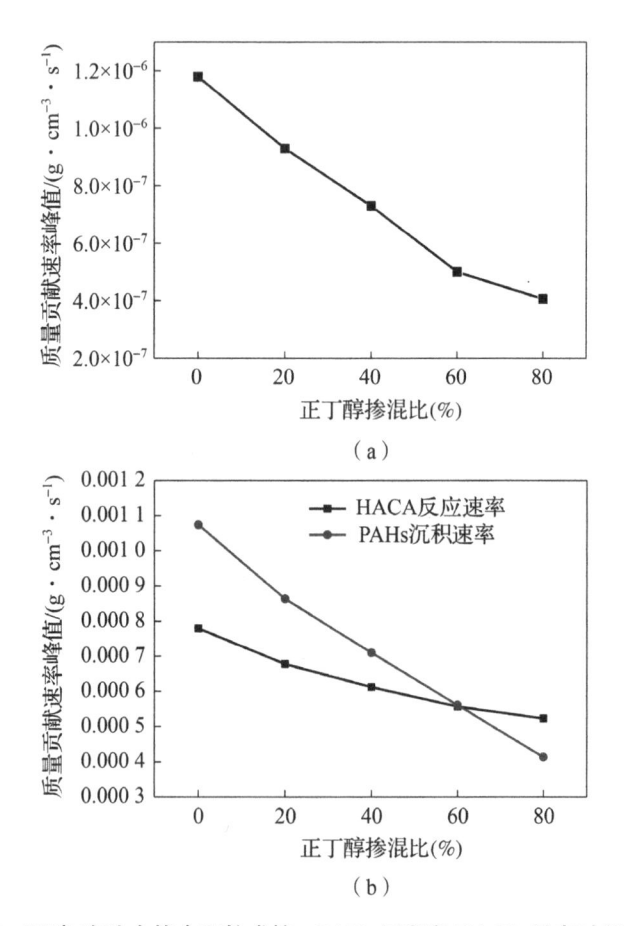

图 7-6 丁醇/汽油火焰中颗粒成核、PAHs 沉积和 HACA 反应对颗粒质量贡献的速率峰值随正丁醇掺混比的变化趋势

(a) 成核速率；(b) 表面生长速率

9.2899×10^{-7} g·cm^{-3}·s^{-1}、7.3001×10^{-7} g·cm^{-3}·s^{-1}、5.0034×10^{-7} g·cm^{-3}·s^{-1}和4.0619×10^{-7} g·cm^{-3}·s^{-1}。表面生长中，G100、B20、B40、B60和B80火焰PAHs沉积速率峰值分别为0.00107 g·cm^{-3}·s^{-1}、0.000863 g·cm^{-3}·s^{-1}、0.000710 g·cm^{-3}·s^{-1}、0.000561 g·cm^{-3}·s^{-1}和0.000414 g·cm^{-3}·s^{-1}，HACA反应速率峰值分别为0.000780 g·cm^{-3}·s^{-1}、0.000678 g·cm^{-3}·s^{-1}、0.000613 g·cm^{-3}·s^{-1}、0.000577 g·cm^{-3}·s^{-1}和0.000523 g·cm^{-3}·s^{-1}。由此可见，随着醇类掺混比的增加，颗粒的成核速率和表面生长速率均逐渐降低，这也解释了基本粒子数密度和粒径随丁醇掺混比的增加而逐渐减小（见图7-5）的原因。成核主要影响颗粒数密度，但对颗粒质量增长的贡献速率很小，表面生长是主导颗粒质量增长的主要机制。

从表面生长来看，PAHs沉积速率和HACA反应速率均随着正丁醇掺混比的增加而逐渐减小，且PAHs沉积速率的下降趋势高于HACA反应速率，HACA反应的占比逐渐增大。在G100火焰中，PAHs沉积速率远大于HACA反应速率，是颗粒质量增加的最主要机制。随着正丁醇掺混比的增加，HACA反应速率与PAHs沉积速率之间的差值在逐渐减小，在B60火焰中，PAHs沉积和HACA反应对颗粒质量增加起到了同等程度的作用，随着正丁醇掺混比的进一步增加，HACA反应速率与PAHs沉积速率之间的差值又开始增加，在B80火焰中，HACA反应代替PAHs沉积成为颗粒质量增加的最主要机制。

由第6章气相化学动力学的研究可知醇类添加的芳烃稀释效应降低了汽油表征燃料中甲苯的含量，抑制了单环芳烃A1的生成，并最终使扩散火焰中A3、A4等大环芳烃的生成降低（见图7-7），因此，导致颗粒成核速率和PAHs沉积速率显著降低。相比之下，HACA反应速率受稀释效应的影响相对较小，且第6章的气相化学动力学分析也表明醇类自身热解中也会生成C_2H_2组分。如图7-8所示，随着正丁醇掺混比的增加，层流扩散火焰中C_2H_2的峰值摩尔分数呈增加的趋势，这在一定程度上不仅有利于碳烟前驱物PAHs的生长，也有利于HACA反应机理下碳烟颗粒的生长，起到一定的正向化学作用。因此，在G100火焰中，PAHs沉积是颗粒质量增加的最主要机制，而随着醇类的掺混比的增加，HACA反应会逐渐成为颗粒质量增加的主要机制。

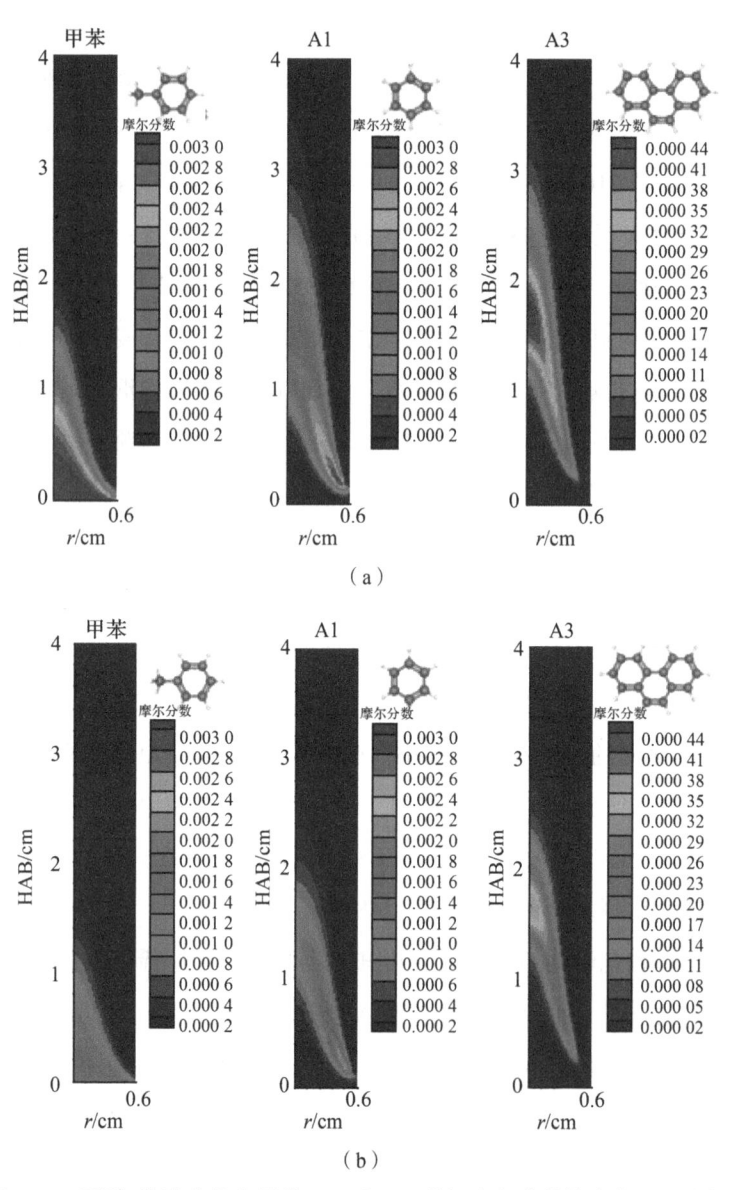

图 7-7 丁醇/汽油火焰中甲苯、A1 和 A3 芳烃摩尔分数的分布（见彩插）

(a) B20；(b) B60

图 7-9 所示为计算得到的丁醇/汽油火焰中颗粒生长的 PAHs 沉积速率和 HACA 反应速率的二维分布随丁醇掺混比的变化。由图 7-9 可见，随着醇类掺混比的增加，颗粒表面生长区域面积和速率均逐渐减小。PAHs 沉积区域和 HACA 反应区域表现出明显不同的分布特征：PAHs 沉积主要发生在火焰面内侧

第 7 章 醇类/汽油层流扩散火焰数值模拟研究

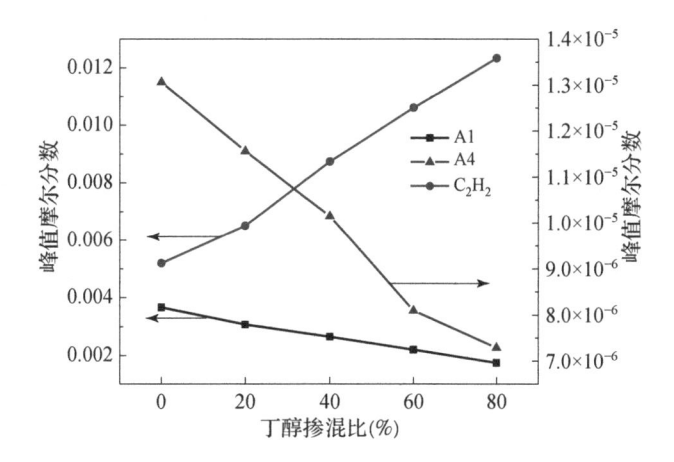

图 7-8 丁醇/汽油火焰中间物质摩尔分数随正丁醇掺混比的变化趋势

"钟形"区域内,由此可见,其对火焰内部中心区域和两翼的碳烟生长均起到了重要作用;而 HACA 反应主要发生在火焰外侧较窄的两翼区域内,由此可见,其对火焰两翼的碳烟生长起重要作用。此外,HACA 反应区域的分布面积远小于 PAHs 沉积生长区域的分布面积,由此可见,PAHs 沉积在火焰中的作用范围更加宽广。

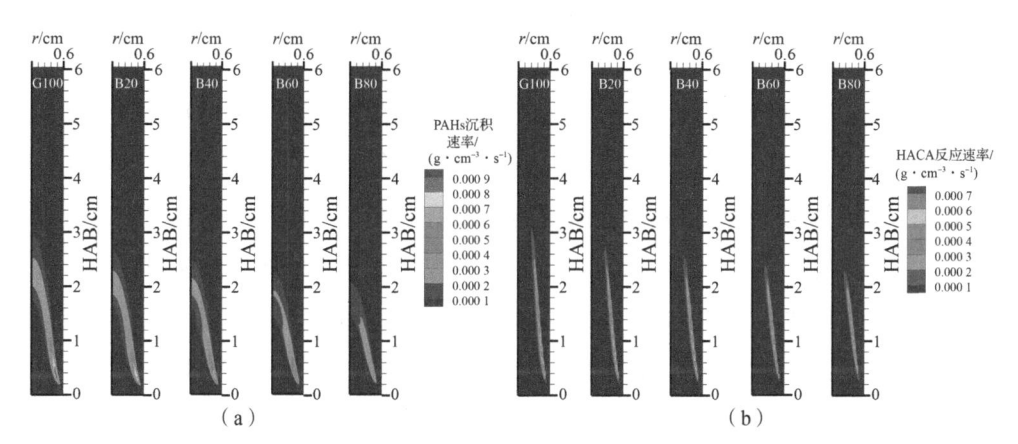

图 7-9 丁醇/汽油火焰中颗粒生长的 PAHs 沉积速率和 HACA 反应速率的二维分布随丁醇掺混比的变化(见彩插)

(a) PAHs 沉积速率;(b) HACA 速率

7.3.4 颗粒氧化

图 7-10 所示为计算得到的丁醇/汽油火焰中由 O_2 氧化和 OH 基氧化引起的碳

烟颗粒质量减小速率峰值随丁醇掺混比的变化趋势。G100、B20、B40、B60 和 B80 火焰的 O_2 氧化速率峰值分别为 0.001 57 g·cm^{-3}·s^{-1}、0.001 49 g·cm^{-3}·s^{-1}、0.001 38 g·cm^{-3}·s^{-1}、0.001 24 g·cm^{-3}·s^{-1} 和 0.001 07 g·cm^{-3}·s^{-1}，OH 基氧化速率峰值分别为 0.000 175 g·cm^{-3}·s^{-1}、0.000 180 g·cm^{-3}·s^{-1}、0.000 186 g·cm^{-3}·s^{-1}、0.000 191 g·cm^{-3}·s^{-1} 和 0.000 201 g·cm^{-3}·s^{-1}。从数值上可以看出，扩散火焰中 O_2 氧化速率均远大于 OH 基氧化速率，因此，O_2 氧化是醇类/汽油同轴层流扩散火焰中碳烟氧化的最主要机制。

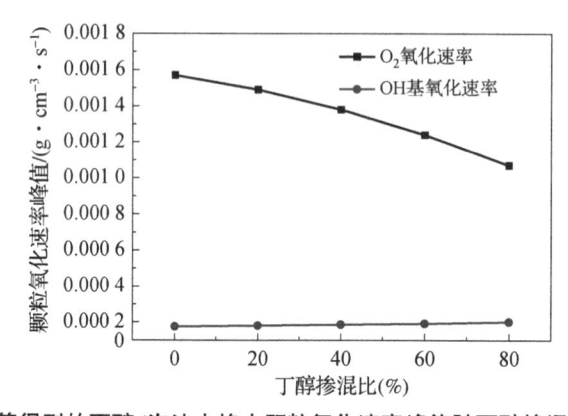

图 7-10　计算得到的丁醇/汽油火焰中颗粒氧化速率峰值随丁醇掺混比的变化趋势

同时，随着丁醇掺混比的增加，O_2 氧化引起的颗粒质量减少速率峰值是逐渐降低的。对于 B80 火焰，由 O_2 氧化引起的碳烟质量的减少明显小于其他火焰。然而，OH 基氧化引起的碳烟质量减少速率峰值随着丁醇掺混比的增加是逐渐增加的。需要注意的是，虽然在 B80 火焰中 OH 基氧化速率的增加对碳烟质量降低贡献略有增加，但仍远小于 O_2 氧化速率减小对碳烟质量增加的贡献。这表明，醇类掺混虽然会导致 OH 基氧化速率的增加，但同时 O_2 氧化速率也会降低，且 O_2 氧化速率的减小值远高于 OH 基氧化速率的增加值，因此，由于醇类掺混比增加所引起的 OH 基氧化速率的增加并不是导致碳烟降低的主要原因。

综合第 6 章的气相化学动力学分析，也可以得到第 3 章试验结果中碳烟体积分数随醇类掺混比的增加保持较高降幅的内在机理。随着醇类掺混比的增加，其对基础燃料中芳烃的稀释效应增强，而芳族化合物含量的减少抑制了碳烟前驱物 PAHs 的形成，降低了颗粒成核速率，PAHs 沉积速率和 HACA 反应速率，抑制了颗粒数目和颗粒质量的增长，最终减少了碳烟的生成。

图 7 – 11 所示为计算得到的丁醇/汽油火焰中颗粒 O_2 氧化速率和 OH 基氧化速率的二维分布随丁醇掺混比的变化。由图 7 – 11 可以看出，O_2 和 OH 基的氧化区域分布具有相似的特征，均分布于靠近氧化剂侧的火焰两翼，并持续至火焰顶端颗粒被完全氧化。从氧化起始高度上看，OH 基氧化开始的高度比 O_2 氧化开始的高度更低，如 G100 火焰中 O_2 氧化开始于 HAB≈0.6 cm 处，OH 基氧化开始于 HAB≈0.2 cm 处，这表明，碳烟初始颗粒生成之后会首先被 OH 基氧化，然后被 O_2 和 OH 基共同氧化。

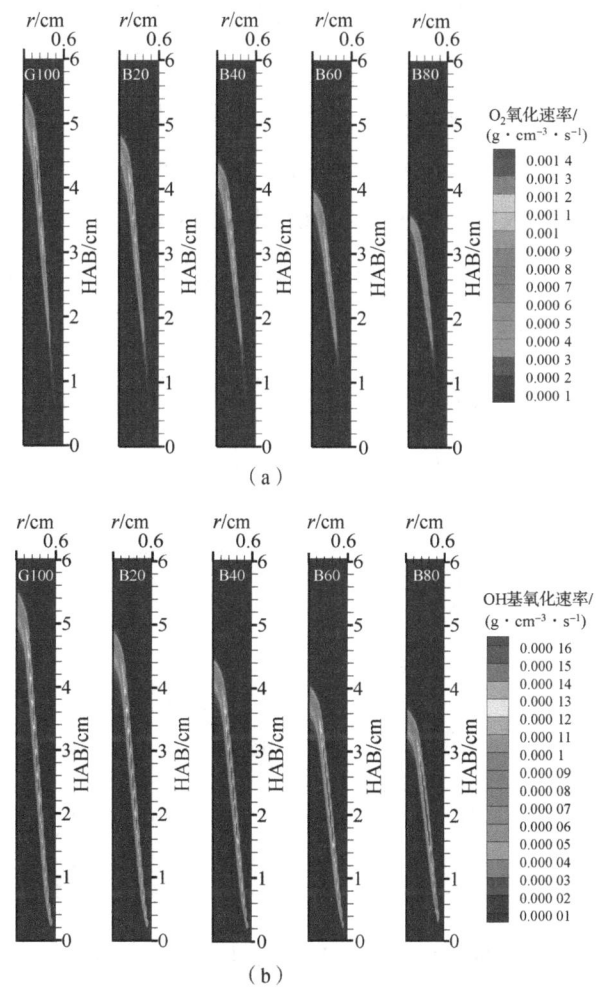

图 7 – 11 计算得到的丁醇/汽油火焰中颗粒氧化速率的二维分布随丁醇掺混比的变化（见彩插）

(a) O_2 氧化速率；(b) OH 基氧化速率

7.4 不同醇类分子结构对颗粒生长与氧化的影响

7.4.1 碳烟体积分数和温度场

图 7-12（a）和图 7-12（b）所示分别为计算得到的 20% 醇类掺混比和 5% 氧含量的条件下不同醇类/汽油火焰中碳烟体积分数分布的对比。相同醇类掺混比的条件下燃料的碳质量流量相同，相同氧含量的条件下燃料的质量流量相同，数值模拟中与表 2-1 中试验工况的设置相同。由图 7-12 可见，在相同醇类掺混比和相同稀释程度的条件下，甲醇/汽油的火焰高度最低，整体碳烟体积分数最小。在相同醇类掺混比的条件下，M20、E20 和 B20 火焰中峰值碳烟体积分数分别为 5.12×10^{-6}、5.79×10^{-6} 和 6.88×10^{-6}；在相同氧含量的条件下，M9.2、E13.2 和 B21.2 火焰中峰值碳烟体积分数分别为 5.92×10^{-6}、6.54×10^{-6} 和 7.22×10^{-6}。

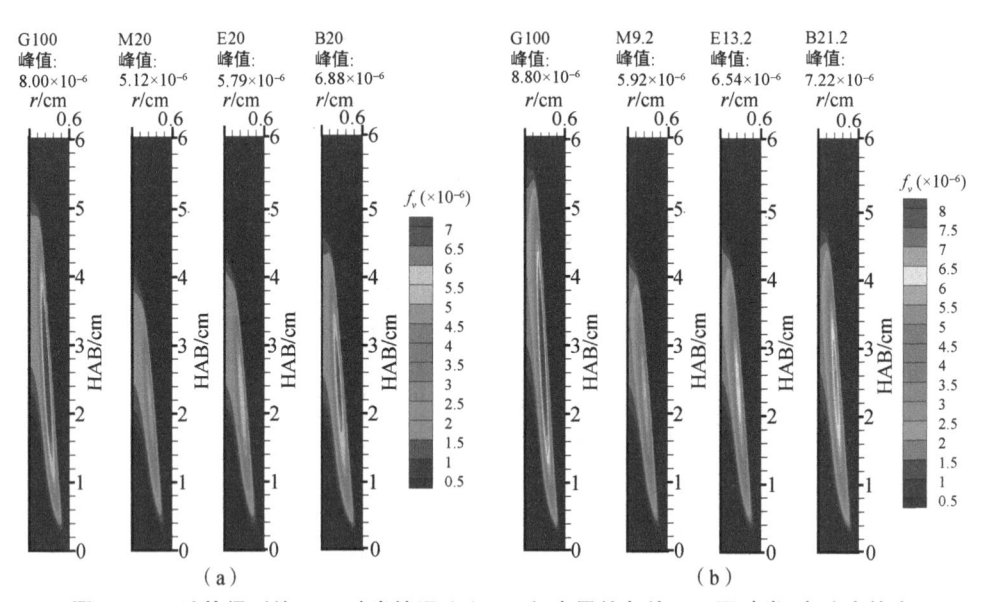

图 7-12 计算得到的 20% 醇类掺混比和 5% 氧含量的条件下不同醇类/汽油火焰中碳烟体积分数分布的对比（见彩插）

(a) 20% 醇类掺混比条件下；(b) 5% 氧含量条件下

第 7 章 醇类/汽油层流扩散火焰数值模拟研究

数值模拟的结果表明，在相同醇类掺混比和相同氧含量的条件下，不同醇类掺混对碳烟的抑制能力是一致的，均表现为甲醇＞乙醇＞正丁醇，这与试验测量的碳烟体积分数趋势一致（见图 3－12），因此，可以进行下一步不同醇类分子结构影响的固相颗粒动力学机制分析。

图 7－13 所示为计算得到的 20% 醇类掺混比和 5% 氧含量的条件下不同醇类/汽油火焰的二维温度分布的对比。由图 7－13 可见，不同醇类/汽油火焰的峰值温度均出现在 HAB＝0.2～2 cm 高度处的火焰外围环形区域内。在相同醇类掺混比的条件下，M20、E20 和 B20 火焰的峰值温度分别为 1 903.6 K、1 909.2 K 和 1 910.5 K；在相同氧含量的条件下，M9.2、E13.2 和 B21.2 火焰的峰值温度分别为 1 910.8 K、1914.4 K 和 1 914.7 K。因此，在相同稀释程度和相同氧含量的条件下，甲醇/汽油火焰的温度最低，丁醇/汽油火焰的温度最高。但 M20 火焰的峰值温度仅比 B20 火焰的峰值温度低 8.9 K，M9.2 火焰的峰值温度仅比 B21.2 火焰的峰值温度低 3.9 K。由此可以得出结论，由不同醇类掺混所引起的火焰温度差异对颗粒生长的影响差异很小。

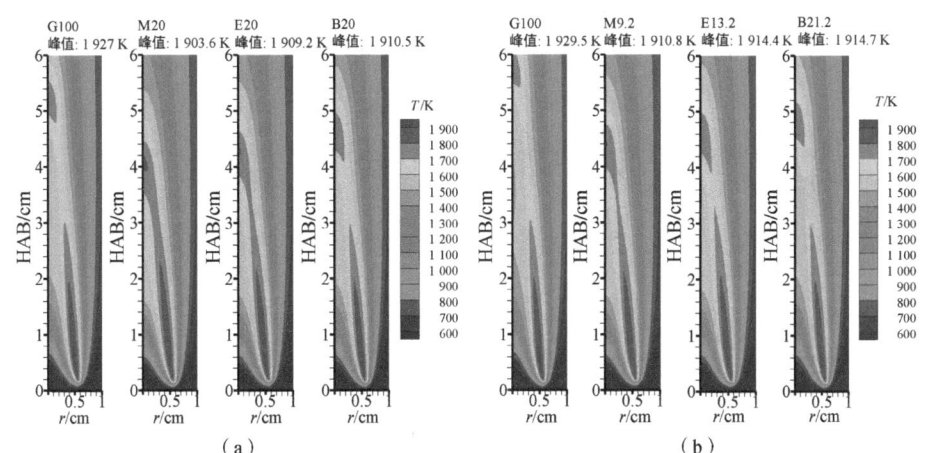

图 7－13　计算得到的 20% 醇类掺混比和 5% 氧含量的条件下不同醇类/汽油火焰的二维温度分布的对比（见彩插）

(a) 20% 醇类掺混比条件下；(b) 5% 氧含量条件下

此外，由图 7－13 还可以发现，火焰尖端中心区域的温度表现为甲醇/汽油＞乙醇/汽油＞丁醇/汽油，火焰顶端中心区域的温度随着醇碳链长度的增加而减小，这与火焰峰值温度的趋势相反。这可能是因为随着醇碳链长度的增加，火焰顶端碳烟的浓度减小，导致辐射热损失减小。

7.4.2 颗粒粒径与颗粒数密度

图 7-14 所示为计算得到的相同醇类掺混比的条件下不同醇类/汽油火焰中基本颗粒平均粒径和基本颗粒数密度分布的对比。由图 7-14 可见，G100、M20、E20 和 B20 火焰中基本颗粒平均粒径的峰值分别为 20.20 nm、18.94 nm、19.31 nm 和 19.49 nm，基本颗粒数密度峰值分别为 1.824×10^{12} cm^{-3}、1.558 ×

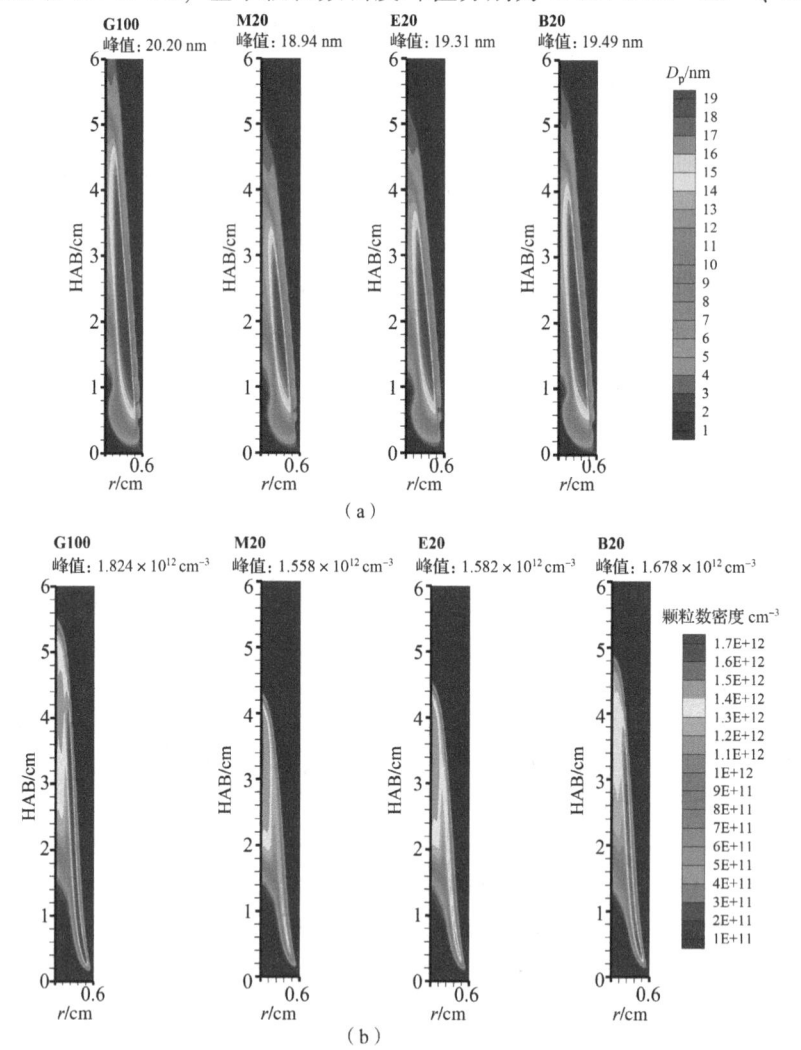

图 7-14 计算得到的相同醇类掺混比的条件下不同醇类/汽油火焰中基本颗粒平均粒径和基本颗粒数密度分布的对比（见彩插）

（a）基本颗粒平均粒径；（b）基本颗粒数密度

10^{12} cm^{-3}、1.582×10^{12} cm^{-3} 和 1.678×10^{12} cm^{-3}。M20 火焰中碳烟颗粒粒径与颗粒数密度均最低，不同醇类掺混对碳烟颗粒粒径和颗粒数密度的降低幅度与碳烟体积分数一致，均表现为甲醇＞乙醇＞正丁醇。

7.4.3 颗粒生长

图 7-15（a）和图 7-15（b）所示分别为计算得到的 G100、M20、E20 和 B20 火焰中颗粒成核和表面生长对颗粒质量增长贡献速率峰值的对比。由图 7-15（a）可见，不同醇类掺混均会降低颗粒成核和表面生长速率。在相同醇类掺混比下，掺混甲醇对成核速率、PAHs 沉积速率和 HACA 反应速率的降幅均最高，其次为乙醇，丁醇最小。成核速率对质量增长的贡献率很小，但与基本颗粒数密度密切相关，这也解释了图 7-14 中 M20 颗粒数密度最低的原因。从生长速率来看，随着醇类碳链长度的增加，PAHs 沉积在表面生长中占比逐渐增加。M20 和 E20 火焰中，HACA 反应速率稍高于 PAHs 沉积速率，是颗粒质量增长的最主要机制；而 B20 火焰中，PAHs 沉积速率高于 HACA 反应速率，是颗粒质量增长的最主要机制。从第 6 章的气相化学动力学分析可知，正丁醇热解中会生成有助于 PAHs 生长的组分，因此，相比甲醇和乙醇，丁醇掺混对芳烃的稀释效应相对减弱，PAHs 沉积占比较大。此外，由图 7-15（b）可见，虽然表面生长速率表现为 B20＞E20＞M20，但其中三种火焰中 HACA 速率的差异很小，PAHs 沉积速率的差异较大。因此，颗粒表面生长中的 PAHs 沉积和 HACA 反应的共同作用决定了不同醇类掺混对汽油层流扩散火焰中碳烟颗粒生长的抑制能力，而 PAHs 沉积是主要的决定机制。

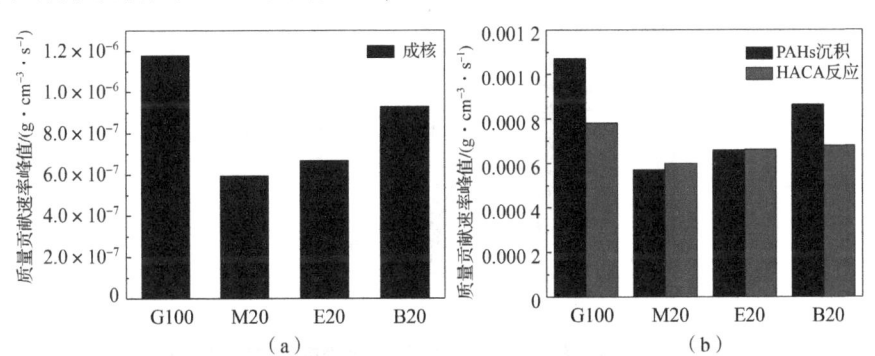

图 7-15 计算得到的不同醇类/汽油火焰中颗粒成核和表面生长
对颗粒质量增长贡献速率峰值的对比（见彩插）

（a）成核速率；（b）表面生长速率

图 7-16（a）和图 7-16（b）所示分别为计算得到的 G100、M20、E20 和 B20 火焰中 PAHs 沉积速率和 HACA 反应速率二维分布的对比。峰值标注在图 7-16 中，G100、M20、E20 和 B20 火焰中 PAHs 沉积速率峰值分别为 0.00107 g·cm^{-3}·s^{-1}、0.000 570 g·cm^{-3}·s^{-1}、0.000 659 g·cm^{-3}·s^{-1} 和 0.000 863 g·cm^{-3}·s^{-1}，HACA 速率峰值分别为 0.000 780 g·cm^{-3}·s^{-1}、0.000 599 g·cm^{-3}·s^{-1}、0.000 702 g·cm^{-3}·s^{-1} 和 0.000 678 g·cm^{-3}·s^{-1}。由图 7-16 可见，不同醇类/汽油火焰中 PAHs 沉积速率和 HACA 反应速率分布区域面积不同，但分布特征相似。

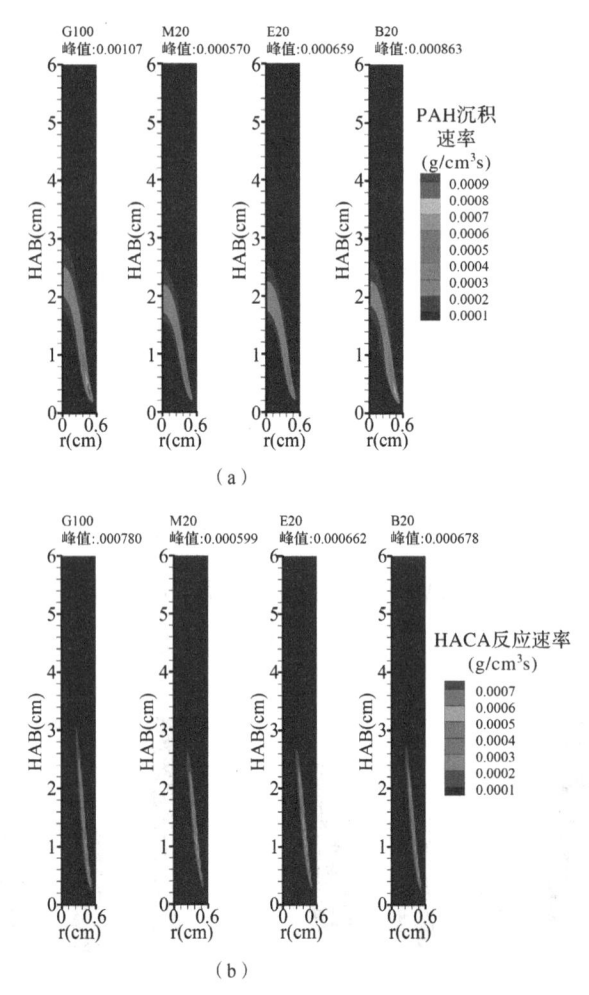

图 7-16　计算得到的不同醇类/汽油火焰中 PAHs 沉积速率和 HACA 反应速率二维分布的对比（见彩插）

（a）PAHs 沉积速率；（b）HACA 反应速率

7.4.4 颗粒氧化

图 7-17 所示为计算得到的不同醇类/汽油火焰中颗粒 O_2 氧化速率和 OH 基氧化速率二维分布的对比。G100、M20、E40 和 B20 火焰中 O_2 氧化速率峰值分别为 0.001 57 g·cm^{-3}·s^{-1}、0.001 23 g·cm^{-3}·s^{-1}、0.001 32 g·cm^{-3}·s^{-1} 和 0.001 49 g·cm^{-3}·s^{-1}。由此可见，不同醇类掺混均会导致 O_2 氧化速率的增加，M20 火焰中 O_2 氧化速率最低，其对颗粒质量降低的贡献最小，而实际上 M20 的碳烟体积分数最低，因此，由于不同醇类掺混所引起的 O_2 氧化速率的差

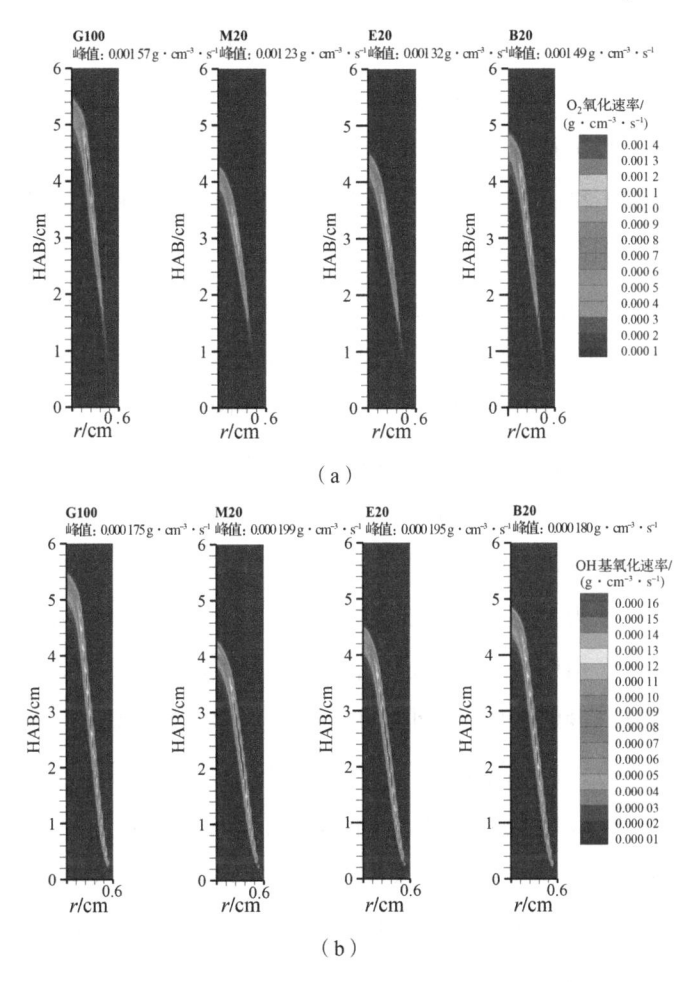

(a)

(b)

图 7-17 计算得到的不同醇类/汽油火焰中颗粒氧化速率二维分布的对比（见彩插）

(a) O_2 氧化速率；(b) OH 基氧化速率

异并不是决定醇类对碳烟生成降低能力的机制。G100、M20、E40 和 B20 火焰中 OH 基氧化速率峰值分别为 0.000 175 g·cm^{-3}·s^{-1}、0.000 199 g·cm^{-3}·s^{-1}、0.000 195 g·cm^{-3}·s^{-1} 和 0.000 180 g·cm^{-3}·s^{-1}。由此可见，不同醇类掺混均会导致 OH 基氧化速率的增加，但 OH 基氧化速率的增加值远小于 O_2 氧化速率的减小值，其并不是颗粒质量降低的主导机制。因此，由于不同醇类掺混所引起的 OH 基氧化速率的差异也不是决定醇类对碳烟生成降低能力的机制。

7.4.5 稀释效应与化学效应的解耦分析

本节前面的研究已经揭示了醇类自身分子结构对碳烟前驱物和颗粒生长过程影响的化学机理。为了定量解耦醇类掺混的稀释效应和分子结构导致的化学效应，本节定义三种虚拟组分 DCH_3OH、DC_2H_5OH 和 DC_4H_9OH，它们与真实组分 CH_3OH、C_2H_5OH 和 $n-C_4H_9OH$ 拥有相同的热力学参数和输运参数，但不参与任何基元反应。因此，利用掺混真实组分 CH_3OH、C_2H_5OH 和 $n-C_4H_9OH$ 所得计算结果（总体效应）与掺混虚拟组分 DCH_3OH、DC_2H_5OH 和 DC_4H_9OH 所得计算结果（稀释效应）的差值，可以定量解耦出相应真实组分化学效应的影响。图 7-18 所示为 20% 醇类掺混比时，总体效应和稀释效应下不同醇类/汽油火焰中碳烟体积分数的对比。由图 7-18 可见，稀释效应下，不同醇类/汽油火焰中火焰高度和碳烟体积分数分布相似，且峰值低于总体效应的结果。这说明，醇类自身的化学效应对碳烟生成具有额外的正向作用。

图 7-19 所示为 20% 醇类掺混比条件下，不同醇类/汽油火焰中稀释效应和化学效应的解耦。由图 7-19 可见，相同醇类掺混比下，由于总效应导致的碳烟降低随着醇碳链长度的增加而减小，由稀释效应导致的碳烟降低对于所有醇类是相似的（约 45%），稀释效应是不同醇类掺混降低碳烟的主要机制。此外，化学效应随着正构醇碳链长度的增加而增大，表现为正丁醇（31%）＞乙醇（18.6%）＞甲醇（9%）。因此，这进一步证实了，化学效应的增强不影响稀释效应，而是表示来自醇类分子结构对碳烟生成额外化学作用的增加。不同醇类对碳烟生成降低能力的差异取决于醇类自身分子结构导致的额外化学效应。

第 7 章 醇类/汽油层流扩散火焰数值模拟研究

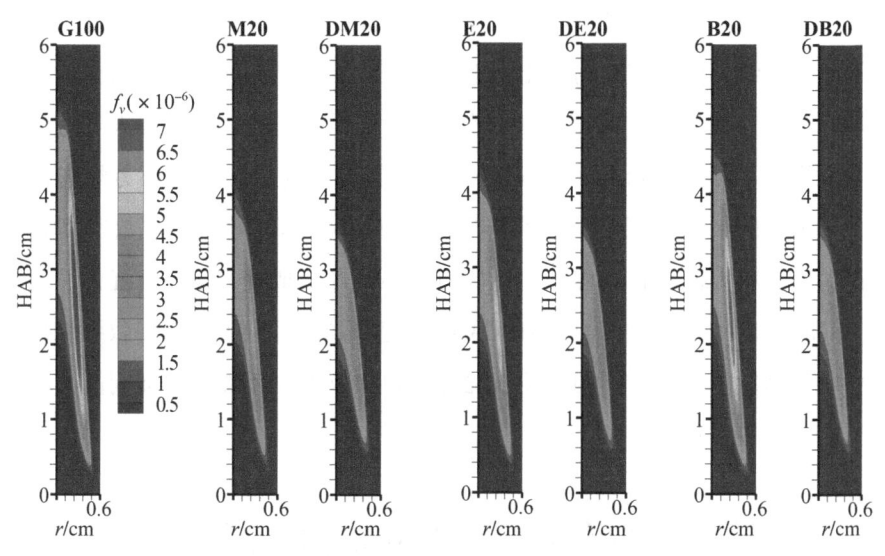

图 7-18 20%醇类掺混比条件，总体效应和稀释效应下不同醇类/汽油火焰中碳烟体积分数的对比（见彩插）

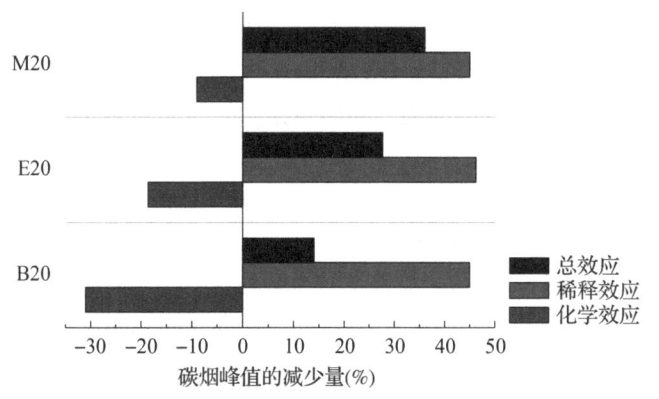

图 7-19 20%醇类掺混比条件，不同醇类/汽油火焰中稀释效应和化学效应的解耦（见彩插）

综合第 6 章气相化学动力学的分析及本章的分析可以得到不同醇类掺混对碳烟生成降低能力的全局机制。相同醇类掺混比下，不同醇类掺混的稀释效应对碳烟生成降低的作用相似，不同醇类对碳烟生成降低能力的差异取决于醇类自身分子结构的化学效应。相比甲醇和乙醇，正丁醇热解过程中通过 n-C_4H_9OH→C_4H_8OH-3→C_3H_6→C_3H_5→C_3H_4→C_2H_2 和 n-C_4H_9OH→C_4H_8OH-3→C_3H_6→C_3H_5→C_3H_4→C_3H_3→C_4H_4 路径生成更多的 C_2~C_4 生长组分，逐级促进了单环芳烃类物质 A1- 和 A1C_2H_2，二环芳烃类物质 A2-、P_2- 和 A2CH_2，以及三环芳烃类物质 A3 - 的生长反应，促进了 A4 的生成，这在一定程度上弱化了稀释效应，导致总体效应减弱。相比之下，短链醇掺混会导致生长组分的生成量显著降低，使其化学效应减弱，总体效应相对增强。因此，火焰中大环芳烃的生成量表现为正丁醇/汽油 > 乙醇/汽油 > 甲醇/汽油。随后，在大环芳烃碰撞成核过程中，更低的大环芳烃生成使得颗粒成核速率下降，导致颗粒数密度显著减小。在随后颗粒表面生长过程中，更低的大环芳烃生成使得 PAHs 沉积速率显著降低，同时更低的生长组分使得 HACA 反应速率降低，两者共同导致颗粒质量增长速率显著降低。最终，不同醇类掺混对碳烟颗粒和大环芳烃的抑制能力一致表现为甲醇 > 乙醇 > 正丁醇。

7.5 醇类掺混与环境富氧对碳烟颗粒的复合影响

众所周知，用富氧空气燃烧烃类燃料不仅可以减少碳烟排放，还可以提高火焰温度和稳定性，从而提高热效率。随着氧气生成技术的改进和醇类生物燃料现代生产工艺的发展，氧强化燃烧（oxygen - enhanced combustion，OEC）[329] 和掺混醇类燃料的综合应用更具吸引力。环境氧增强与含氧燃料的复合作用有望在提高燃烧效率的同时控制碳烟颗粒的生成。

7.5.1 环境氧对碳烟影响的研究概述

在过去 10 年，环境氧浓度的影响已经在发动机台架和基础燃烧台架上进行了较为广泛的研究。在发动机台架方面，Zhu 等人[330]结合发动机试验和数值模拟研究了进气氧浓度（21%、19%、17% 和 15%）对纯柴油（D100）和 B30 30% 正丁醇/70% 柴油（B30）碳烟排放的影响。研究发现，随着进气氧浓度的降低，D100 的碳烟排放量逐渐增加，而 B30 的碳烟排放量先增加后减少，并指出 B30 的碳烟排放量的增加是由氧化的减少所引起的，而其碳烟排放量的减少主要是由于形成的减少所引起的。模拟结果表明，随着进气氧浓度的降低，峰值 OH 基质量分数减少，碳烟前驱物（C_2H_2、A1 和 A4）的形成明显延迟。

Bi 等人[331]在定容弹内研究了环境氧浓度（21%、18%、15% 和 12%）对柴油碳烟形成和氧化的影响。研究发现，随着环境氧浓度的降低，OH 基呈现单调减少的趋势，而乙炔、碳烟前驱物和碳烟的质量浓度呈先增大后减小的趋势，并在15%氧浓度处达到峰值。研究指出，低环境氧浓度下减少的碳烟是由前驱物抑制碳烟成核反应的结果。

Seong等人[332]研究了进气富氧（21%~27%）和含氧燃料添加（30%二甘醇二甲醚）对柴油机性能和碳烟特性的影响。研究发现，进气富氧会引起较高的放热率，导致高负荷时的气缸温度升高，但在低负荷时对气缸温度的影响不大。而且高负荷时，进气富氧引起的碳烟结晶结构和氧化反应性的变化比低负荷时更显著。研究还推测，碳烟前驱物在高温下被氧化会限制碳烟前驱物向有序碳烟颗粒的自发碳化过程。发动机台架上的研究初步证明了氧强化和含氧燃料复合应用的潜在价值，通过燃料氧与环境氧的协同作用有望在提高燃烧效率的同时控制碳烟颗粒生成。

为免受发动机工况和缸内环境的复杂影响，一些研究在控制良好的各种小分子烃类火焰中调查了环境富氧对碳烟颗粒生成的作用机理。Wang等人[333]研究了氧浓度（21%~100%）对丙烷、天然气湍流喷射火焰的辐射和碳烟特性的影响。研究结果表明，湍流喷射火焰中的碳烟生成强烈依赖于氧化剂中的氧浓度。随着氧浓度的增加，碳烟生成量先增加后降低，在氧浓度约为40%时达到峰值。而且，火焰温度逐渐升高，辐射损失随着氧浓度的增加而增加。

Kumfer等人[334]研究了扩散富氧层流扩散火焰中的碳烟行为。研究发现，碳烟颗粒的形成与火焰结构密切相关。研究指出，局部碳氧比是扩散火焰中碳烟成核的控制参数，富氧扩散火焰中的碳烟成核是形成和氧化之间的竞争而产生的。

Sun等人[335]研究了协流氧浓度（16.8vol%~36.8vol%）对乙烯层流扩散火焰中碳烟生成特性的影响。研究发现，随着氧浓度的增加，局部碳烟浓度和总碳烟浓度均增加，基本颗粒粒径减小。研究还指出，碳烟体积分数与火焰温度具有很强的相关性，而基本颗粒粒径与碳烟停留时间有很好的相关性。

Wang等人[336]通过数值模拟研究了氧浓度（21%、30%、40%和50%）对$C_2H_4/(O_2—CO_2)$层流扩散火焰的结构、温度场、碳烟体积分数场和碳烟形成过程的影响。研究表明，随着氧浓度的增加，火焰温度、PAHs和碳烟成核率呈对数增长趋势，碳烟表面生长率和氧化率均呈指数增长趋势。

Jain等人[337]通过试验和数值模拟研究了氧浓度（21%~76.3%）对甲烷

层流协流扩散火焰的影响。研究发现，随着氧浓度的增加，可视化火焰高度逐渐减小，峰值碳烟浓度先增加后降低。研究指出，增加氧浓度会增加火焰温度，这会导致更高的碳烟生成率，但同时会缩短火焰区域的碳烟停留时间，从而减少碳烟生成时间，两者的竞争效应导致了峰值碳烟浓度的初始增加和随后减少。

考虑氧浓度增强对火焰温度的影响，Lou 等人[338]在通过 CO_2 稀释保证火焰温度不变的情况下，研究了氧浓度（31.65%~100%）对 $C_2H_4/(O_2—CO_2)$ 层流扩散火焰的影响。研究发现，火焰的碳烟热辐射减小，火焰逐渐变为蓝色，火焰高度略有降低。在 2 500 K 温度下，随着氧含量由 49.18% 增加至 78.53%，峰值碳烟体积分数下降 60% 以上，这归因于 PAHs 和 C_2H_2 浓度降低导致成核速率和表面生长速率降低。研究还指出，在环境氧增强的乙烯层流扩散火焰中，HACA 反应速率约为 PAHs 沉积速率的 20 倍。

Hua 等人[339]之前对乙烯火焰的研究发现，随着协流中环境氧浓度的增加（17%~25%），乙烯层流扩散火焰中碳烟体积分数呈单调增加趋势，这归因于 HACA 反应速率和 PAHs 沉积速率的协同增加。但随着燃料流中部分预混氧气的添加（5%~20%），碳烟体积分数呈先降低后增加的趋势，这归因于 HACA 反应速率降低与 PAHs 沉积速率增加的竞争效应。但需要注意的是，汽油中含有大量长链烷烃基和芳烃，更容易形成 PAHs 和碳核，因此，环境氧增强汽油火焰的固相颗粒动力学过程可能不同于氧增强的 $C_1 \sim C_2$ 烃类火焰。

相比烃类燃料火焰，氧浓度对醇类燃料或者醇类掺混燃料火焰的研究较少。Zhao 等人[340]通过数值模拟研究了定容室中环境氧浓度（21%、16% 和 11%）对丙酮 - 丁醇 - 乙醇（ABE）燃烧和碳烟排放特性的影响。研究发现，碳烟总产量随着氧浓度的降低呈先增加后减少的趋势，并指出这种非单调趋势反映了碳烟氧化机理对形成机理的主导作用的转变。

Merchan 等人[220]采用激光消光/散射技术研究了协流中氧浓度（21%、35%、50% 和 80%）对生物柴油层流扩散火焰碳烟形成的影响。研究发现，碳烟生成随氧浓度增加表现出协同效应。随着氧浓度从 21% 增加至 35%，峰值碳烟体积分数增加约 47%，这归因于火焰温度增加导致的燃料热解速率的增加，从而增加了碳烟前驱物的形成。然而，氧浓度的进一步增加会减少碳烟聚集体的停留时间，从而抑制碳烟生成。

综合上述，研究发现汽油中掺混醇类后燃料氧增强燃烧的研究是一个有待开展的领域。醇类掺混与环境氧强化对汽油扩散火焰中碳烟生成的复合作用机制尚不清晰，其中的耦合作用也缺少定量分析。接下来，本节将针对乙醇/汽油混合燃料在环境扩散富氧火焰中碳烟颗粒生成的特性和动力学过程进行探究。

7.5.2 碳烟体积分数和温度场

图 7 - 20 所示为汽油（E0）和乙醇/汽油火焰（E20 和 E40）在 21% ~ 27% 扩散氧浓度条件下的碳烟体积分数分布。由图 7 - 20 可见，在不同扩散氧浓度的条件下，碳烟均首先出现在燃料管壁上方，至火焰尖端被氧化完全，高浓度的碳烟主要位于火焰中部两翼区。对于 E0、E20 和 E40 火焰，碳烟浓度均一致地随扩散氧浓度的增加逐渐增加，碳烟停留时间则一致地缩短。然而汽油中掺混乙醇对碳烟浓度的影响与扩散氧增强对碳烟浓度的影响不同。在扩散氧浓度不变的情况下，碳烟浓度和碳烟停留时间均随乙醇掺混比的增加而降低。这样乙醇含氧燃料掺混对汽油扩散火焰碳烟浓度和碳烟停留时间的影响是一致的，而环境扩散氧

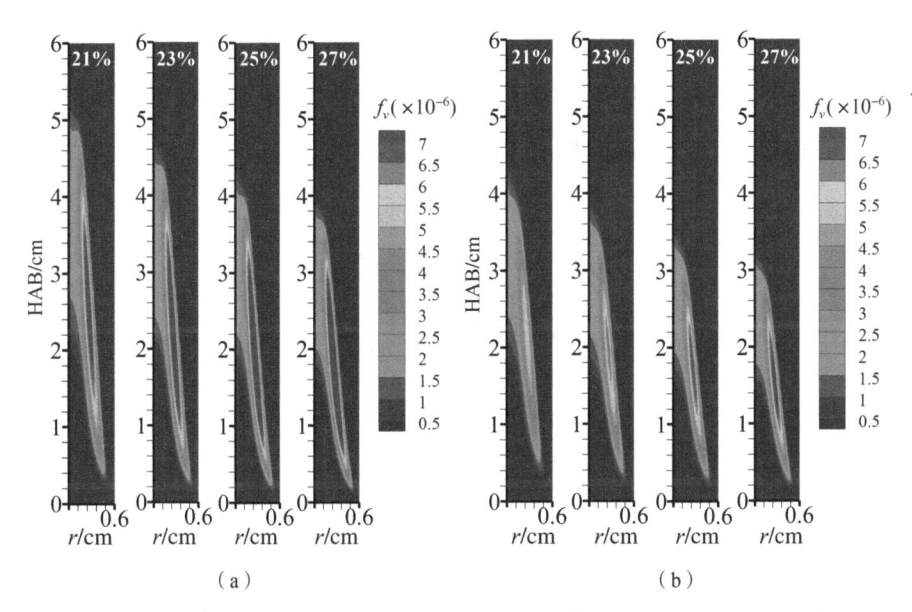

图 7 - 20 不同扩散氧浓度条件下乙醇/汽油火焰碳烟体积分数分布（见彩插）
（a）E0；（b）E20

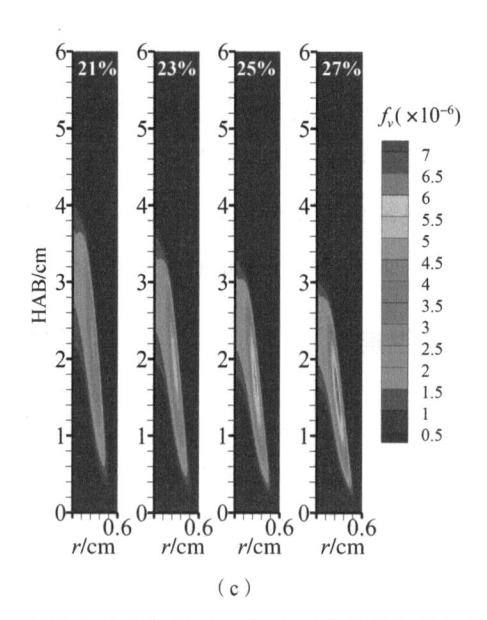

图 7-20 不同扩散氧浓度条件下乙醇/汽油火焰碳烟体积分数分布（续）

(c) E40

增加对碳烟浓度和碳烟停留时间的影响是相反的。不同乙醇掺混比火焰中峰值碳烟体积分数随扩散氧浓度增加的变化趋势如图 7-21 所示。由此可见，随着燃料流中乙醇掺混比的增加，碳烟体积分数呈收敛的降低趋势。例如，在扩散氧浓度为 23% 的条件下，相比 E0，E20 和 E40 火焰中峰值碳烟体积分数分别降低 27.6% 和 39.8%。然而，随着扩散氧浓度的增加，E0、E20 和 E40 火焰碳烟体积

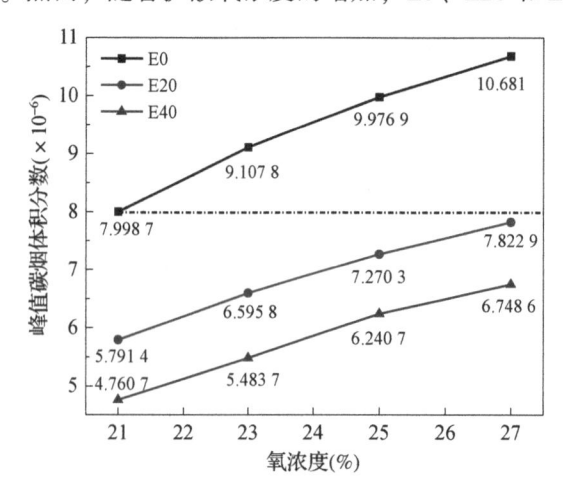

图 7-21 E0、E20 和 E40 火焰中峰值碳烟体积分数随扩散氧浓度增加的变化趋势

分数均呈近似线性的增加趋势。例如，对于 E0 火焰，随着氧浓度由 21% 增加至 27%，峰值碳烟体积分数分别增加 13.9%、24.7% 和 33.5%；对于 E20 火焰，随着氧浓度由 21% 增加至 27%，峰值碳烟体积分数分别增加 13.9%、25.5% 和 35.1%。

为了了解此时温度变化对碳烟浓度的影响，E0、E20 和 E40 火焰在 21%～27% 扩散氧浓度条件下的温度场分布如图 7-22 所示。通过温度场和碳烟浓度场的对比，碳烟主要分布于温度高于 1 600 K 的环形空间内，局部温度与碳烟生成

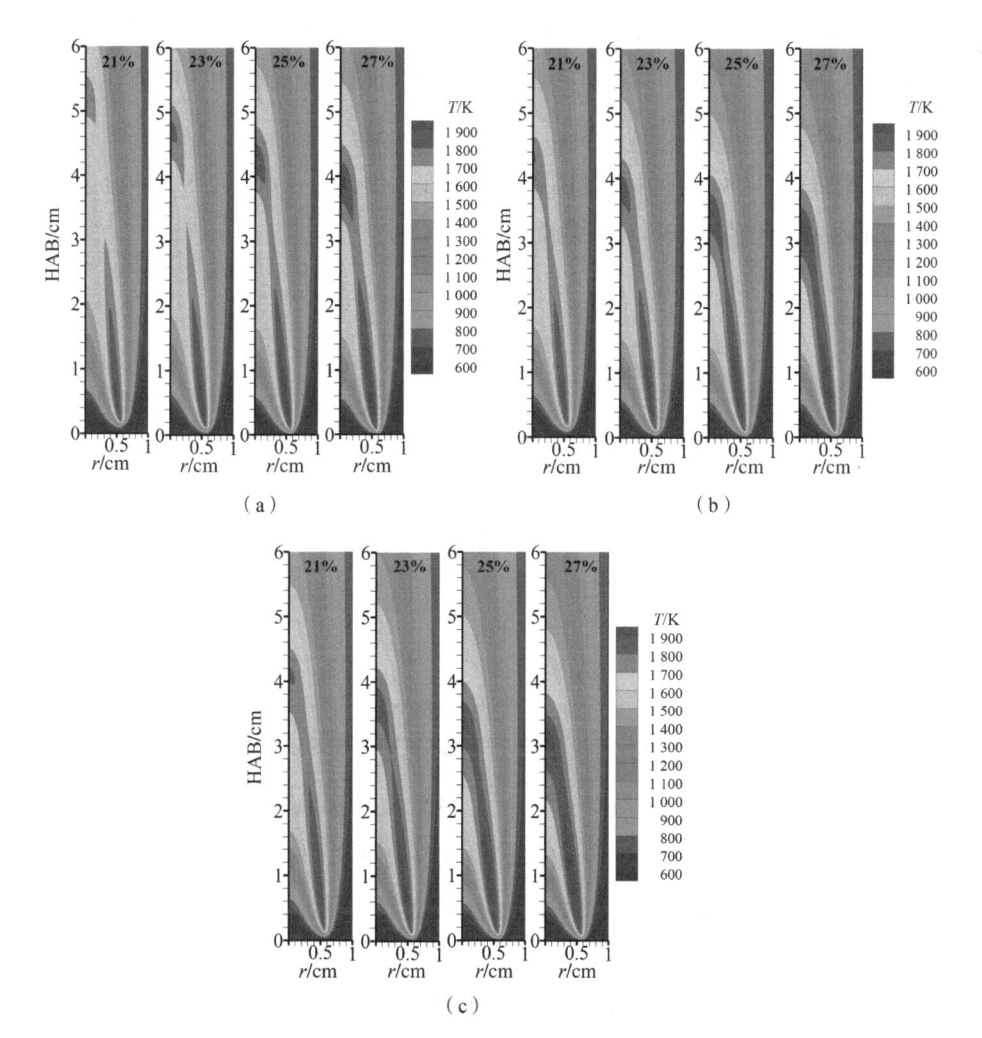

图 7-22　不同扩散氧浓度条件下的 E0、E20 和 E40 火焰温度场分布（见彩插）
(a) E0；(b) E20；(c) E40

条件存在很好的相关性。Sunderland 等人[341]和 Kumfer 等人[342]的工作测得碳烟起始温度约为 1 600 K,这也再次证实了 1 600 K 与碳烟生成条件之间的相关性,以及本书数值模型的准确性。具体来说,E0、E20 和 E40 火焰中峰值温度随扩散氧浓度的变化趋势如图 7-23 所示。由此可见,随着协流中氧浓度的增加,火焰峰值温度呈线性增加的趋势,这与碳烟体积分数近似线性增加的趋势一致。然而,随着燃料流中乙醇掺混比的增加,火焰中峰值温度稍有降低。例如,在氧浓度为 25% 的条件下,相比 E0,E20 和 E40 火焰峰值温度仅分别降低 11.4 K 和 2.9 K,这与碳烟体积分数的显著降低(分别为 27.1% 和 37.4%)不同。这也说明,通过燃料流中醇类燃料掺混与氧化剂中环境富氧的复合作用,有望在抑制碳烟颗粒生成的同时强化燃烧。例如,与 E0 – 21% O_2 火焰相比,E40 – 23% O_2 火焰峰值温度增加 24 K,峰值碳烟体积分数降低 31.4%;E40 – 27% O_2 火焰峰值温度增加 98 K,峰值碳烟体积分数降低 15.6%。

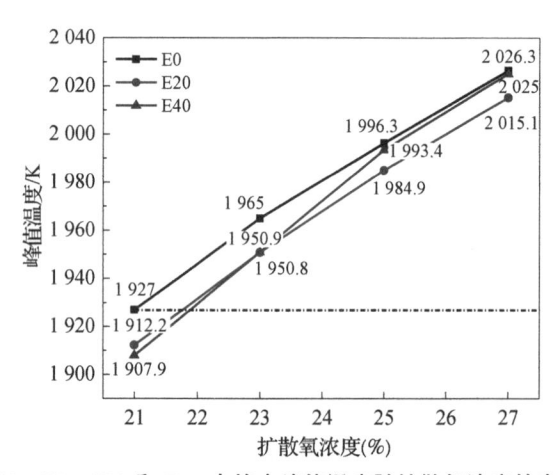

图 7-23 E0、E20 和 E40 火焰中峰值温度随扩散氧浓度的变化趋势

为了了解乙醇掺混与扩散氧浓度对火焰结构的影响,E0 – 21% O_2、E20 – 21% O_2 和 E20 – 25% O_2 三种火焰峰值温度高度处反应物与产物的径向浓度分布如图 7-24 所示。横坐标 0 点代表火焰中心轴线位置。E0 – 21% O_2 火焰峰值温度位于 HAB = 0.48 cm,r = 0.50 cm 处;E20 – 21% O_2 火焰峰值温度位于 HAB = 0.65 cm,r = 0.48 cm 处;E20 – 25% O_2 火焰峰值温度位于 HAB = 0.51 cm,r = 0.48 cm 处。显然,在这三种火焰中,峰值温度的位置是不同的。掺混乙醇后,火焰峰值温度向更高的高度和火焰中心移动,而扩散氧浓度的增加又导致峰值温

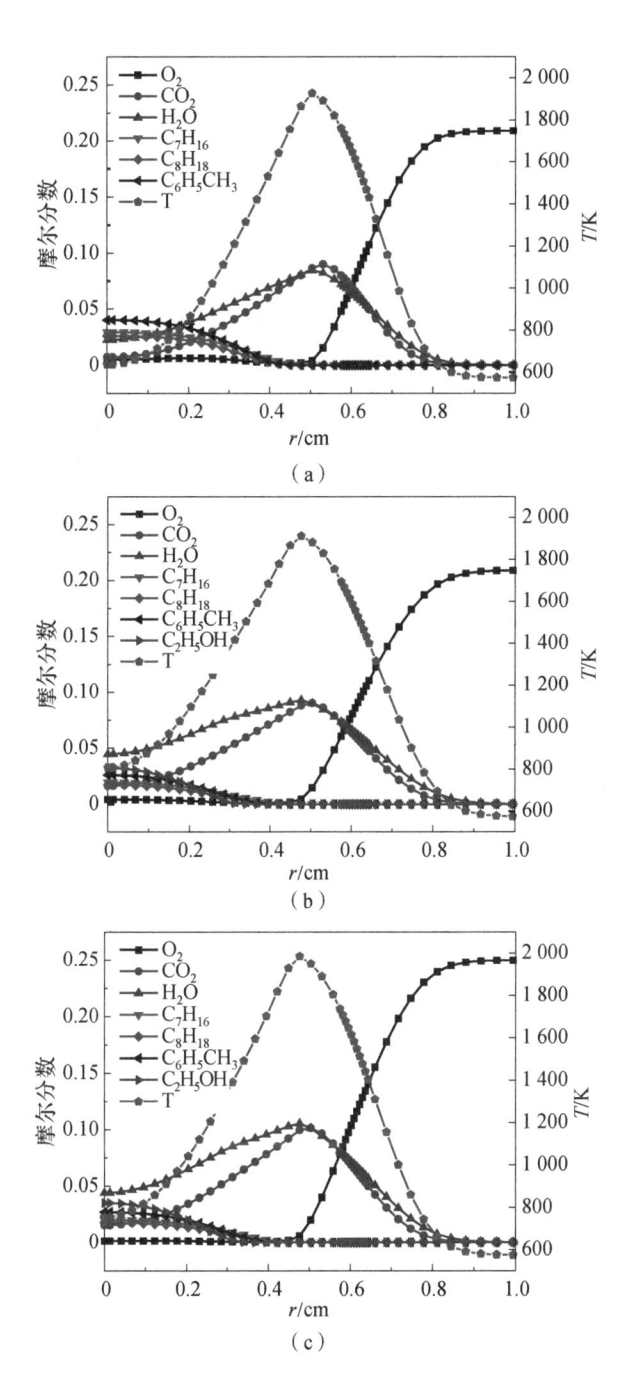

图 7 – 24 不同条件下火焰峰值温度高度处反应物与产物的径向浓度分布

(a) E0 – 21% O_2;(b) E20 – 21% O_2;(c) E20 – 25% O_2

度所在的高度降低。三种火焰中相似的是，在径向峰值温度处，氧气与燃料几乎耗尽，CO_2 和 H_2O 达到峰值。但相比 E0 火焰，E20 火焰中 H_2O 生成量明显增多，而且其浓度在燃料侧的下降趋势减缓，在火焰中心位置仍然接近 5mol%。这可能归因于反应 $C_2H_5OH(+M) \longrightarrow C_2H_4 + H_2O(+M)$ [343] 的作用。

火焰高度是与火焰结构和碳烟形成（停留时间）有关的一个重要参数，一般可以通过碳烟辐射的可视化（visiable）高度和 OH 基最大浓度在中心轴线上的位置来表示。这两种方法表示的火焰高度随扩散氧浓度和乙醇掺混的变化趋势如图 7-25 所示。由此可见，两种结果之间存在差值，但仅相差 6% 左右，且变化趋势是一致的。后续分析涉及的火焰高度均指 OH 基最大浓度在中心轴线上的位置。随着乙醇掺混比和扩散氧浓度的增加，火焰高度均逐渐降低。但燃料加氧与环境富氧的作用机制不同。乙醇掺混比的增加所引起的高度降低主要归因于混合燃料的化学计量空燃比的降低，致使完全燃烧所需的空气量显著减少。而扩散氧浓度的增加所引起的高度降低主要由于火焰温度升高促进了燃料热解所致。同时，火焰高度的降低也意味着碳烟停留时间的缩短。但扩散氧浓度的增加引起的火焰高度与碳烟浓度的变化趋势相反。随着扩散氧浓度从 21% 增加至 27%，E0 火焰高度分别下降 9.95%、18.48% 和 25.5%，E20 火焰高度分别下降 10.94%、18.85% 和 26.14%，E40 火焰高度分别下降 10.79%、18.41% 和 25.4%。相比之下，E40 - 27%O_2 火焰表现出最低的火焰高度，但其碳烟浓度却高于 E40 - 21%O_2、E40 - 23%O_2、E40 - 25%O_2、E20 - 21%O_2 和 E20 - 23%O_2 火焰的碳

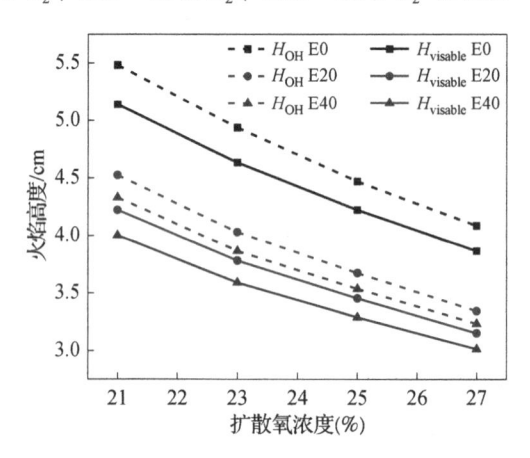

图 7-25 E0、E20 和 E40 火焰高度随扩散氧浓度和乙醇掺混的变化趋势

第 7 章 醇类/汽油层流扩散火焰数值模拟研究 195

烟浓度。因此，环境扩散富氧对碳烟颗粒最终生成的作用机制是停留时间与固相颗粒动力学过程相互竞争的结果。而乙醇掺混对碳烟颗粒最终生成的作用机制是停留时间与固相颗粒动力学过程共同作用的结果。固相颗粒动力学过程将在后续 7.5.3 节进行分析。

图 7-26 所示为不同扩散氧浓度条件下，E20 火焰中峰值温度和峰值碳烟体积分数高度处径向温度和碳烟体积分数分布。峰值碳烟体积分数比峰值温度处于更高的位置，这归因于气相化学动力学与固相颗粒动力学时间阶段的差异。在 21%~27% 扩散氧浓度的条件下，E20 峰值温度所处的 HAB 分别为 0.65 cm、0.56 cm、0.51 cm、0.62 cm，峰值碳烟体积分数所处的 HAB 分别为 2.32 cm、2.05 cm、1.83 cm、1.66 cm。随着 HAB 的增加，峰值温度与峰值碳烟体积分数

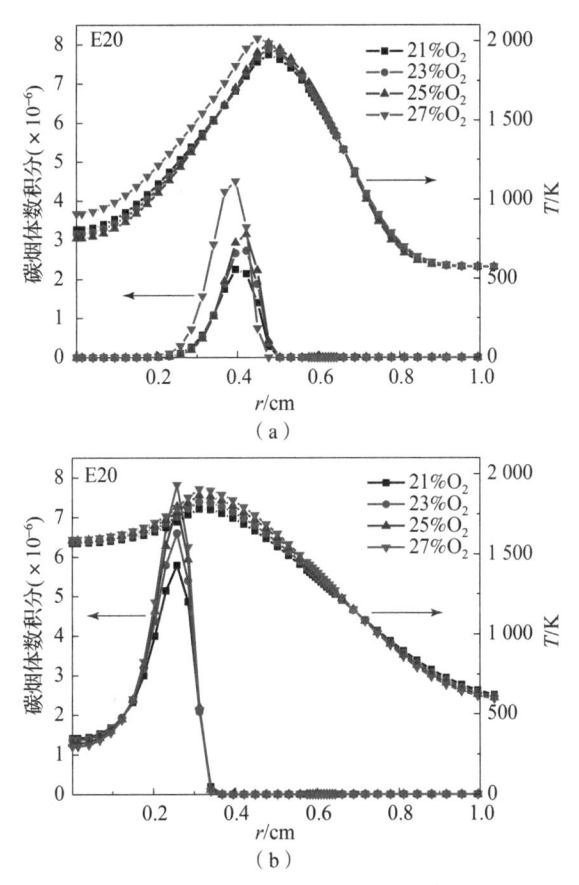

图 7-26 E20 火焰中峰值温度和峰值碳烟体积分数高度处径向温度和碳烟体积分数分布（见彩插）

(a) 峰值温度高度处；(b) 峰值碳烟体积分数高度处

均向火焰中心移动,而且峰值碳烟体积分数始终位于峰值温度的内侧。随着扩散氧浓度从21%增加到27%,峰值碳烟体积分数与峰值温度均呈一致的增加趋势。由此可见,环境扩散富氧可以有效地提高乙醇/汽油火焰的局部温度,同时加速碳烟形成的反应速率。颗粒形成速率的具体变化将在下面进行讨论。

7.5.3 颗粒成核、表面生长和氧化

E0、E20 和 E40 火焰中成核速率峰值随扩散氧浓度的变化趋势如图 7-27 所示。需要指出的是,这里的成核速率是指对颗粒质量增加的贡献。由此可见,扩散氧浓度对成核速率的影响较小,而乙醇掺混能够显著降低成核速率。例如,在 21% O_2 的条件下,E20 和 E40 的成核速率相比 E0 分别下降 43.35% 和 57.43%。相比之下,扩散氧浓度对成核速率的影响较少,但在 E0、E20 和 E40 火焰中呈不同的影响效应。随着扩散氧浓度从 21% 增加至 27%,E0、E20 和 E40 火焰中成核速率峰值分别增加 7.2%、31.9% 和 13.4%。E20 火焰中成核速率表现出单调增加趋势,而 E0 和 E40 火焰中成核速率表现出先增加后减少的协同效应。这主要归因于碳烟前驱物 A4 的生成,本节后面将进行展示。

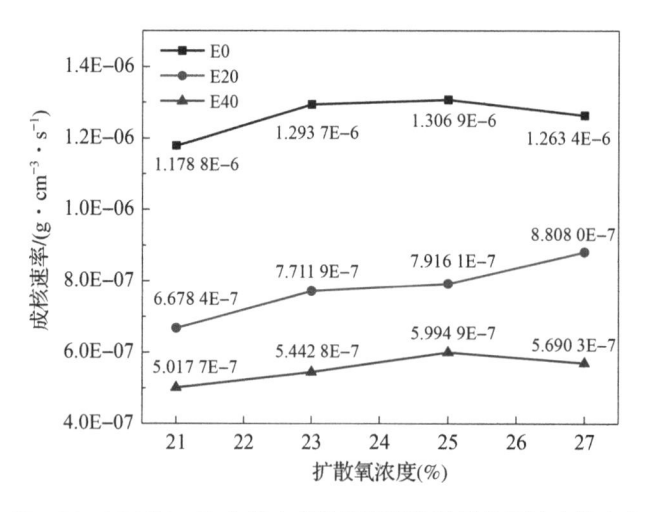

图 7-27 E0、E20 和 E40 火焰中成核速率峰值随扩散氧浓度的变化趋势

E0、E20 和 E40 火焰中表面生长速率峰值随扩散氧浓度的变化趋势如图 7-28 所示。从数值上看,成核对颗粒质量增长的贡献远小于表面生长。在 E0、E20 和

E40 火焰中，HACA 反应速率和 PAHs 沉积速率随着扩散氧浓度的增加均表现出近似线性的上升趋势，且 HACA 反应速率上升的斜率高于 PAHs 沉积速率。这也导致 E0 火焰中颗粒生长的主导机制随扩散氧浓度增加发生了改变。具体来看，在 E0 - 21% O_2 火焰中，HACA 反应速率和 PAHs 沉积速率分别为 7.80×10^{-4} $g \cdot cm^{-3} \cdot s^{-1}$ 和 0.00107 $g \cdot cm^{-3} \cdot s^{-1}$。在 E0 - 27% O_2 火焰中，HACA 反应速率和 PAHs 沉积速率分别为 0.00196 $g \cdot cm^{-3} \cdot s^{-1}$ 和 0.00179 $g \cdot cm^{-3} \cdot s^{-1}$。由此可见，当扩散氧浓度超过25%后，HACA 反应将逐渐代替 PAHs 沉积成为 E0 火焰中颗粒质量增长最主要的机制。与 E0 火焰不同的是，掺混乙醇后，火焰中颗粒生长的主导机制没有随扩散氧浓度的增加发生变化，HACA 反应始终是颗粒质量增长的主导机制。具体来看，在 E20 - 21% O_2 火焰中，HACA 反应速率和 PAHs 沉积速率分别为 7.22×10^{-4} $g \cdot cm^{-3} \cdot s^{-1}$ 和 6.59×10^{-4} $g \cdot cm^{-3} \cdot s^{-1}$；在 E20 - 27% O_2 火焰中，HACA 反应速率和 PAHs 沉积速率分别为 0.00163 $g \cdot cm^{-3} \cdot s^{-1}$ 和 0.00109 $g \cdot cm^{-3} \cdot s^{-1}$。

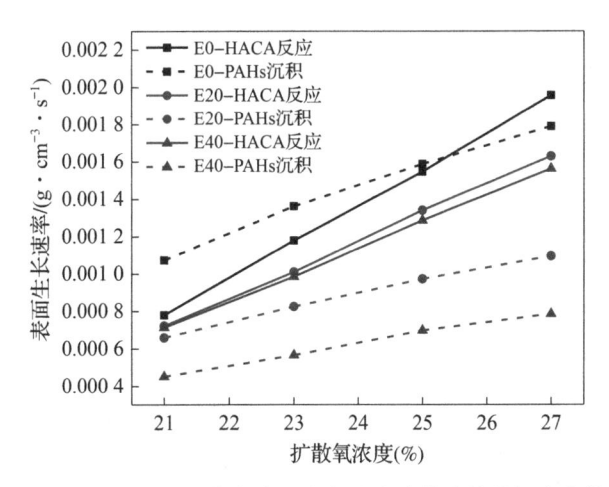

图 7 - 28　E0、E20 和 E40 火焰中表面生长速率峰值随扩散氧浓度的变化趋势

此外，醇类掺混与扩散富氧对表面生长的作用机制不同，但两者又存在耦合作用。如图 7 - 28 所示，乙醇掺混引起的 HACA 反应速率降幅远小于 PAHs 沉积速率的降幅。因此，燃料流中掺混乙醇对汽油火焰碳烟颗粒的抑制主要通过降低 PAHs 沉积速率实现的。这归因于乙醇掺混对汽油中芳烃的稀释效应，以及乙醇自身通过反应 $C_2H_5OH(+M) \longrightarrow C_2H_4 + H_2O(+M)$ 和 $C_2H_4 \longrightarrow C_2H_2 + H_2$ 对 HACA

机制中关键组分的促进作用。扩散富氧引起的 HACA 反应速率的增幅远高于 PAHs 沉积速率。因此，在乙醇/汽油火焰中扩散富氧对碳烟颗粒的促进在很大程度上是通过增强 HACA 表面生长机制实现的。同时，注意到乙醇掺混后，通过实线斜率的下降可以看出 HACA 反应速率随扩散氧浓度的增幅比 E0 明显减缓。这一现象表明燃料流中添加含氧燃料与协流中扩散富氧两者会产生抑制碳烟颗粒生成的耦合作用。

C_2H_2 和 A4 分别是 HACA 反应和 PAHs 沉积的重要物质。通过图 7-29 所示的 E20 火焰中 C_2H_2 和 A4 的浓度分布。可以理解扩散富氧对 HACA 速率和 PAHs 沉积速率的影响。C_2H_2 首先出现在燃料管壁的上端，并继续向下游延伸，沿火焰中心轴达到最大值。A4 也首先出现在燃料管壁的上端，并继续向下游延伸，但没有在火焰中心轴达到最大值，这可能与采用 A4 碰撞成核机理有关。随着扩散氧浓度的增加，C_2H_2 和 A4 的形成区域逐渐缩小，但摩尔浓度逐渐增加。在 21%、23%、25% 和 27% 扩散氧浓度的条件下，C_2H_2 峰值摩尔分数分别为 0.006 554、0.006 940、0.007 265 和 0.007 575，这与 HACA 反应速率的趋势一致；A4 峰值摩尔分数分别为 9.833×10^{-6}、$1.058\ 9 \times 10^{-5}$、$1.063\ 8 \times 10^{-5}$ 和 $1.168\ 6 \times 10^{-5}$，这与成核速率与 PAHs 沉积速率的趋势是一致的。

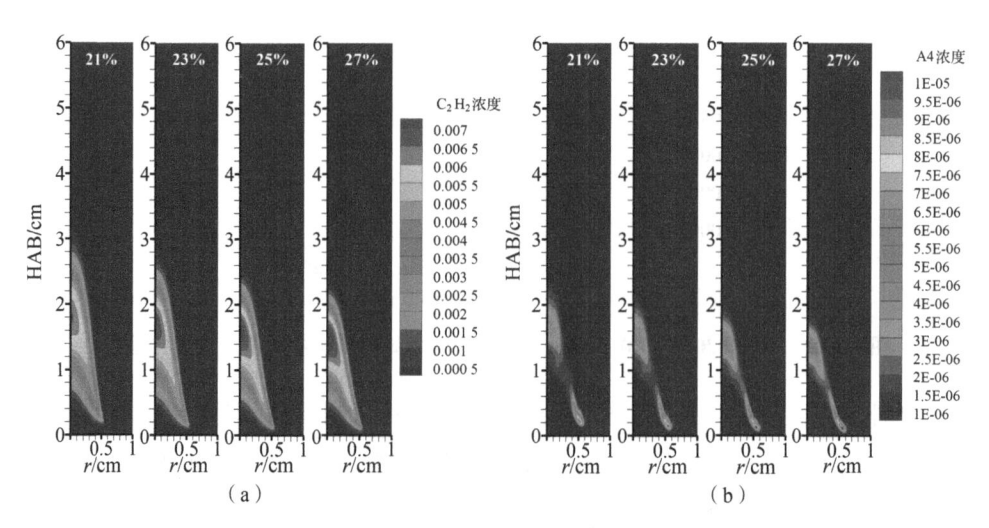

图 7-29 不同扩散氧浓度条件下 E20 火焰中 C_2H_2 和 A4 的浓度分布（见彩插）

(a) C_2H_2 浓度分布；(b) A4 浓度分布

图 7-30 所示为不同扩散氧浓度条件下 E20 火焰中 HACA 反应速率和 PAHs 沉积速率的分布。HACA 反应和 PAHs 沉积均从燃料管壁上方开始，沿着火焰面内侧向下游延伸至火焰中部（HAB ≈ 2 cm），但两者表现出明显不同的分布特征。HACA 与 C_2H_2 的分布显著不同，其分布于 C_2H_2 高浓度区域外侧较窄的区域，这可能归因于 H 自由基和 OH 基自由基的分布特征。因为 HACA 反应速率不仅取决于 C_2H_2 的浓度，还取决于通过反应 C_{soot}—H + H $=\!=\!=$ C_{soot}·+ H_2 和 C_{soot}—H + OH $=\!=\!=$ C_{soot}·+ H_2O 形成的脱氢位点 C_{soot}·。PAHs 沉积分布与 A4 的高浓度区域呈非常相似的分布特征，其对火焰中心和两翼的碳烟生长均起到了重要作用。

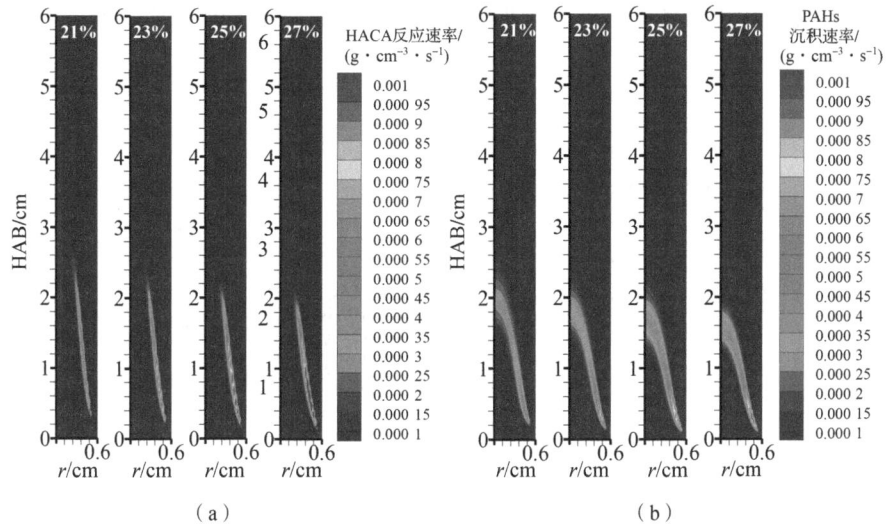

图 7-30 不同扩散氧浓度条件下 E20 火焰中 HACA 反应速率和 PAHs 沉积速率的分布（见彩插）

(a) HACA 反应速率分布；(b) PAHs 沉积速率分布

图 7-31 所示为 E20-25% O_2 火焰中峰值温度和峰值碳烟体积分数高度处径向表面生长与氧化速率的分布。在峰值温度高度处，HACA 反应速率峰值远高于 PAHs 沉积速率及氧化速率，O_2 和 OH 基氧化速率相差不大。具体来说，HACA 反应速率峰值为 0.001 341 g·cm^{-3}·s^{-1}，PAHs 沉积速率峰值为 7.13 × 10^{-4} g·cm^{-3}·s^{-1}，O_2 氧化速率峰值为 2.25 × 10^{-4} g·cm^{-3}·s^{-1}，OH 基氧化速率峰值为 1.92 × 10^{-4} g·cm^{-3}·s^{-1}。而且此处 HACA 反应速率峰值也正是整个火焰 HACA 反应速率的最大值，这说明了 HACA 反应机理与温度的密切相关

性。由此可以推断，扩散富氧对汽油火焰和乙醇/汽油火焰中 HACA 反应机理的增强主要是通过燃烧温度的升高实现的。此外，随着 HAB 的增加，成核、表面生长和氧化速率峰值都从火焰外围向火焰中心移动。在峰值碳烟体积分数高度处，PAHs 沉积速率峰值位于火焰中心。在这个高度上，O_2 氧化占主导作用，PAHs 沉积速率峰值与 HACA 反应速率峰值相差不大。这一定程度上也反映了随着轴向高度的增加，碳烟生成区域向氧化区域的演变。从径向位置上看，碳烟体积分数峰值始终位于 HACA 反应速率峰值和 PAHs 沉积速率峰值之间，颗粒生长速率峰值位于火焰面靠近燃料侧，颗粒氧化速率峰值位于火焰面靠近氧化剂侧。这再次表明了富燃料区域有助于碳烟生成，而富氧区域有助于碳烟氧化。

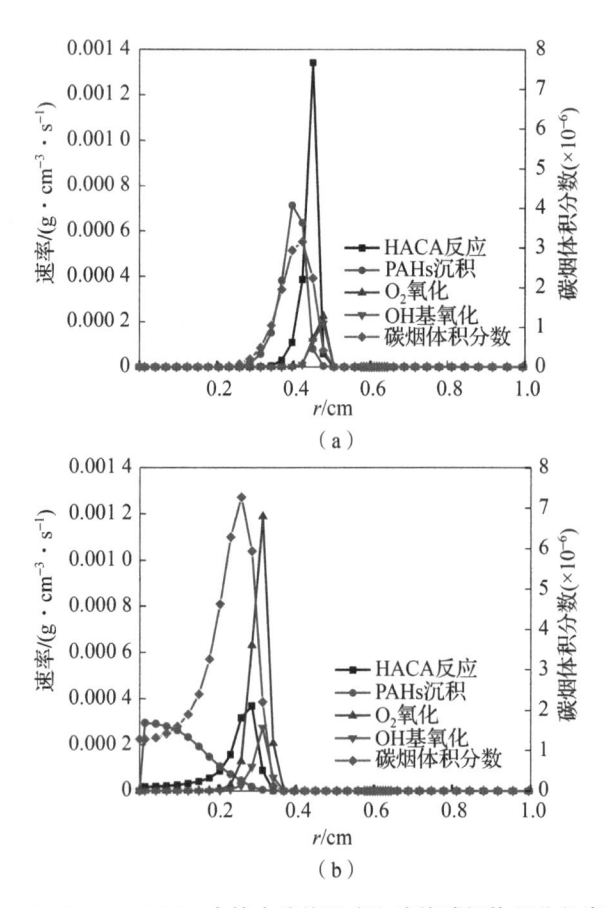

图 7-31 E20-25%O_2 火焰中峰值温度和峰值碳烟体积分数高度处径向表面生长与氧化速率的分布（见彩插）

(a) 峰值温度高度处；(b) 峰值碳烟体积分数高度处

由图 7-31 可以看出，在峰值温度高度处（较低位置处）颗粒氧化归功于 O_2 和 OH 基的共同作用，而在峰值碳烟体积分数高度处（较高位置处），颗粒氧化基本上归功于 O_2 的作用。通过图 7-32 所示的 4 种扩散氧浓度的条件下 E20 火焰中颗粒氧化速率的分布可理解扩散氧浓度对不同位置颗粒氧化的影响。随着扩散氧浓度的增加，O_2 与 OH 基氧化速率峰值，以及高速率反应区域的面积均有不同程度的增加，这是由于 O_2 在径向浓度梯度的增加所引起的扩散增强，以及 OH 基在燃烧强化后的浓度增加所致。如图 7-33 所示，O_2 与 OH 基摩尔分数的峰值均随着扩散氧浓度的增加而增加，这也反映了 OH 基生成与 O_2 浓度的密切相关性。不同的是，高浓度 O_2 区域位于火焰面之外，随着扩散氧浓度的增加，该区域逐渐向火焰中心靠近。高浓度 OH 基区域位于火焰面的上游环形区域内，这与第 4 章化学发光测量的结果一致。

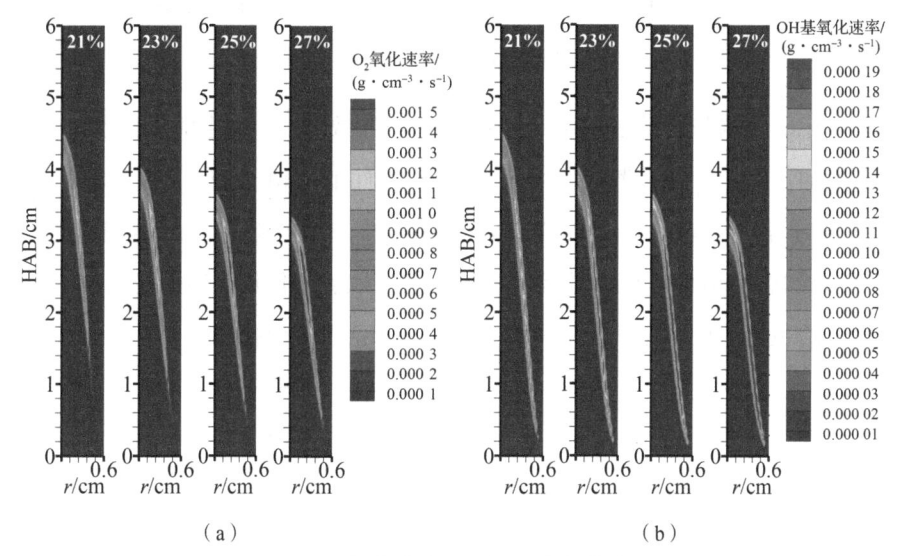

图 7-32 E20 扩散氧火焰中颗粒氧化速率的分布（见彩插）

(a) O_2 氧化速率分布；(b) OH 基氧化速率分布

具体来说，E0、E20 和 E40 火焰中 O_2 和 OH 基氧化速率峰值随扩散氧浓度的变化趋势如图 7-34 所示。与颗粒表面生长不同，E0、E20 和 E40 火焰中颗粒氧化速率随扩散氧浓度呈非常相似的线性单调递增趋势。随着扩散氧浓度由 21% 增加至 27%，E0、E20 和 E40 火焰中 O_2 氧化速率分别增加 58.6%、55.3% 和 60.5%，OH 基氧化速率分别增加 66.4%、61.5% 和 63.7%。然而，乙醇掺混

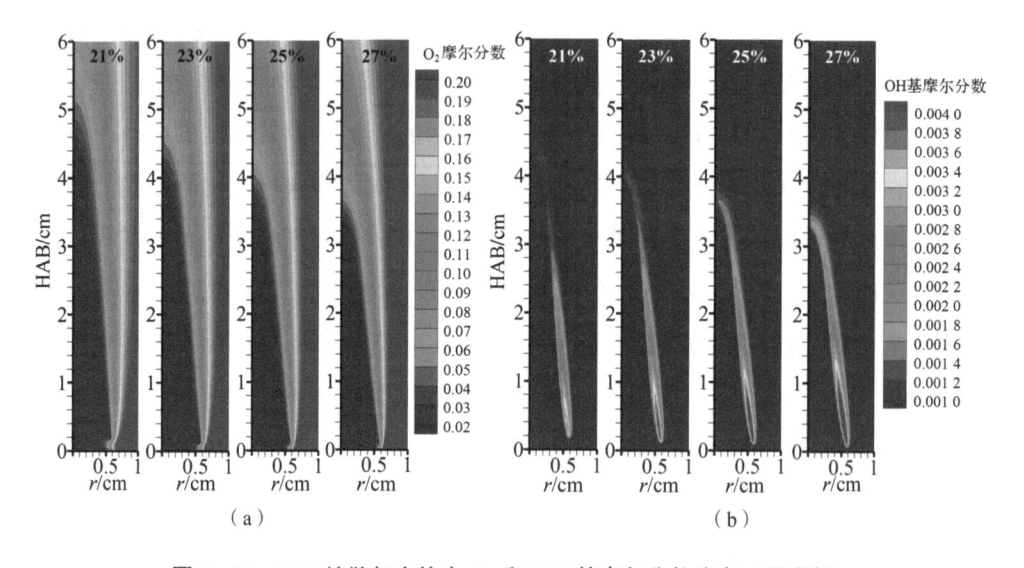

图 7-33 E20 扩散氧火焰中 O_2 和 OH 基摩尔分数分布（见彩插）

(a) O_2 摩尔分数分布；(b) OH 基摩尔分数分布

对颗粒氧化的影响与扩散富氧不同。乙醇掺混导致 O_2 氧化速率降低和 OH 基氧化速率增加。例如，在扩散氧浓度为 27% 的条件下，相比 E0 火焰，E20 和 E40 火焰中 O_2 氧化速率分别下降 17.7% 和 26.5%，而 OH 基氧化速率分别增加 9.3% 和 19.4%。由此可见，醇类掺混与扩散富氧复合作用没有改变 O_2 氧化在颗粒氧化中的主导地位，但两者对颗粒氧化具有相反的影响机制。

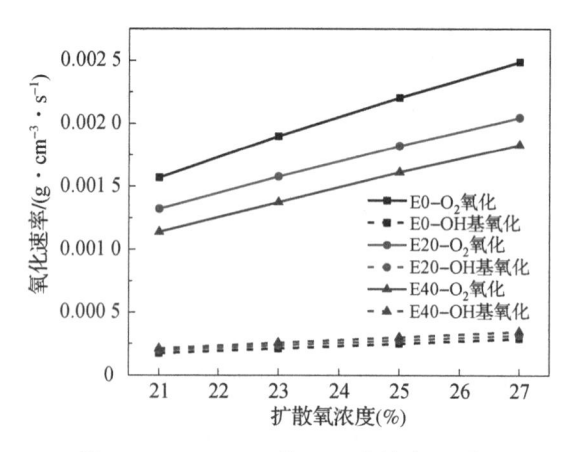

图 7-34 E0、E20 和 E40 火焰中 O_2 和 OH 基氧化速率峰值随扩散氧浓度的变化趋势（见彩插）

7.5.4 扩散氧与醇类掺混的耦合作用分析

图 7-35 所示为扩散氧与乙醇掺混 6 种组合对颗粒表面生长、氧化和碳烟体积分数的耦合作用。这里耦合作用通过某种组合条件下碳烟峰值降幅（相比 E0-21%O_2 条件）与单独添加含氧燃料与单独增加扩散氧浓度时结果的差值来计算。由图 7-35 可见，乙醇掺混和扩散富氧在抑制固相颗粒动力学过程与减少碳烟浓度中存在耦合作用。具体来说，掺混 20%乙醇与 23%扩散氧在抑制 HACA、PAHs 沉积和碳烟体积分数中的耦合作用分别为 14.5%、11.5% 和 3.8%；掺混 40%乙醇与 27%扩散富氧在抑制 HACA 反应、PAHs 沉积和碳烟体积分数中的耦合作用分别为 41.9%、35.6% 和 8.7%。由此可见，这种耦合作用在颗粒表面生长中表现最为强烈，这也解释了乙醇掺混后导致 HACA 反应速率随扩散氧浓度的增幅相比 E0 明显减缓的现象。随着醇类燃料掺混和扩散氧浓度的增加，两者对碳烟的耦合作用增强，这种增强有助于抑制碳烟的最终生成。

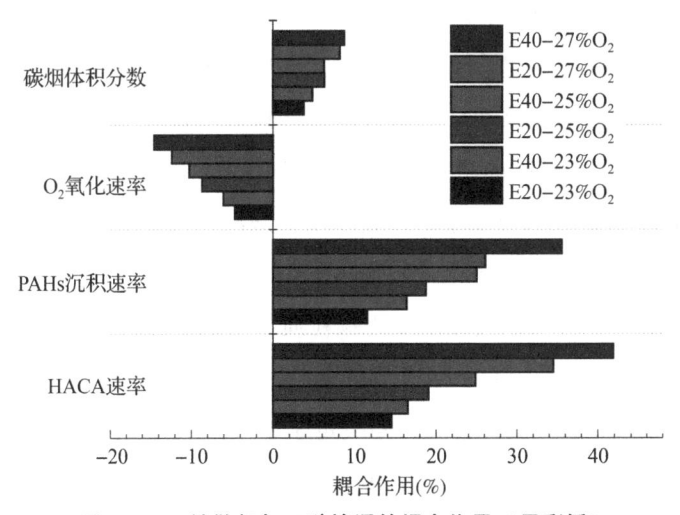

图 7-35 扩散氧与乙醇掺混的耦合作用（见彩插）

7.6 本章小结

本章以气相化学动力学模型为基础，通过耦合 CoFlame 火焰代码对醇类/汽油层流扩散火焰进行了二维数值模拟研究，分析了颗粒成核、生长和氧化等微观过程，揭示了不同醇类掺混影响碳烟差异的固相颗粒动力学机制。主要结论如下。

（1）详细介绍了 CoFlame 火焰代码的控制方程、计算网格、边界条件和求解方法，以及包括颗粒成核、凝聚、表面生长、氧化和破碎等过程的碳烟颗粒生成模型，并基于乙烯标准同轴扩散火焰的模拟结果与试验测量结果的比较，验证了数值计算方法和碳烟模型的准确性。

（2）通过分析温度场，发现碳烟生成区域主要位于火焰温度 >1 600 K 的环形温度带区域内。火焰峰值温度出现在 HAB = 0.2~2 cm 高度处的外围环形区域。随醇类掺混比的增加，火焰峰值温度稍有降低，顶端中心区域温度稍有增加。在相同醇类掺混比和相同氧含量下，添加不同醇类所导致的温度差异很小，其中 M20 火焰的峰值温度仅比 B20 火焰的峰值温度低 8.9 K，M9.2 火焰的峰值温度仅比 B21.2 火焰的峰值温度低 3.9 K。因此，不同醇类掺混的温度场差异对碳烟生长的影响很小。

（3）基本颗粒平均粒径和颗粒数密度随着醇类掺混比的增加或醇类碳链长度的减小呈逐渐降低的趋势。醇类掺混对汽油层流扩散火焰中碳烟颗粒粒径和颗粒数密度的影响规律与对碳烟体积分数的影响规律一致。

（4）随着醇类掺混比的增加，颗粒成核速率和表面生长速率均逐渐降低，但成核对颗粒质量增长的贡献很小，表面生长是颗粒质量增长的主要机制。从表面生长来看，汽油火焰中，PAHs 沉积是颗粒质量增加的主要机制，但随着醇类掺混比的增加，HACA 反应会逐渐成为颗粒质量增加的主要机制。在相同醇类掺混比下，随着醇类碳链长度的增加，PAHs 沉积在表面生长中的占比逐渐增加。PAHs 沉积速率和 HACA 反应速率共同决定了不同醇类对汽油火焰碳烟颗粒生长的抑制能力，其中 PAHs 沉积是主要决定机制，因此，醇类掺混对碳烟和大环芳烃的抑制能力表现一致。

（5）醇类掺混会降低 O_2 氧化速率，增加 OH 基氧化速率。但 O_2 氧化是醇类/汽油层流扩散火焰中碳烟氧化的主要机制，因此，醇类掺混引起的 OH 基氧化速率增加对碳烟降低的影响很小。不同醇类掺混所致的 O_2 和 OH 基氧化速率的差异不是决定醇类对碳烟降低能力的机制。O_2 和 OH 基的氧化区域分布具有相似的特征，均分布于靠近氧化剂侧的火焰两翼，并持续至火焰顶端颗粒被完全氧化,且颗粒生成之后会首先被 OH 基氧化,然后被 O_2 和 OH 基共同氧化。

(6) 通过定量解耦稀释效应与化学效应发现,相同醇类掺混比下,不同醇类掺混的稀释效应对碳烟降低的作用相似,化学效应随醇类碳链长度的增加而增大。化学效应的增强不影响稀释效应,而是表示来自醇类分子结构对碳烟生成额外化学作用的增加。不同醇类对颗粒表面生长抑制能力的差异取决于自身额外化学效应的强弱。

(7) 随着扩散氧浓度的增加,乙醇/汽油火焰峰值温度和峰值碳烟体积分数呈近似线性的增加趋势。扩散氧对碳烟最终生成的作用机制是停留时间与固相颗粒动力学过程相互竞争的结果。从固相颗粒动力学过程来看,扩散氧对乙醇/汽油火焰碳烟颗粒的促进在很大程度上归功于燃烧温度升高对 HACA 反应机理的增强。此外,燃料流中掺混醇类燃料与环境扩散氧在抑制固相颗粒动力学过程和碳烟最终生成中存在耦合作用,这种耦合作用在颗粒表面生长中表现最为强烈,而且随着乙醇掺混比和扩散氧浓度的增加不断增强。

第8章
长链醇及相似烷烃火焰碳烟演化特性对比研究

醇类对碳烟抑制的重要原因是羟基官能团的引入减少了形成 PAHs 的碳量，同时增强了已生成 PAHs 的氧化，而醇类分子自身烃基链的增长又会产生更多的 $C_2 \sim C_4$ 中间体，烃基链与羟基的耦合作用将使醇类表现出对碳烟不同的作用效应。第 3 章通过对 $C_1 \sim C_4$ 短链醇类/汽油火焰碳烟生成特性的研究发现，在相同醇类掺混比下，不同醇类掺混的稀释效应对碳烟降低的作用相似，不同醇类对碳烟抑制能力的差异取决于自身额外化学效应的差异。这里所说的化学效应就是表示来自醇类分子烃基链对碳烟生成额外化学作用的增加，其随着醇类分子碳链长度的增长而增强。第 6 章和第 7 章的研究结果表明，相比甲醇和乙醇，正丁醇热分解路径生成更多的 $C_2 \sim C_4$ 中间体，促进了芳烃的生长和大环芳烃的生成，进而导致碳烟成核、PAHs 沉积和 HACA 反应速率的增大。随着醇类分子中碳链的进一步增长，羟基对烃基碳位点的作用势必减弱，醇类分子类烃反应性增强，烃基链与羟基对碳烟的耦合作用将更加复杂。因此，本章通过对比研究 $C_5 \sim C_8$ 长链醇与相似烷烃同轴扩散火焰碳烟颗粒生成演化特征参数的异同性，进一步探究醇羟基官能团对碳烟作用效应随碳链增长的演化规律和动力学机理。$C_5 \sim C_8$ 长链醇与 $C_5 \sim C_8$ 烷烃的分子结构如图 8-1 所示。

(a)　　　　　　　　　(b)

图 8-1　$C_5 \sim C_8$ 长链醇与 $C_5 \sim C_8$ 烷烃的分子结构

(a) 正戊醇；(b) 正己醇

(c) (d)

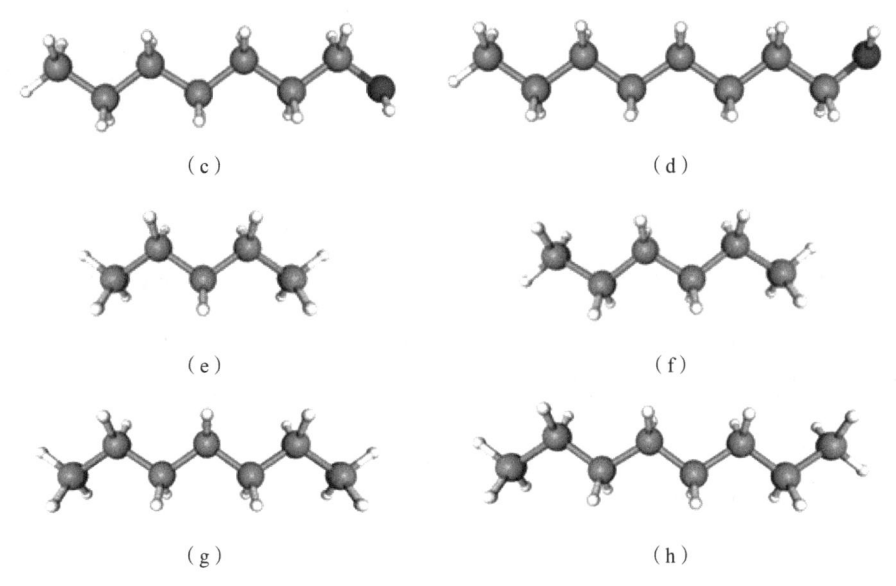

(e) (f)

(g) (h)

图 8-1　$C_5 \sim C_8$ 长链醇与 $C_5 \sim C_8$ 烷烃的分子结构（续）
(c) 正庚醇；(d) 正辛醇；(e) 正戊烷；(f) 正己烷；(g) 正庚烷；(h) 正辛烷

8.1　长链醇的应用潜力与性质

$C_5 \sim C_8$ 长链醇能够以可再生原料制取，是有吸引力的第二代、第三代生物燃料。近年来，利用木质纤维素生物质和工程微生物合成途径实现了长链醇的大量生产，而且工业合成气生产长链醇的技术也取得了进展。例如，正戊醇可通过发酵从糖中制取，或者由木质纤维生物质气化形成合成气之后经催化转化制取[344]，或者利用工程微生物进行自然微生物发酵[345]，以及利用大肠杆菌从葡萄糖生物合成[346]。正己醇可以通过乙烯或乙醇的齐聚反应生成[347]，或者利用大肠杆菌通过葡萄糖生成[348]，以及利用羧氧化梭菌通过合成气发酵生成[349]。正辛醇和正己醇一样可由乙烯齐聚反应生成[350]，也可以利用大肠杆菌和梭菌等工程微生物进行生物合成[351]。此外，Julis 等人[352]还报道了使用一种多功能催化剂系统从木质纤维素生物质平台上得到了高达 93% 的 1-辛醇和二辛基醚。Akhtar 等人[353]设计了一条专门用于在大肠杆菌中生物合成正辛醇的新途径。Xia 等人[354]研究得到了一种高效节能的催化系统，该系统可以从生物质衍生的糠醛丙酮中生产正辛醇，产率达

63%左右。这些生产工艺的进步为长链醇的实际应用奠定了基础。

$C_5 \sim C_8$ 长链醇的物化特性如表 8-1 所示。随着碳链增长，醇类的密度、运动黏度、低热值、十六烷值、沸点和闪点均逐渐增加。在热值方面，长链醇较为接近传统燃料，正辛醇的低热值甚至高于汽油和柴油，因此，长链醇的能量密度比短链醇更高。十六烷值是决定压缩点火（compression ignition，CI）发动机燃料自燃特性的重要指标，柴油的十六烷值一般在 45~55 范围内，而 $C_5 \sim C_8$ 醇的十六烷值均低于柴油。因此，若要完全替代柴油，一种有希望的方法是与反应性较高的代用燃料（如醚类等）混合使用。当然，随着长链醇碳链的增长，自燃特性会有所改善，同时抗爆性能降低。因此，长链醇是作为 CI 发动机更合适的代用燃料，而短链醇更适用于 SI 发动机。汽化潜热是影响缸内混合气形成和燃烧的另一个重要特性。相比短链醇，长链醇的汽化潜热仅略高于柴油，因此，预计不会引起重大的冷启动问题。此外，与短链醇相比，长链醇的吸湿性更低，与汽油/柴油的共混稳定性好。综合来说，与短链醇相比，长链醇生产中的分解过程更短，生产能耗更少，并具有更高的能量密度、更高的十六烷值、更好的共混稳定性和更低的吸湿性，其作为 CI 发动机的代用燃料具有很大的应用潜力。本书著者前期开展的综述调查全面总结了以正戊醇、正己醇、正庚醇、正辛醇为代表的长链醇作为 CI 发动机代用燃料的研究进展[355]。目前，C_5+长链醇碳烟特性研究多基于发动机排气烟度分析，正戊醇[174~175]、正己醇[356~357]、正庚醇[358]、正辛醇[359~361]均被观察到对排气烟度的改善。然而，因发动机工况和缸内环境的复杂性，未能清楚解析燃料化学对碳烟颗粒生成与微纳观特征参数演化的影响规律和机理。

表 8-1　$C_5 \sim C_8$ 长链醇的物化特性

燃料	正戊醇	正己醇	正庚醇	正辛醇	柴油
分子式	$C_5H_{11}OH$	$C_6H_{13}OH$	$C_7H_{15}OH$	$C_8H_{17}OH$	—
分子质量/(kg·kmol^{-1})	88.15	102.17	116.20	130.23	190~211.7
密度/(kg·m^{-3})	814.6	820	821.9	827	820~840
运动黏度/(mm·s^{-2})	5	5.32	5.75	7.59	2.72
低热值/(MJ·kg^{-1})	34.65	39.10	39.92	52.94	42.8
汽化潜热/(kJ·kg^{-1})	508.6	605.3	575	545	270~375

续表

燃料	正戊醇	正己醇	正庚醇	正辛醇	柴油
沸点/℃	137.5	157	175.8	195	170~360
闪点/℃	48.6	60	73.9	81	75
化学计量空燃比	11.84	12.26	12.52	12.82	14.8
十六烷值	20	23	29.5	39	45-55
水溶性(25℃)/(g·L^{-1})	22	5.9	1.67	0.54	—
碳含量(wt%)	68.18	70.59	72.4	73.85	86.13
氢含量(wt%)	13.64	13.72	13.8	13.85	13.87
氧含量(wt%)	18.18	15.69	13.8	12.3	0

8.2 长链醇及相似烷烃火焰碳烟微、纳观形貌

8.2.1 自然发光火焰

图 8-2 所示为 $C_5 \sim C_8$ 长链醇和 $C_5 \sim C_8$ 烷烃的自然发光层流扩散火焰。试验中所有燃料的碳质量流量保持一致。图 8-2 中直观地展示出在相同的碳质量流量下，大分子醇类及相似烷烃可见火焰的高度（HAB）均随着碳链长度的增加而逐渐增加。实际测量后得到 $C_5 \sim C_8$ 长链醇的可见火焰高度分别为 59.2 mm、60.1 mm、61.1 mm、62.0 mm，$C_5 \sim C_8$ 烷烃的可见火焰高度分别为 65.7 mm、66.4 mm、66.8 mm、67.5 mm。在烃基链长度相同的情况下，烷烃的火焰高度总是大于对应的长链醇。这是由于烃基链的增加导致醇类和烷烃燃烧均需要更多的空气，因此，火焰高度均随烃基链的增长而呈现增加的趋势；而相较于烷烃，醇类由于羟基取代了一个 H 原子位置，完全燃烧所需空气量减少，因此，在烃基链长度相同的情况下，火焰高度相较于对应烷烃更短。同时，$C_5 \sim C_8$ 烷-醇之间的火焰高度差分别为 6.5 mm、6.3 mm、5.7 mm、5.5 mm。可见随着烃基链长度的增加，相同碳数的烷-醇之间的高度差逐渐下降，这一定程度上表明羟基对于燃烧过程的作用效应随着烃基链长度的增加逐渐减弱。

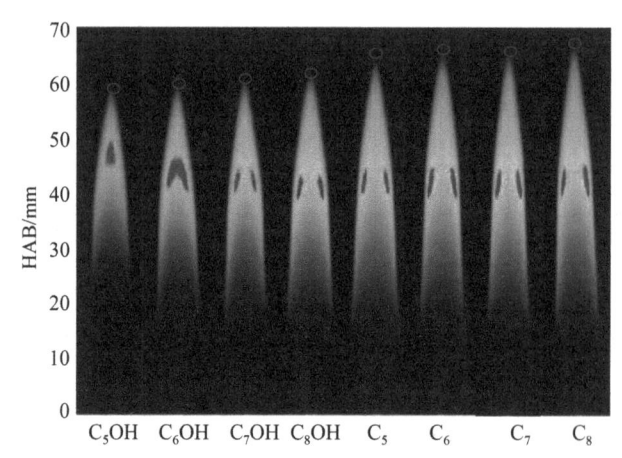

图 8-2 $C_5 \sim C_8$ 长链醇和 $C_5 \sim C_8$ 烷烃的自然发光层流扩散火焰（见彩插）

除了火焰高度，发光强度也是表征火焰结构的重要参数之一。考虑自然火焰发光强度与碳烟浓度具有强相关关系，发光强度越强，碳烟浓度越高，这是碳烟的基本特性决定的，因此，本书对火焰中光强最强的区域进行了红色标记。图 8-2 所示为 $C_5 \sim C_8$ 长键醇和 $C_5 \sim C_8$ 烷烃的自然发光层流扩散火焰。由图 8-2 可以看出，正戊醇中高浓度碳烟生成区域位于火焰下游中心区域，而正戊烷火焰高浓度碳烟区域位于火焰下游两翼，C_5 组火焰表现出的差异最大。随着碳链长度的增加，$C_6 \sim C_8$ 长链醇燃料的高浓度碳烟生成区域逐渐呈现类似烷烃火焰的两翼分布特征。闫治宇等人[362]在 $C_1 \sim C_4$ 直链烷烃扩散火焰中发现随碳链长度的增加，高浓度碳烟生成区域从中心移至两翼。本书观察到 C_5 + 长链烷烃火焰中的高浓度碳烟生成区域均位于火焰两翼，这一现象很好地承接了闫治宇等人的研究结果。这也说明，随着碳链长度的增加，醇类和烷烃火焰高浓度碳烟生成区域均会表现出从中心向两翼的演变趋势，而烷烃的转捩出现在 $C_2 \sim C_3$，直链醇类的转捩出现在 $C_5 \sim C_6$。可见，由于羟基官能团的键入，这一转捩现象被显著推迟。

此外，对于大分子醇类而言，虽然火焰高度随碳链的增加而增加，但是高浓度碳烟生成区域所处的 HAB 却逐渐下降，由 45~50 mm 范围下降至 38~43 mm 范围。不同于醇类，4 种烷烃火焰中高浓度碳烟生成区域所处的 HAB 差异不大，均保持在 40~45 mm。显然，这是羟基与烃基链共同作用的结果。羟基的存在可以显著推迟颗粒成熟的时间，而烃基链的增长则逐渐减弱了羟基的这一作用效应。

为了定性了解大分子醇类的碳烟生成情况，本书通过对不同高度火焰亮度径向积分确定了径向积分自然光度（radial integral natural luminosity，RINL）[363]随 HAB 的变化趋势，如图 8-3 所示。其中，RINL 值以正辛烷火焰中的峰值作为归一化标准。对于大分子醇类来说，正戊醇表现出了最低的 RINL 值，随着碳链长度的增加，醇类的峰值 RINL 逐渐增加，但增加趋势逐渐减弱。具体而言，从正戊醇到正己醇，峰值 RINL 增加了 16.14%；而从正己醇到正庚醇，峰值 RINL 增加了 4.36%；而正庚醇和正辛醇的峰值 RINL 则几乎相同。4 种烷烃的 RINL 值非常接近，但仍然保持随碳链长度的增加，峰值 RINL 略有增加的趋势。对于相同碳数的烷-醇来说，RINL 峰值差随着碳链的增加逐渐减弱。RINL 值的对比结果在一定程度上表明，随着碳链长度的增加，醇类和烷烃火焰中碳烟浓度均有增加的趋势。对于碳链长度较短的醇类（正戊醇）来说，羟基的存在显著抑制了碳烟生成，而随着碳链长度的增加，羟基对于碳烟的抑制作用效果减弱，大分子醇类的峰值 RINL 逐渐向烷烃靠近。

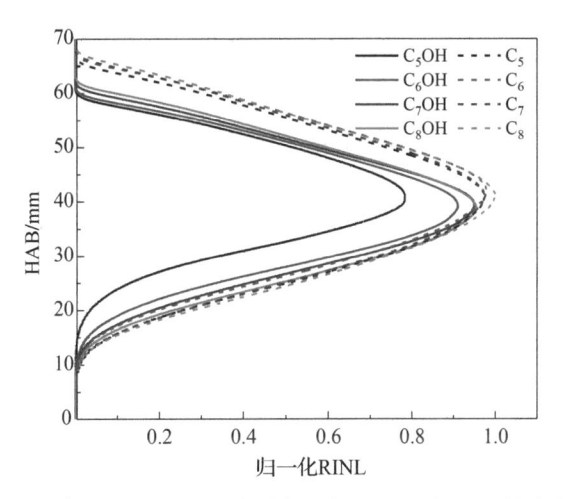

图 8-3 $C_5 \sim C_8$ 长链醇和 $C_5 \sim C_8$ 烷烃火焰归一化 RINL 随 HAB 的变化趋势（见彩插）

8.2.2 碳烟微观形貌

$C_5 \sim C_8$ 长链醇和 $C_5 \sim C_8$ 烷烃火焰中心颗粒微观形貌随 HAB 的演化趋势如图 8-4 所示，通过颗粒微观形貌图可以进一步观察颗粒成核、凝聚和氧化的情况。图 8-4 中所示 TEM 图像的放大倍数均为 30 000。由图 8-4 可以直观地看

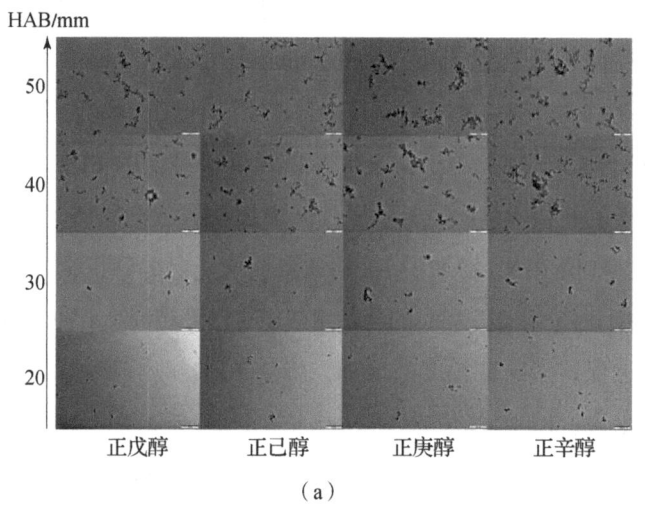

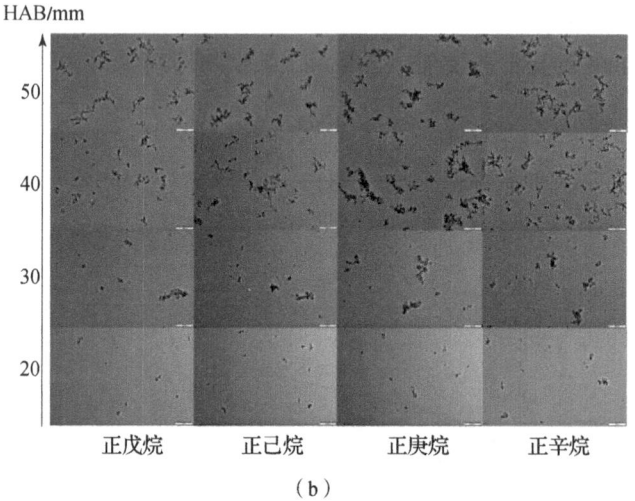

图 8-4 $C_5 \sim C_8$ 长链醇和 $C_5 \sim C_8$ 烷烃火焰中心颗粒微观形貌随 HAB 的演化趋势

(a) $C_5 \sim C_8$ 长链醇;(b) $C_5 \sim C_8$ 烷烃

出,$C_5 \sim C_8$ 长链醇和烷烃火焰中的颗粒呈现相似的发展规律。具体表现如下。在 HAB = 20 mm 处,火焰中出现少量体积偏小的颗粒聚集体,此时火焰中颗粒开始成核并出现了部分聚集。在 HAB = 30 mm 处,火焰中出现了部分体积偏大的颗粒聚集体,并且聚集体内的基本颗粒粒径显著增大,该阶段是颗粒表面生长的关键阶段。随着燃烧的进行,火焰中颗粒数量显著增加,聚集体间碰撞凝聚作用加剧,在 HAB = 40 mm 处形成了大量颗粒聚集体。随后随着颗粒氧化作用的增强,可以观察到在 HAB = 50 mm 处聚集体内基本颗粒尺寸有所减小，并且颗粒聚集体存在部分裂解的情况。同时，碳链相同的大分子醇类和烷烃的颗粒微观形貌存在显著差别，主要体现在烷烃火焰中的颗粒聚集体尺寸和颗粒聚集体内基本颗粒的尺寸均大于碳链相同的醇类燃料，并且在数量上也多于相应的醇类燃料。由此可见，羟基键入抑制了颗粒的表面生长，并且增强了氧化效应。但同时也注意到随着碳链长度的增加，C_5 + 长链醇中的碳烟颗粒数量和尺寸存在明显的增加趋势，并且正辛醇表现出接近正辛烷的颗粒数量，这表明烃基链长度的增加使羟基的作用效应在逐渐减弱，具体的定量分析将在 8.3 节通过统计数据开展。

8.2.3 碳烟纳观形貌

火焰中的氧化作用不仅改变聚集体的外部结构，还影响着基本碳烟颗粒的纳观结构。虽然碳烟颗粒在火焰中是按燃料裂解、成核、生长、石墨化和氧化的顺序进行的，但它们之间有很大的重叠[364]。在扩散火焰末端，颗粒主要通过表面氧化作用被氧化[365]。因此，本书探究了 C_5 ~ C_8 长链醇及相似烷烃火焰在燃烧后期，即 HAB = 50 mm 处的颗粒纳观形貌，放大倍数为 400 000 倍，如图 8 – 5 所示。根据以往研究，未成熟颗粒呈现类液态，对电子束部分透明[366]；成熟的碳烟颗粒具有明显的、相互平行的石墨层，并且这些石墨层围绕着一个由相对无序的条纹组成的中心，形成一个典型的洋葱形核壳结构[367]。而图 8 – 5 中的颗粒既不透明，也没有呈现典型的洋葱形核壳结构，但 8 种燃料中均出现了部分平行的石墨层结构。由此可知，该阶段颗粒正处于颗粒成熟后的氧化阶段。

具体来看，正戊醇和正戊烷火焰中颗粒被氧化程度最大。图 8 – 5 中红色实线箭头标注的壳层位置可见条纹短且结构紊乱（注意：图 8 – 5 中特殊结构采用红色实线箭头和黑色虚线箭头指示，但并没有标出所有特殊结构）。本书只关注颗粒壳层的结构变化，这是因为氧化过程主要发生在颗粒壳层。虽然颗粒壳层结构的反应性小于其内部结构，但颗粒内部的反应受限于氧化物对颗粒表面的渗透[55]，而这种渗透效果是有限的[368]。由图 8 – 5 可以看出，壳层的结构变化，使得正戊醇和正戊烷火焰中颗粒条纹结构的有序程度显著下降。其他燃料的颗粒中也存在类似的结构，如正己醇。但随着碳链长度的增加，这种结构逐渐减少，取而代之的是黑色虚线箭头指示的相互平行的石墨层结构。这种石墨层结构中的条纹长度更长、排列更致密。随着碳链长度的增加，$C_5 \sim C_8$ 长链醇及相似烷烃中颗粒的平行石墨层数量均逐渐增加，条纹致密程度逐渐增加。其中以正庚烷和正辛烷火焰中碳烟颗粒的该结构最明显，因此，呈现出最致密的纳观结构。整体而言，含有羟基的醇类燃料，其火焰中颗粒有序程度低于对应的烷烃，羟基官能团的耦合对颗粒氧化起到了一定程度的促进作用。随着碳链长度的增加，醇类和烷烃中的碳烟颗粒结构有序性均逐渐增加，烷烃的增加程度更大。

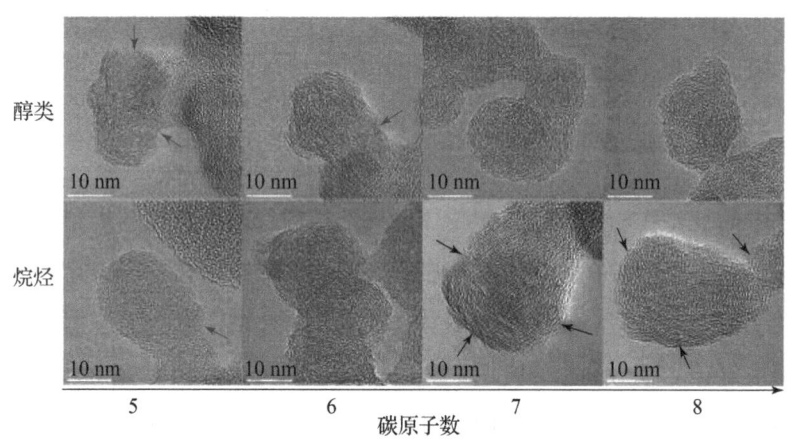

图 8-5 $C_5 \sim C_8$ 长链醇及相似烷烃火焰在 HAB = 50 mm 处的颗粒纳观形貌（见彩插）

8.3 长链醇及相似烷烃碳烟颗粒微观结构参数

8.3.1 基本颗粒粒径

为了进一步明确 $C_5 \sim C_8$ 长链醇及相似烷烃的碳烟微观特性，本书统计了不同 HAB 处的基本颗粒粒径，并用对数正态算法拟合了基本颗粒的粒径分布[369]，如图 8-6 所示。可以观察到，$C_5 \sim C_8$ 长链醇在所有取样位置均呈现单峰的对数正态分布，且随着碳链长度的增加，粒径分布范围增加；而 $C_5 \sim C_8$ 烷烃在大部分取样位置也呈现单峰的对数正态分布，但正己烷、正庚烷和正辛烷在 HAB = 30 mm 处呈现多峰分布。由此可知在 HAB = 30 mm 处火焰中不仅存在大量刚刚成核的单个基本颗粒，还存在大量尺寸偏大的基本颗粒被包含在颗粒聚集体中。颗粒成核反应速率和颗粒生长速率均保持很高的水准，因此，出现了多峰分布的现象。

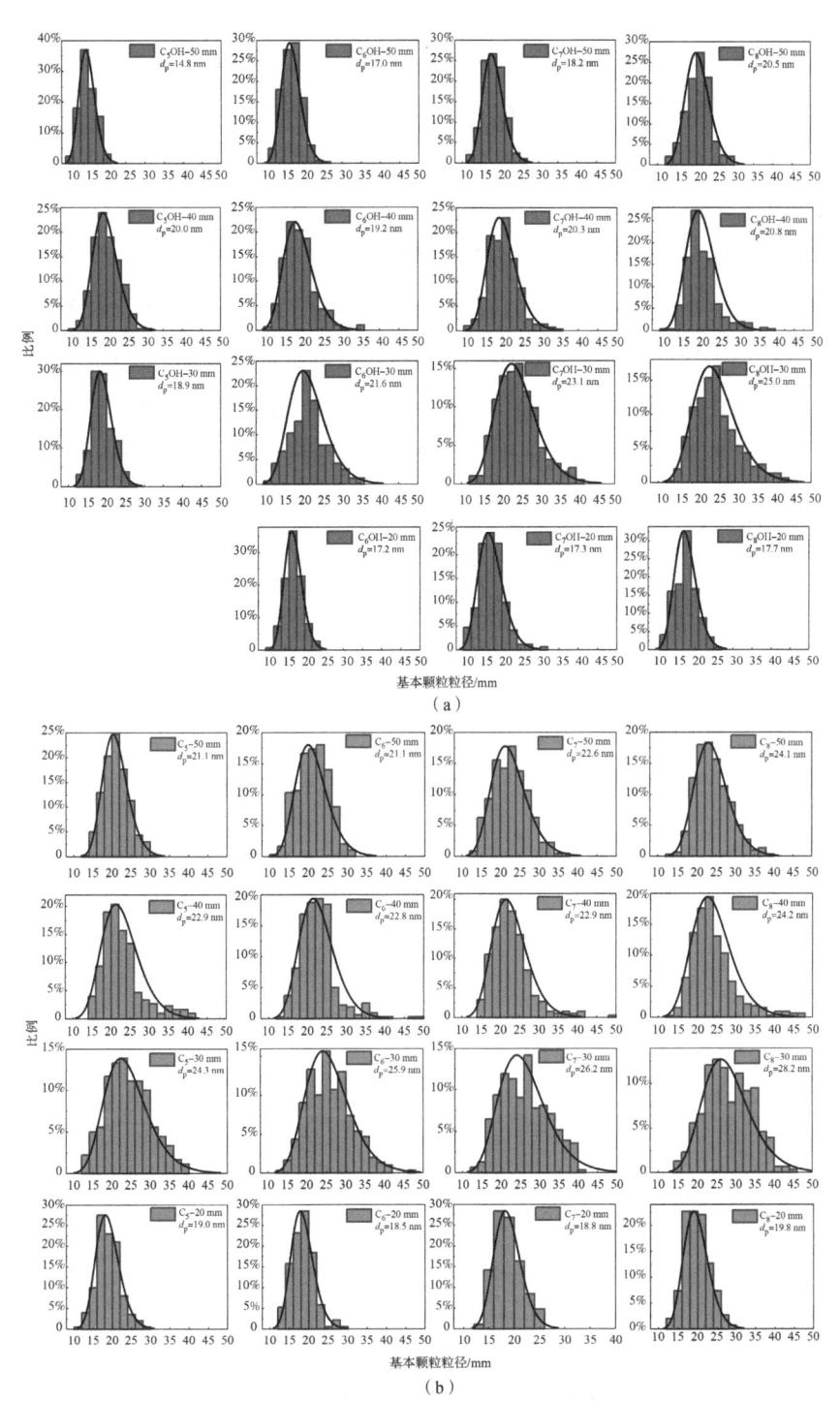

图 8-6 $C_5 \sim C_8$ 长链醇及相似烷烃火焰不同高度处基本颗粒粒径分布直方图

(a) $C_5 \sim C_8$ 长链醇；(b) C5~C8 烷烃

而这种多峰分布的现象主要出现在 $C_6 \sim C_8$ 烷烃中，这表明更长碳链的烷烃火焰中供颗粒生长的中间组分更加丰富，颗粒表面生长速率更高。

具体来说，$C_5 \sim C_8$ 长链醇及相似烷烃基本颗粒平均粒径随 HAB 的变化趋势及平均粒径峰值差如图 8-7 所示。可以发现，所有燃料的基本颗粒平均粒径演变规律均为随 HAB 的增加而先增加后减少。不同的是，$C_5 \sim C_8$ 长链醇中正戊醇平均粒径峰值点出现在 40 mm 处，而随着碳链长度的增加，其余三种醇类的平均粒径峰值点均出现在 30 mm 处。这表明，随着碳链长度的增加，颗粒平均粒径达到峰值的时间提前，即颗粒表面生长的速度增强。而对于本书所研究的 $C_5 \sim C_8$ 烷烃来说，颗粒平均粒径峰值出现的位置均为 HAB = 30 mm 处，没有捕捉到随着

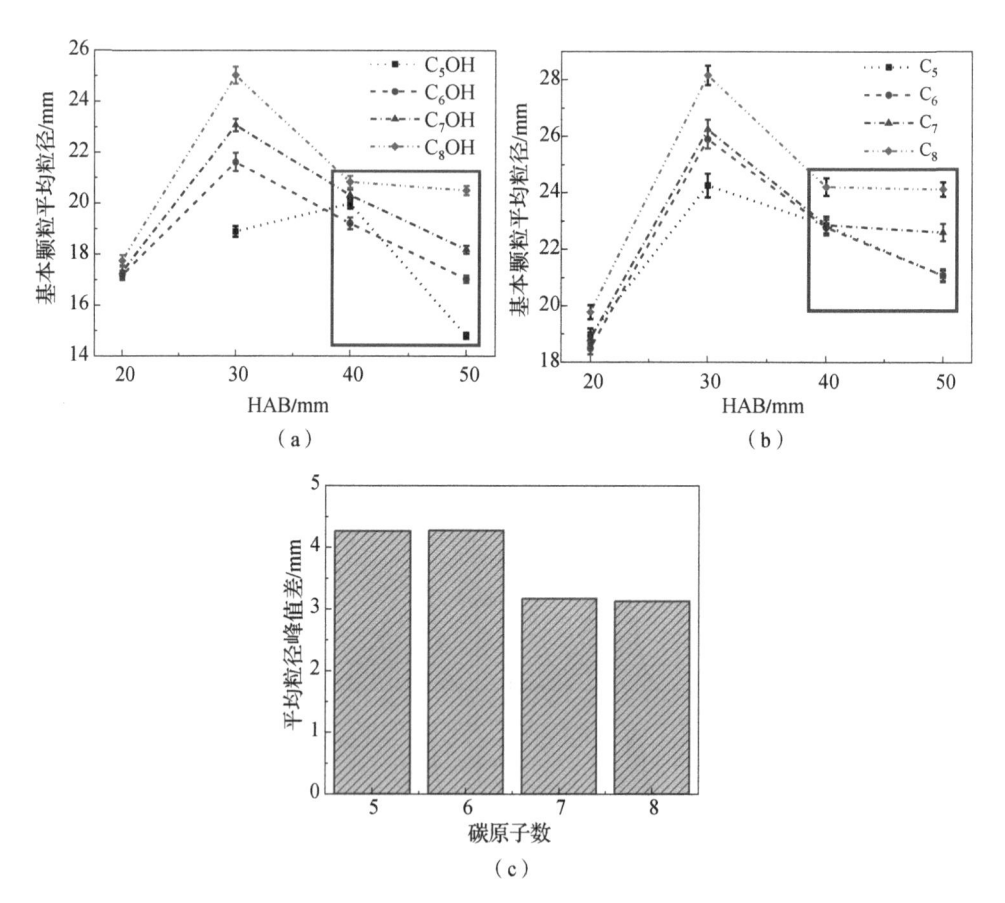

图 8-7 $C_5 \sim C_8$ 长链醇及相似烷烃火焰基本颗粒平均粒径随 HAB 的变化趋势及平均粒径峰值差

(a) $C_5 \sim C_8$ 长链醇粒径；(b) $C_5 \sim C_8$ 烷烃粒径；(c) 长链醇与烷烃粒径峰值差

碳链增加导致的碳烟生长过程中的重大差异。但无论是大分子醇类还是烷烃，随着碳链长度的增加，基本颗粒粒径峰值均逐渐增大。这表明，随着烃基链的增长，烃基对颗粒生长的促进作用将逐渐增强。对比相同碳数的大分子醇类和烷烃，可以发现相同碳链长度的烷烃火焰中的平均粒径峰值均大于对应的醇类火焰，火焰末端即 HAB = 50 mm 处的颗粒粒径大小情况也是如此。这两处位置分别反映了颗粒的两个重要生长过程，即表面生长和氧化作用分别占主导的阶段。因此，燃料分子中羟基的键合可以抑制颗粒的表面生长，并增强颗粒的氧化作用。然而，随着碳链长度的增加，烷－醇之间的粒径峰值差将减小，如图 8 - 7（c）所示。这表明，羟基对碳烟生长的抑制作用随着烃基链的增长而有所减弱。并且从图 8 - 7（a）和图 8 - 7（b）中的方框区域内 40~50 mm 颗粒平均粒径下降程度可以看出，醇类燃料燃烧后期的氧化、破碎明显强于烷烃。更重要的是，随着碳链长度的增加，醇类和烷烃的氧化作用均减弱。特别是正辛醇、正庚烷和正辛烷扩散火焰中在这一区间颗粒平均粒径的下降幅度很小，可以认为这一阶段中氧化作用很弱。羟基的存在抑制了颗粒的表面生长，并显著增强了颗粒在扩散火焰中的氧化，但对于 $C_5 \sim C_8$ 长链醇来说，羟基对颗粒氧化的增强作用随烃基链的增长而逐渐减弱，颗粒特性逐渐向烷烃靠近。

8.3.2　分形维数

颗粒在火焰中移动时受到的氧化作用不仅作用于单个基本颗粒，同时会使得颗粒聚集体破碎分离，在聚集程度和结构上出现不同程度的变化。分形维数 D_f 可以反映这一过程的变化情况，D_f 越小，颗粒聚集程度越低，结构越趋向于链状。图 8 - 8 对比了 $C_5 \sim C_8$ 长链醇及相似烷烃在碳烟主要生成区域，即 HAB = 40 mm 和 HAB = 50 mm 处的聚集体的 D_f。具体来看，$C_5 \sim C_8$ 长链醇的颗粒聚集体的 D_f 在 HAB = 40 mm 处主要集中分布在 1.60~1.72 之间，在 HAB = 50 mm 处主要集中分布在 1.60~1.66 之间。$C_5 \sim C_8$ 烷烃的颗粒聚集体的 D_f 在 HAB = 40 mm 处主要集中分布在 1.66~1.70 之间，在 HAB = 50 mm 处主要集中分布在 1.65~1.72 之间。整体而言，$C_5 \sim C_8$ 长链醇的 D_f 小于相似的烷烃，即羟基的存在使得颗粒聚集程度下降，结构更趋向于链状。此外，40~

50 mm 高度区间，$C_5 \sim C_8$ 长链醇中除正戊醇由于碳烟主要生成区域的推迟造成的 D_f 略有上升外，其余大分子醇类均呈现 D_f 下降的趋势；而 $C_5 \sim C_8$ 烷烃中该阶段 D_f 下降不明显，正辛烷甚至表现出 D_f 增加的趋势。这些现象表明，羟基的存在可以增强聚集体在燃烧后期的氧化作用，而碳链长度的增加则造成了相反的效果。

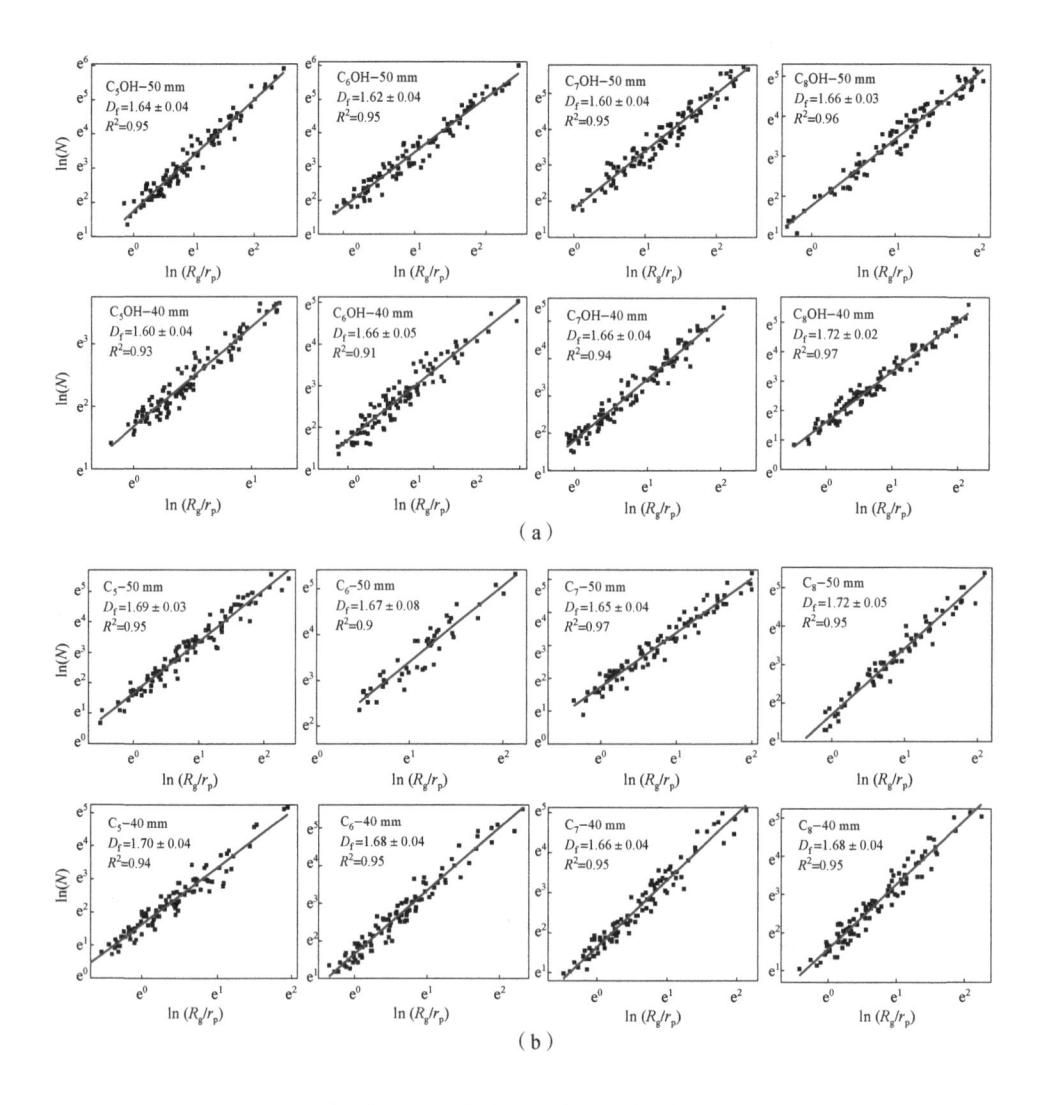

图 8-8 $C_5 \sim C_8$ 长链醇及相似烷烃火焰不同高度处聚集体的分形维数 D_f（见彩插）

(a) $C_5 \sim C_8$ 长链醇；(b) $C_5 \sim C_8$ 烷烃

8.4 长链醇及相似烷烃 PAHs 生成的气相化学动力学分析

8.4.1 机理构建与验证

碳烟颗粒的成核和粒径增长主要受控于 PAHs 凝结、HACA 表面生长和凝结后凝聚,而颗粒在火焰中被氧化主要也表现在壳层 PAHs 尺寸减小、条纹间距增大而呈现相对紊乱的结构。因此,为了进一步说明 $C_5 \sim C_8$ 长链醇及相似烷烃燃烧过程中碳烟前驱物 PAHs 生成的异同性,本书在前人研究的基础上构建了 n-$C_5 \sim$ n-C_8 醇类-PAHs 复合气相化学动力学模型。

Cai 等人[370]在正丁醇和正戊醇模型的基础上构建了详细的正辛醇气相化学动力学模型,并将 $C_5 \sim C_8$ 烷烃的完整机理作为子机理整合到模型中。该模型很好地保留了正戊醇、正辛醇及 $C_5 \sim C_8$ 烷烃燃烧反应动力学机理,因此,被用作本书的主机理。在此基础上,添加了 Li 等人[371]建立的正己醇和正庚醇子机理。由于 Li 等人提出的模型是在 Cai 等人的模型基础上发展而来的,因此,新加入的正己醇和正庚醇子机理可以很好地衔接 Cai 等人的核心小分子机理。$C_5 \sim C_8$ 烷烃的模型采用原模型机理,未做调整。随后,从 Jin 等人[372]构建的正丁醇-PAHs 详细机理中提取了 PAHs 子机理加入主机理中,该机理很好地描述了醇类分子 PAHs 生成的特性。

为了验证最终 n-$C_5 \sim$ n-C_8 醇类-PAHs 复合模型的燃烧反应特性,将该模型模拟得到的 $C_5 \sim C_8$ 长链醇着火延迟时间(ignition delay time,IDT)与 Cai 等人和 Li 等人原模型模拟得到的 IDT 进行比较。模拟选择 Chemkin Pro 软件包中的零维均相定容模型,模拟过程中通过调整 $C_5 \sim C_7$ 长链醇初始 H 原子提取反应,以校核点火延迟时间,对比结果如图 8-9 所示。可以看出,除了对于正庚醇中高温着火滞燃期的预测稍有过量外,n-$C_5 \sim$ n-C_8 醇类-PAHs 模型与其余醇类原模型结果相当吻合,误差在可接受的范围。

8.4.2 芳烃摩尔分数和生成速率

在 PAHs 的生成过程中,第一个苯环 A1 的生成被认为是碳烟生成的速控步,

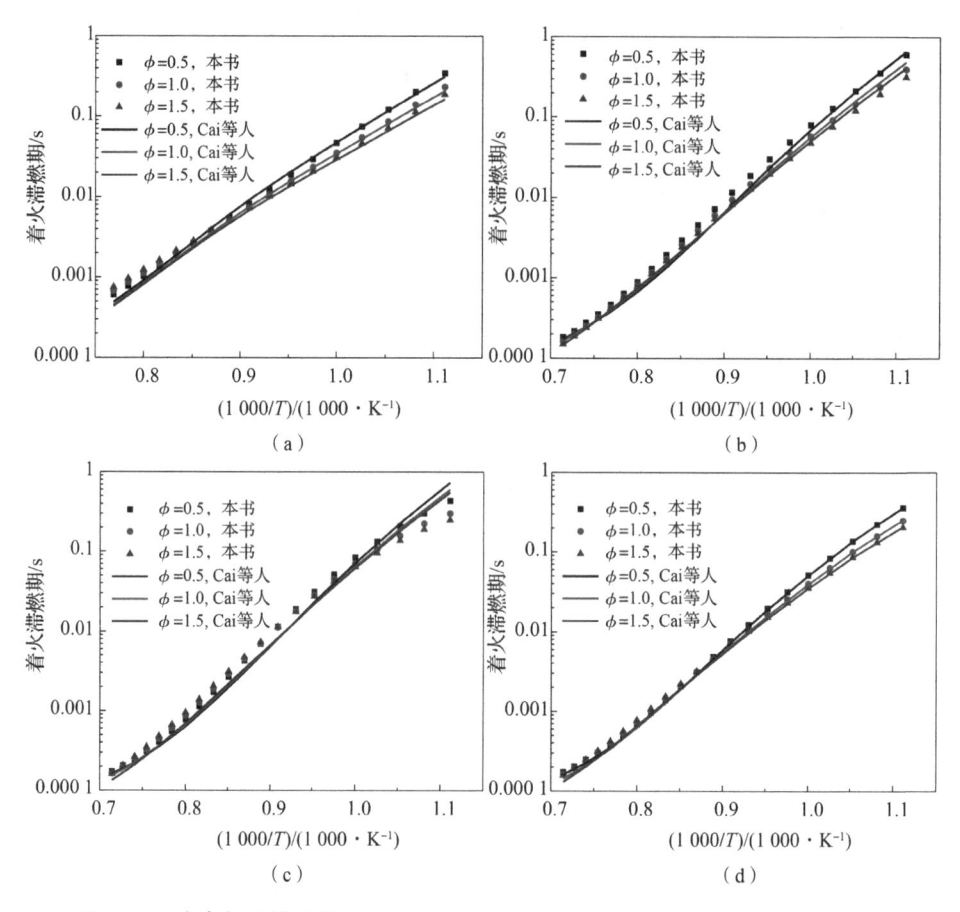

图 8-9　本书与原模型模拟得到的 $C_5 \sim C_8$ 长链醇着火滞燃期的对比（见彩插）

(a) 正戊醇；(b) 正己醇；(c) 正庚醇；(d) 正辛醇

在碳烟前驱物和碳烟生成过程中起着关键作用，这在第6章的模拟中也得到证实。图 8-10 所示为利用 Chemkin 零维均质定压模型模拟得到的 $C_5 \sim C_8$ 长链醇和 $C_5 \sim C_8$ 烷烃 A1 的生成情况。初始条件为当量比为 1，温度为 1 000 K，压力为 1 atm。可以发现，$C_5 \sim C_8$ 长链醇和 $C_5 \sim C_8$ 烷烃中 A1 的产量随着烃基链的增长有显著提高，A1 摩尔分数峰值随碳链的增加均呈近似线性增长。此外，相同碳链长度的烷烃燃料中 A1 摩尔分数峰值均高于对应的醇类燃料。值得注意的是，碳链长度从 5 增至 8 的烷烃-醇类 A1 摩尔浓度峰值差依次为 5.28E-07、3.72E-07、2.98E-07 和 2.72E-07。随着碳链长度的增长，$C_5 \sim C_8$ 长链醇和 $C_5 \sim C_8$ 烷烃的 A1 摩尔分数峰值差逐渐减小。

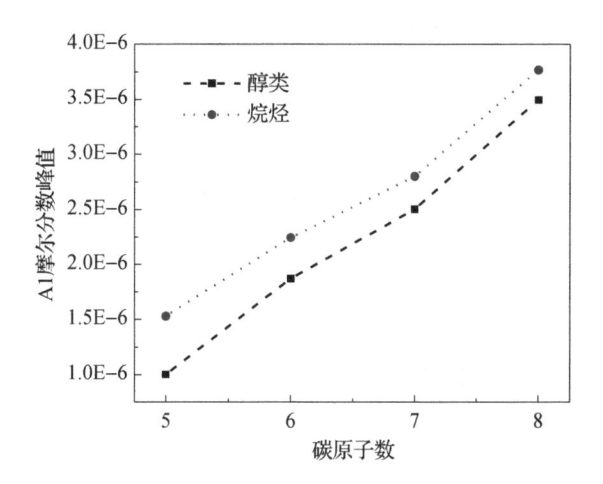

图 8-10 $C_5 \sim C_8$ 长链醇与烷烃 A1 摩尔分数峰值随碳链增长的变化趋势

为了探究造成 A1 上述变化趋势的深层原因，模拟了 A1 摩尔分数峰值位置处生成速率，如图 8-11 所示。结果表明，A1 主要通过反应 n-C_4H_3+C_2H_3══A1，2C_3H_3══A1，C_4H_4+C_2H_3══A1+H 生成。而 A1 的消耗主要依靠反应 A1+OH══A1-+H_2O，生成 A1-后进一步通过 HACA 表面生长机理逐渐生成 A2 及更大的 PAHs。其中，对于最能促进 A1 生成的反应 n-C_4H_3+C_2H_3══A1，

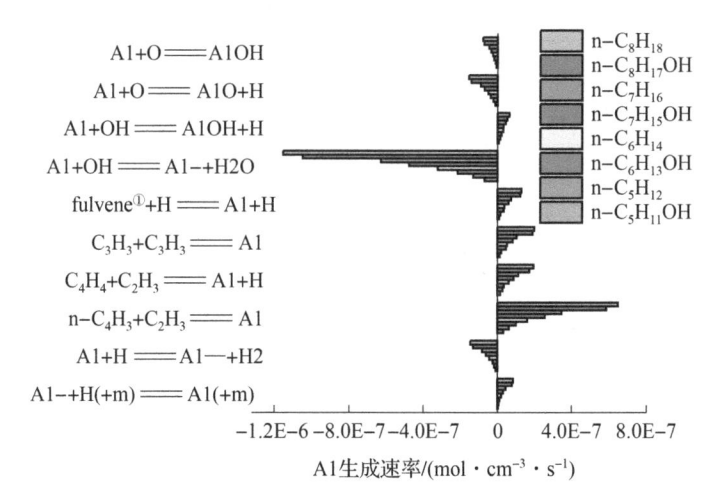

图 8-11 $C_5 \sim C_8$ 长链醇及相似烷烃的 A1 生成与消耗速率（见彩插）

---

① fulvene：富烯，分子式为 C_6H_6，结构式为 ⌬=CH_2。

可以发现，正戊醇具有最小的生产速率。随着碳链长度的增加，$C_5 \sim C_8$ 长链醇及 $C_5 \sim C_8$ 烷烃中该反应的生产速率也逐渐增大。而对于相同碳数的烷烃和醇类，烷烃中该反应的生产速率均大于对应的醇类。具体来看，正戊烷相较于正戊醇增加了 96.8%，正己烷相较于正己醇增加了 60.9%，正庚烷相较于正庚醇增加了 35.6%，而正辛烷相较于正辛醇增加了 10.6%。由此可见，随着碳链长度的增加，长链醇中促进 A1 生成的小分子反应速率逐渐靠近对应烷烃。

8.4.3 关键中间组分的演化机理

对于上述促进 A1 生成的关键反应中的小分子物质 C_2H_3、C_3H_3、C_4H_4 和 n-C_4H_3 进行了组分浓度的分析，如图 8-12 所示。首先可以明确的是促进 PAHs 生

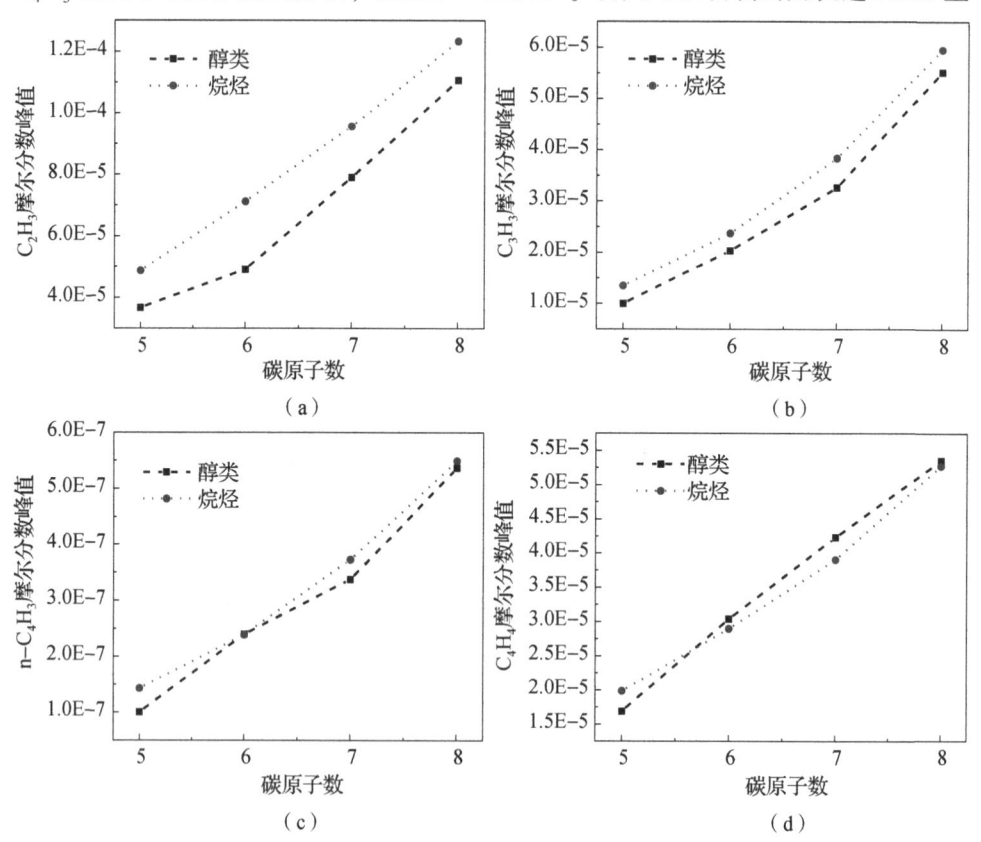

图 8-12 $C_5 \sim C_8$ 长链醇及 $C_5 \sim C_8$ 烷烃关键中间组分摩尔分数峰值随碳链增长的变化趋势

(a) C_2H_3；(b) C_3H_3；(c) n-C_4H_3；(b) C_4H_4

成的关键组分浓度均随着碳链长度的增加而逐渐增大，并且小分子组分浓度随碳链长度的增加的变化趋势与 A1 浓度随碳链长度增加的趋势基本一致，羟基链增长直接影响着 A1 的生成量。对比 $C_5 \sim C_8$ 长链醇及相似烷烃燃烧中间体摩尔分数可以发现，羟基键合使得大多数中间体产量低于对应长度的烷烃。但羟基对不同碳数中间体抑制程度不同，甚至在碳链增长的耦合作用下促进了部分中间体的产生。具体来说，羟基键合对于 C_2 中间体的产生存在着明显的抑制，C_3 中间体其次，而对于 C_4 中间体，$C_5 \sim C_8$ 长链醇中的产量并不严格低于对应的烷烃。特别是 C_4H_4 组分，当醇类的碳链长度逐渐增加时，C_4H_4 组分摩尔分数峰值接近，甚至略大于对应碳链长度的烷烃。

图 8-13 对比了正戊醇、正己醇、正戊烷和正己烷在燃料消耗 50% 时生成 C_4H_4 组分的反应路径。由图 8-13（a）可以看出，正戊醇中生成 C_4H_4 的反应路径只有一条，首先通过起始的 H 原子提取反应形成 $\delta - C_5H_{10}OH$ 自由基，然后通过后续反应路径生成 C_4H_4 组分。而随着碳链长度的增加，正己醇生成 C_4H_4 的起始路径数量增加，正己醇通过第一步 H 原子提取反应生成 $\alpha - C_6H_{12}OH$ 自由基和 $\delta - C_6H_{12}OH$ 自由基，随后生成烯烃，并通过后续反应路径生成 C_4H_4 组分。此外，随着碳链长度的增加，正己醇反应生成 C_4H_4 路径中的部分反应的转化率显著高于正戊醇。特别是第二步烯烃形成反应中正戊醇中反应路径的转化率仅为 16.9%，而正己醇中两条反应路径的转化率分别为 44.1% 和 38.4%。整体而言，随着碳链长度的增加，正己醇中生成 C_4H_4 的反应路径数量增多，反应效率增加，最终导致 C_4H_4 组分峰值浓度显著增加。而对比图 8-13（b）中烷烃生成 C_4H_4 的反应路径可以发现，烷烃中随着碳链长度的增加，反应路径数量没有变化。碳链长度的增加造成的影响主要是第一步 H 原子提取反应的消耗率提高，由 25.1% 增加至 40.2%，由此导致 C_4H_4 的峰值浓度增加。但由于正己醇生成 C_4H_4 的反应路径数量增加，最终 C_4H_4 的峰值浓度增加更为显著，因此，呈现出图 8-11（d）所示 C_4H_4 在碳链长度为 6 时出现了醇类大于烷烃的转捩现象。正因如此，长链醇最终的 A1 产量与烷烃的差距随着碳链长度的增加而逐渐缩小，进而影响了最终的碳烟生成量。

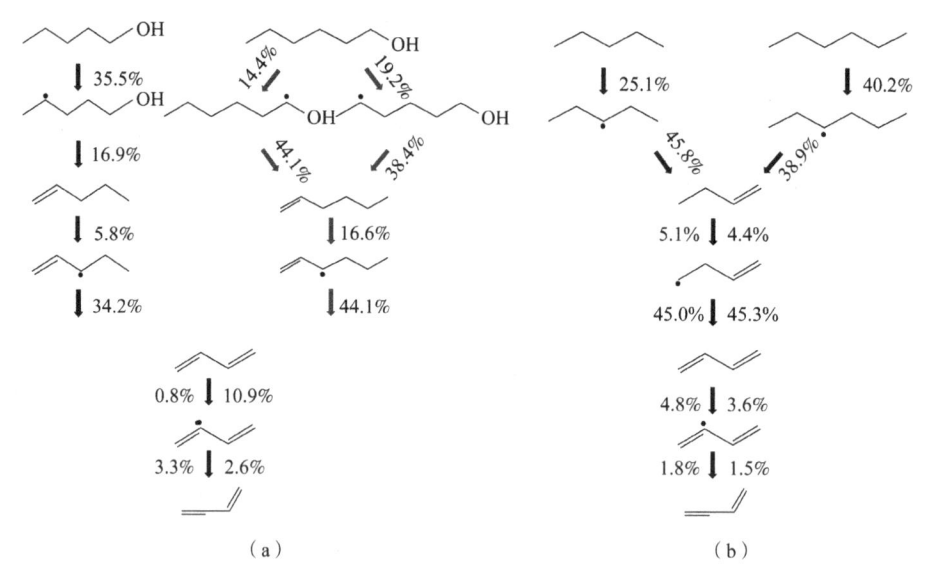

图 8-13 正戊醇、正己醇、正戊烷和正己烷在燃料消耗 50% 时
生成 C_4H_4 组分的反应路径对比

(a) 正戊醇和正己醇；(b) 正戊烷和正己烷

8.5 本章小结

本章利用 TSPD-TEM 技术对比研究了 $C_5 \sim C_8$ 长链醇及相应烷烃层流扩散火焰碳烟微、纳观结构参数演化规律，构建了 $n-C_5 \sim n-C_8$ 醇类-PAHs 复合气相化学动力学模型，分析了长链醇及相似烷烃碳烟及前驱物演化的异同性。主要结论如下。

(1) 随着碳链增长，$C_5 \sim C_8$ 长链醇和烷烃火焰高度均逐渐增加，而醇类火焰高度和碳烟浓度均小于其相似烷烃。随着碳链的增长，相同碳数烷烃-醇类之间的火焰高度差与 RINL 峰值差均逐渐下降，羟基对于醇类分子燃烧过程的作用效应随着烃基链的增长逐渐减弱。

(2) C_5 长链醇火焰高浓度碳烟生成区域位于火焰下游中心区域，随着碳链增长，$C_6 \sim C_8$ 长链醇火焰高浓度碳烟生成区域逐渐呈现类似 $C_5 \sim C_8$ 烷烃火焰的两翼分布特征。相比烷烃火焰，羟基的键入导致火焰中心到两翼的转换现象被显著推迟。

（3）$C_5 \sim C_8$ 长链醇火焰中碳烟颗粒数量、基本颗粒粒径、颗粒聚集体尺寸与聚集程度均小于相同碳链长度的烷烃火焰，醇类羟基的键入抑制了颗粒的表面生长，并且增强了氧化效应。随着碳链的增长，$C_5 \sim C_8$ 长链醇与 $C_5 \sim C_8$ 烷烃火焰基本颗粒粒径峰值和火焰后期颗粒粒径均逐渐增大，但烷烃-醇类碳烟微观特征参数的差异却逐渐缩小，羟基对碳烟的抑制作用随烃基链的增长逐渐减弱。

（4）羟基的键入使得长链醇相较于对应烷烃火焰中的基本颗粒结构有序程度下降，相互平行的条纹数量更少，其中正戊醇和正戊烷表现出最无序的颗粒条纹结构。随着碳链长度的增加，$C_5 \sim C_8$ 长链醇和 $C_5 \sim C_8$ 烷烃火焰中的基本颗粒中平行石墨层数量逐渐增加，结构致密程度提高，有序程度增加。

（5）随着碳链长度的增加，$C_5 \sim C_8$ 长链醇和 $C_5 \sim C_8$ 烷烃燃烧过程 $C_2 \sim C_4$ 中间组分浓度逐渐增加，进而促使碳烟前驱物芳烃产量的增加。相比烷烃分子，羟基键合显著抑制了 C_2 和 C_3 中间体的生成，但对 C_4 中间体表现出从抑制到促进的转捩现象，并且随着碳链长度的增加，长链醇中促进 A1 生成的小分子反应速率逐渐靠近对应烷烃。这导致长链醇中碳烟前驱物与碳烟生成特性随着碳链长度的增加而逐渐趋向于烷烃。

参考文献

[1] GUERRERO PEÑA G D J, HAMMID Y A, RAJ A, et al. On the characteristics and reactivity of soot particles from ethanol – gasoline and 2,5 – dimethylfuran – gasoline blends[J]. Fuel,2018,222:42 – 55.

[2] LIU Y,GAO Y,YU N,et al. Particulate matter,gaseous and particulate polycyclic aromatic hydrocarbons(PAHs) in an urban traffic tunnel of China:Emission from on – road vehicles and gas – particle partitioning[J]. Chemosphere,2015,134(5):52 – 59.

[3] 郝斌. 不同燃料对柴油机排气颗粒物的影响研究[D]. 天津:天津大学,2014.

[4] HIRAM LEVY I I,SCHWARZKOPF M D,HOROWITZ L,et al. Strong sensitivity of late 21st century climate to projected changes in short – lived air pollutants[J]. Journal of Geophysical Research Atmospheres,2008,113(D6):1 – 13.

[5] MAIONE M,FOWLER D,MONKS P S,et al. Air quality and climate change:Designing new win – win policies for Europe[J]. Environmental Science & Policy,2016,65:48 – 57.

[6] CLAXTON L D. The history,genotoxicity,and carcinogenicity of carbon – based fuels and their emissions part 3:Diesel and gasoline[J]. Mutation Research/Reviews in Mutation Research,2015,763:30 – 85.

[7] 中华人民共和国生态环境部. 环境空气质量标准:GB 3095—2012[S]. 北京:中国环境科学出版社,2012.

[8] GENG P,ZHANG H,YANG S C. Experimental investigation on the combustion and

particulate matter(PM) emissions from a port - fuel injection(PFI) gasoline engine fueled with methanol - ultralow sulfur gasoline blends[J]. Fuel,2015,145:221 - 227.

[9] MYUNG C L, PARK S. Exhaust nanoparticle emissions from internal combustion engines: A review[J]. International Journal of Automotive Technology,2012,13(1):9 - 22.

[10] SALIBA G, SALEH R, ZHAO Y, et al. Comparison of gasoline direct - injection (GDI) and port fuel injection (PFI) vehicle emissions: Emission certification standards, cold - start, secondary organic aerosol formation potential, and potential climate impacts[J]. Environmental Science & Technology,2017,51(11):6542 - 6552.

[11] ATTAR M A, XU H. Correlations between particulate matter emissions and gasoline direct injection spray characteristics[J]. Journal of Aerosol Science,2016,102:128 - 141.

[12] ZIMMERMAN N, WANG J M, JEONG C H, et al. Assessing the climate trade - offs of gasoline direct injection engines[J]. Environmental Science & Technology,2016,50(15):8385 - 8392.

[13] CHAN T W, MELOCHE E, KUBSH J, et al. Black carbon emissions in gasoline exhaust and a reduction alternative with a gasoline particulate filter[J]. Environmental Science & Technology,2014,48(10):6027 - 6034.

[14] ANANDA SRINIVASAN C, SARAVANAN C G, GOPALAKRISHNAN M. Emission reduction on ethanol - gasoline blend using cerium oxide nanoparticles as fuel additive[J]. Particulate Science and Technology,2017:1 - 8.

[15] CASSEE F R, VAN BALEN E C, SINGH C, et al. Exposure, health and ecological effects review of engineered nanoscale cerium and cerium oxide associated with its use as a fuel additive[J]. Critical Reviews in Toxicology,2011,41(3):213 - 229.

[16] WANG X, GE Y, LIU L, et al. Evaluation on toxic reduction and fuel economy of a gasoline direct injection - (GDI -)powered passenger car fueled with methanol - gasoline blends with various substitution ratios[J]. Applied Energy,2015,157:

134-143.

[17] MASUM B M, MASJUKI H H, KALAM M A, et al. Effect of ethanol-gasoline blend on NOx emission in SI engine[J]. Renewable and Sustainable Energy Reviews,2013,24:209-222.

[18] GU X,HUANG Z,CAI J,et al. Emission characteristics of a spark-ignition engine fuelled with gasoline-n-butanol blends in combination with EGR[J]. Fuel,2012,93:611-617.

[19] CATALUÑA R,DA SILVA R,DE MENEZES E W,et al. Specific consumption of liquid biofuels in gasoline fuelled engines[J]. Fuel,2008,87(15-16):3362-3368.

[20] ELFASAKHANY A. Performance and emissions analysis on using acetone-gasoline fuel blends in spark-ignition engine[J]. Engineering Science and Technology,An International Journal,2016,19(3):1224-1232.

[21] SCHIFTER I,GONZÁLEZ U,GONZÁLEZ-MACÍAS C. Effects of ethanol, ethyl-tert-butyl ether and dimethyl-carbonate blends with gasoline on SI engine[J]. Fuel,2016,183:253-261.

[22] TANAKA K, ISOBE N, SATO K, et al. Ignition Characteristics of 2,5-dimethylfuran compared with gasoline and ethanol[J]. SAE International Journal of Engines,2016,9(1):39-46.

[23] LEMAIRE R,THERSSEN E,DESGROUX P. Effect of ethanol addition in gasoline and gasoline-surrogate on soot formation in turbulent spray flames[J]. Fuel,2010,89(12):3952-3959.

[24] LEMAIRE R,LAPALME D,SEERS P. Analysis of the sooting propensity of C-4 and C-5 oxygenates:Comparison of sooting indexes issued from laser-based experiments and group additivity approaches[J]. Combustion and Flame,2015,162(9):3140-3155.

[25] GOGOI B,RAJ A,ALREFAAI M M,et al. Effects of 2,5-dimethylfuran addition to diesel on soot nanostructures and reactivity[J]. Fuel,2015,159:766-775.

[26] 解茂昭,贾明. 内燃机计算燃烧学[M]. 3版. 北京:科学出版社,2016.

[27] 李铭迪. 含氧燃料颗粒状态特征及前驱体形成机理研究[D]. 镇江:江苏大学,2014.

[28] HAYASHIDA K,MOGI T,AMAGAI K,et al. Growth characteristics of polycyclic aromatic hydrocarbons in dimethyl ether diffusion flame[J]. Fuel,2011,90(2):493-498.

[29] APPEL J,BOCKHORN H,FRENKLACH M. Kinetic modeling of soot formation with detailed chemistry and physics:Laminar premixed flames of C_2 hydrocarbons [J]. Combustion and Flame,2000,121(1-2):122-136.

[30] HANSEN N,COOL T A,WESTMORELAND P R,et al. Recent contributions of flame-sampling molecular-beam mass spectrometry to a fundamental understanding of combustion chemistry[J]. Progress in Energy and Combustion Science,2009,35(2):168-191.

[31] LEE S M,YOON S S,CHUNG S H. Synergistic effect on soot formation in counterflow diffusion flames of ethylene-propane mixtures with benzene addition [J]. Combustion and Flame,2004,136(4):493-500.

[32] KOBAYASHI Y,FURUHATA T,AMAGAI K,et al. Soot precursor measurements in benzene and hexane diffusion flames[J]. Combustion and Flame,2008,154(3):346-355.

[33] WANG H,FRENKLACH M. A detailed kinetic modeling study of aromatics formation in laminar premixed acetylene and ethylene flames[J]. Combustion and Flame,1997,110(1-2):173-221.

[34] MARCHAL C,DELFAU J L,VOVELLE C,et al. Modelling of aromatics and soot formation from large fuel molecules[J]. Proceedings of the Combustion Institute,2009,32(1):753-759.

[35] 张奎文,郭会军,周忠岳,等. 同步辐射真空紫外光电离质谱研究乙烯扩散火焰[J]. 工程热物理学报,2009(10):1795-1799.

[36] 张鹏,刘海峰,岳宗宇,等. 不同环数芳香烃激光诱导荧光光谱研究[J]. 光谱学与光谱分析,2015,35(6):1592-1596.

[37] CIAJOLO A,ALFÈ M,APICELLA B,et al. Characterization of carbon particulate

matter relevant in combustion[J]. Chem Eng Trans,2009,17:99 - 104.

[38] WIJAYANTA A T, ALAM M S, NAKASO K, et al. Optimized combustion of biomass volatiles by varying O_2 and CO_2 levels: A numerical simulation using a highly detailed soot formation reaction mechanism[J]. Bioresource Technology, 2012,110:645 - 651.

[39] 钟北京,刘晓飞. 层流预混火焰 PAHs 形成的反应机理模型[J]. 工程热物理学报,2004,25(1):151 - 154.

[40] 赵昌普,陈生齐,宋崇林,等. 正庚烷预混火焰中 PAHs 的生成机理[J]. 燃烧科学与技术,2008,14(5):400 - 405.

[41] WEILMÜNSTER P, KELLER A, HOMANN K H. Large molecules, radicals, ions, and small soot particles in fuel - rich hydrocarbon flames part I: Positive ions of polycyclic aromatic hydrocarbons (PAH) in low - pressure premixed flames of acetylene and oxygen[J]. Combustion and Flame,1999,116(1 - 2):62 - 83.

[42] GRIECO W J, LAFLEUR A L, SWALLOW K C, et al. Fullerenes and PAH in low - pressure premixed benzene/oxygen flames[J]. Proceedings of the Combustion Institute,1998,27(2):1669 - 1675.

[43] FIALKOV A B. Investigations on ions in flames[J]. Progress in Energy and Combustion Science,1997,23(5 - 6):399 - 528.

[44] FRENKLACH M, WANG H. Detailed modeling of soot particle nucleation and growth[J]. Proceedings of the Combustion Institute,1991,23(1):1559 - 1566.

[45] AKIHAMA K, TAKATORI Y, INAGAKI K, et al. Mechanism of the smokeless rich diesel combustion by reducing temperature[J]. Detroit, USA: SAE Technical Paper, 2001.

[46] HERDMAN J D, MILLER J H. Intermolecular potential calculations for polynuclear aromatic hydrocarbon clusters[J]. The Journal of Physical Chemistry A,2008,112(28):6249 - 6256.

[47] PARKER D S N, ZHANG F, KIM Y S, et al. Low temperature formation of naphthalene and its role in the synthesis of PAHs (polycyclic aromatic hydrocarbons) in the interstellar medium[J]. Proceedings of the National Academy of Sciences,2012,

109(1):53-58.

[48] WANG H. Formation of nascent soot and other condensed-phase materials in flames[J]. Proceedings of the Combustion Institute,2011,33(1):41-67.

[49] VIOLI A,KUBOTA A,TRUONG T N,et al. A fully integrated kinetic monte carlo/molecular dynamics approach for the simulation of soot precursor growth[J]. Proceedings of the Combustion Institute,2002,29(2):2343-2349.

[50] ALLOUIS C,APICELLA B,BARBELLA R,et al. Monitoring of fuel consumption and aromatics formation in a kerosene spray flame as characterized by fluorescence spectroscopy[J]. Chemosphere,2003,51(10):1097-1102.

[51] JOHANSSON K O,HEAD-GORDON M P,SCHRADER P E,et al. Resonance-stabilized hydrocarbon-radical chain reactions may explain soot inception and growth[J]. Science,2018,361(6406):997-1000.

[52] DAMES E,SIRJEAN B,WANG H. Weakly bound carbon-carbon bonds in acenaphthene derivatives and hexaphenylethane[J]. The Journal of Physical Chemistry A,2009,114(2):1161-1168.

[53] SANTAMARÍA A,MONDRAGON F,QUINONEZ W,et al. Average structural analysis of the extractable material of young soot gathered in an ethylene inverse diffusion flame[J]. Fuel,2007,86(12-13):1908-1917.

[54] VANDER WAL R L,TOMASEK A J,STREET K,et al. Carbon nanostructure examined by lattice fringe analysis of high-resolution transmission electron microscopy images[J]. Applied Spectroscopy,2004,58(2):230-237.

[55] VANDER WAL R L,YEZERETS A,CURRIER N W,et al. HRTEM study of diesel soot collected from diesel particulate filters[J]. Carbon,2007,45(1):70-77.

[56] SONG H,LADOMMATOS N,ZHAO H. Morphology,size distribution,and oxidation of diesel soot[J]. Journal of the Energy Institute,2004,77(511):26-36.

[57] ALFÈ M,APICELLA B,ROUZAUD J N,et al. The effect of temperature on soot properties in premixed methane flames[J]. Combustion and Flame,2010,157(10):1959-1965.

[58] DASTANPOUR R,ROGAK S N. Observations of a correlation between primary

particle and aggregate size for soot particles[J]. Aerosol Science & Technology, 2014,48(10):1043-1049.

[59] 洪亮. 预混火焰碳烟颗粒的形貌结构特征及团聚力的研究[D]. 天津:天津大学,2012.

[60] 宋崇林,洪亮,汪晓伟,等. CH_4-O_2 预混火焰中温度对碳烟纳观结构及形貌的影响[J]. 燃烧科学与技术,2013,19(2):115-120.

[61] 汪晓伟. 甲烷火焰中碳烟颗粒物理化学特性演化规律的研究[D]. 天津:天津大学,2015.

[62] 王思文. 甲烷扩散火焰中碳烟颗粒形貌及力学特性的研究[D]. 天津:天津大学,2016.

[63] 王思文,宋崇林,陈男,等. 甲烷/空气扩散火焰中碳烟颗粒的三维形貌演变[J]. 燃烧科学与技术,2016,22(4):364-369.

[64] 魏文明. 气体碳氢燃料掺氢预混火焰传播速度及碳烟颗粒生成研究[D]. 武汉:华中科技大学,2016.

[65] 魏文明,成晓北,吴树淳,等. 掺氢对乙炔预混火焰碳烟生成的影响[J]. 工程热物理学报,2016,V37(9):2036-2041.

[66] ZHANG M,YU J,XU X. A new flame sheet model to reflect the influence of the oxidation of CO on the combustion of a carbon particle[J]. Combustion and Flame,2005,143(3):150-158.

[67] BOEHMAN A L,SONG J,ALAM M. Impact of biodiesel blending on diesel soot and the regeneration of particulate filters[J]. Energy & Fuels,2005,19(5):1857-1864.

[68] YOSHIDA E,NOMURA H,SEKIMOTO M. Fuel and engine effects on diesel exhaust emissions[J]. SAE Technical Paper,1986.

[69] KIM C H,EL-LEATHY A M,XU F,et al. Soot surface growth and oxidation in laminar diffusion flames at pressures of 01-1.0 atm[J]. Combustion and Flame,2004,136(1-2):191-207.

[70] VANDER WAL R L. Soot nanostructure:Definition,quantification and implications[J]. SAE Technical Paper,2005,114:429-436.

[71] SONG J, ALAM M, BOEHMAN A L, et al. Examination of the oxidation behavior of biodiesel soot[J]. Combustion and Flame, 2006, 146(4):589-604.

[72] RAJ A, YANG S Y, CHA D, et al. Structural effects on the oxidation of soot particles by O_2: Experimental and theoretical study[J]. Combustion and Flame, 2013, 160(9):1812-1826.

[73] YEHLIU K, WAL R L V, ARMAS O, et al. Impact of fuel formulation on the nanostructure and reactivity of diesel soot[J]. Combustion and Flame, 2012, 159(12):3597-3606.

[74] ALFÈ M, APICELLA B, BARBELLA R, et al. Structure-property relationship in nanostructures of young and mature soot in premixed flames[J]. Proceedings of the Combustion Institute, 2009, 32(1):697-704.

[75] GHIASSI H, TOTH P, LIGHTY J A S. Sooting behaviors of n-butanol and n-dodecane blends[J]. Combustion and Flame, 2014, 161(3):671-679.

[76] GHIASSI H, TOTH P, JARAMILLO I C, et al. Soot oxidation-induced fragmentation part 1: The relationship between soot nanostructure and oxidation-induced fragmentation[J]. Combustion and Flame, 2016, 163(3):179-187.

[77] 马翔. 预混火焰工况对碳烟表面官能团和氧化特性影响规律研究[D]. 天津:天津大学, 2014.

[78] 马翔, 宋崇林, 汪晓伟, 等. 预混火焰中温度对碳烟表面官能团和氧化活性的影响[J]. 燃烧科学与技术, 2014, 20(2):170-175.

[79] 王明珠. 甲烷扩散火焰中碳烟微观结构、表面官能团及氧化性研究[D]. 天津:天津大学, 2014.

[80] 王明珠, 宋崇林, 汪晓伟, 等. 甲烷/空气扩散火焰中碳烟表面官能团的演变及其对碳烟氧化活性的影响[J]. 燃烧科学与技术, 2015, 21(5):458-463.

[81] 王强. 乙烯预混火焰中碳烟微观形貌、纳观结构及氧化特性研究[D]. 天津:天津大学, 2016.

[82] 王强, 韩伟, 宋崇林, 等. 乙烯/氧气预混火焰中燃空当量比对碳烟表面官能团和氧化活性的影响[J]. 燃烧科学与技术, 2016, 22(5):446-452.

[83] BAE C, KIM J. Alternative fuels for internal combustion engines[J]. Proceedings of

the Combustion Institute,2017,36(3):3389-3413.

[84] AGARWAL A K. Biofuels(alcohols and biodiesel) applications as fuels for internal combustion engines[J]. Progress in Energy and Combustion Science,2007,33(3):233-271.

[85] SURISETTY V R,DALAI A K,KOZINSKI J. Alcohols as alternative fuels:An overview[J]. Applied Catalysis A:General,2011,404(1-2):1-11.

[86] MANSOURI A,RIHANI R,LAOUFI A N,et al. Production of bioethanol from a mixture of agricultural feedstocks:Biofuels characterization[J]. Fuel,2016,185:612-621.

[87] WESTBROOK C K,PITZ W J,CURRAN H J. Chemical kinetic modeling study of the effects of oxygenated hydrocarbons on soot emissions from diesel engines[J]. The Journal of Physical Chemistry A,2006,110(21):6912-6922.

[88] KOWALEWICZ A. Methanol as a fuel for spark ignition engines:A review and analysis[J]. Proceedings of the Institution of Mechanical Engineers,Part D:Journal of Automobile Engineering,1993,207(1):43-52.

[89] ÇELIK M B,ÖZDALYAN B,ALKAN F. The use of pure methanol as fuel at high compression ratio in a single cylinder gasoline engine[J]. Fuel,2011,90(4):1591-1598.

[90] KIM J,HENAO C A,JOHNSON T A,et al. Methanol production from CO_2 using solar-thermal energy:Process development and techno-economic analysis[J]. Energy & Environmental Science,2011,4(9):3122-3132.

[91] LI H,HONG H,JIN H,et al. Analysis of a feasible polygeneration system for power and methanol production taking natural gas and biomass as materials[J]. Applied Energy,2010,87(9):2846-2853.

[92] 王斌,吴禧,孙华,等. 甲醇清洁燃料的研究现状及发展前景[J]. 中国石油和化工标准与质量,2011,31(11):29.

[93] AGARWAL A K,KARARE H,DHAR A. Combustion,performance,emissions and particulate characterization of a methanol-gasoline blend(gasohol)fuelled medium duty spark ignition transportation engine[J]. Fuel Processing Technology,2014,

121:16-24.

[94] LIANG B,GE Y,TAN J,et al. Comparison of PM emissions from a gasoline direct injected(GDI)vehicle and a port fuel injected(PFI)vehicle measured by electrical low pressure impactor(ELPI)with two fuels:Gasoline and M15 methanol gasoline[J]. Journal of Aerosol Science,2013,57:22-31.

[95] 李翔,裴毅强,秦静,等.GDI发动机燃用甲醇及甲醇/汽油混合燃料的微粒排放特性研究[J].内燃机工程,2015,36(2):1-6.

[96] WANG X,GE Y,LIU L,et al. Evaluation on toxic reduction and fuel economy of a gasoline direct injection-(GDI-)powered passenger car fueled with methanol-gasoline blends with various substitution ratios[J]. Applied Energy,2015,157:134-143.

[97] GENG P,ZHANG H,YANG S. Experimental investigation on the combustion and particulate matter(PM)emissions from a port-fuel injection(PFI)gasoline engine fueled with methanol-ultralow sulfur gasoline blends[J]. Fuel,2015,145:221-227.

[98] 姚春德,窦站成,刘辰,等.甲醇汽油混合燃料发动机颗粒物排放特性的研究[J].内燃机工程,2016,37(4):8-13.

[99] ZHANG Z H,CHEUNG C S,YAO C D. Influence of fumigation methanol on the combustion and particulate emissions of a diesel engine[J]. Fuel 2013,111:442-448.

[100] NI T,GUPTA S B,SANTORO R J. Suppression of soot formation in ethene laminar diffusion flames by chemical additives[J]. Symposium(International)on Combustion,1994,25(1):585-592.

[101] 倪培永,王忠,王向丽,等.甲醇抑制层流预混火焰中碳烟生成的机理[J].燃烧科学与技术,2011,17(4):321-326.

[102] FREDERICKSON K,KEARNEY S P,GRASSER T W. Laser-induced incandescence measurements of soot in turbulent pool fires[J]. Applied Optics,2011,50(4):A49-A59.

[103] YU W,CHEN G,HUANG Z,et al. Experimental and kinetic modeling study of

methyl butanoate and methyl butanoate/methanol flames at different equivalence ratios and C/O ratios[J]. Combustion and Flame,2012,159(1):44-54.

[104] XU H,YAO C,XU G,et al. Experimental and modelling studies of the effects of methanol and ethanol addition on the laminar premixed low-pressure n-heptane/toluene flames[J]. Combustion and Flame,2013,160(8):1333-1344.

[105] HANSEN A C,ZHANG Q,LYNE P W L. Ethanol-diesel fuel blends—A review [J]. Bioresource Technology,2005,96(3):277-285.

[106] EZEJI T, QURESHI N, BLASCHEK H P. Production of acetone-butanol-ethanol(ABE) in a continuous flow bioreactor using degermed corn and clostridium beijerinckii[J]. Process Biochemistry,2007,42(1):34-39.

[107] YÜKSEL F,YÜKSEL B. The use of ethanol-gasoline blend as a fuel in an SI engine[J]. Renewable Energy,2004,29(7):1181-1191.

[108] TURNER D,XU H,CRACKNELL R F,et al. Combustion performance of bio-ethanol at various blend ratios in a gasoline direct injection engine[J]. Fuel, 2011,90(5):1999-2006.

[109] YOON S H,LEE C S. Lean combustion and emission characteristics of bioethanol and its blends in a spark ignition(SI)engine[J]. Energy & Fuels,2011,25(8): 3484-3492.

[110] 宋涛,郑义,郭津. 我国替代燃料乙醇汽油发展现状[J]. 小型内燃机与车辆技术,2013,42(6):92-96.

[111] LI D,ZHEN H,XINGCAI L,et al. Physico-chemical properties of ethanol-diesel blend fuel and its effect on performance and emissions of diesel engines [J]. Renewable Energy,2005,30(6):967-976.

[112] CHEN H,SHI-JIN S,JIAN-XIN W. Study on combustion characteristics and PM emission of diesel engines using ester-ethanol-diesel blended fuels[J]. Proceedings of the Combustion Institute,2007,31(2):2981-2989.

[113] DI Y,CHEUNG C S,HUANG Z. Comparison of the effect of biodiesel-diesel and ethanol-diesel on the particulate emissions of a direct injection diesel engine [J]. Aerosol Science and Technology,2009,43(5):455-465.

[114] KIM H, CHOI B. Effect of ethanol – diesel blend fuels on emission and particle size distribution in a common – rail direct injection diesel engine with warm – up catalytic converter[J]. Renewable Energy,2008,33(10):2222 – 2228.

[115] LAPUERTA M, ARMAS O, HERREROS J M. Emissions from a diesel – bioethanol blend in an automotive diesel engine[J]. Fuel,2008,87(1):25 – 31.

[116] VUK C, GRIEND S J V. Fuel property effects on particulates in spark ignition engines[J]. SAE Technical Papers,2013.

[117] 梁宾,葛蕴珊,谭建伟,等.汽油车燃用乙醇汽油的颗粒物与醛酮排放特性[J].燃烧科学与技术,2013(4):341 – 346.

[118] 白代彤,王锡斌,蔡建,等.乙醇汽油混合燃料颗粒物排放的特性[J].内燃机学报,2012(6):511 – 518.

[119] MARICQ M M, SZENTE J J, JAHR K. The impact of ethanol fuel blends on PM emissions from a light – duty GDI vehicle[J]. Aerosol Science & Technology,2012,46(5):576 – 583.

[120] LEE K O, SEONG H, SAKAI S, et al. Detailed morphological properties of nanoparticles from gasoline direct injection engine combustion of ethanol blends[J]. SAE Technical Papers,2013.

[121] KARAVALAKIS G, SHORT D, VU D, et al. Evaluating the regulated emissions, air toxics, ultrafine particles, and black carbon from SI – PFI and SI – DI vehicles operating on different ethanol and iso – butanol blends[J]. Fuel,2014,128:410 – 421.

[122] IORIO S D, LAZZARO M, SEMENTA P, et al. Particle size distributions from a DI high performance SI engine fuelled with gasoline – ethanol blended fuels[J]. SAE Technical Papers,2011.

[123] CHO J, SI W, JANG W, et al. Impact of intermediate ethanol blends on particulate matter emission from a spark ignition direct injection(SIDI) engine[J]. Applied Energy,2015,160:592 – 602.

[124] ERICSSON P, HOLMSTRÖM M, AMBERNTSSON – CARLSSON A, et al. Characterization of particulate emissions and methodology for oxidation of

particulates from non – diesel combustion systems[J]. SAE Technical Paper,2008.

[125] 朱小慧,陈鹏,方俊华.乙醇添加对直喷式汽油机微粒排放的影响[J].内燃机工程,2016,37(4):64-69.

[126] WU J,SONG K H,LITZINGER T,et al. Reduction of PAH and soot in premixed ethylene – air flames by addition of ethanol[J]. Combustion and Flame,2006,144(4):675-687.

[127] KOROBEINICHEV O P,YAKIMOV S A,KNYAZKOV D A,et al. A study of low – pressure premixed ethylene flame with and without ethanol using photoionization mass spectrometry and modeling[J]. Proceedings of the Combustion Institute,2011,33(1):569-576.

[128] XU H,YAO C,XU G,et al. Experimental and modelling studies of the effects of methanol and ethanol addition on the laminar premixed low – pressure n – heptane/toluene flames[J]. Combustion and Flame,2013,160:1333-1344.

[129] MARICQ M M. Soot formation in ethanol/gasoline fuel blend diffusion flames[J]. Combustion & Flame,2012,159:170-180.

[130] KHOSOUSI A,LIU F,DWORKIN S B,et al. Experimental and numerical study of soot formation in laminar coflow diffusion flames of gasoline/ethanol blends[J]. Combustion and Flame,2015,162:3925-3933.

[131] SALAMANCA M,SIRIGNANO M,D'ANNA A. Particulate formation in premixed and counter – flow diffusion ethylene/ethanol flames[J]. Energy & Fuels,2012,26(10):6144-6152.

[132] MCNESBY K L,MIZIOLEK A W,NGUYEN T,et al. Experimental and computational studies of oxidizer and fuel side addition of ethanol to opposed flow air/ethylene flames[J]. Combustion and Flame,2005,142(4):413-427.

[133] CHOI S K,CHOI B C,LEE S M,et al. The effect of liquid fuel doping on PAH and soot formation in counterflow ethylene diffusion flames[J]. Experimental Thermal & Fluid Science,2015,60(60):123-131.

[134] MCENALLY C S,PFEFFERLE L D. The effects of dimethyl ether and ethanol on

benzene and soot formation in ethylene nonpremixed flames[J]. Proceedings of the Combustion Institute,2007,31(1):603-610.

[135] LIU F,HE X,MA X,et al. An experimental and numerical study of the effects of dimethyl ether addition to fuel on polycyclic aromatic hydrocarbon and soot formation in laminar coflow ethylene/air diffusion flames[J]. Combustion and Flame,2011,158(3):547-563.

[136] BARONE T L,STOREY J M E,YOUNGQUIST A D,et al. An analysis of direct-injection spark-ignition(DISI)soot morphology[J]. Atmospheric Environment, 2012,49:268-274.

[137] VANDER WAL R L,TOMASEK A J. Soot oxidation:dependence upon initial nanostructure[J]. Combustion and Flame,2003,134(1-2):1-9.

[138] PARK S H,CHOI M Y,YOZGATLIGIL A. Nanostructure of soot collected from ethanol droplet flames in microgravity[J]. Combustion Science and Technology, 2009,181(9):1164-1186.

[139] ESARTE C,MILLERA Á,BILBAO R,et al. Gas and soot products formed in the pyrolysis of acetylene-ethanol blends under flow reactor conditions[J]. Fuel Processing Technology,2009,90(4):496-503.

[140] SHIM H S,HURT R H,YANG N Y C. A methodology for analysis of 002 lattice fringe images and its application to combustion-derived carbons[J]. Carbon, 2000,38(1):29-45.

[141] SCHENK M,HANSEN N,VIEKER H,et al. PAH formation and soot morphology in flames of C_4,fuels[J]. Proceedings of the Combustion Institute,2015,35(2): 1761-1769.

[142] TOGBÉ C,DAYMA G,MZÉAHMED A,et al. Experimental and modeling study of the kinetics of oxidation of simple biodiesel-biobutanol surrogates:Methyl octanoate-butanol mixtures[J]. Energy & Fuels,2015,24(7):3906-3916.

[143] EZEJI T C,QURESHI N,BLASCHEK H P. Continuous butanol fermentation and feed starch retrogradation:Butanol fermentation sustainability using clostridium beijerinckii BA101[J]. Journal of Biotechnology 2005,115(2):179-187.

[144] JIN C, YAO M, LIU H, et al. Progress in the production and application of n – butanol as a biofuel[J]. Renewable and Sustainable Energy Reviews, 2011, 15(8): 4080 – 4106.

[145] HARVEY B G, MEYLEMANS H A. The role of butanol in the development of sustainable fuel technologies[J]. Journal of Chemical Technology and Biotechnology, 2011, 86(1): 2 – 9.

[146] NIGAM P S, SINGH A. Production of liquid biofuels from renewable resources[J]. Progress in Energy and Combustion Science, 2011, 37(1): 52 – 68.

[147] 吴又多, 齐高相, 陈丽杰, 等. 可再生原料发酵生产生物丁醇的研究进展[J]. 现代化工, 2014, 34(2): 44 – 48.

[148] RAKOPOULOS D C, RAKOPOULOS C D, GIAKOUMIS E G, et al. Effects of butanol – diesel fuel blends on the performance and emissions of a high – speed DI diesel engine[J]. Energy Conversion and Management, 2010, 51(10): 1989 – 1997.

[149] RAKOPOULOS C D, DIMARATOS A M, GIAKOUMIS E G, et al. Study of turbocharged diesel engine operation, pollutant emissions and combustion noise radiation during starting with bio – diesel or n – butanol diesel fuel blends[J]. Applied Energy, 2011, 88(11): 3905 – 3916.

[150] VALENTINO G, CORCIONE F E, IANNUZZI S E, et al. Experimental study on performance and emissions of a high speed diesel engine fuelled with n – butanol diesel blends under premixed low temperature combustion[J]. Fuel, 2012, 92(1): 295 – 307.

[151] ZHANG Z H, BALASUBRAMANIAN R. Influence of butanol – diesel blends on particulate emissions of a non – road diesel engine[J]. Fuel, 2014, 118: 130 – 136.

[152] TORNATORE C, MARCHITTO L, VALENTINO G, et al. Optical diagnostics of the combustion process in a PFI SI boosted engine fueled with butanol – gasoline blend[J]. Energy, 2012, 45(1): 277 – 287.

[153] GU X, HUANG Z, Cai J, et al. Emission characteristics of a spark – ignition

engine fuelled with gasoline – n – butanol blends in combination with EGR[J]. Fuel,2012,93:611 – 617.

[154] IRIMESCU A,MARCHITTO L,MEROLA S S,et al. Combustion process investigations in an optically accessible DISI engine fuelled with n – butanol during part load operation[J]. Renewable Energy,2015,77:363 – 376.

[155] 颜方沁,成晓北,黄荣华,等. 丁醇柴油喷雾火焰碳烟颗粒采样与形貌分析[J]. 内燃机学报,2015(5):426 – 432.

[156] 陈征,吴振阔,韩志玉,等. 添加高比例丁醇对柴油机燃烧和排放的影响[J]. 燃烧科学与技术,2014,20(2):128 – 134.

[157] 张全长,尧命发,郑尊清,等. 正丁醇对柴油机低温燃烧和排放的影响[J]. 燃烧科学与技术,2010,16(4):363 – 368.

[158] 顾小磊,俞建达,黄佐华,等. 正丁醇和异丁醇对柴油机燃烧与排放特性的影响[J]. 内燃机学报,2014(2):131 – 137.

[159] 黄豪中,杨如枝,赵瑞青,等. 正丁醇 – 柴油低温燃烧碳烟前驱物生成机理[J]. 内燃机学报,2014(3):209 – 215.

[160] CAMACHO J,LIEB S,WANG H. Evolution of size distribution of nascent soot in n – and i – butanol flames[J]. Proceedings of the Combustion Institute,2013,34(1):1853 – 1860.

[161] SINGH P,SUNG C J. PAH formation in counterflow non – premixed flames of butane and butanol isomers[J]. Combustion and Flame,2016,170:91 – 110.

[162] SINGH P,HUI X,SUNG C J. Soot formation in non – premixed counterflow flames of butane and butanol isomers[J]. Combustion and Flame,2016,164:167 – 182.

[163] GHIASSI H,TOTH P,LIGHTY J A S. Sooting behaviors of n – butanol and n – dodecane blends[J]. Combustion and Flame,2014,161(3):671 – 679.

[164] 张鹏. 生物质含氧燃料对碳烟生成影响的光学诊断研究[D]. 天津:天津大学,2014.

[165] JIN H,CUOCI A,FRASSOLDATI A,et al. Experimental and kinetic modeling study of PAH formation in methane coflow diffusion flames doped with n – butanol[J]. Combustion and Flame,2014,161(3):657 – 670.

[166] YAN F, CHENG X, QIU L, et al. Spray flame soot sampling and morphology analysis of butanol - diesel blends[J]. Journal of the Energy Institute, 2017, 90(6):855 - 863.

[167] LI Z, QIU L, CHENG X, et al. The evolution of soot morphology and nanostructure in laminar diffusion flame of surrogate fuels for diesel[J]. Fuel, 2018, 211: 517 - 528.

[168] YING Y, LIU D. Effects of butanol isomers additions on soot nanostructure and reactivity in normal and inverse ethylene diffusion flames[J]. Fuel, 2017, 205: 109 - 129.

[169] YING Y, LIU D. Effects of flame configuration and soot aging on soot nanostructure and reactivity in n - butanol - doped ethylene diffusion flames[J]. Energy & Fuels, 2017, 32(1):607 - 624.

[170] SARATHY S M, PARK S, WEBER B W, et al. A comprehensive experimental and modeling study of iso - pentanol combustion[J]. Combustion and Flame, 2013, 160(12):2712 - 2728.

[171] 李俊辉. 1 - 戊醇的生产与市场前景[J]. 应用化工, 2001, 30(3):11 - 13.

[172] WEI L, CHEUNG C S, HUANG Z. Effect of n - pentanol addition on the combustion, performance and emission characteristics of a direct - injection diesel engine[J]. Energy, 2014, 70:172 - 180.

[173] RAJESH KUMAR B, SARAVANAN S. Effect of exhaust gas recirculation(EGR) on performance and emissions of a constant speed DI diesel engine fueled with pentanol/diesel blends[J]. Fuel, 2015, 160:217 - 226.

[174] RAJESH KUMAR B, SARAVANAN S. Effects of iso - butanol/diesel and n - pentanol/diesel blends on performance and emissions of a DI diesel engine under premixed LTC(low temperature combustion) mode[J]. Fuel, 2016, 170:49 - 59.

[175] 李莉, 王建昕, 王志, 等. 柴油机燃用新型戊醇混合燃料的燃烧和排放特性[J]. 内燃机学报, 2015(02):97 - 103.

[176] LI L, WANG J, WANG Z, et al. Combustion and emission characteristics of diesel engine fueled with diesel/biodiesel/pentanol fuel blends[J]. Fuel, 2015, 156:

211-218.

[177] LI L, WANG J, WANG Z, et al. Combustion and emissions of compression ignition in a direct injection diesel engine fueled with pentanol[J]. Energy, 2015, 80: 575-581.

[178] MA Y, HUANG S, HUANG R, et al. Ignition and combustion characteristics of n-pentanol-diesel blends in a constant volume chamber[J]. Applied Energy, 2017, 185: 519-530.

[179] YING Y, XU C, LIU D, et al. Nanostructure and oxidation reactivity of nascent soot particles in ethylene/pentanol flames[J]. Energies, 2017, 10(1): 122.

[180] MAURYA R K, AGARWAL A K. Experimental investigations of particulate size and number distribution in an ethanol and methanol fueled HCCI engine[J]. Journal of Energy Resources Technology, 2015, 137(1): 1-10.

[181] ZHANG Z, WANG T, JIA M, et al. Combustion and particle number emissions of a direct injection spark ignition engine operating on ethanol/gasoline and n-butanol/gasoline blends with exhaust gas recirculation[J]. Fuel, 2014, 130: 177-88.

[182] INAL F, SENKAN S M. Effects of oxygenate additives on polycyclic aromatic hydrocarbons (PAHs) and soot formation[J]. Combustion Science and Technology, 2002, 174(9): 1-19.

[183] ESARTE C, ABIÁN M, MILLERA Á, et al. Gas and soot products formed in the pyrolysis of acetylene mixed with methanol, ethanol, isopropanol or n-butanol[J]. Energy, 2012, 43(1): 37-46.

[184] ZHANG P, LIU H F, CHEN B L, et al. Fluorescence spectra of polycyclic aromatic hydrocarbons and soot concentration in partially premixed flames of diesel surrogate containing oxygenated additives[J]. Acta Physico-Chimica Sinica, 2014, 31(1): 32-40.

[185] JIA G, YAO M, LIU H, et al. PAHs formation simulation in the premixed laminar flames of TRF with alcohol addition using a semi-detailed combustion mechanism[J]. Fuel, 2015, 155: 44-54.

[186] YING Y, LIU D. Soot properties in ethylene inverse diffusion flames blended with different carbon chain length alcohols[J]. Fuel, 2020, 287: 119520.

[187] RUIZ F A, CADRAZCO M, LÓPEZ A F, et al. Impact of dual-fuel combustion with n-butanol or hydrous ethanol on the oxidation reactivity and nanostructure of diesel particulate matter[J]. Fuel, 2015, 161(3): 18-25.

[188] ALEXANDRINO K, SALINAS J, MILLERA Á, et al. Sooting propensity of dimethyl carbonate, soot reactivity and characterization[J]. Fuel, 2016, 183: 64-72.

[189] 李铭迪, 王忠, 李立琳, 等. 乙醇/柴油燃烧颗粒状态特征试验研究[J]. 农业机械学报, 2013, 44(3): 28-32.

[190] 戴钰杰, 刘福水, 何旭, 等. 乙醇对汽油火焰碳烟生成特性影响的试验研究[J]. 内燃机工程, 2015, 36(5): 49-55.

[191] SNELLING D R, THOMSON K A, SMALLWOOD G J, et al. Two-dimensional imaging of soot volume fraction in laminar diffusion flames[J]. Applied Optics, 1999, 38(12): 2478-2485.

[192] MELTON L A. Soot diagnostics based on laser heating[J]. Applied Optics, 1984, 23(13): 2201-2208.

[193] SNELLING D R, THOMSON K A, SMALLWOOD G J, et al. Spectrally resolved measurement of flame radiation to determine soot temperature and concentration[J]. AIAA Journal, 2002, 40(9): 1789-1795.

[194] SNELLING D R, SMALLWOOD G J, LIU F, et al. A calibration-independent laser-induced incandescence technique for soot measurement by detecting absolute light intensity[J]. Applied Optics, 2005, 44(31): 6773-6785.

[195] SCHULZ C, KOCK B F, HOFMANN M, et al. Laser-induced incandescence: Recent trends and current questions[J]. Applied Physics B, 2006, 83(3): 333-354.

[196] CODERRE A R, THOMSON K A, SNELLING D R, et al. Spectrally resolved light absorption properties of cooled soot from a methane flame[J]. Applied Physics B, 2011, 104(1): 175-188.

[197] LESCHOWSKI M, THOMSON KA, SNELLING DR, et al. Combination of LII and extinction measurements for determination of soot volume fraction and estimation of soot maturity in non-premixed laminar flames[J]. Appl Phys B-Lasers O, 2015, 119(4SI):685-96.

[198] NACCARATO F, POTENZA M, DE RISI A. Simultaneous LII and TC optical correction of a low-sooting LPG diffusion flame[J]. Measurement, 2014, 47: 989-1000.

[199] 何旭, 马骁, 王建昕. 用激光诱导炽光法定量测量火焰中的碳烟浓度[J]. 燃烧科学与技术, 2009, 15(4): 344-349.

[200] 张鹏, 刘海峰, 陈贝凌, 等. 掺混含氧燃料的柴油替代物部分预混火焰中多环芳香烃的荧光光谱和碳烟浓度[J]. 物理化学学报, 2015, 31(1): 32-40.

[201] THOMSON K A, JOHNSON M R, SNELLING D R, et al. Diffuse-light two-dimensional line-of-sight attenuation for soot concentration measurements[J]. Applied Optics, 2008, 47(5): 694-703.

[202] 何旭, 戴钰杰, 郑亮, 等. 二维消光法在乙烯火焰碳烟浓度测量中的应用[J]. 中国电机工程学报, 2012, 32(26): 57-64.

[203] 汪洋, 谢辉, 苏万华, 等. 激光诱导荧光法研究柴油机新概念燃烧中的喷雾混合过程[J]. 燃烧科学与技术, 2002, 8(4): 338-341.

[204] 田志松. 激光诱导荧光(LIF)和激光诱导白炽光(LII)实验平台设计及在燃烧测试中的初步应用[D]. 上海: 上海交通大学, 2012.

[205] SUN R, ZOBEL N, NEUBAUER Y, et al. Analysis of gas-phase polycyclic aromatic hydrocarbon mixtures by laser-induced fluorescence[J]. Optics & Lasers in Engineering, 2010, 48(12): 1231-1237.

[206] 邬梦娇. 基于火焰数字图像处理的燃料识别研究[D]. 北京: 华北电力大学, 2015.

[207] LEO M D, SAVELIEV A, KENNEDY L A, et al. OH and CH luminescence in opposed flow methane oxy-flames[J]. Combustion and Flame, 2007, 149(4): 435-447.

[208] MARCHESE A J, DRYER F L, NAYAGAM V, et al. Hydroxyl radical

chemiluminescence imaging and the structure of microgravity droplet flames[J]. Symposium on Combustion,1996,26(1):1219-1226.

[209] 倪图强,聂绪建,俞书勤,等. 激光诱导荧光法检测火焰温度和 OH,C_2,CH 基浓度的二维分布[J]. 中国科学,1987(10):21-30.

[210] DOBBINS R A, MEGARIDIS C M. Morphology of flame-generated soot as determined by thermophoretic sampling[J]. Langmuir,1987,3(2):254-259.

[211] KÖYLÜ Ü Ö, MCENALLY C S, ROSNER D E, et al. Simultaneous measurements of soot volume fraction and particle size/microstructure in flames using a thermophoretic sampling technique[J]. Combustion and Flame,1997,110(4): 494-507.

[212] LOU C, CHEN C, SUN Y P, et al. Review of soot measurement in hydrocarbon-air flames[J]. Science China Technological Sciences,2010,53(8):2129-2141.

[213] LEE K O, COLE R, SEKAR R, et al. Morphological investigation of the microstructure, dimensions, and fractal geometry of diesel particulates[J]. Proceedings of the Combustion Institute,2002,29(1):647-653.

[214] KOEYLUE U, XING Y, ROSNER D E. Fractal morphology analysis of combustion-generated aggregates using angular light scattering and electron microscope images [J]. Langmuir,1995,11(12):4848-4854.

[215] MEGARIDIS C M, DOBBINS R A. Morphological description of flame-generated materials[J]. Combustion Science and Technology,1990,71(1-3):95-109.

[216] BRASIL A M, FARIAS T L, CARVALHO M G, et al. Numerical characterization of the morphology of aggregated particles[J]. Journal of Aerosol Science,2001, 32:489-508.

[217] 王浒,郑尊清,尧命发. 燃料结构和醇类含氧燃料对碳烟生成过程影响的多维数值模拟[J]. 内燃机学报,2016,34(2):117-124.

[218] METCALFE W K, BURKE S M, AHMED S S, et al. A hierarchical and comparative kinetic modeling study of C_1-C_2 hydrocarbon and oxygenated fuels[J]. International Journal of Chemical Kinetics,2013,45(10):638-675.

[219] VELOO P S, WANG Y L, EGOLFOPOULOS F N, et al. A comparative

experimental and computational study of methanol, ethanol, and n - butanol flames [J]. Combustion and Flame, 2010, 157(10): 1989 - 2004.

[220] MERCHAN W, MCCOLLAM S, PUGLIESE J F C. Soot formation in diffusion oxygen - enhanced biodiesel flames[J]. Fuel, 2015, 156: 129 - 141.

[221] METCALFE W K, BURKE S M, AHMED S S, et al. A hierarchical and comparative kinetic modeling study of $C_1, —C_2$, hydrocarbon and oxygenated fuels [J]. International Journal of Chemical Kinetics, 2013, 45(10): 638 - 675.

[222] HARPER M R, VAN GEEM K M, PYL S P, et al. Comprehensive reaction mechanism for n - butanol pyrolysis and combustion[J]. Combustion and Flame, 2011, 158(1): 16 - 41.

[223] CAI J, ZHANG L, ZHANG F, et al. Experimental and kinetic modeling study of n - butanol pyrolysis and combustion [J]. Energy & Fuels, 2012, 26(9): 5550 - 5568.

[224] CHOI B C, CHOI S K, CHUNG S H. Soot formation characteristics of gasoline surrogate fuels in counterflow diffusion flames[J]. Proceedings of the Combustion Institute, 2011, 33(1): 609 - 616.

[225] MCENALLY C S, PFEFFERLE L D. Experimental study of nonfuel hydrocarbons and soot in coflowing partially premixed ethylene/air flames[J]. Combustion and Flame, 2000, 121(4): 575 - 592.

[226] ANDERSON H, MCENALLY C S, PFEFFERLE L D. Experimental study of naphthalene formation pathways in non - premixed methane flames doped with alkylbenzenes[J]. Proceedings of the Combustion Institute, 2000, 28(2): 2577 - 2583.

[227] ZHANG T, GUO Q, LIANG Q, et al. Distribution characteristics of OH∗, CH∗, and C2∗ luminescence in CH_4/O_2 co - flow diffusion flames [J]. Energy & Fuels, 2012, 26(9): 5503 - 5508.

[228] SILEGHEM L, ALEKSEEV V A, VANCOILLIE J, et al. Laminar burning velocity of gasoline and the gasoline surrogate components iso - octane, n - heptane and toluene[J]. Fuel, 2013, 112: 355 - 365.

[229] GIASSI D, CAO S, BENNETT B A V, et al. Analysis of CH * concentration and flame heat release rate in laminar coflow diffusion flames under microgravity and normal gravity[J]. Combustion and Flame,2016,167:198 – 206.

[230] ORAIN M, HARDALUPAS Y. Effect of fuel type on equivalence ratio measurements using chemiluminescence in premixed flames[J]. Comptes Rendus Mecanique, 2010,338(5):241 – 254.

[231] AN Y Z, PEI Y Q, QIN J, et al. Kinetic modeling of polycyclic aromatic hydrocarbons formation process for gasoline surrogate fuels[J]. Energy Conversion & Management,2015,100:249 – 261.

[232] RICHTER H, HOWARD J B. Formation of polycyclic aromatic hydrocarbons and their growth to soot: A review of chemical reaction pathways[J]. Progress in Energy and Combustion Science,2000,26(4 – 6):565 – 608.

[233] LIU Y D, JIA M, XIE M Z, et al. Development of a new skeletal chemical kinetic model of toluene reference fuel with application to gasoline surrogate fuels for computational fluid dynamics engine simulation[J]. Energy & Fuels,2013,27(8):4899 – 4909.

[234] JIA G, WANG H, TONG L, et al. Experimental and numerical studies on three gasoline surrogates applied in gasoline compression ignition (GCI) mode[J]. Applied Energy,2017,192:59 – 70.

[235] SARATHY S M, FAROOQ A, KALGHATGI G T. Recent progress in gasoline surrogate fuels[J]. Progress in Energy and Combustion Science, 2018, 65: 67 – 108.

[236] ZHEN X, WANG Y, LIU D. An overview of the chemical reaction mechanisms for gasoline surrogate fuels[J]. Applied Thermal Engineering, 2017, 124: 1257 – 1268.

[237] JIA M, XIE M. A chemical kinetics model of iso – octane oxidation for HCCI engines[J]. Fuel,2006,85(17):2593 – 2604.

[238] ANDRAE J, JOHANSSON D, BJÖRNBOM P, et al. Co – oxidation in the auto – ignition of primary reference fuels and n – heptane/toluene blends [J].

Combustion and Flame,2005,140(4):267-286.

[239] PUDUPPAKKAM K V,LIANG L,NAIK C V,et al. Combustion and emissions modeling of a gasoline HCCI engine using model fuels[J]. SAE Technical Paper,2009.

[240] GAUTHIER B M,DAVIDSON D F,HANSON R K. Shock tube determination of ignition delay times in full-blend and surrogate fuel mixtures[J]. Combustion and Flame,2004,139(4):300-311.

[241] MACHRAFI H,CAVADIAS S. Three-stage autoignition of gasoline in an HCCI engine:An experimental and chemical kinetic modeling investigation [J]. Combustion and Flame,2008,155(4):557-570.

[242] PERA C,KNOP V. Methodology to define gasoline surrogates dedicated to auto-ignition in engines[J]. Fuel,2012,96(7):59-69.

[243] KNOP V,PERA C,DUFFOUR F. Validation of a ternary gasoline surrogate in a CAI engine[J]. Combustion and Flame,2013,160(10):2067-2082.

[244] ATTAR M A,XU H. Correlations between particulate matter emissions and gasoline direct injection spray characteristics[J]. Journal of Aerosol Science,2016,102:128-141.

[245] LI Y,ZHANG L,TIAN Z,et al. Experimental study of a fuel-rich premixed toluene flame at low pressure[J]. Energy & Fuels,2009,23(3):1473-1485.

[246] LI Y,CAI J,ZHANG L,et al. Investigation on chemical structures of premixed toluene flames at low pressure[J]. Proceedings of the Combustion Institute,2011,33(1):593-600.

[247] EL BAKALI A,DUPONT L,LEFORT B,et al. Experimental study and detailed modeling of toluene degradation in a low-pressure stoichiometric premixed $CH_4/O_2/N_2$ flame[J]. The Journal of Physical Chemistry A,2007,111(19):3907-3921.

[248] HARRIS S J,WEINER A M. Soot particle growth in premixed toluene/ethylene flames[J]. Combustion Science and Technology,1984,38(1-2):75-87.

[249] 郑东,钟北京.汽油代表性组分在预混火焰中的碳烟生成特性及动力学分析

[J]. 燃烧科学与技术,2015(2):131-134.

[250] 鲜雷勇,李有亮,何九宁,等. 激光消光法测量甲苯高温裂解的碳烟产率[J]. 光谱学与光谱分析,2016,36(11):3481-3484.

[251] ALEXIOU A,WILLIAMS A. Soot formation in shock-tube pyrolysis of toluene-n-heptane and toluene-iso-octane mixtures[J]. Fuel,1995,74(2):153-158.

[252] BOTERO M L,CHEN D,GONZÁLEZ-CALERA S,et al. HRTEM evaluation of soot particles produced by the non-premixed combustion of liquid fuels. Carbon,2016,96:459-473.

[253] CONSALVI J L,LIU F,KASHIF M,et al. Numerical study of soot formation in laminar coflow methane/air diffusion flames doped by n-heptane/toluene and iso-octane/toluene blends[J]. Combustion and Flame,2017,180:167-174.

[254] PARK S,WANG Y,CHUNG S H,et al. Compositional effects on PAH and soot formation in counterflow diffusion flames of gasoline surrogate fuels[J]. Combustion and Flame,2017,178:46-60.

[255] LAW C K,ZHAO P. NTC-affected ignition in nonpremixed counterflow[J]. Combustion and Flame,2012,159(3):1044-1054.

[256] PENG Z,LAW C K. The role of global and detailed kinetics in the first-stage ignition delay in NTC-affected phenomena[J]. Combustion and Flame,2013,160(11):2352-2358.

[257] DENG S,ZHAO P,ZHU D,et al. NTC-affected ignition and low-temperature flames in nonpremixed DME/air counterflow[J]. Combustion and Flame,2014,161(8):1993-1997.

[258] PENG Z,LIANG W,DENG S,et al. Initiation and propagation of laminar premixed cool flames[J]. Fuel,2016,166:477-487.

[259] JI W,ZHAO P,HE T,et al. On the controlling mechanism of the upper turnover states in the NTC regime[J]. Combustion and Flame,2016,164:294-302.

[260] SMOOKE M D,XU Y,ZURN R M,et al. Computational and experimental study of OH and CH radicals in axisymmetric laminar diffusion flames[J]. Proceedings of

the Combustion Institute,1992,24(1):813-821.

[261] INAL F, SENKAN S M. Effects of equivalence ratio on species and soot concentrations in premixed n-heptane flames[J]. Combustion and Flame,2002, 131(1-2):16-28.

[262] WANG H, YAO M, YUE Z, et al. A reduced toluene reference fuel chemical kinetic mechanism for combustion and polycyclic-aromatic hydrocarbon predictions[J]. Combustion and Flame,2015,162(6):2390-2404.

[263] ANDREW E. SENKIN:A FORTRAN program for predicting homogeneous gas phase chemical kinetics with sensitivity analysis[J]. Sandia National Laboratories Report,1997.

[264] SHUKLA B, KOSHI M. Comparative study on the growth mechanisms of PAHs [J]. Combustion and Flame,2011,158(2):369-375.

[265] LU T, LAW C K. A directed relation graph method for mechanism reduction [J]. Proceedings of the Combustion Institute,2005,30(1):1333-1341.

[266] 蒋勇,邱榕. 基于直接关系图法的碳氢燃料复杂化学机理简化[J]. 物理化学学报,2009,25(5):1019-1025.

[267] PEPIOT-DESJARDINS P, PITSCH H. An efficient error-propagation-based reduction method for large chemical kinetic mechanisms [J]. Combustion and Flame,2008,154(1):67-81.

[268] LU T, LAW C K. Strategies for mechanism reduction for large hydrocarbons:N-heptane[J]. Combustion and Flame,2008,154(1):153-163.

[269] 李树豪,刘建文,李瑞,等. 碳氢燃料燃烧机理的自动简化[J]. 高等学校化学学报,2015,36(8):1576-1587.

[270] MCENALLY C S, PFEFFERLE L D. Fuel decomposition and hydrocarbon growth processes for oxygenated hydrocarbons:Butyl alcohols [J]. Proceedings of the Combustion Institute,2005,30(1):1363-1370.

[271] MOSS J T, BERKOWITZ A M, OEHLSCHLAEGER M A, et al. An experimental and kinetic modeling study of the oxidation of the four isomers of butanol [J]. The Journal of Physical Chemistry A,2008,112(43):10843-10855.

[272] VAN GEEM K M, PYL S P, MARIN G B, et al. Accurate high-temperature reaction networks for alternative fuels: Butanol isomers [J]. Industrial & Engineering Chemistry Research, 2010, 49(21): 10399-10420.

[273] YASUNAGA K, MIKAJIRI T, SARATHY S M, et al. A shock tube and chemical kinetic modeling study of the pyrolysis and oxidation of butanols [J]. Combustion and Flame, 2012, 159(6): 2009-2027.

[274] GRANA R, FRASSOLDATI A, FARAVELLI T, et al. An experimental and kinetic modeling study of combustion of isomers of butanol [J]. Combustion and Flame, 2010, 157(11): 2137-2154.

[275] FRASSOLDATI A, GRANA R, FARAVELLI T, et al. Detailed kinetic modeling of the combustion of the four butanol isomers in premixed low-pressure flames [J]. Combustion and Flame, 2012, 159(7): 2295-2311.

[276] LEFKOWITZ J K, HEYNE J S, WON S H, et al. A chemical kinetic study of tertiary-butanol in a flow reactor and a counterflow diffusion flame [J]. Combustion and Flame, 2012, 159(3): 968-978.

[277] 蔡江淮. 丁醇燃烧反应动力学的实验与模型研究 [D]. 合肥: 中国科学技术大学, 2013.

[278] ZHANG Y J, CAI J H, ZHAO J Z, et al. An experimental and kinetic modeling study of three butene isomers pyrolysis at low pressure [J]. Combustion and Flame, 2012, 159: 905-917.

[279] DAGAUT P, SARATHY S M, THOMSON M J. A chemical kinetic study of n-butanol oxidation at elevated pressure in a jet stirred reactor [J]. Proceedings of the Combustion Institute, 2009, 32(1): 229-237.

[280] SARATHY S M, THOMSON M J, TOGBÉ C, et al. An experimental and kinetic modeling study of n-butanol combustion [J]. Combustion and Flame, 2009, 156(4): 852-864.

[281] HANSEN N, HARPER M R, GREEN W H. High-temperature oxidation chemistry of n-butanol-experiments in low-pressure premixed flames and detailed kinetic modeling [J]. Physical Chemistry Chemical Physics, 2011, 13

(45):20262-20274.

[282] BLACK G, CURRAN H J, PICHON S, et al. Bio-butanol: Combustion properties and detailed chemical kinetic model[J]. Combustion and Flame, 2010, 157(2): 363-373.

[283] KARWAT D M A, WAGNON S W, TEINI P D, et al. On the chemical kinetics of n-butanol: Ignition and speciation studies[J]. The Journal of Physical Chemistry A, 2011, 115(19): 4909-4921.

[284] ZHANG J, WEI L, MAN X, et al. Experimental and modeling study of n-butanol oxidation at high temperature[J]. Energy & Fuels, 2012, 26(6): 3368-3380.

[285] VASU S S, DAVIDSON D F, HANSON R K, et al. Measurements of the reaction of OH with n-butanol at high-temperatures[J]. Chemical Physics Letters, 2010, 497(1-3): 26-29.

[286] VRANCKX S, HEUFER K A, LEE C, et al. Role of peroxy chemistry in the high-pressure ignition of n-butanol—Experiments and detailed kinetic modelling[J]. Combustion and Flame, 2011, 158(8): 1444-1455.

[287] SARATHY S M, VRANCKX S, YASUNAGA K, et al. A comprehensive chemical kinetic combustion model for the four butanol isomers[J]. Combustion and Flame, 2012, 159(6): 2028-2055.

[288] WU F, LAW C K. An experimental and mechanistic study on the laminar flame speed, markstein length and flame chemistry of the butanol isomers[J]. Combustion and Flame, 2013, 160(12): 2744-2756.

[289] NORTON T S, DRYER F L. An experimental and modeling study of ethanol oxidation kinetics in an atmospheric pressure flow reactor[J]. International Journal of Chemical Kinetics, 1992, 24(4): 319-344.

[290] MARINOV N M. A detailed chemical kinetic model for high temperature ethanol oxidation[J]. International Journal of Chemical Kinetics, 1999, 31(3): 183-220.

[291] LI J, KAZAKOV A, DRYER F L. Experimental and numerical studies of ethanol decomposition reactions[J]. The Journal of Physical Chemistry A, 2004, 108

(38):7671-7680.

[292] SAXENA P, WILLIAMS F A. Numerical and experimental studies of ethanol flames[J]. Proceedings of the Combustion Institute, 2007, 31(1):1149-1156.

[293] MITTAL G, BURKE S M, DAVIES V A, et al. Autoignition of ethanol in a rapid compression machine[J]. Combustion and Flame, 2014, 161(5):1164-1171.

[294] WESTBROOK C K, DRYER F L. Comprehensive mechanism for methanol oxidation[J]. Combustion Science and Technology, 1979, 20(3-4):125-140.

[295] NORTON T S, DRYER F L. Some new observations on methanol oxidation chemistry[J]. Combustion Science and Technology, 1989, 63(1-3):107-129.

[296] EGOLFOPOULOS F N, DU D X, LAW C K. A comprehensive study of methanol kinetics in freely-propagating and burner-stabilized flames, flow and static reactors, and shock tubes[J]. Combustion Science and Technology, 1992, 83(1-3):33-75.

[297] GROTHEER H H, JUST T. Reactions via chemically activated methanol and their meaning for the modeling of CH_4-air flames and CH_3OH-air flames[J]. Combustion Science and Technology, 1993, 91(1-3):15-20.

[298] GROTHEER H H, KELM S, DRIVER H S T, et al. Elementary reactions in the methanol oxidation system part I: Establishment of the mechanism and modelling of laminar burning velocities[J]. International Journal of Physical Chemistry, 1992, 96(10):1360-1376.

[299] LINDSTEDT R P, MEYER M P. A dimensionally reduced reaction mechanism for methanol oxidation[J]. Proceedings of the Combustion Institute, 2002, 29(1):1395-1402.

[300] LI J, ZHAO Z, KAZAKOV A, et al. A comprehensive kinetic mechanism for CO, CH_2O, and CH_3OH combustion[J]. International Journal of Chemical Kinetics, 2007, 39(3):109-136.

[301] BURKE U, METCALFE W K, BURKE S M, et al. A detailed chemical kinetic modeling, ignition delay time and jet-stirred reactor study of methanol oxidation[J]. Combustion and Flame, 2016, 165:125-136.

[302] STRANIC I, CHASE D P, HARMON J T, et al. Shock tube measurements of ignition delay times for the butanol isomers[J]. Combustion and Flame, 2012, 159(2): 516-527.

[303] BROUSTAIL G, SEERS P, HALTER F, et al. Experimental determination of laminar burning velocity for butanol and ethanol iso-octane blends[J]. Fuel, 2011, 90(1): 1-6.

[304] BAKALI A E, DELFAU J L, VOVELLE C. Experimental study of 1 atmosphere, rich, premixed n-heptane and iso-octane flames[J]. Combustion Science and Technology, 1998, 140(1-6): 69-91.

[305] RAJ A, PRADA I D C, AMER A A, et al. A reaction mechanism for gasoline surrogate fuels for large polycyclic aromatic hydrocarbons[J]. Combustion and Flame, 2012, 159(2): 500-515.

[306] TURÁNYI T. Applications of sensitivity analysis to combustion chemistry[J]. Reliability Engineering & System Safety, 1997, 57(1): 41-48.

[307] KENNEDY I M. Models of soot formation and oxidation[J]. Progress in Energy and Combustion Science 1997, 23(2): 95-132.

[308] TESNER P A, SMEGIRIOVA T D, KNORRE V G. Kinetics of dispersed carbon formation[J]. Combustion and Flame, 1971, 17(2): 253-260.

[309] HIROYASU H, KADOTA T, ARAI M. Development and use of a spray combustion modeling to predict diesel engine efficiency and pollutant emissions: Part 1 combustion modeling[J]. Bulletin of JSME, 1983, 26(214): 569-575.

[310] FUSCO A, KNOX-KELECY A L, FOSTER D. Application of a phenomenogical soot model to diesel engine combustion[J]. COMODIA, 1994: 571-576.

[311] KAZAKOV A, FOSTER D E. Modeling of soot formation during DI diesel combustion using a multi-step phenomenological model[J]. SAE Transactions, 1998: 1016-1028.

[312] TAO F, GOLOVITCHEV V I, CHOMIAK J. A phenomenological model for the prediction of soot formation in diesel spray combustion[J]. Combustion and Flame, 2004, 136(3): 270-282.

[313] FAIRWEATHER M, JONES W P, LEDIN H S, et al. Predictions of soot formation in turbulent, non-premixed propane flames[J]. Proceedings of the Combustion Institute, 1992, 24(1): 1067-1074.

[314] MOSS J B, STEWART C D, YOUNG K J. Modeling soot formation and burnout in a high temperature laminar diffusion flame burning under oxygen-enriched conditions[J]. Combustion and Flame, 1995, 101: 491-500.

[315] EAVES N A, ZHANG Q, LIU F, et al. CoFlame: A refined and validated numerical algorithm for modeling sooting laminar coflow diffusion flames[J]. Computer Physics Communications, 2016, 207: 464-477.

[316] GOMEZ A, ROSNER D E. Thermophoretic effects on particles in counterflow laminar diffusion flames[J]. Combustion Science and Technology, 1993, 89(5-6): 335-362.

[317] SAFFARIPOUR M, VESHKINI A, KHOLGHY M, et al. Experimental investigation and detailed modeling of soot aggregate formation and size distribution in laminar coflow diffusion flames of Jet A-1, a synthetic kerosene, and n-decane[J]. Combustion and Flame, 2014, 161(3): 848-863.

[318] DWORKIN S B, ZHANG Q, THOMSON M J, et al. Application of an enhanced PAH growth model to soot formation in a laminar coflow ethylene/air diffusion flame[J]. Combustion and Flame, 2011, 158(9): 1682-1695.

[319] ZHANG Q. Detailed modeling of soot formation/oxidation in laminar coflow diffusion flames[D]. Toronto: University of Toronto, 2009.

[320] PARK S H, ROGAK S N, BUSHE W K, et al. An aerosol model to predict size and structure of soot particles[J]. Combustion Theory and Modelling, 2005, 9(3): 499-513.

[321] ROGAK S N, FLAGAN R C. Coagulation of aerosol agglomerates in the transition regime[J]. Journal of Colloid and Interface Science, 1992, 151(1): 203-224.

[322] ZURITA-GOTOR M, ROSNER D E. Effective diameters for collisions of fractal-like aggregates: Recommendations for improved aerosol coagulation frequency predictions[J]. Journal of Colloid and Interface Science, 2002, 255(1): 10-26.

[323] NEOH K G, HOWARD J B, SAROFIM A F. Effect of oxidation on the physical structure of soot[J]. Proceedings of the Combustion Institute, 1985, 20(1): 951 – 957.

[324] PARK S H, ROGAK S N. A novel fixed – sectional model for the formation and growth of aerosol agglomerates[J]. Journal of Aerosol Science, 2004, 35(11): 1385 – 1404.

[325] HARRIS S J, MARICQ M M. The role of fragmentation in defining the signature size distribution of diesel soot[J]. Journal of Aerosol Science, 2002, 33(6): 935 – 942.

[326] ZHANG Q, THOMSON M J, Guo H, et al. Modeling of oxidation – driven soot aggregate fragmentation in a laminar coflow diffusion flame[J]. Combustion Science and Technology, 2010, 182(4 – 6): 491 – 504.

[327] CHERNOV V, THOMSON M J, DWORKIN S B, et al. Soot formation with C_1 and C_2 fuels using an improved chemical mechanism for PAH growth[J]. Combustion and Flame, 2014, 161(2): 592 – 601.

[328] QIU L, CHENG X, LI Z, et al. Experimental and numerical investigation on soot volume fractions and number densities in non – smoking laminar n – heptane/n – butanol coflow flames[J]. Combustion and Flame, 2018, 191: 394 – 407.

[329] BAUKAL Jr, CHARLES E. Oxygen – enhanced combustion[M]. Boca Raton: CRC Press, 2010.

[330] ZHU J, HUANG H, ZHU Z, et al. Effect of intake oxygen concentration on diesel – n – butanol blending combustion: An experimental and numerical study at low engine load[J]. Energy Conversion and Management, 2018, 165: 53 – 65.

[331] BI X, LIU H, HUO M, et al. Experimental and numerical study on soot formation and oxidation by using diesel fuel in constant volume chamber with various ambient oxygen concentrations[J]. Energy Conversion and Management, 2014, 84: 152 – 163.

[332] SEONG H J, BOEHMAN A L. Impact of intake oxygen enrichment on oxidative reactivity and properties of diesel soot[J]. Energy & Fuels, 2011, 25(2):

602 – 616.

[333] WANG L, ENDRUD N E, TURNS S R, et al. A study of the influence of oxygen index on soot, radiation, and emission characteristics of turbulent jet flames[J]. Combustion Science and Technology, 2002, 174(8): 45 – 72.

[334] KUMFER B M, SKEEN S A, CHEN R, et al. Measurement and analysis of soot inception limits of oxygen – enriched coflow flames[J]. Combustion and Flame, 2006, 147(3): 233 – 242.

[335] SUN Z, DALLY B, ALWAHABI Z, et al. The effect of oxygen concentration in the co – flow of laminar ethylene diffusion flames[J]. Combustion and Flame, 2020, 211: 96 – 111.

[336] WANG Y, LIU X, GAO Y, et al. Numerical simulations on effects of oxygen concentration on the structure and soot formation in a two – dimensional axisymmetric laminar $C_2H_4/(O_2 – CO_2)$ diffusion flame[J]. Journal of Thermal Analysis and Calorimetry, 2019, 137(2): 689 – 702.

[337] JAIN A, DAS D D, MCENALLY C S, et al. Experimental and numerical study of variable oxygen index effects on soot yield and distribution in laminar co – flow diffusion flames[J]. Proceedings of the Combustion Institute, 2019, 37(1): 859 – 867.

[338] LOU C, LI Z, ZHANG Y, et al. Soot formation characteristics in laminar coflow flames with application to oxy – combustion[J]. Combustion and Flame, 2021, 227: 371 – 383.

[339] HUA Y, QIU L, LIU F, et al. Numerical investigation into the effects of oxygen concentration on flame characteristics and soot formation in diffusion and partially premixed flames[J]. Fuel, 2020, 268: 117398.

[340] ZHAO Z, WU H, WANG M, et al. Computational investigation of oxygen concentration effects on a soot mechanism with a phenomenological soot model of acetone – butanol – ethanol (ABE) [J]. Energy & Fuels, 2015, 29(3): 1710 – 1721.

[341] SUNDERLAND P B, URBAN D L, STOCKER D P, et al. Sooting limits of

microgravity spherical diffusion flames in oxygen – enriched air and diluted fuel [J]. Combustion Science and Technology,2004,176(12):2143 – 2164.

[342] KUMFER B M,SKEEN S A,AXELBAUM R L. Soot inception limits in laminar diffusion flames with application to oxy – fuel combustion[J]. Combustion and Flame,2008,154(3):546 – 556.

[343] METCALFE W K, BURKE S M, AHMED S S, et al. A hierarchical and comparative kinetic modeling study of C – 1 – C – 2 hydrocarbon and oxygenated fuels[J]. International Journal of Chemical Kinetics,2013,45:638 – 675.

[344] CHRISTENSEN E, YANOWITZ J, RATCLIFF M, et al. Renewable oxygenate blending effects on gasoline properties[J]. Energy & Fuels, 2011, 25 (10): 4723 – 4733.

[345] CANN A F,LIAO J C. Pentanol isomer synthesis in engineered microorganisms[J]. Applied Microbiology and Biotechnology,2010,85(4):893 – 899.

[346] ZHANG K,SAWAYA M R,EISENBERG D S,et al. Expanding metabolism for biosynthesis of nonnatural alcohols[J]. Proceedings of the National Academy of Sciences,2008,105(52):20653 – 20658.

[347] BERGTHORSON J M,THOMSON M J. A review of the combustion and emissions properties of advanced transportation biofuels and their impact on existing and future engines[J]. Renewable and Sustainable Energy Reviews,2015,42:1393 – 1417.

[348] ZHANG K,SAWAYA M R,EISENBERG D S,et al. Expanding metabolism for biosynthesis of nonnatural alcohols[J]. Proceedings of the National Academy of Sciences,2008,105(52):20653 – 20658.

[349] PHILLIPS J R,ATIYEH H K,TANNER R S,et al. Butanol and hexanol production in Clostridium carboxidivorans syngas fermentation:Medium development and culture techniques[J]. Bioresource Technology,2015,190:114 – 121.

[350] KUMAR,B. RAJESH,SARAVANAN S,et al. Use of higher alcohol biofuels in diesel engines:A review[J]. Renewable & Sustainable Energy Reviews,2016, 60:84 – 115.

[351] MACHADO H B, DEKISHIMA Y, LUO H, et al. A selection platform for carbon chain elongation using the CoA – dependent pathway to produce linear higher alcohols[J]. Metabolic Engineering,2012,14(5):504 – 511.

[352] JULIS J, LEITNER W. Synthesis of 1 – octanol and 1,1 – dioctyl ether from biomass – derived platform chemicals[J]. Angewandte Chemie International Edition,2012,51(34):8615 – 8619.

[353] AKHTAR M K, DANDAPANI H, THIEL K, et al. Microbial production of 1 – octanol:A naturally excreted biofuel with diesel – like properties[J]. Metabolic Engineering Communications,2015,2:1 – 5.

[354] XIA Q, XIA Y, XI J, et al. Energy – efficient production of 1 – octanol from biomass – derived furfural – acetone in water[J]. Green Chemistry,2015,17(8):4411 – 4417.

[355] HUA Y. Research progress of higher alcohols as alternative fuels for compression ignition engines[J]. Fuel,2024,357:129749.

[356] SANTHOSH K, KUMAR G N. Impact of 1 – Hexanol/diesel blends on combustion, performance and emission characteristics of CRDI CI mini truck engine under the influence of EGR[J]. Energy Conversion and Management,2020,217:113003.

[357] THOMAS J J, SABU V R, BASRIN G, et al. Hexanol:A renewable low reactivity fuel for RCCI combustion[J]. Fuel,2021,286:119294.

[358] NOUR M, ATTIA A M A, NADA S A. Combustion, performance and emission analysis of diesel engine fuelled by higher alcohols (butanol, octanol and heptanol)/diesel blends[J]. Energy Conversion and Management,2019,185:313 – 329.

[359] HEUSER B, MAUERMANN P, WANKHADE R, et al. Combustion and emission behavior of linear C8 – oxygenates[J]. International Journal of Engine Research,2015,16(5):627 – 638.

[360] HOPPE F, HEUSER B, THEWES M, et al. Tailor – made fuels for future engine concepts[J]. International Journal of Engine Research,2016,17(1):16 – 27.

[361] KUMAR B R, SARAVANAN S, RANA D, et al. A comparative analysis on combustion and emissions of some next generation higher – alcohol/diesel blends

in a direct-injection diesel engine[J]. Energy Conversion & Management,2016, 119:246-256.

[362] 闫治宇,王良辰,李倩倩,等. $C_1 \sim C_4$ 直链烷烃层流扩散火焰碳烟生成特性对比研究[J]. 燃烧科学与技术,2022,28(4):410-416.

[363] HUA Y,QIU L,LIU F,et al. Experimental and numerical investigation into the effects of unsaturated carbon bonds of hydrocarbon fuels on soot formation in laminar diffusion flames[J]. Combustion Science and Technology,2022,194(8): 1542-1567.

[364] VANDER WAL R L,TOMASEK A J. Soot nanostructure: Dependence upon synthesis conditions[J]. Combustion and Flame,2004,136(1-2):129-140.

[365] BOTERO M L,SHENG Y,AKROYD J,et al. Internal structure of soot particles in a diffusion flame[J]. Carbon,2019,141:635-642.

[366] KHOLGHY M,SAFFARIPOUR M,YIP C,et al. The evolution of soot morphology in a laminar coflow diffusion flame of a surrogate for Jet A-1[J]. Combustion and Flame,2013,160(10):2119-2130.

[367] SEONG H J,BOEHMAN A L. Studies of soot oxidative reactivity using a diffusion flame burner[J]. Combustion and Flame,2012,159(5):1864-1875.

[368] CHEN D,AKROYD J,MOSBACH S,et al. Surface reactivity of polycyclic aromatic hydrocarbon clusters[J]. Proceedings of the Combustion Institute,2015, 35(2):1811-1818.

[369] CHU H,HAN W,CAO W,et al. Experimental investigation of soot morphology and primary particle size along axial and radial direction of an ethylene diffusion flame via electron microscopy[J]. Journal of the Energy Institute,2019,92(5): 1294-1302.

[370] CAI L,UYGUN Y,TOGBÉ C,et al. An experimental and modeling study of n-octanol combustion[J]. Proceedings of the Combustion Institute,2015,35(1): 419-427.

[371] LI Q,LIU H,ZHANG Y,et al. Experimental and kinetic modeling study of laminar flame characteristics of higher mixed alcohols[J]. Fuel Processing

Technology,2019,188:30-42.

[372] JIN H, CAI J, WANG G, et al. A comprehensive experimental and kinetic modeling study of tert-butanol combustion[J]. Combustion and Flame,2016, 169:154-170.

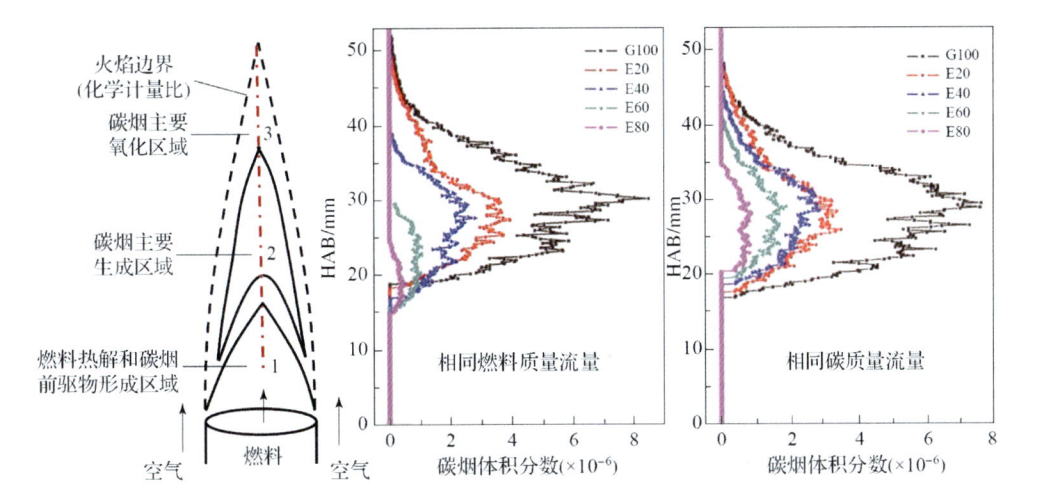

图 3-9 火焰中心轴线上的碳烟体积分数随燃烧器上方高度的变化趋势

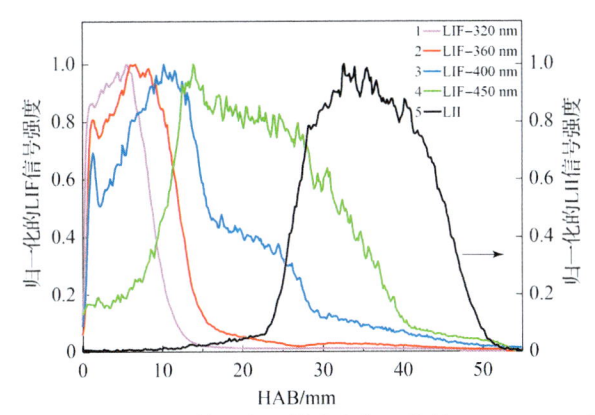

图 4-2 汽油火焰轴向中心轴线上归一化的 PAHs-LIF 和 soot-LII 信号强度随高度的变化趋势

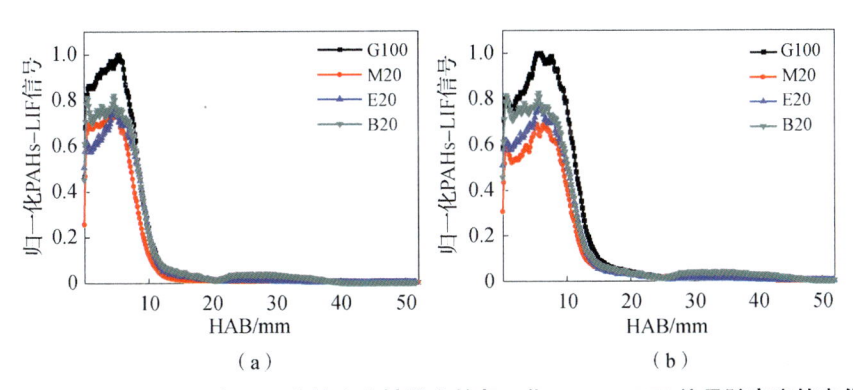

(a)

(b)

图 4-4 G100、M20、E20 和 B20 火焰中心轴线上的归一化 PAHs-LIF 信号随高度的变化趋势

(a)320 nm;(b)360 nm

(c)

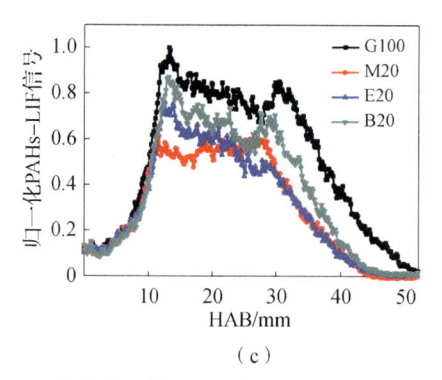

图4-4 G100、M20、E20和B20火焰中心轴线上的归一化PAHs-LIF信号随高度的变化趋势(续)

(c)450 nm

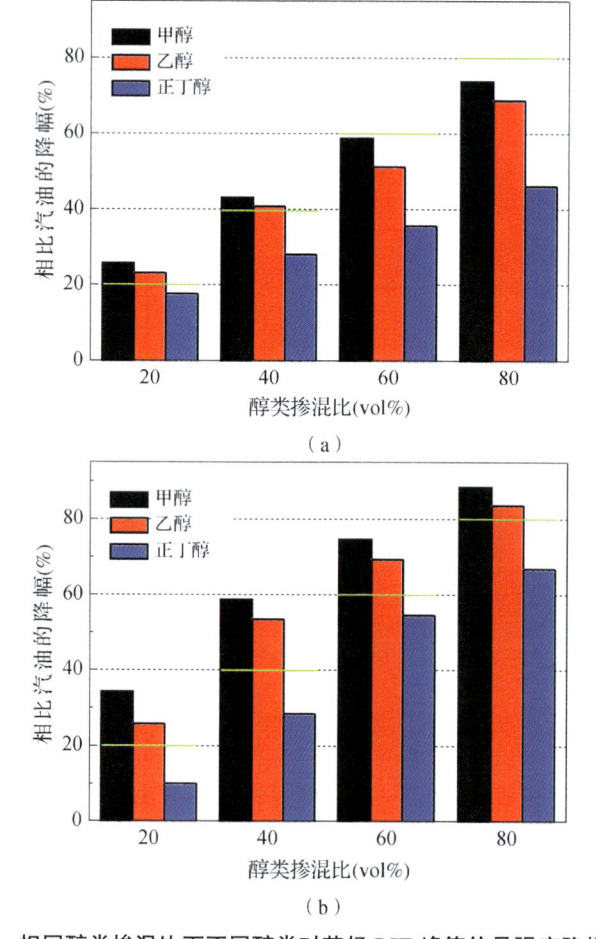

(a)

(b)

图4-8 相同醇类掺混比下不同醇类对芳烃LIF峰值信号强度降幅的对比

(a)320 nm；(b)450 nm

(a)

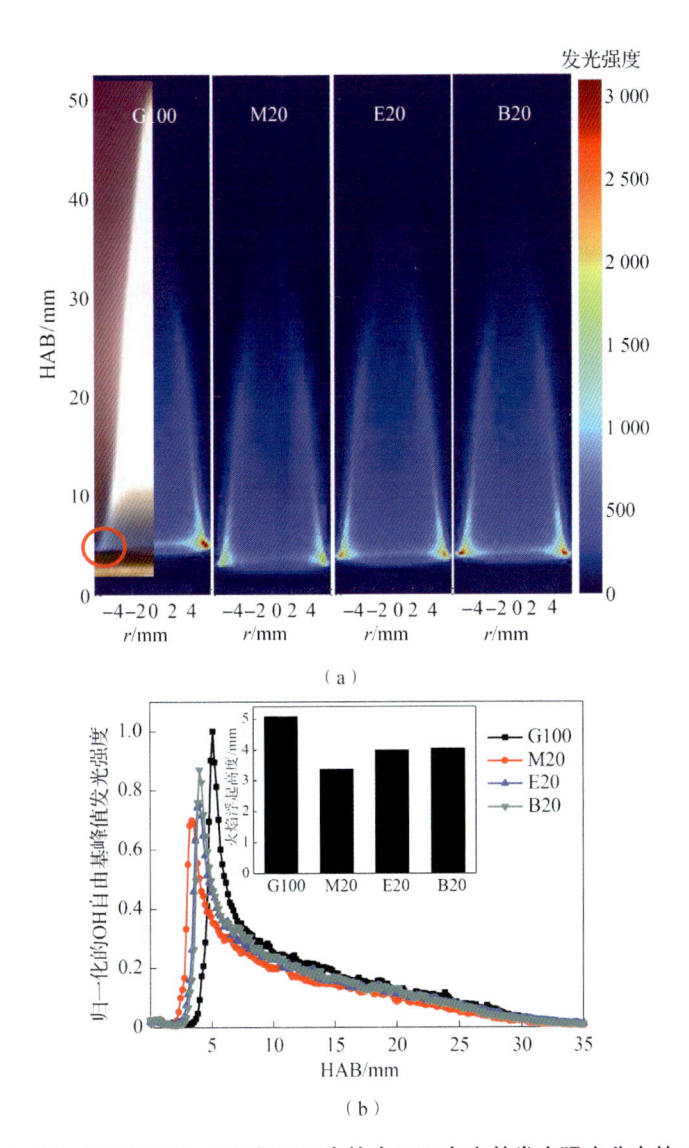

(b)

图 4-11 G100、M20、E20 和 B20 火焰中 OH 自由基发光强度分布的对比

(a)发光强度分布;(b)径向最大发光强度和火焰浮起高度

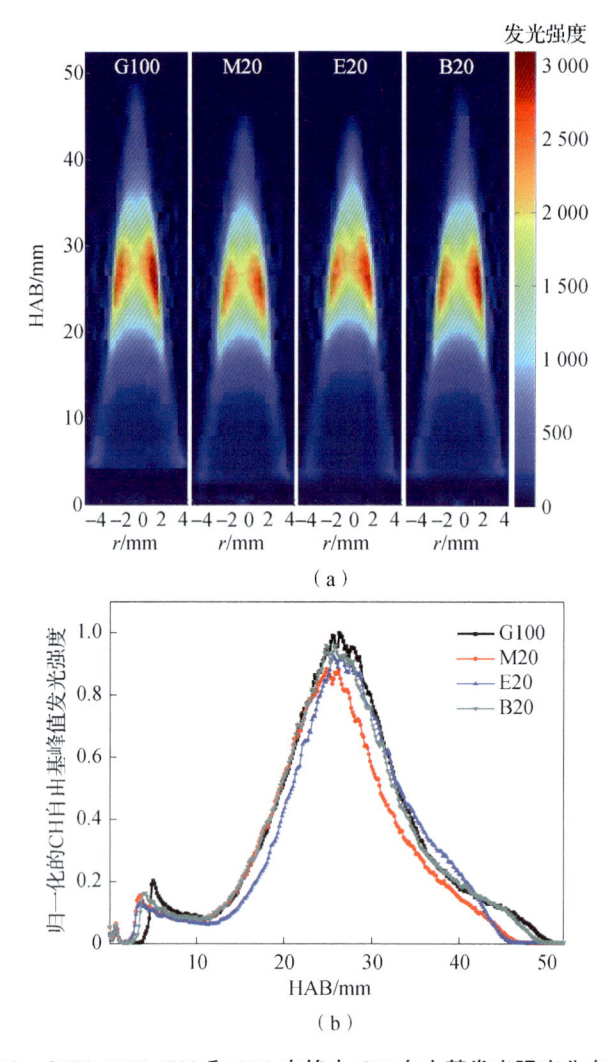

图 4－12　G100、M20、E20 和 B20 火焰中 CH 自由基发光强度分布的对比

(a) 发光强度分布；(b) 径向最大发光强度

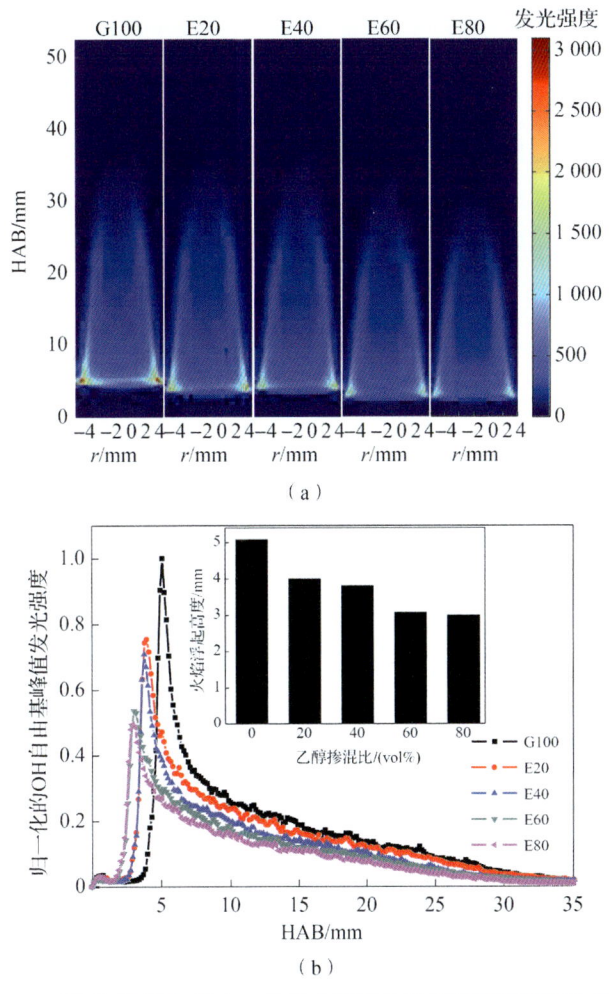

图4-13 乙醇/汽油火焰中OH自由基发光强度随乙醇掺混比的变化

(a)发光强度分布;(b)径向最大发光强度和火焰浮起高度

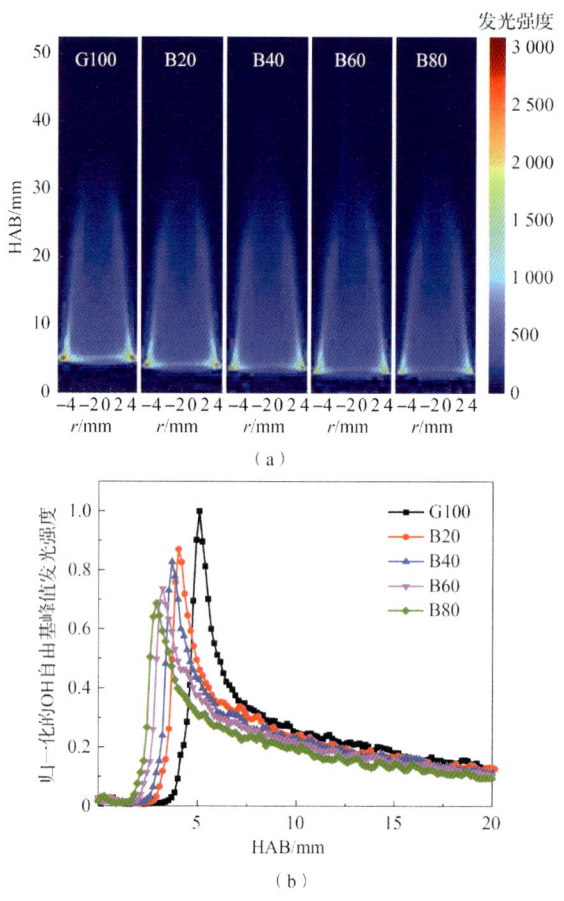

图 4-14 丁醇/汽油火焰中 OH 自由基发光强度随丁醇掺混比的变化

(a)发光强度分布;(b)径向最大发光强度

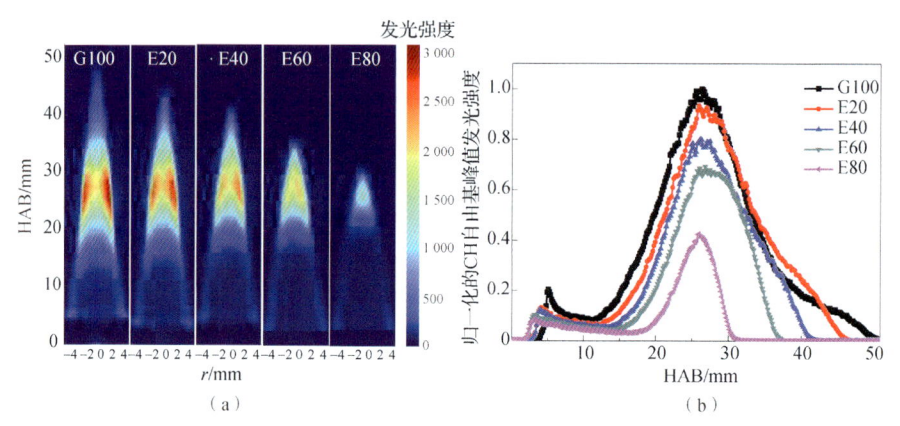

图 4-15 乙醇/汽油火焰中 CH 自由基发光强度随乙醇掺混比的变化

(a)发光强度分布;(b)径向最大发光强度

（a）

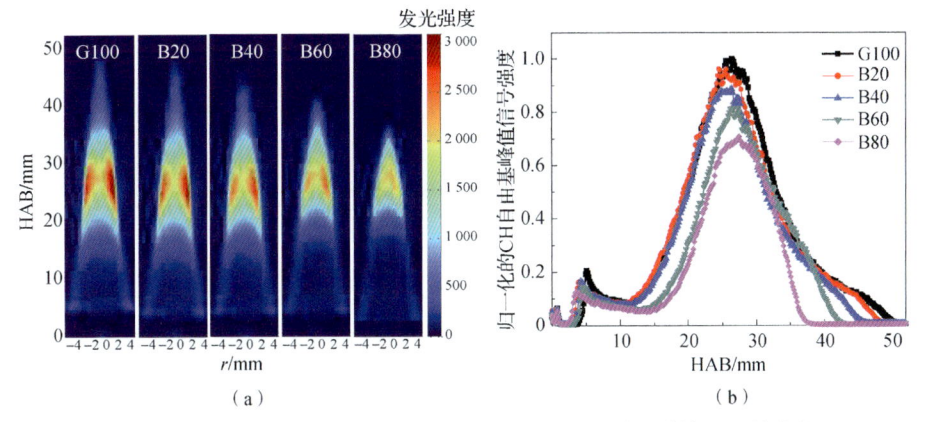

（b）

图4-16 丁醇/汽油火焰中CH自由基发光强度随丁醇掺混比的变化

(a)发光强度分布;(b)径向最大发光强度

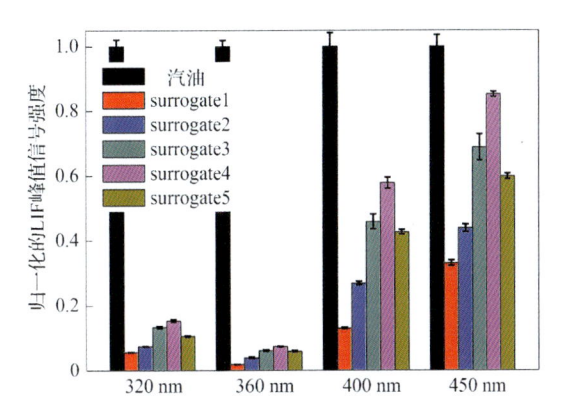

图5-1 汽油和不同汽油表征燃料之间不同环数芳烃归一化的LIF峰值信号强度的对比

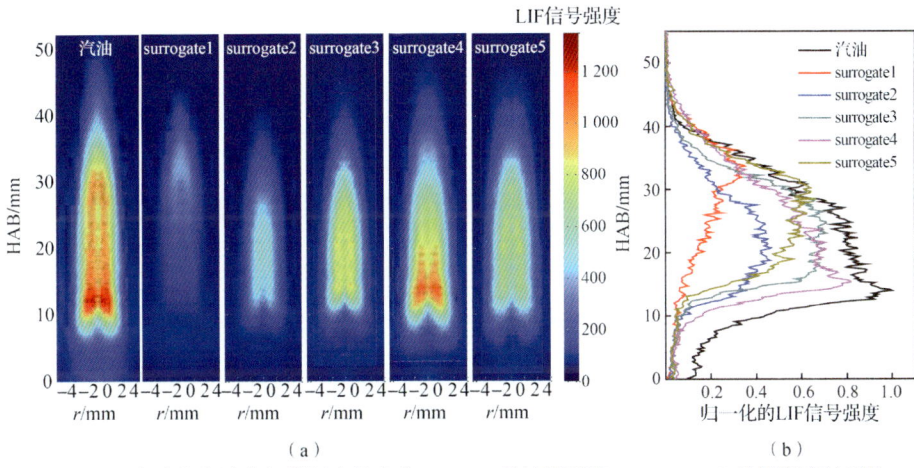

（a）

（b）

图5-2 汽油和汽油表征燃料火焰中在450 nm处检测到的PAHs-LIF信号强度的对比

(a)二维分布;(b)中心轴线上

7

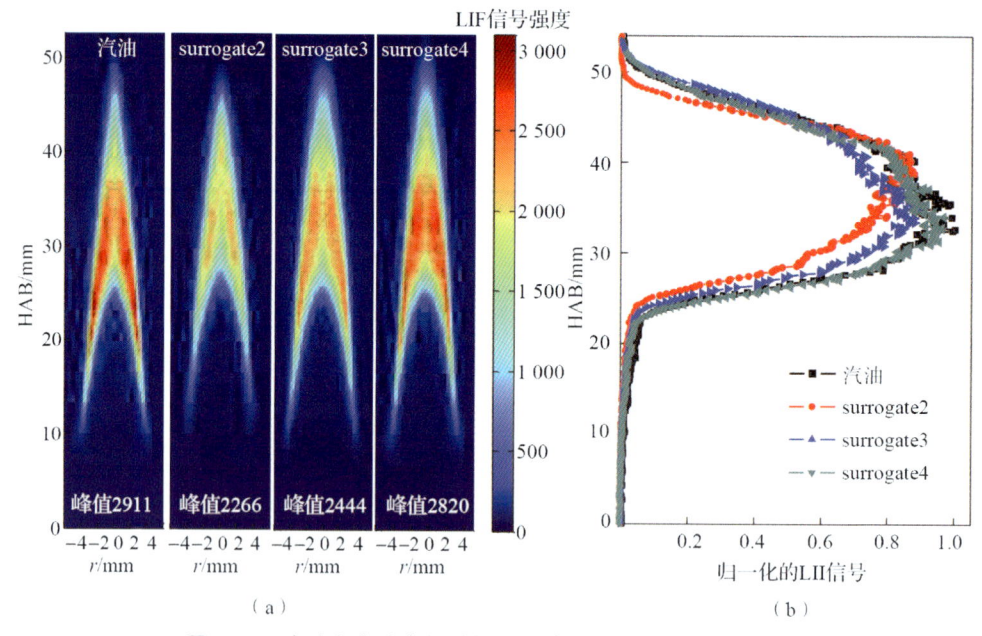

图5-3 汽油和汽油表征燃料之间碳烟LII信号强度的对比

(a)LII信号强度二维分布；(b)中心轴线上LII信号

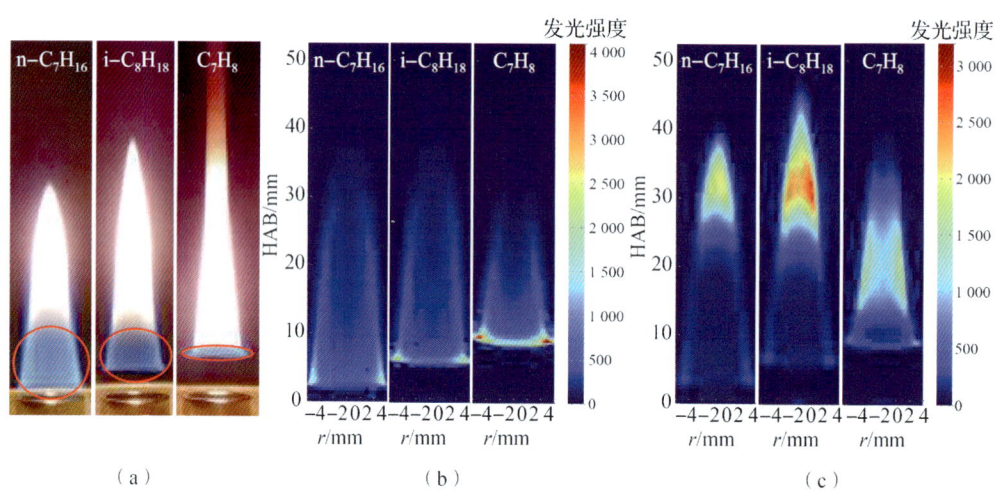

图5-4 正庚烷、异辛烷和甲苯火焰的自然发光图像及OH自由基和CH自由基化学发光强度的对比

(a)自然发光火焰；(b)OH自由化学发光强度；(c)CH自由化学发光强度

8

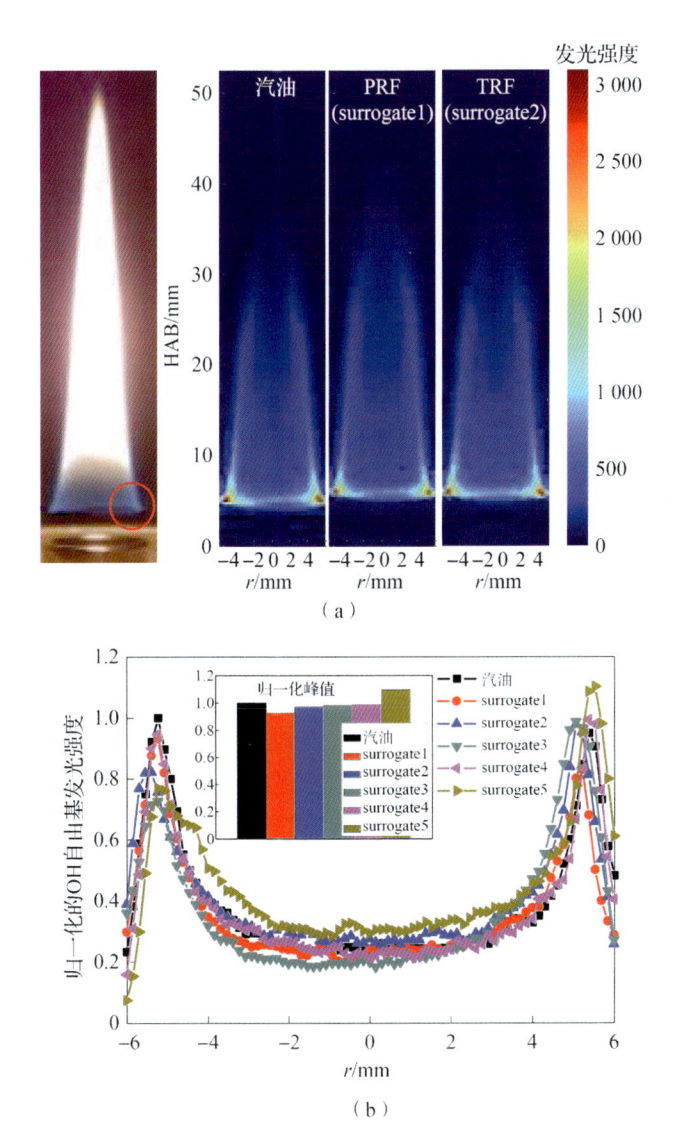

图 5-5 汽油和汽油表征燃料火焰中 OH 自由基发光强度的对比

(a) OH 自由基发光强度分布；(b) 峰值高度处的径向 OH 自由基趋势

（a）　　　　　　　　　　　　　　　（b）

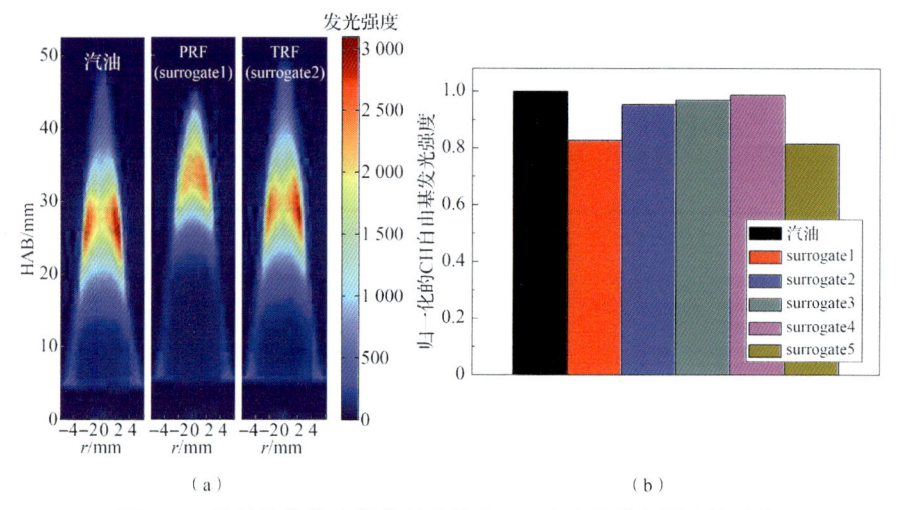

图 5-6　汽油和汽油表征燃料火焰中 CH 自由基发光强度的对比

（a）CH 自由基发光强度分布；（b）CH 自由基发光强度峰值

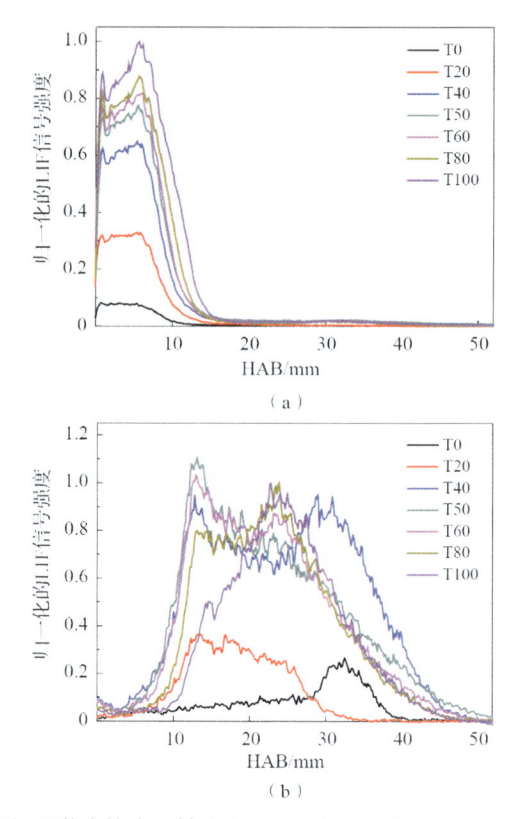

（a）

（b）

图 5-8　正庚烷/甲苯火焰中心轴线上不同环数芳烃归一化的 LIF 信号强度曲线

（a）320 nm；（b）450 nm

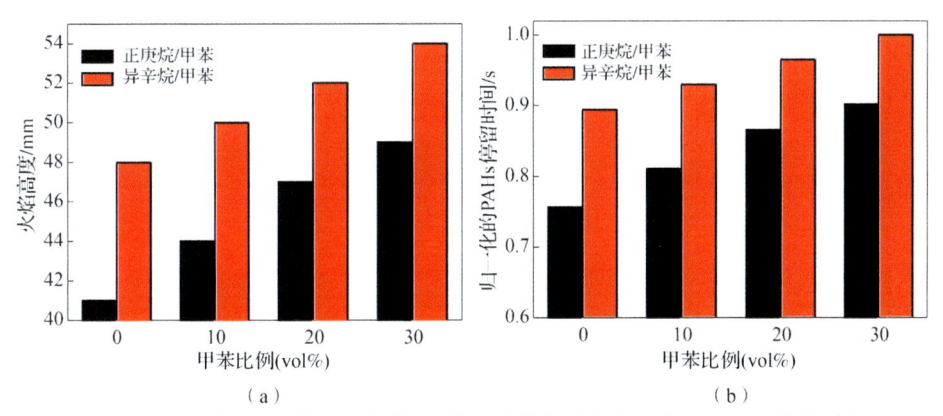

图 5-12　正庚烷/甲苯和异辛烷/甲苯的火焰高度和归一化的 PAHs 停留时间
随甲苯比例的变化趋势

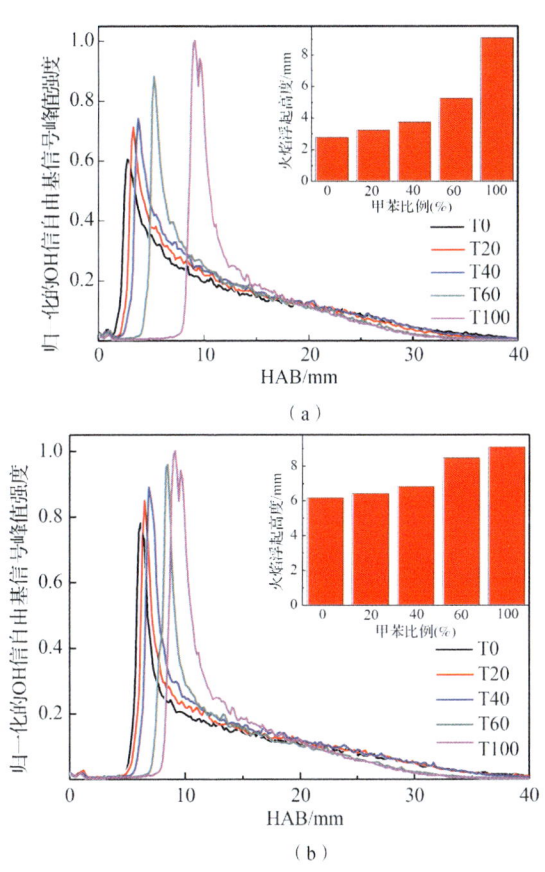

图 5-13　正庚烷和异辛烷火焰中的径向 OH 自由基信号峰值强度和
火焰浮起高度随甲苯比例的变化趋势

(a) n-C_7H_{16}/$C_6H_5CH_3$；(b) i-C_8H_{18}/$C_6H_5CH_3$

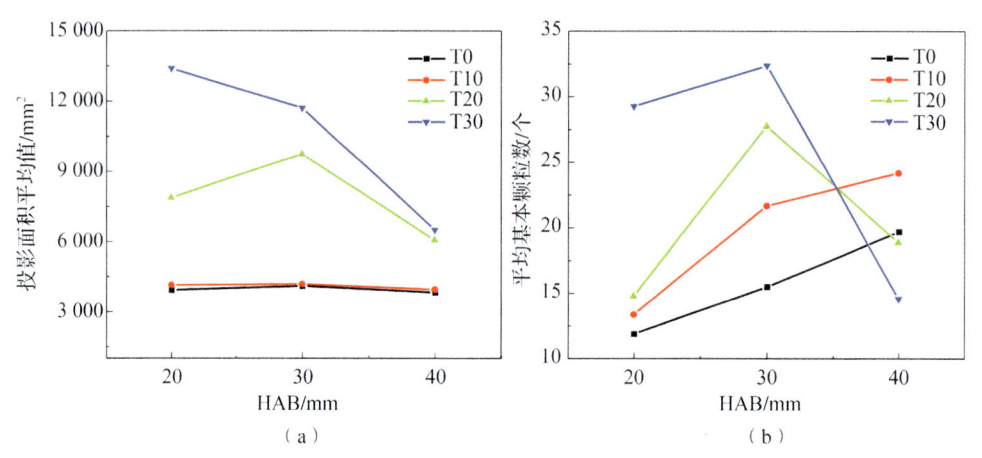

图 5-16 正庚烷及不同甲苯比例正庚烷/甲苯层流扩散火焰中凝聚
颗粒随火焰高度的变化趋势

（a）投影面积平均值；（b）平均基本颗粒数

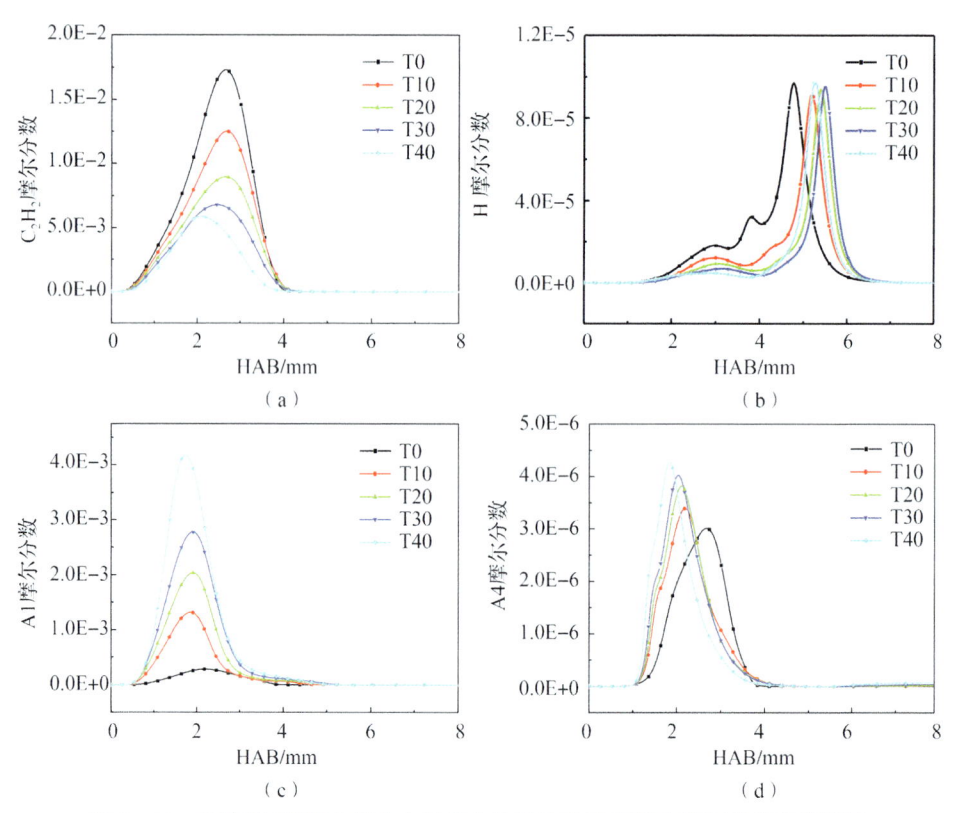

图 5-19 正庚烷/甲苯火焰中心轴线上关键物种浓度随火焰高度的变化趋势

（a）C_2H_2；（b）H；（c）A1；（d）A4

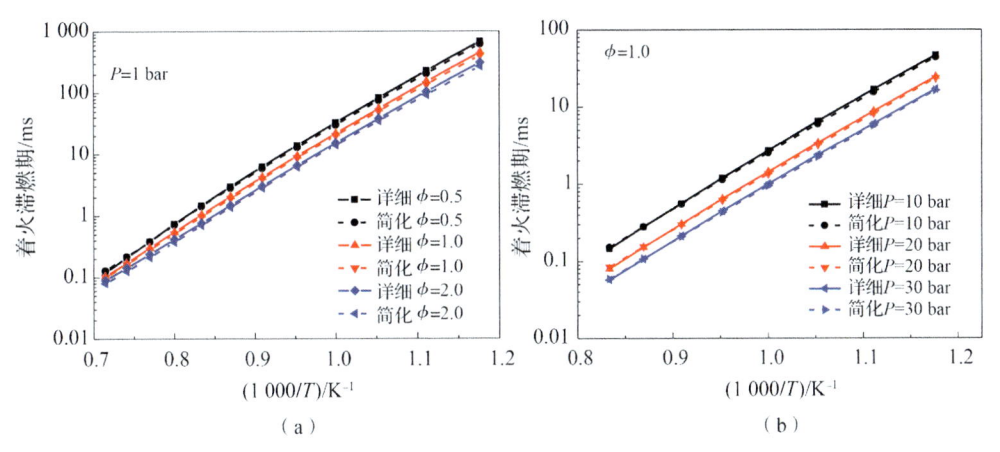

图 6-15 乙醇详细机理和简化机理所模拟的着火滞燃期的对比

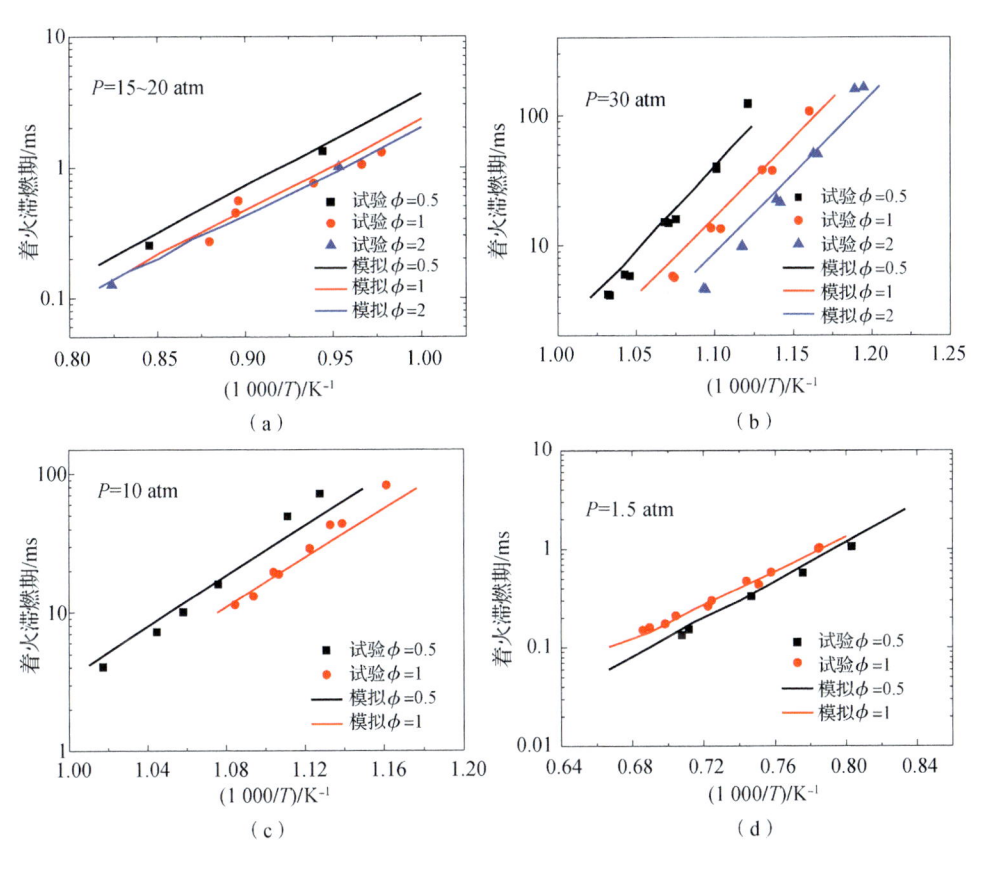

图 6-17 不同当量比下试验和模拟得到的着火滞燃期的对比

(a) TRF；(b) 甲醇；(c) 乙醇；(d) 正丁醇

13

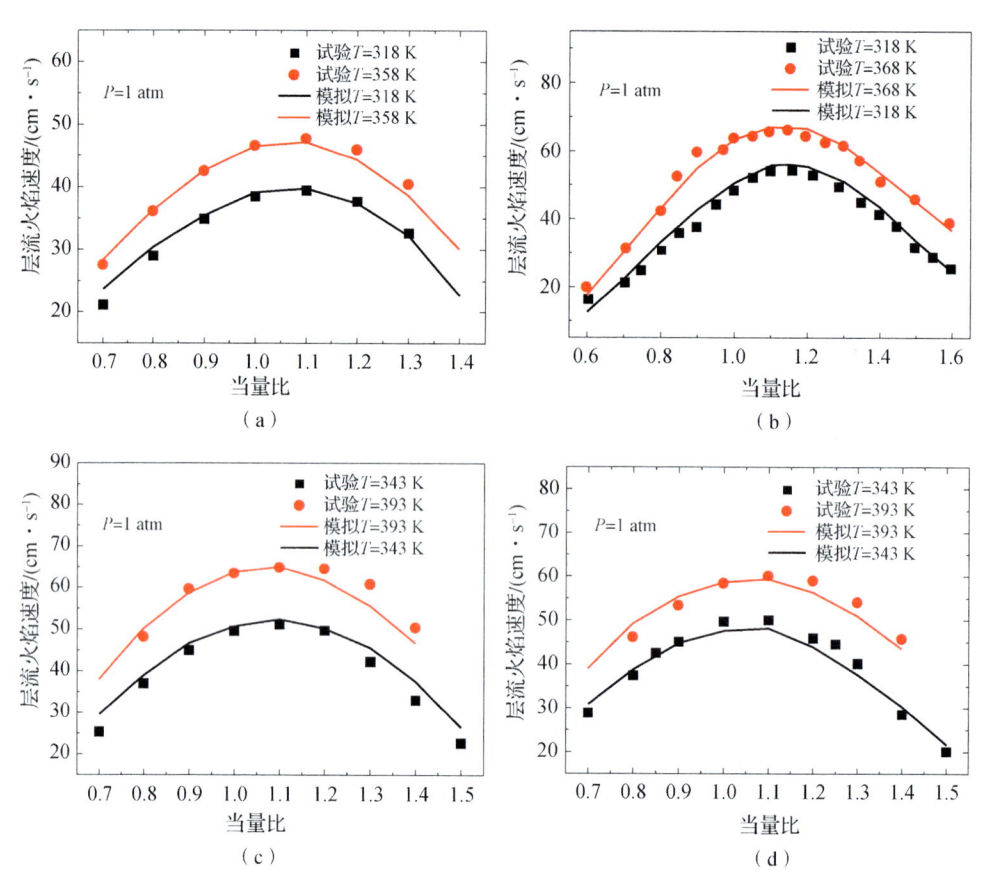

图6-18 不同温度下试验和模拟的层流火焰速度的对比

(a)TRF;(b)甲醇;(c)乙醇;(d)正丁醇

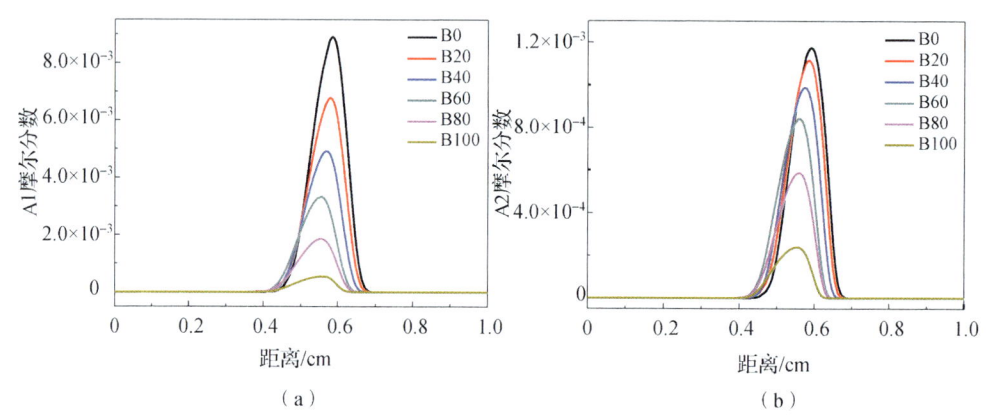

图6-20 不同正丁醇掺混比下,正丁醇/TRF扩散火焰中A1、A2、A3和A4摩尔分数随喷嘴出口距离的变化曲线

（c） （d）

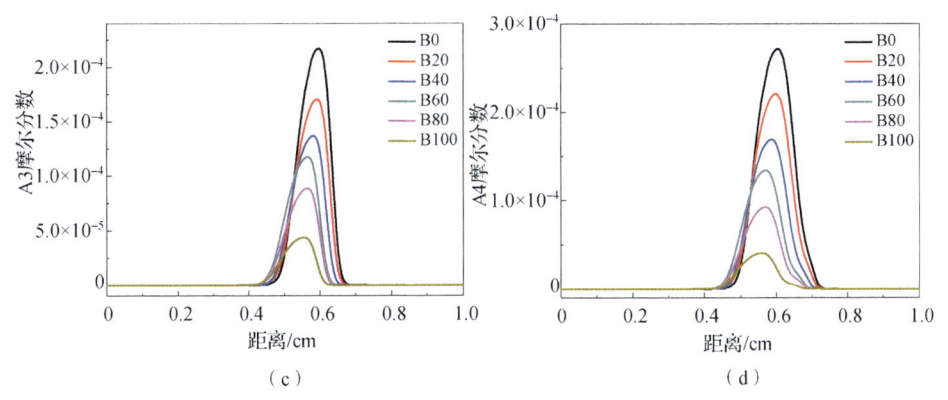

图 6-20 不同正丁醇掺混比下，正丁醇/TRF 扩散火焰中 A1、A2、A3 和 A4 摩尔分数随喷嘴出口距离的变化曲线（续）

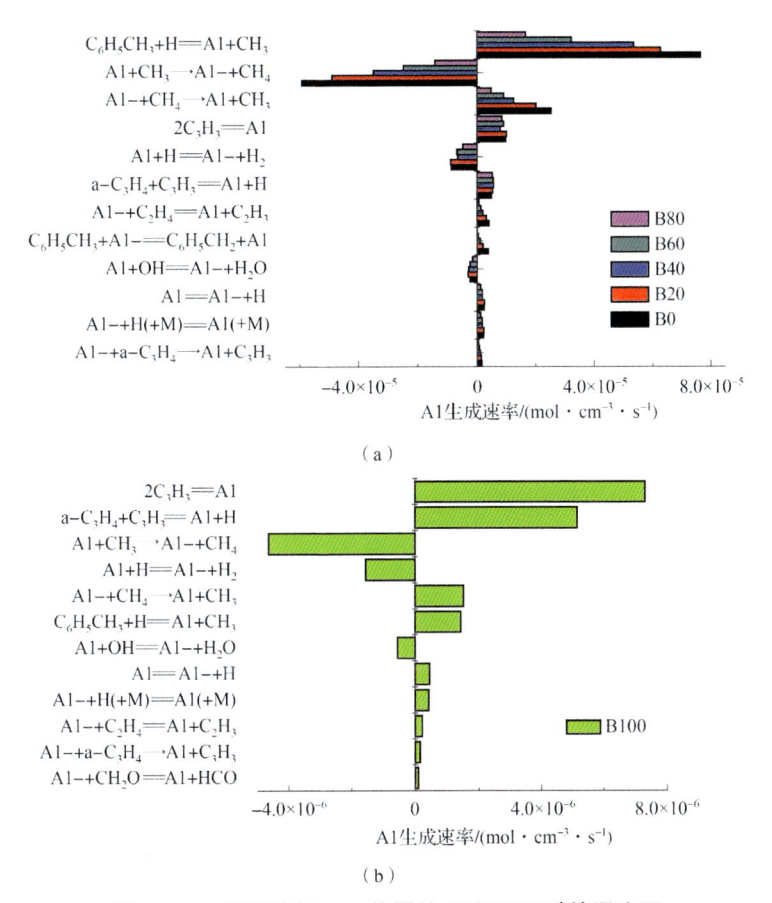

（a）

（b）

图 6-21 燃料消耗 80% 位置处，不同正丁醇掺混比下 A1 主要生成和消耗反应的反应速率

15

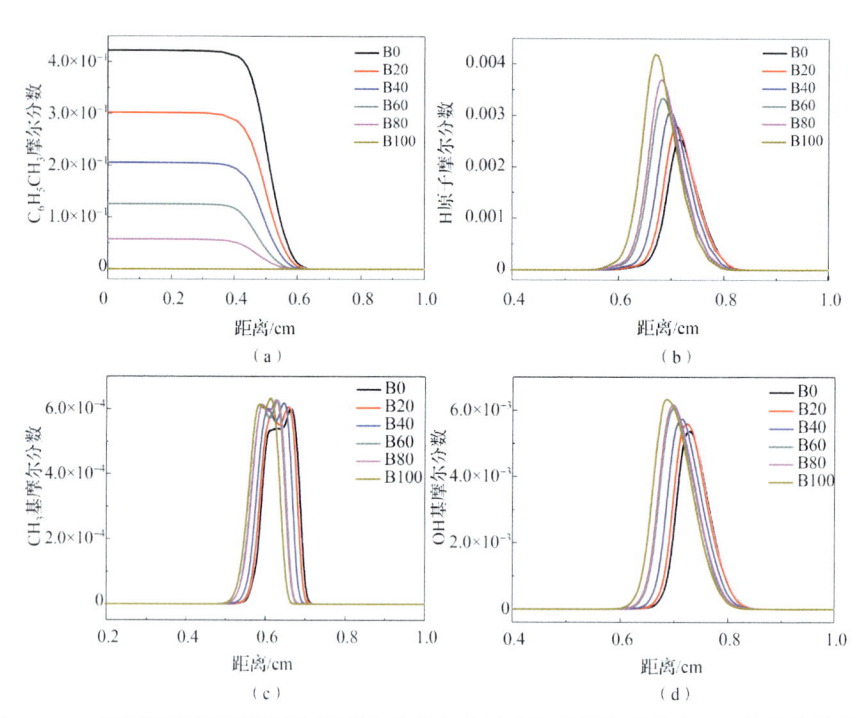

图 6–22 不同正丁醇掺混比下，甲苯和中间组分的摩尔分数随喷嘴出口距离的变化曲线

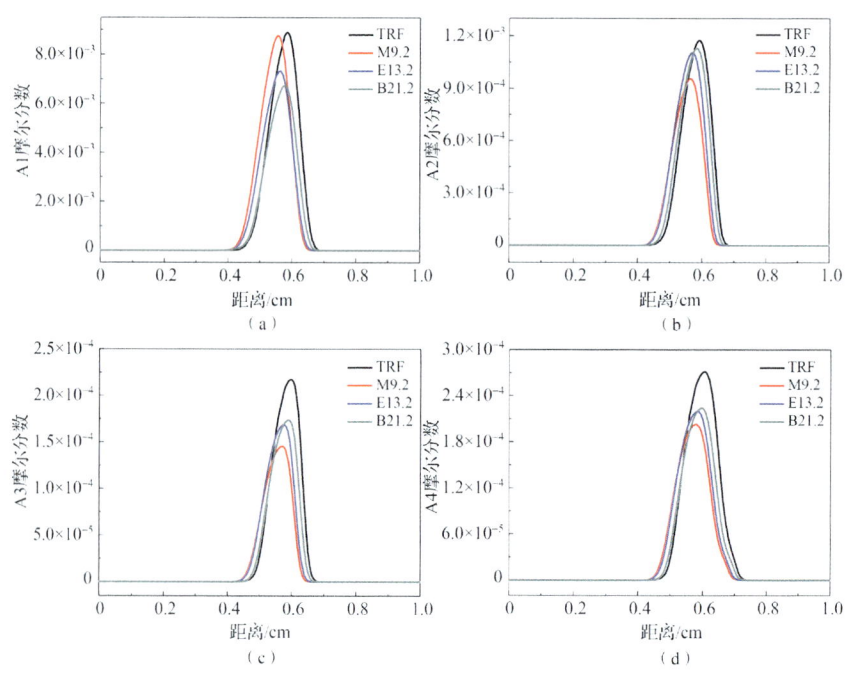

图 6–25 相同氧含量条件下，M9.2、E13.2 和 B21.2 扩散火焰中 A1、A2、A3 和 A4 摩尔分数沿喷嘴出口方向的变化曲线

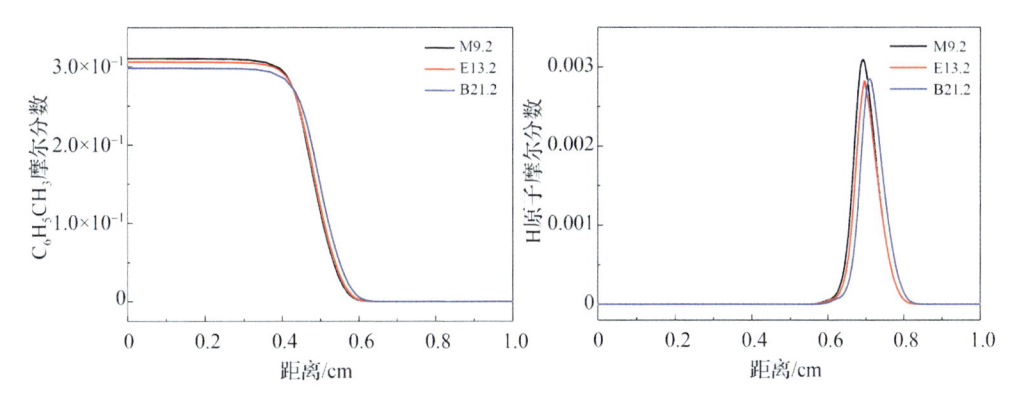

图 6-26 计算得到的 M9.2、E13.2 和 B21.2 火焰中 $C_6H_5CH_3$ 和 H 原子自由基摩尔分数随喷嘴出口距离的变化曲线

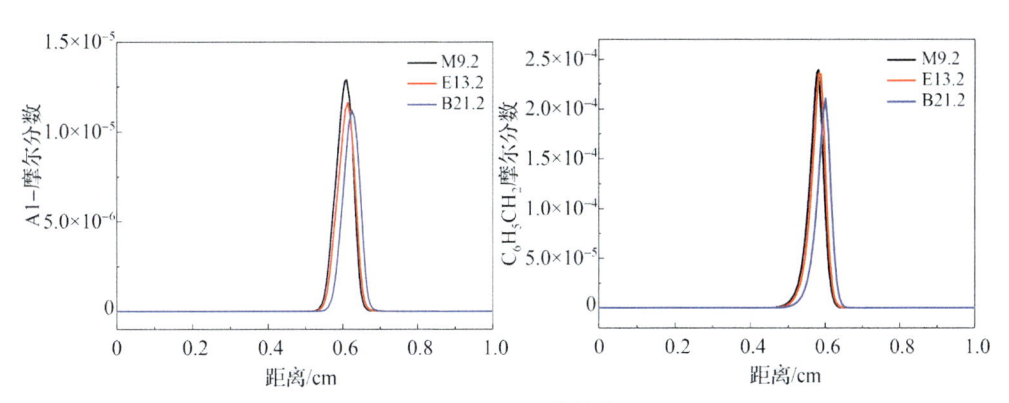

图 6-27 M9.2、E13.2 和 B21.2 火焰中 A1—和 $C_6H_5CH_2$ 的摩尔分数随喷嘴出口距离的变化曲线

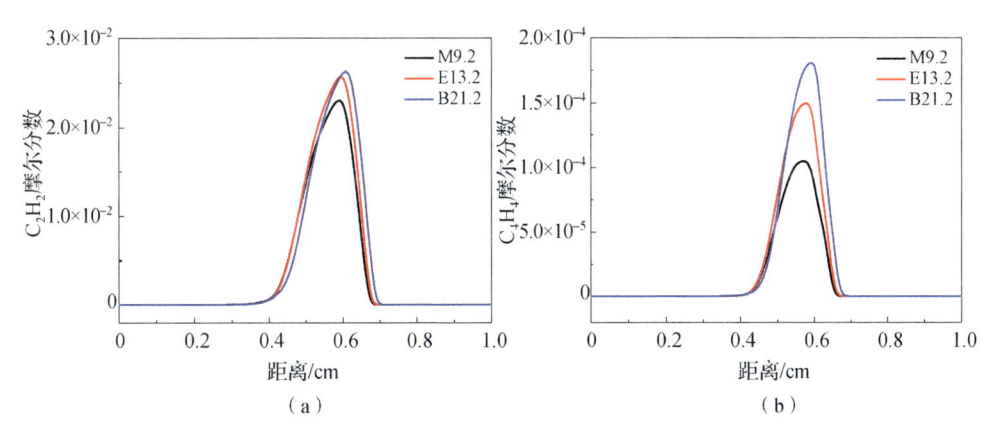

(a)

(b)

图 6-28 M9.2、E13.2 和 B21.2 火焰中 C_2H_2、C_4H_4、C_3H_5 和 $c-C_5H_5$ 的摩尔分数随喷嘴出口距离的变化曲线

（c）　　　　　　　　　　　　　（d）

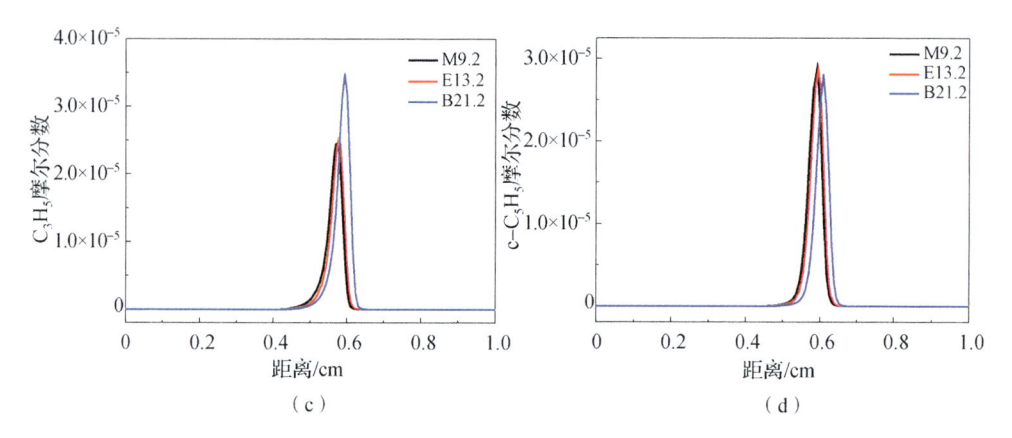

图 6-28　M9.2、E13.2 和 B21.2 火焰中 C_2H_2、C_4H_4、C_3H_5 和 $c-C_5H_5$ 的摩尔分数随喷嘴出口距离的变化曲线（续）

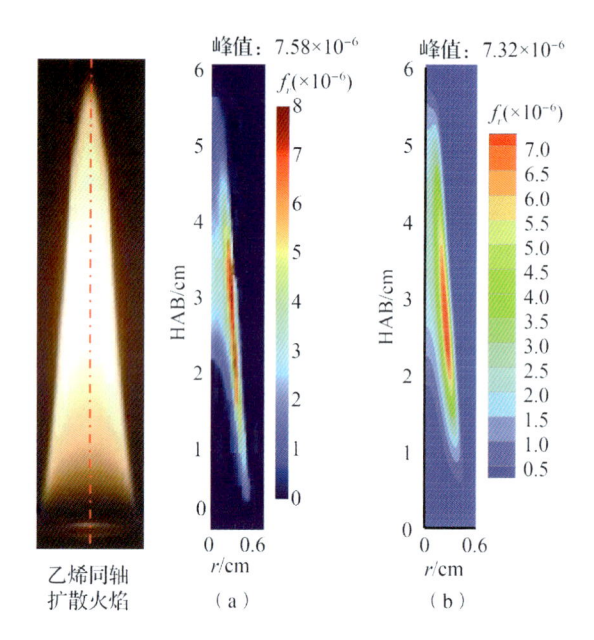

乙烯同轴扩散火焰　　（a）　　　　　　（b）

图 7-2　乙烯标准同轴扩散火焰中试验和模拟结果对比

（a）试验结果；（b）模拟结果

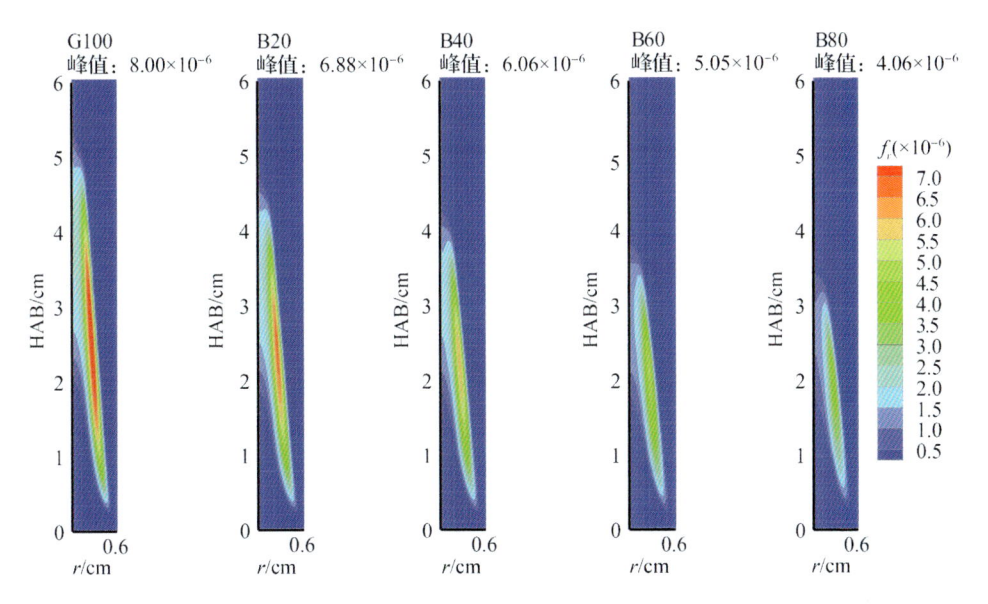

图 7-3 计算得到的丁醇/汽油火焰中的碳烟体积分数的二维分布

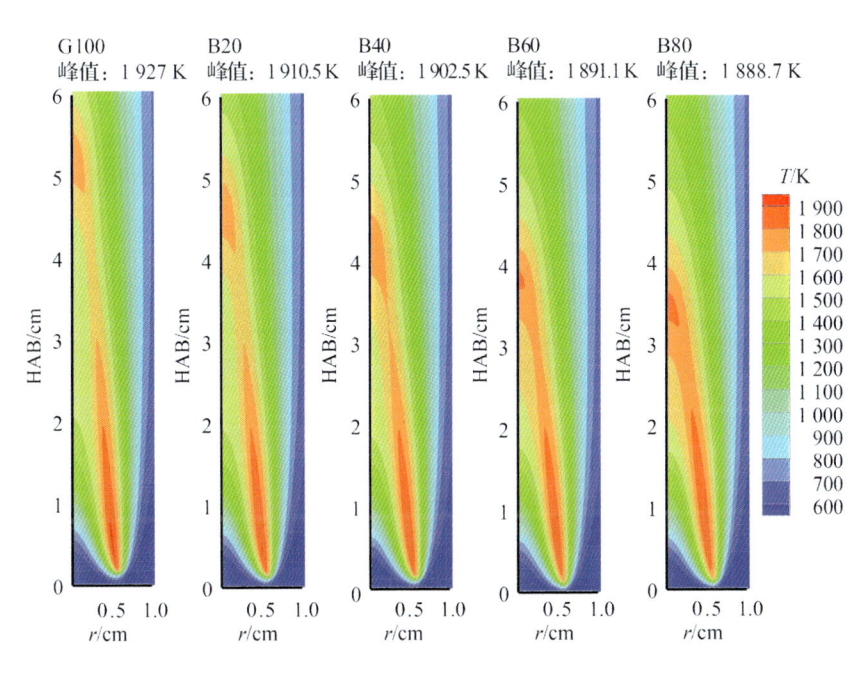

图 7-4 计算得到的丁醇/汽油火焰中二维温度场分布随丁醇掺混比的变化

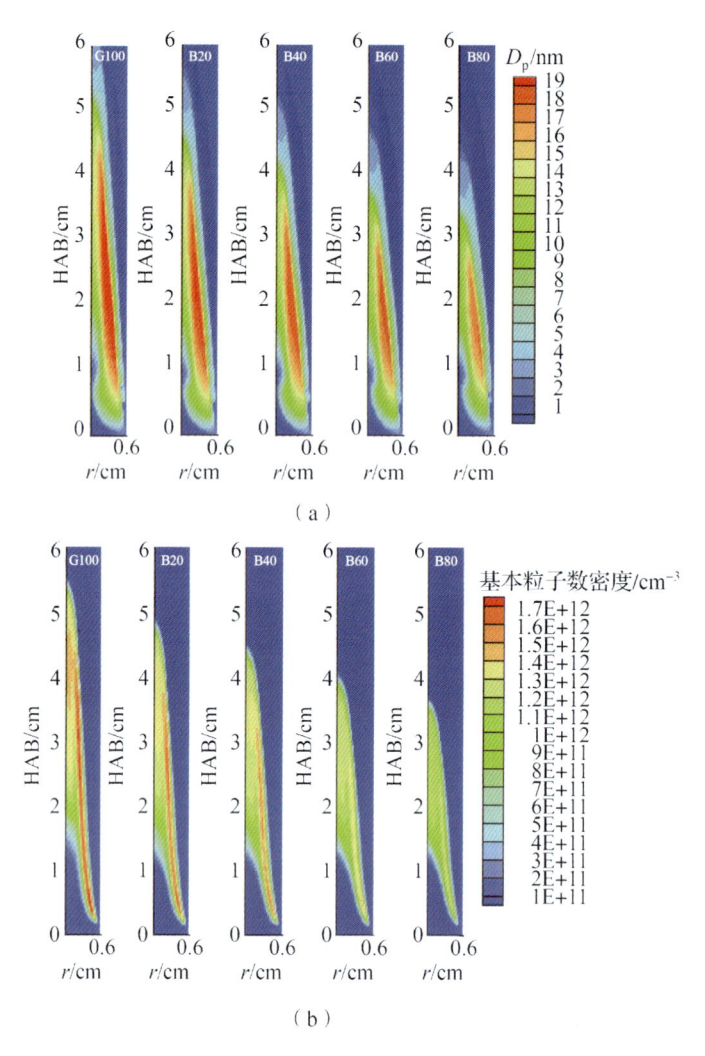

图7-5 计算得到的丁醇/汽油火焰中基本粒子平均粒径和基本粒子数密度分布随丁醇掺混比的变化

(a)基本粒子平均粒径;(b)基本粒子数密度

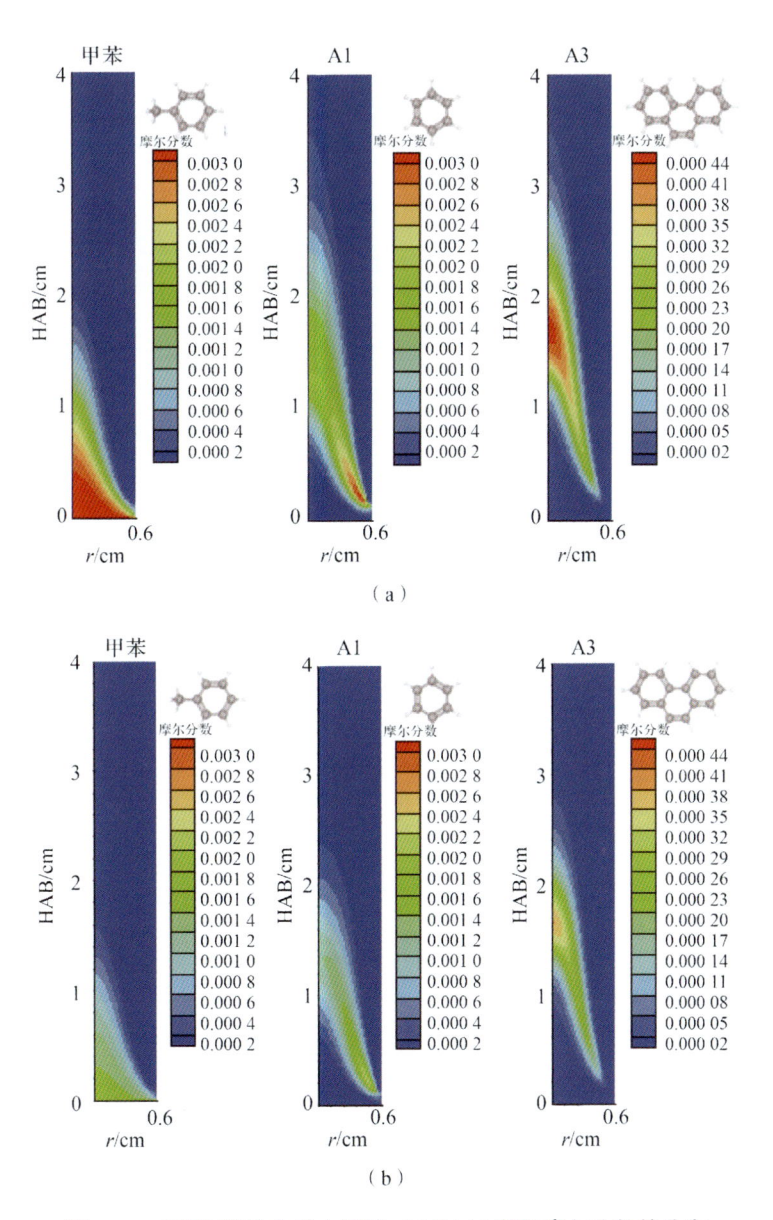

图 7-7　丁醇/汽油火焰中甲苯、A1 和 A3 芳烃摩尔分数的分布

(a) B20；(b) B60

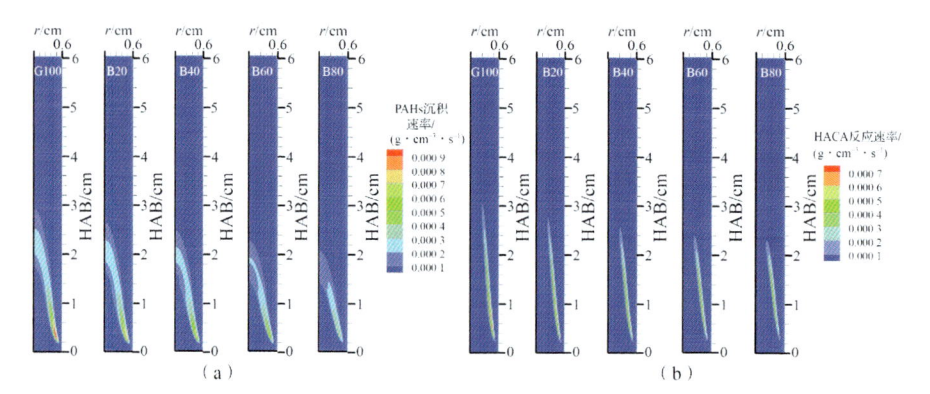

图7-9 丁醇/汽油火焰中颗粒生长的 PAHs 沉积速率和 HACA 反应速率的
二维分布随丁醇掺混比的变化

(a)PAHs 沉积速率;(b)HACA 速率

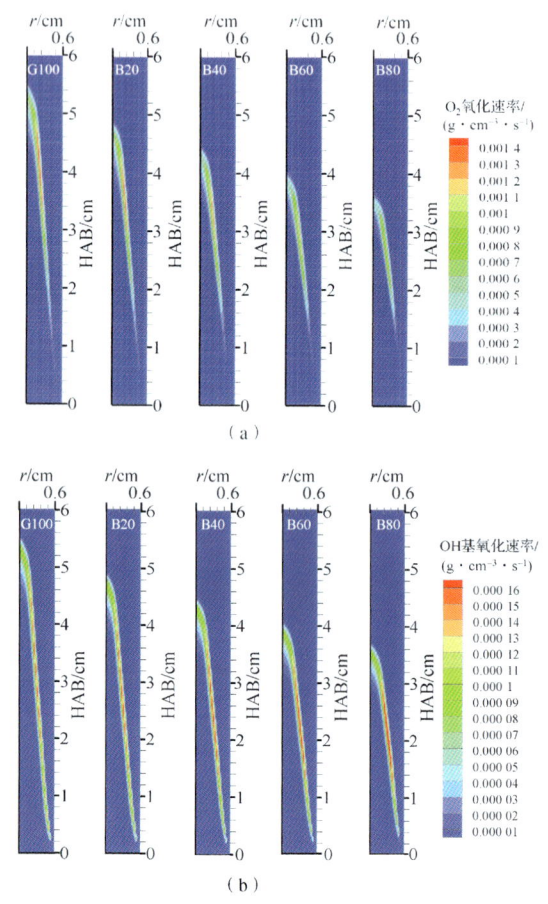

图7-11 计算得到的丁醇/汽油火焰中颗粒氧化速率的二维分布随丁醇掺混比的变化

(a)O_2 氧化速率;(b)OH 基氧化速率

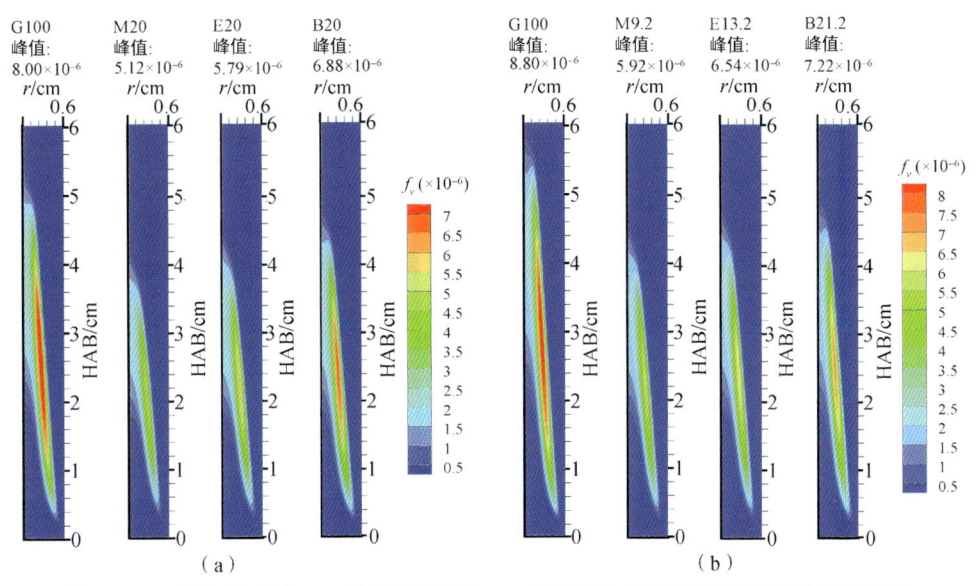

图 7-12 计算得到的 20%醇类掺混比和 5%氧含量的条件下不同醇类/汽油火焰中碳烟体积分数分布的对比

(a)20%醇类掺混比条件下;(b)5%氧含量条件下

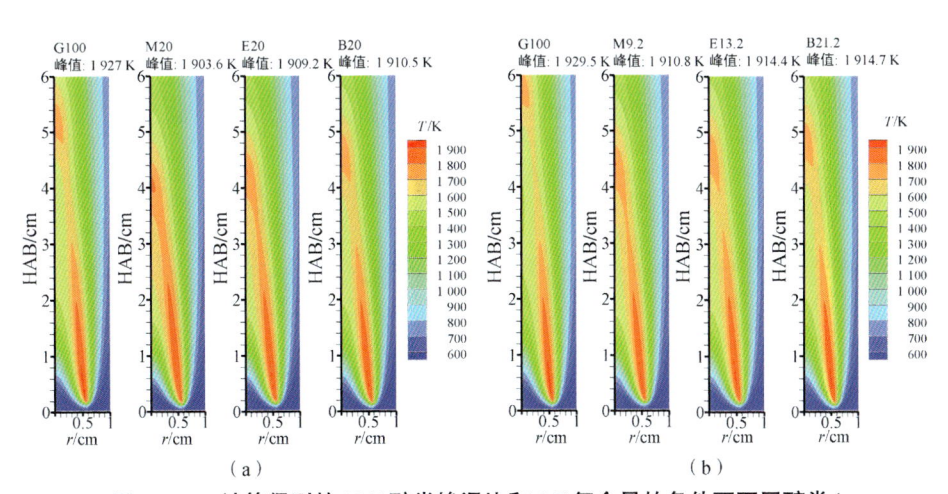

图 7-13 计算得到的 20%醇类掺混比和 5%氧含量的条件下不同醇类/汽油火焰的二维温度分布的对比

(a)20%醇类掺混比条件下;(b)5%氧含量条件下

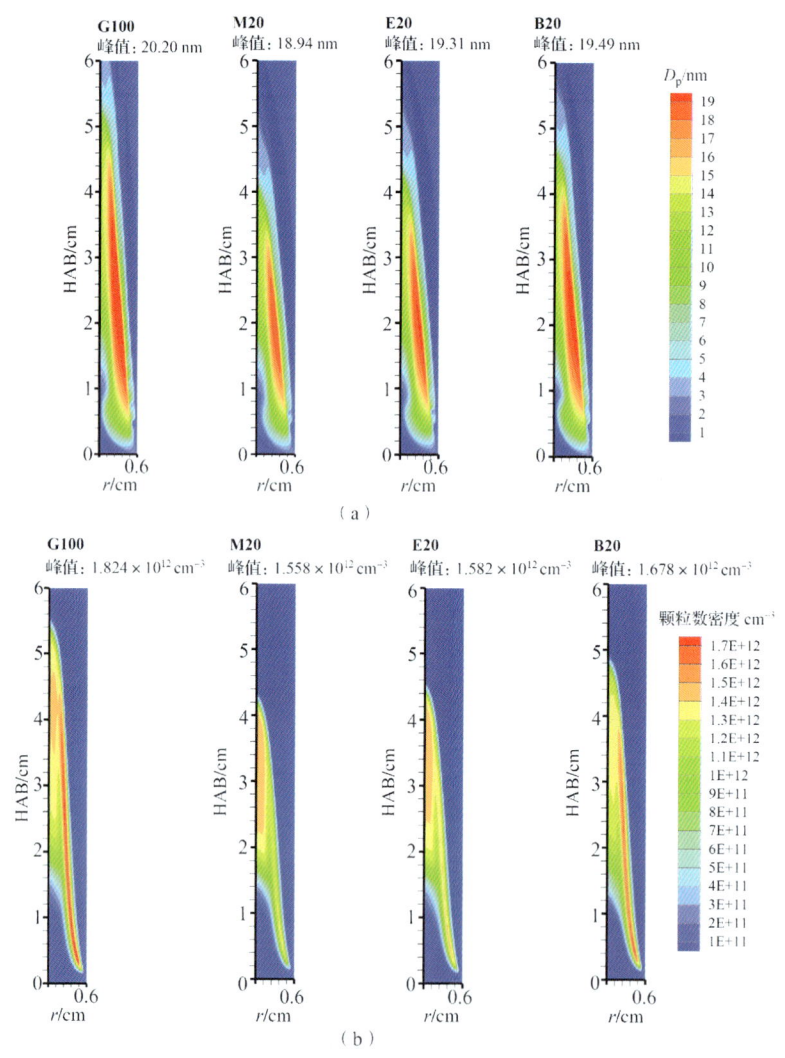

图 7-14　计算得到的相同醇类掺混比的条件下不同醇类/汽油火焰中基本颗粒平均粒径和基本颗粒数密度分布的对比

(a) 基本颗粒平均粒径；(b) 基本颗粒数密度

24

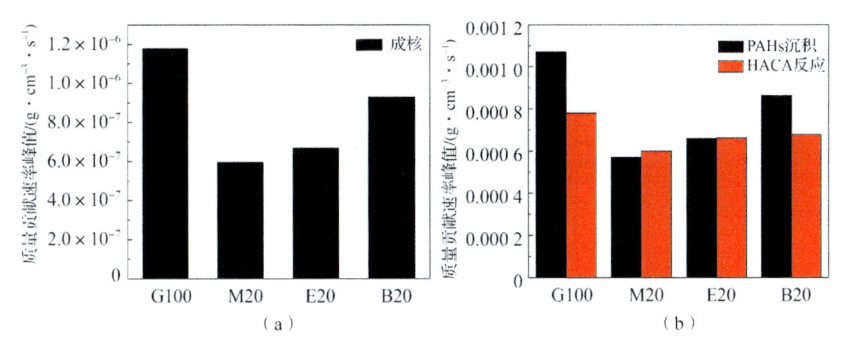

图 7-15 计算得到的不同醇类/汽油火焰中颗粒成核和表面生长

对颗粒质量增长贡献速率峰值的对比

(a)成核速率；(b)表面生长速率

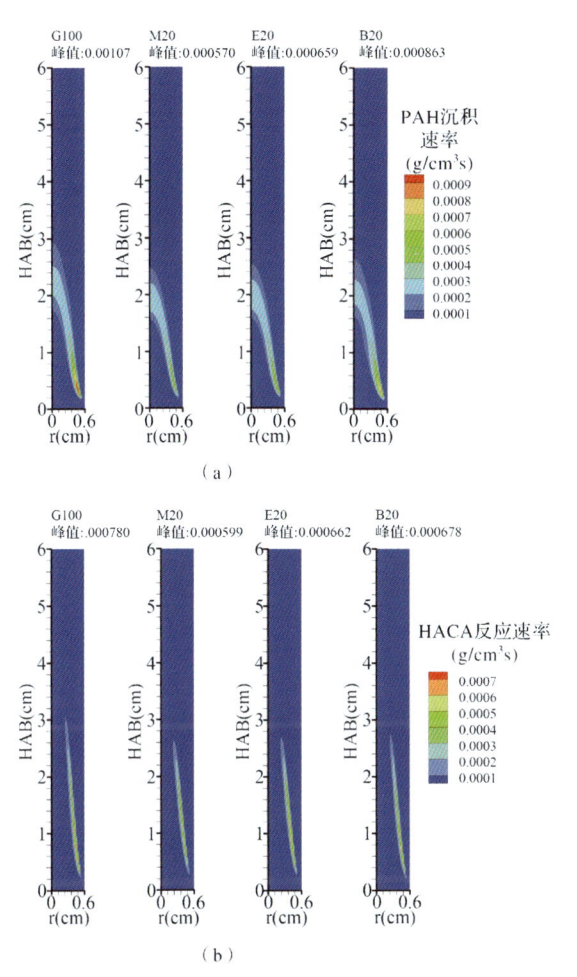

图 7-16 计算得到的不同醇类/汽油火焰中 PAHs 沉积速率和 HACA 反应速率二维分布的对比

(a)PAHs 沉积速率；(b)HACA 反应速率

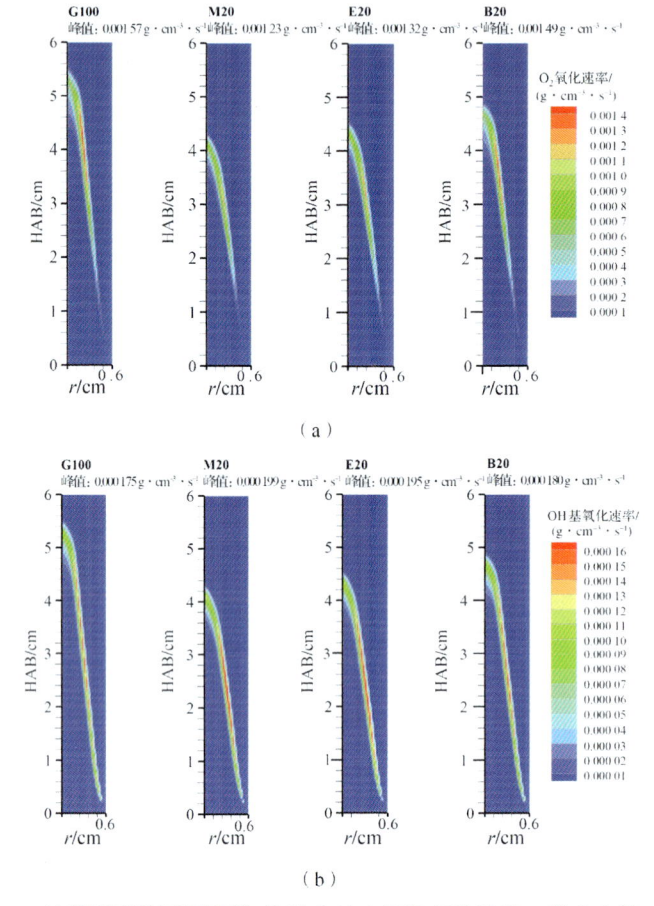

图 7-17 计算得到的不同醇类/汽油火焰中颗粒氧化速率二维分布的对比

（a）O_2 氧化速率；（b）OH 基氧化速率

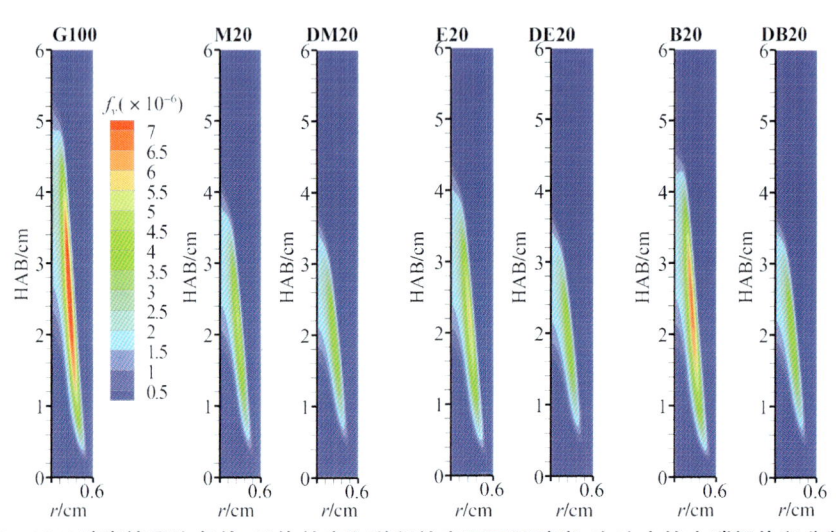

图 7-18 20%醇类掺混比条件,总体效应和稀释效应下不同醇类/汽油火焰中碳烟体积分数的对比

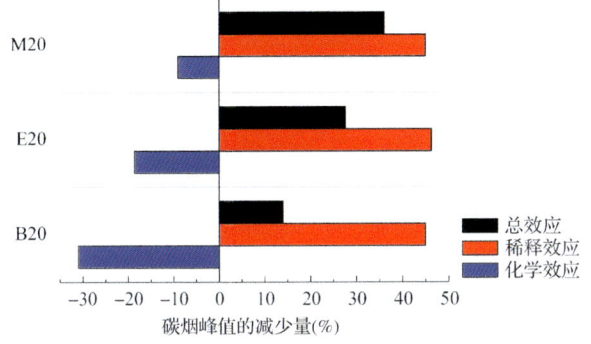

图 7-19　20%醇类掺混比条件,不同醇类/汽油火焰中稀释效应和化学效应的解耦

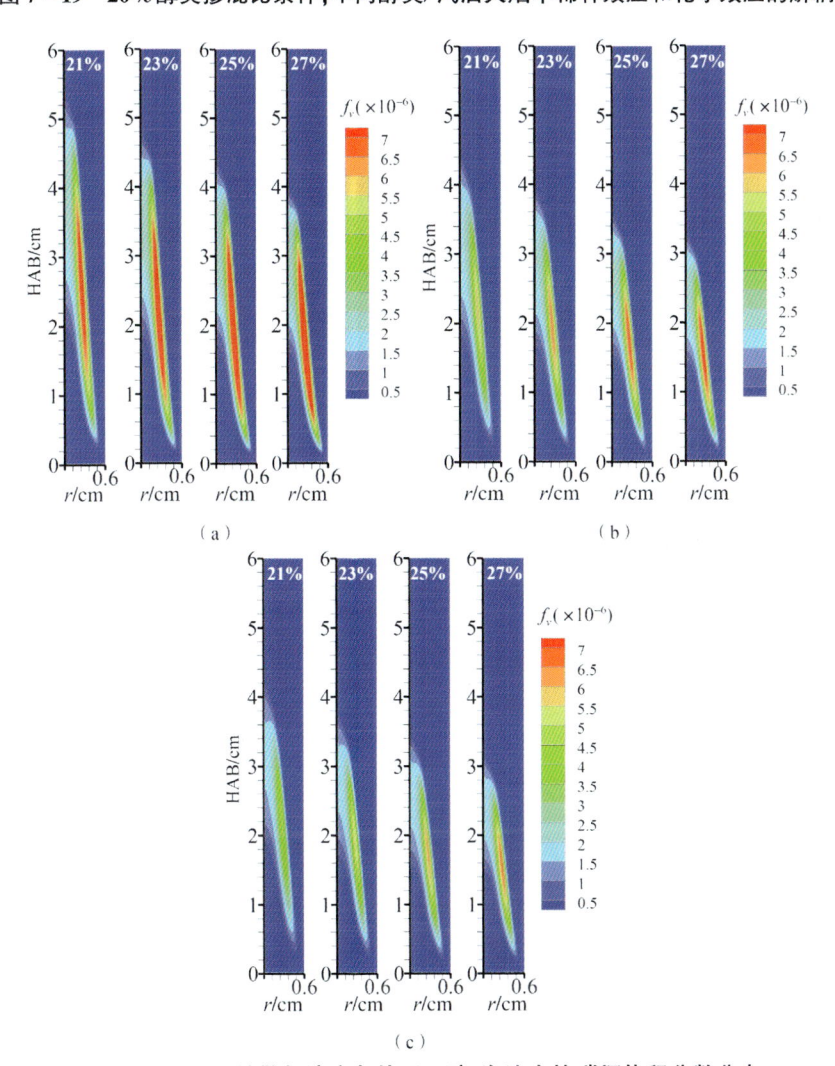

图 7-20　不同扩散氧浓度条件下乙醇/汽油火焰碳烟体积分数分布
(a)E0;(b)E20;(c)E40

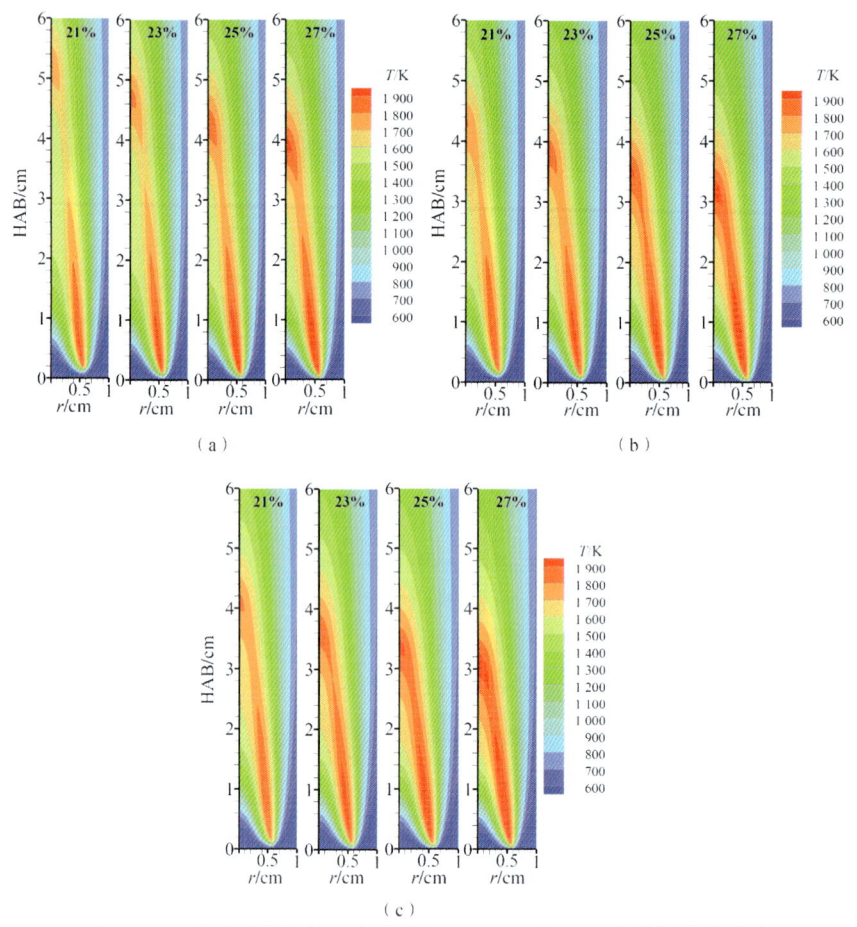

图 7-22 不同扩散氧浓度条件下的 E0、E20 和 E40 火焰温度场分布

(a) E0；(b) E20；(c) E40

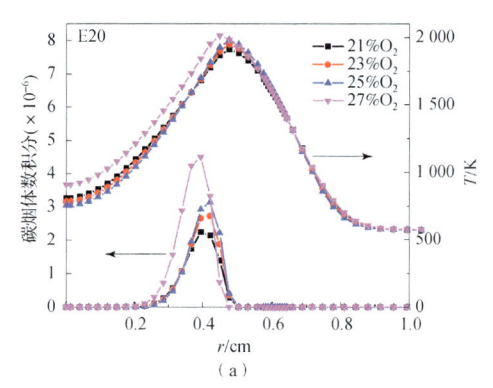

图 7-26 E20 火焰中峰值温度和峰值碳烟体积分数高度处径向温度和碳烟体积分数分布

(a) 峰值温度高度处

(b)

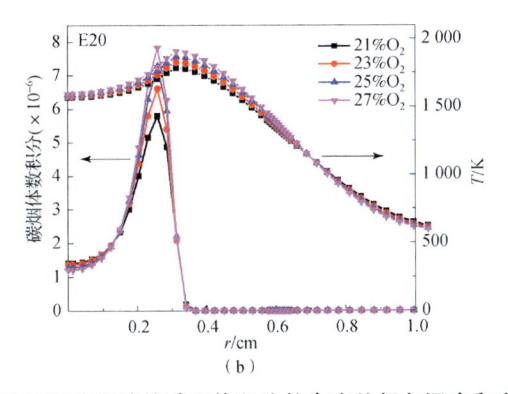

图7-26 E20火焰中峰值温度和峰值碳烟体积分数高度处径向温度和碳烟体积分数分布(续)

(b)峰值碳烟体积分数高度处

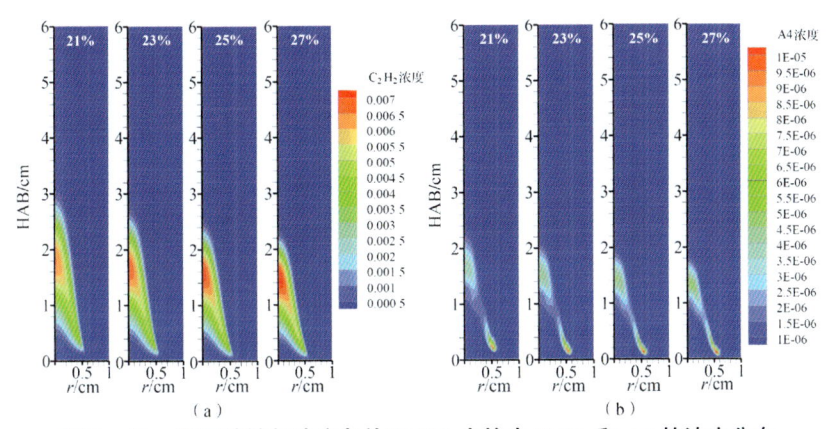

(a)　　　　　　　　　　　　　(b)

图7-29 不同扩散氧浓度条件下E20火焰中C_2H_2和A4的浓度分布

(a)C_2H_2浓度分布;(b)A4浓度分布

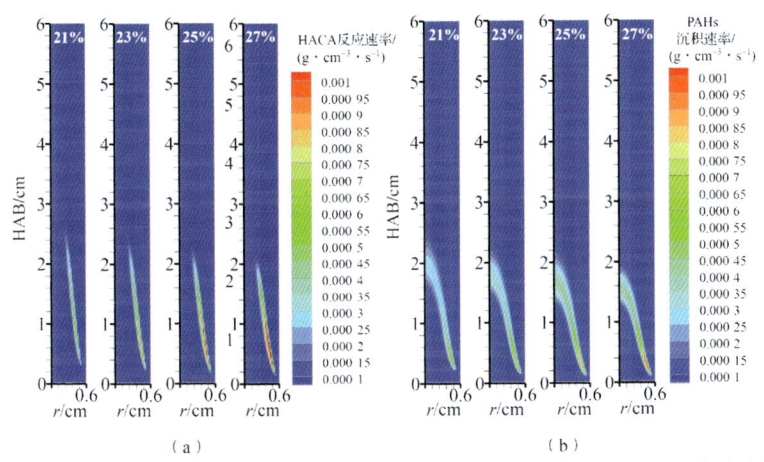

(a)　　　　　　　　　　　　　(b)

图7-30 不同扩散氧浓度条件下E20火焰中HACA反应速率和PAHs沉积速率的分布

(a)HACA反应速率分布;(b)PAHs沉积速率分布

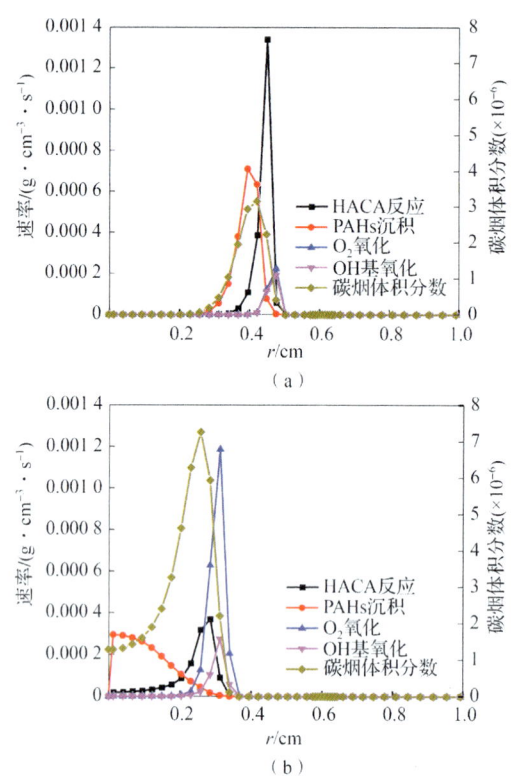

图 7-31 E20-25%O₂ 火焰中峰值温度和峰值碳烟体积分数高度处径向表面生长与氧化速率的分布

(a)峰值温度高度处；(b)峰值碳烟体积分数高度处

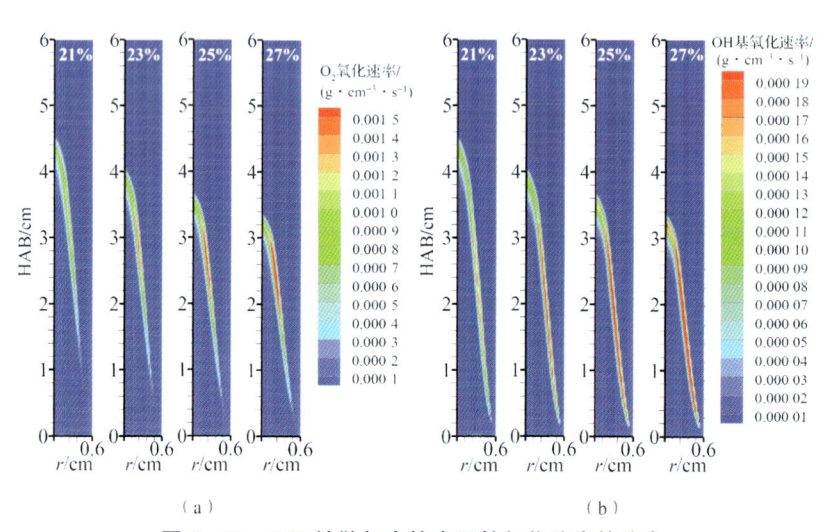

图 7-32 E20 扩散氧火焰中颗粒氧化速率的分布

(a)O₂ 氧化速率分布；(b)OH 基氧化速率分布

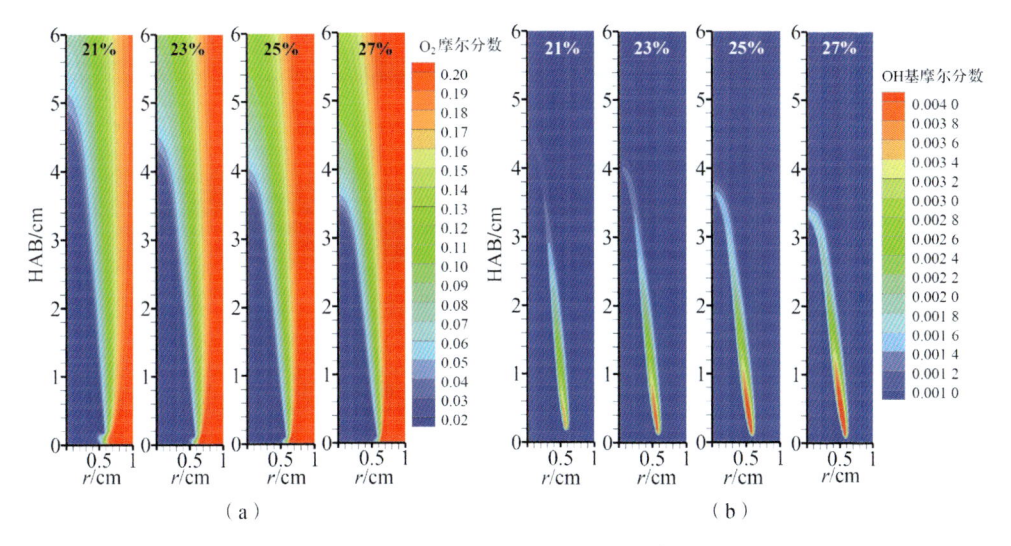

图7-33　E20扩散氧火焰中 O_2 和 OH 基摩尔分数分布

(a) O_2 摩尔分数分布；(b) OH 基摩尔分数分布

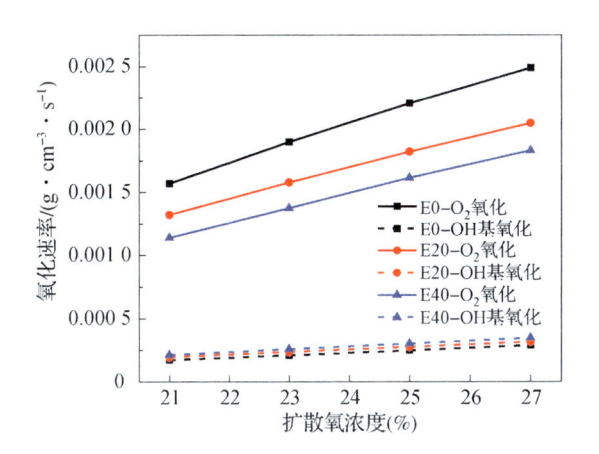

图7-34　E0、E20 和 E40 火焰中 O_2 和 OH 基氧化速率峰值随扩散氧浓度的变化趋势

31

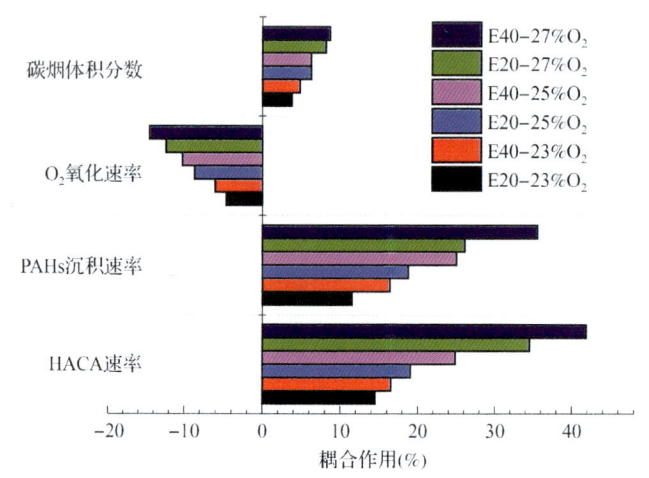

图 7-35 扩散氧与乙醇掺混的耦合作用

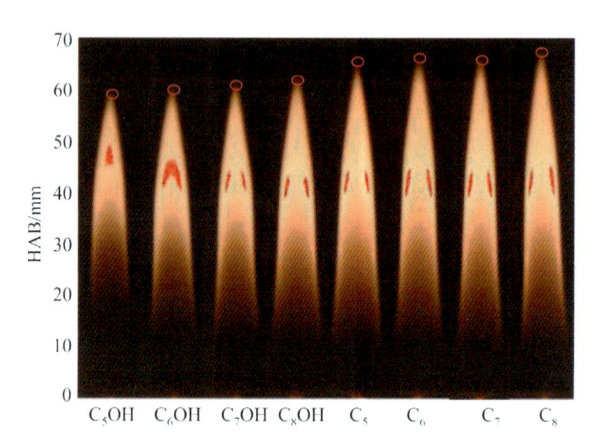

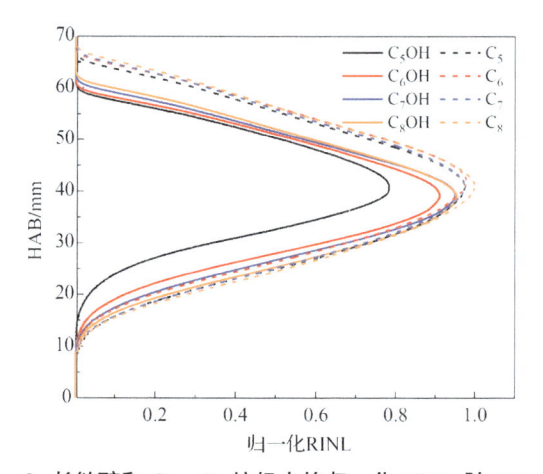

图 8-2 $C_5 \sim C_8$ 长链醇和 $C_5 \sim C_8$ 烷烃的自然发光层流扩散火焰

图 8-3 $C_5 \sim C_8$ 长链醇和 $C_5 \sim C_8$ 烷烃火焰归一化 RINL 随 HAB 的变化趋势

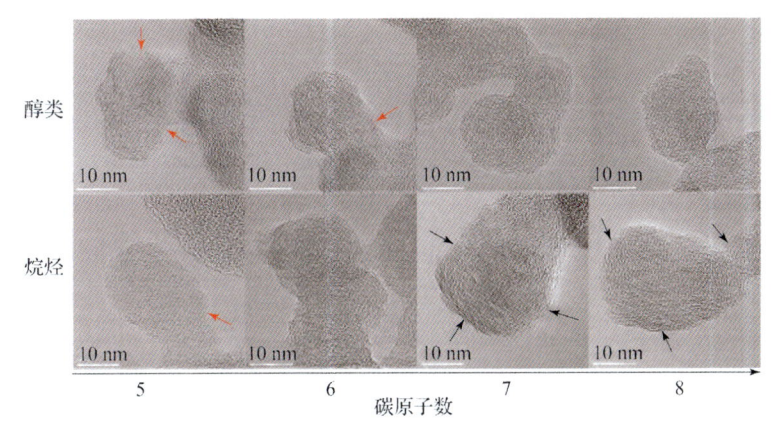

图 8−5　$C_5 \sim C_8$ 长链醇及相似烷烃火焰在 HAB = 50 mm 处的颗粒纳观形貌

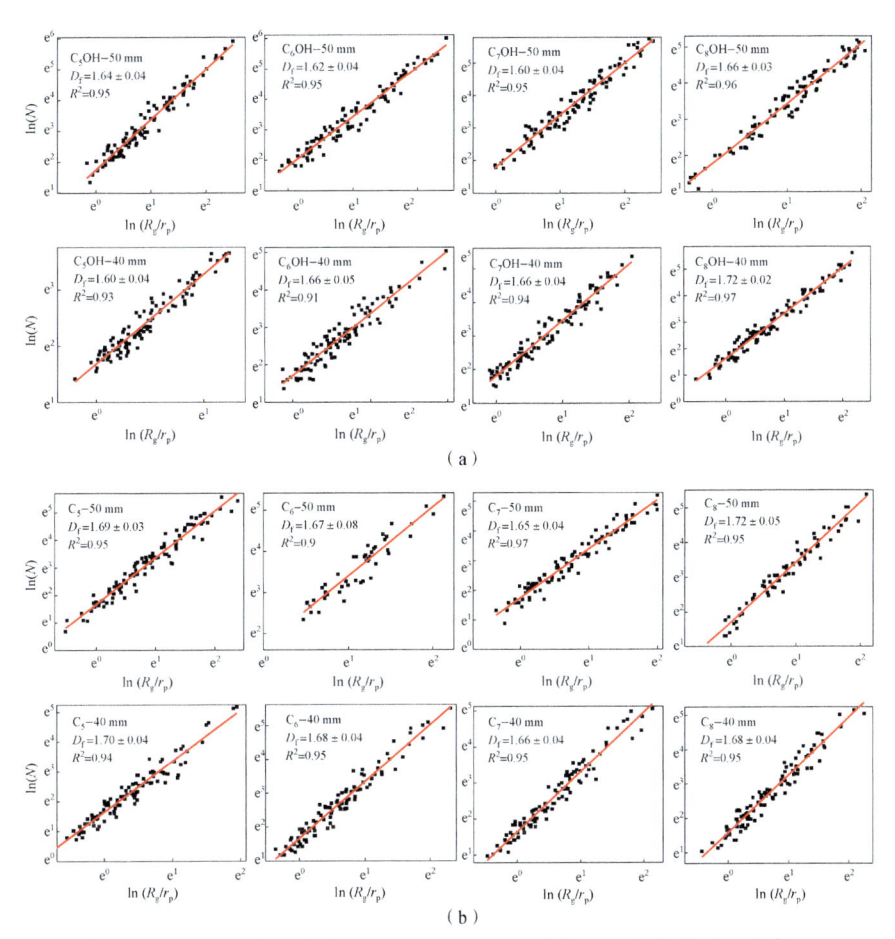

（a）

（b）

图 8−8　$C_5 \sim C_8$ 长链醇及相似烷烃火焰不同高度处聚集体的分形维数 D_f

（a）$C_5 \sim C_8$ 长链醇；（b）$C_5 \sim C_8$ 烷烃

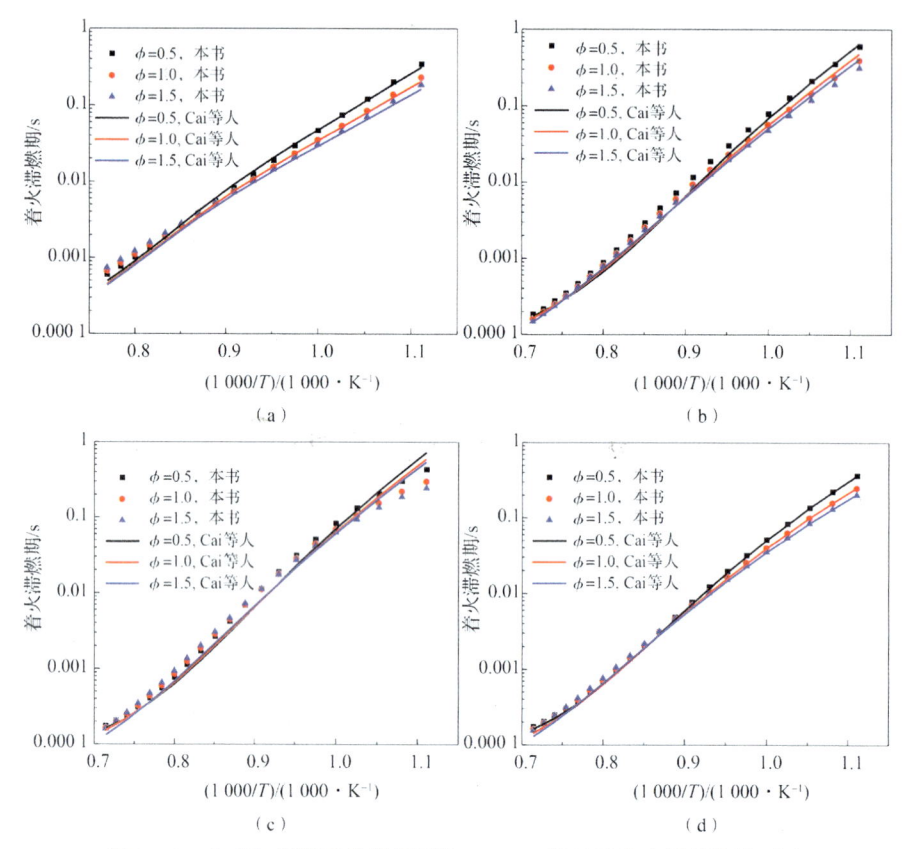

图 8-9 本书与原模型模拟得到的 $C_5 \sim C_8$ 长链醇着火滞燃期的对比

(a)正戊醇;(b)正己醇;(c)正庚醇;(d)正辛醇

图 8-11 $C_5 \sim C_8$ 长链醇及相似烷烃的 A1 生成与消耗速率